U0903919

湘军为什么这么牛

❷ 一朝天子一朝臣

王纪卿 著

湖南文艺出版社
HUNAN LITERATURE AND ART PUBLISHING HOUSE
博集天卷
CS-BOOKY

图书在版编目（CIP）数据

湘军为什么这么牛 .2/ 王纪卿著．—长沙：湖南文艺出版社，2011.4

ISBN 978-7-5404-4794-6

Ⅰ．①湘… Ⅱ．①王… Ⅲ．①湘军－史料②中国－近代史－史料 Ⅳ．① E295.2；K250.6

中国版本图书馆 CIP 数据核字（2011）第 014122 号

上架建议：社科文史 · 人物传记

湘军为什么这么牛 .2

作　　者：王纪卿
出 版 人：刘清华
责任编辑：邓映如
监　　制：伍　志
特约编辑：康　慨
装帧设计：蒋宏工作室
出版发行：湖南文艺出版社
（长沙市雨花区东二环一段 508 号　邮编：410014）
网　　址：www.hnwy.net
印　　刷：三河市鑫金马印装有限公司
经　　销：新华书店
开　　本：787 × 1092　1/16
字　　数：315 千字
印　　张：19.5
版　　次：2011 年 4 月第 1 版
印　　次：2011 年 4 月第 1 次印刷
书　　号：ISBN 978-7-5404-4794-6
定　　价：29.80 元

湘军为什么这么牛.2

一朝天子一朝臣

王纪卿著

卧龙出山，长沙解围。左宗棠设计打垮征义堂，江忠源孤军扫荡造反军。武昌失陷，咸丰如坐针毡；长江失守，洪杨建都金陵。曾国藩临危受命练乡勇，王璞山自立山头募新军。林凤祥挥军直指北京，赖汉英潜师西征南昌。骆秉章重回湘江之畔，罗泽南遇险赣水之滨。塔齐布忠于职守遭排挤，曾国藩得罪武将难容身。江忠源南昌守城，曾国藩衡州练兵。胜保雷大雨小无战功，僧王骄横傲慢难胜任。左宗棠退隐湘阴辞邀聘，江忠源上任庐州入陷阱。刘长佑率师东进救主帅，江忠源舍生忘死保庐郡。曾国藩奉诏整师待发，胡林翼遵旨带兵东征。群雄崛起，战火熊熊，鏖战在即，胜败难分。

本书为非小说类历史文学读本，情节与人物无一虚构，谨此说明。

——作者

contents 目录

第一章
人才谋略

野史：误打正中

太平军攻打长沙时，城头有两名守军士兵违令发射大炮，险遭杀头。不料，那一炮击中了西王萧朝贵。

未能成功的突袭

《湘军为什么这么牛》第一部卷尾说道，咸丰二年（1852）七月，太平天国西王萧朝贵率领一支先遣队，以迅雷不及掩耳之势向长沙挺进。官军方面，尚未卸任的钦差大臣赛尚阿和湖广总督程矞采调部队前堵后追，在速度上比萧朝贵慢了几拍。下面的记叙，便是从那以后发生的历史故事。

七月二十八日早晨，萧朝贵的先遣快速部队神不知鬼不觉地出现在湖南省城南边十里处。

神鬼不知是夸张的说法，太平军的到来还是引起了几个百姓的注意。一名百姓具有高度的责任感，赶紧跑到城内，向守卫的军官报告："洪秀全的部队打来了，快到石马铺了！"

军官说："不要胡言乱语，造谣惑众！"

"军爷，不是胡言乱语，是我亲眼所见啊！"

军官正色说道："逆贼来攻长沙，必走衡州大道。衡州都没派人报警，逆贼怎么可能来到长沙？你硬要说逆贼来了，你有报警的公文吗？"

"我一个平头百姓，哪有公文啊，可我确实看见了太平天国的旗帜！"

军官对士兵下令："此人是逆贼的探子，把他抓起来！"

长沙军民做梦也没想到太平军来得如此突然。萧朝贵在城郊扎下营帐时，附近一个姓杨的书生，还以为他是官军大官，赶来参见，向他献策。萧朝贵点点头，表示愿意倾听。

不一会儿，进来一名太平军将领，见了杨书生，大为惊奇，指着他问萧朝贵：“西王殿下，他是什么人？”

萧朝贵答道：“这位是杨先生，来向天国献计献策。”

杨书生发觉自己错把逆贼当成了朝廷官员，连忙躲到帐后，翻山逃走。

太平军经过石马铺，陕西潼关协副将尹培立管带陕西营兵二千名，正在营内等待早餐。陕军吃不惯稻米，但石马铺没有面粉供应，要到城里购买，耽搁了开餐的时间。部队空着肚子，见敌军突然杀来，毫无斗志，对峙大约一个时辰，全部溃散，尹培立死于乱军之中。据说许多官兵投降后被杀。

驻扎金盆岭的沅州协副将朱瀚得知石马铺陕西营盘失守，前往接应友军，没料到萧朝贵分兵从黄土岭回扑，端了朱瀚的营盘。

萧朝贵收拾了城外的守军，挥师向长沙城杀来。

由于守城军官的大意，城郊发生的战事城内全无察觉。罗绕典当天视察城郊工事，乘轿子出城。走出城门几十丈，随从嚷道：“前面来了一支部队，旗号是‘太平天国西王萧’。”

“什么？逆贼来了？快快回城！”罗绕典大喝。

敌人来得太快，轿夫们情急之下，只是转了个身子，将轿子倒抬入城。进了城门，罗绕典吩咐守军迅速封塞通道，对身边的侍卫说：“快请骆巡抚和鲍提督上城，就说逆贼杀来了！”

巡抚衙门内，鲍起豹正在跟骆秉章议事。

鲍起豹说：“程制军根据郴州探报，得知逆贼打算从醴陵东进江西，令我调兵前往醴陵、茶陵、攸县一线堵御……”

话还没有说完，只听得脚步杂沓，几名下属跑来，说：“逆贼打到南门了，罗大人请二位大人上城督战！”

半个时辰后，骆秉章和鲍起豹登上了南门城楼。一个单瘦的年轻人跟随其后，他就是从道州撤到长沙养伤的鲍超。他的伤口已经愈合，由于他有过与太平军作战的经验，骆秉章把他召到衙署咨询。听说有紧急军情，他便跟着来到城楼上。

骆秉章一见罗绕典，气喘吁吁地问道：“罗大人，逆贼来了多少人？”

“至少有好几千吧。”罗绕典似乎惊魂未定，“他们军容整齐，看来都是精锐。幸亏他们一到城下就朝东南角的城楼奔去，否则南城门都来不及关闭！千钧一发之际，真是叫人捏了一把汗！”

骆秉章搭个手篷，看了一阵，说：“嘿嘿，怕有一万多人吧？逆贼大概是误以为东南城楼下有城门，所以攻错了方向。”接着，他转向鲍起豹说：“鲍提督，怎么还不开炮啊？此处不是安设了铜炮吗？”

“是啊，为啥还不开炮？”鲍超也跟着叫嚷。他一副斯文相，说起话来却是粗声粗气。

鲍起豹回答：“我也想开炮啊。无奈下属提醒，不到万不得已不能开炮。”

“有炮不能放，那又是为何？”罗绕典问道。

“新修的城墙并不牢固，铜炮后坐力太大，恐怕将城墙震垮。我已下令，没有本提督的命令，谁也不许开炮！”

罗绕典和骆秉章面面相觑，不好再说什么。

鲍起豹向城外了望一阵，又说：“罗大人，我早就说过，城外民房必须拆除，可是大人你偏说要爱惜民房，现在那些屋子都成了逆贼的掩体工事，后悔莫及了！”

罗绕典脸上红了一红，对骆秉章说：“骆公，我有一事不明。逆贼从南边杀来，必得通过石马铺，难道尹培立毫无察觉？为什么不派人进城来报？”

“这个、这个——”骆秉章也说不上什么。

鲍起豹冷哼一声，说道：“依鲍某看，尹副将怕是早已逃走了。”

骆秉章说：“亏得城垛早在七月十五日就已完全修好，否则今天就惨啦。”

正在这时，又有几人来到城头上。为首一人，约莫五十多岁，一副精干模样。骆秉章迎上去，握住他的手：“南坡先生，你们来得正好！”

此人是长沙绅士黄冕，是个闲居在家的退休官员。他向骆秉章和罗绕典打一拱手：“二位大人，保卫桑梓，人人有责。城内人手不够，我等愿意分担责任。”

罗绕典说：“逆贼突至，正缺人手啊。布政使恒福已应召进京，代理布政使潘铎从山西赶来，还在途中。南坡先生于道光年间曾在海滨与夷人交手，劳于军务，今日城防之事，还望多拿主意。”

萧朝贵奇袭长沙，确如罗绕典所说，差一点就一击得手。由于阴错阳差，攻错了方向，耽搁了一点时间，才没能建此奇功。

太平军逼近长沙城墙时，萧朝贵手勒马缰，举目环顾，说道：“谁说长沙是烂城一座？分明是墙高濠深！探报不实，误我大事！”

林凤祥道：“此城墙完固，甚难攻入。恐是我军谍探已被妖官收买，诱我孤军深入！”

“李开芳！”萧朝贵吼道，“将那几名间谍找出来，立即处死！”

“遵命！”

“殿下请看！”林凤祥手指城墙东南角的一座高楼，“那边有座城楼，其下必有城门，我们从那里进攻吧！”

萧朝贵刚一点头，林凤祥便跃马扬鞭，带兵冲向东南。萧朝贵目视部队冲到城角，忽见他们回头奔跑。林凤祥一马当先，奔回萧朝贵身边，说道："错了！那里并非城门。"

萧朝贵派出几名骑兵寻找城门。片刻后便有人回报："南城门找到，门已堵塞！"萧朝贵抬头一望，只见城中守军已登上了城墙，城上人头攒动。

此时，李开芳已经指挥部队占据了城外的民房，架设了炮位，请示从何处进攻。

萧朝贵说："一边向城内开炮，一边寻找破绽。"

长沙城内，在罗绕典下令阻塞南门以后，城内居民好奇地登高观望，猛然发现太平军的旗帜。于是消息风传，城内一片惊慌。忽然炮声响起，城内火光冲天。街上有个卖豆浆的小贩正在吃饭，饭碗被弹片击碎。城内军民更加恐慌。

太平军开了几炮，步兵开始冲锋。守军见太平军蜂拥而来，两名士卒按捺不住，点燃了大炮。这一炮阴错阳差，竟然就打在萧朝贵身上，西王当即负伤倒下。

鲍起豹听到炮声，怒声责问："谁在开炮？"不一会儿，下属报告：有人违反军令，擅自开炮。鲍起豹说："将违令者斩首！"但开炮的两名士卒早已躲藏起来，没有抓到。其实他们为官军立了一功，那一炮不仅击伤了敌军首脑，而且测验了城墙的承受能力。

事实证明，开炮不会震垮城墙。鲍起豹大喜，顾不得追究两名违令士卒的下落，下令在城上密排炮位，调四川营和江西营登城射击。这一场枪炮之战打了两个时辰。四川营兵和浏阳乡勇表现出色，击毙太平军一百多人。

萧朝贵已退下前线养伤，林凤祥一时想不出破城之法，决定迅速建立攻击阵地。他令部队向大西门、小西门一路潜行，又派部队逼近南门外的妙高峰扎营。他下令在妙高峰上的鳌山庙修筑壁垒，摆出了持久攻城的态势，并踞高发炮，向城内轰击。鲍起豹针锋相对，下令将大炮运上南城的魁星楼，对准敌营射击。他又飞调石马铺等处驻军前后夹击，可是他后来才知道，城外驻军已被消灭，来不了了。

城内的兵力共有正规军二千多人，以及罗绕典招募的浏阳乡勇二千人。从第一天防御的情况来看，浏阳乡勇颇为得力，三位守城大员都松了一口气。他们估计敌军人数超过一万，觉得自己的兵力过于单薄，于是分头拟写奏稿和公文，向各处求救。他们希望和春的主力能够从郴州火速赶到长沙增援。

第二天，太平军仍然在妙高峰上用枪炮向城内射击，但因射程太远，无法瞄准，守军无一人死伤。守军从城墙上对射，却击毙了几十名太平军。

林凤祥是一名老辣的将领，决定逼近城墙修筑工事。他令部队挑土肩石，蜂拥而上，搭建炮台。鲍起豹也不含糊，派一千多名浏阳乡勇出城，埋伏在妙高峰下，然后下令用大炮对准修建炮台的太平军连续轰击，击伤击毙几十人。太平军哄然四散，循原路返回。浏阳乡勇拦头截击，又击毙一百多人。浏阳乡勇也有伤亡。

太平军找到两个制高点，在鳌山庙及马家高屋部署火力，通过墙缝射击。官军派兵分头放火，将鳌山庙与马家高屋焚毁，太平军无处藏身，纷纷撤退。官军一通截杀，林凤祥率主力来援，将官军逼回城内。

林凤祥把部队集结在南门外的金鸡桥和浏阳门外的校场，派出小股部队，时而在小吴门等处游弋，昼夜围攻这三座城门。鲍起豹请求赛尚阿和程矞采将安仁的王家琳所部，以及邓绍良和张国梁等部兵勇六千名调来长沙，并请驻扎岳州的湖北提督博勒恭武迅带官兵前来应援，同时沿途迎提下游四川、贵州等省未到的官兵，又请赛尚阿催促和春带兵来救。

长沙人黄冕是围棋国手，也是军政干才，在第一次鸦片战争中受过战火熏陶，在新疆曾与林则徐共事。太平军第一次兵临湖南省会时，他就表现出了非凡的组织能力。此后他对曾国藩、左宗棠和曾国荃等湘军大帅给予了积极的援助。

在兵力不足的情况下，长沙城内的书生们积极行动起来，主动请战，各自带领几十人或一百人协助巡查城墙垛口，有事一般都向罗绕典请示。

岳麓书院的山长丁善庆已有六十二岁，也投入了城防工作。他力主坚守长沙，给弟弟写下遗书，誓与省城共存亡。他还命令儿子丁驯日夜巡城。善化知县王葆生和已无官职在身的黄冕都对军事颇有见解，也积极地参与防御部署。

湖南人迷信鬼神，长沙居民相信城隍神能够显灵，天天都有人前去祈祷，人数太多，道路都被堵塞。鲍起豹驻扎在城墙的南楼，索性把城隍神大像抬到城楼上，供在他的对面。

整个长沙已经积极地动员起来，应对突然到来的攻击。

一将难求

在萧朝贵突袭长沙的那一天，新任的湖南巡抚张亮基从常德乘船起程。此时他对湖南的战事心里根本没底，身边既无充足的兵力，又无得力的幕僚。因此，在登船之前，他派出一名快足，前往湘阴东山的白水洞给左宗棠送信，请这位高人出山。他的行李箱里放着几封胡林翼的信函，都是向他推荐左宗棠的。胡林翼向张亮基推荐了七位湖湘人才，其中他最推崇的就是左宗棠。他说此人才能和品格可谓超群，廉介刚方，秉性良实，忠肝义胆，不同凡俗；胸中自有古今地图和兵法，精通时务；张亮基只要见到他，必然十分欣赏；而且他即使为张亮基谋划有功，也不会接受奖赏，更没有世俗的利欲。

这封信深深地打动了张亮基，他很想得到此人的辅佐，期盼左宗棠能应邀而来。

张亮基两天后抵达沅江县，得知长沙被袭。沅江距离长沙只有两百多里，张亮基只要加紧赶路，两三天便能到长沙上任。但他此时有些瞻前顾后。他以为太平军主力已经抵达长沙，而他身边只有十来名卫士，他想：我不仅可能在途中遇险，而且单身一人前往长沙，对省城的防守并无多大作用；如果逆贼迅速北上，常德兵力空虚，将无法防守。我不如先将常德防务布置周全，再作打算。拿定主意之后，他又从沅江返回常德。

张亮基奉调来到湖南，知道长沙兵力单薄，得力的文武官员已被抽调一空。他早在经过辰州时，已从该地调动一千名士兵，令他们迅速开往长沙。赛尚阿以前调往长沙的一千名贵州兵，已有四百名开入湖南，张亮基把他们留在常德。他打算等到另六百名贵州兵和辰州士兵到齐之后，酌留兵力防御常德，带领主力驰赴长沙，通知长沙城内派出精兵合力夹击。

张亮基这一举措，为自己留下了后患。不论他是否有心拥兵自保，客观上已经给人造成了畏缩不前的印象。咸丰认为他胆子太小，一些大臣则参劾他临阵退逃，拖延去省城上任的日子。

在咸丰调往前线的大员中，张亮基是一位年富力强的干部。这个江苏人此年只有四十五岁，前几年都在云南任职，深得林则徐的赏识。然而他毕竟没有督军作战的经验。他此时并不知道攻打长沙的只是太平军的前锋，人数不多。他对长沙的防御情况也缺乏了解。出于谨慎，他决定退驻常德，结果使自己陷入不利的境地。

张亮基积极地网罗人才，同样是出于谨慎。他对自己信心不足，觉得必须得到一批能人的辅佐，才有可能应对复杂的局面。他不仅希望得到左宗棠的支持，还向朝廷奏调云南粮储道崔光笏、贵州黎平府知府胡林翼、湖北黄州知府徐丰玉。这些人都是他非常了解的能人。十多天后，咸丰批准了他的申请，但是除了徐丰玉以外，其余两人因本地官府留用，都未能成行。

贵州巡抚蒋霨远不肯放走胡林翼。他跟前任巡抚乔用迁一样，认为此人是本省不可或缺的人物。胡林翼在贵州为官两年多，成为贵州盗匪的克星（见上一卷）。道光三十年（1850）九月，朝廷委任他代理思南府知府。当年十二月，将他补授黎平府知府。当时他听说林则徐奉诏办理广西军务，心中甚慰，以为广西的动乱很快就能平息。没想到林则徐在途中去世，胡林翼悲痛地撰写对联吊唁这位故人：

千古英雄皆堕泪，四方妇孺尽知名。

咸丰元年（1851）六月十六日，胡林翼交卸了思南知府的官印。他本想请求巡抚乔用迁发给公文，进京觐见新皇。但乔巡抚认为广西的造反军很可能攻打贵州，一再催促胡林翼去黎平上任。一个月后，胡林翼终于抵达黎平受印。

黎平与广西交界，有将近二百里的边界线，在这场刚开始的内战中，是一个受到严重危胁的区域，随时可能发生重大的治安事件。官军在广西与太平军作战期间，胡林翼在黎平也没闲着，致力于打击此地十分猖獗的盗抢活动。

胡林翼一到黎平，便致书按察使，询问广西动乱的情形，准备积极部署防御。按察使非常钦佩他能实心任事。

黎平人本来非常淳朴，大家相处融洽，很少打官司。但是在道光爷治下的二三十年间，盗贼日甚一日，几乎每天都不止发生一桩刑事案件，每个案子都不止牵涉一条人命。有时候，一天内有十多户人家遭劫，或者一家中有三五人惨遭杀害。妇女遭到强暴，鸡犬都被掳走。无辜的小民完全失去了安全感。

强盗如此猖獗，官军却十分软弱。胡林翼以前的各任知府带兵捕盗，只要与强盗遭遇，立即抛弃枪械，拼命逃走，往往一名强盗撵着一百名士兵奔跑，后面的官军扭头狂奔，把武器装备都留给了盗寇。府衙的差役更加无能，见了强盗就叩头求饶。但是他们对百姓却是心狠手辣，妄拿善良，无恶不作。

胡林翼经过调查，掌握了官军和差役的情况，提出“兵差万不足用”。他亲自训练一百名壮勇，发放月饷，每人每月可得四串钱。公款不够，他自己掏腰包补足，每月补贴二百多两银子。如此就有了一支信得过的武装力量。

在兵法方面，胡林翼也有所改进。他仿照明朝参将沈希仪和嘉庆时期傅鼐行之有效的战法，派出精干的小分队四处巡逻，流动侦察，找准盗贼巢穴，猛烈突袭。犹如老鹰盘旋在空中，发现猎物，一头猛扎下去，名曰“因间雕剿”。这种战法灵活机动，打击精确，比起过去的围剿之法强了不知多少倍。

保甲和团练是胡林翼为了维护社会治安用得十分顺手的两个法宝。他要求每个居民都负起捕盗之责，并赋予他们捕盗的权力。他为各村各寨制订严格的条约，要求居民切实执行。

第一步，他命令各寨设立乡长、团长、牌长，姓名全部注册，收藏在知府衙署。一有事情发生，他便按册点名召见，待之以礼，甚至设宴招饮，详询当地的治安状况，借以观察其人的态度。

第二步，胡林翼亲自到基层蹲点。每次入寨，都会随身带着那本名册，对基层干部一一考察。

第三步，胡林翼悬赏购凶，翘首以待。凡有百姓抓捕了盗贼，送到知府衙门，他都给予高规格的接待，发给丰厚的奖金。随到随审，审明即赏，一分钟都不耽搁。押送盗贼的百姓可以早至早归，夕至夕归，不在城中耽搁，不用花费。

胡林翼为了黎平的安定团结，贴进去几千两私房银子，经济亏损巨大。但他想到数百万家之生灵得以安枕高卧，创下了黎平近二十年来未有的奇迹，心中十分快慰。

胡林翼所亏的不仅是银子，还付出了艰辛的努力。他有时去村寨巡视，一头扎下去，蹲点十来天，召集众人训话。回到衙署以后，先前交给文书代办的事务，他都要亲自检查一遍。如此昼夜工作，一直未能休息。

他给左宗棠写信说：我所管的地方虽然只是小小的一府，文案工作还是压头，每天不停地批发文件，嘴里不停地下达指令，还有什么精力思考大政方针？必须上报的公文，我都交给幕友办理。一个人能有多大的精力？如果文案过于疲劳，则已被小事和琐事弄得精疲力竭，反而办不成影响深远的大事了。

左宗棠复信说，团练必须参用碉堡，才足以制伏剧寇。胡林翼虚心采纳，立即照办。

胡林翼按照自己的想法，扎扎实实工作了半年，绅士和百姓都乐意为他效劳。他在述职时有了一份很好的工作总结。他依靠群众，抓获三百多名盗匪，在一千五百多个寨子里成立了乡团，设立了四百五十多座卡栅。每卡都有四名到二十名民兵分班轮守。各地负责人遵照他的要求，按月巡视，互相监督。通过大家的努力，剪除了盗首黄浪子等人，使安分守已的良民见到了天日。

胡林翼在黎平这个动乱了二十年的地区建立了社会秩序，百姓大悦，妇女儿童得以安生，外来商旅也有了安全感。他每巡视一个村庄，便有成百上千的百姓跪在前后左右，大呼青天大老爷。

咸丰二年（1852）二月，广西的永宁、怀远、融县土匪蜂起，这些地方环绕着黎平辖境的西南。胡林翼听说洪秀全从永安突围，抵达昭平，挺进桂林，形成流动作战的态势。他立即报告布政使吕佺孙，请求在黎平招募精壮苗民一千名，由地方绅士指挥，加以训练，选择要隘筑堡浚壕，严防太平军。他又请求速筹军费，令绅民捐资助饷，对捐款人破格奖励。黎平府城过去没有粮食储备，胡林翼劝谕富民捐谷置仓，以备城守。

太平军没有向贵州挺进，但是锦屏的四弯和永从的大年都有盗匪进入黎平。胡林翼立即召集练勇，擒拿斩获，全歼匪帮。从此境外会党不敢进入黎平，在动乱的咸丰二年，黎平竟然成了一片太平乐土。

胡林翼此时有了一个极好的帮手。州判韩超五十多岁，精通戚继光的兵法，辅佐胡林翼练勇三年。胡林翼发觉他忠勇奋发，是个不可多得的人才，有心及时提拔，极力向上级推荐。后来此公官至贵州巡抚，是胡林翼发掘的一个良才。

咸丰二年三月，太平军正在拼死围攻桂林。胡林翼对官军的无能痛心疾首。他想，广西之战，朝廷已经耗费二千万两银子，朝廷频繁向广西增兵，但官军兵将窳懒骄昏，屡致挫衄。由此看来，中国将会大乱，预计湖南将首蒙战乱之害，他的家乡益阳也无可幸免。至于贵州，比广西更加贫瘠，若被卷入战争，还不知到何处去找军费。他经过一番深思，建议督抚在贵州边界修筑碉堡，坚壁清野，防止太平军侵入。他的意见可以概括如下：言战不如言守，用兵不如用民，而民众要能自卫，必须依靠地利自保。

胡林翼心中时刻记挂着湖南的安危。他三次给湖广总督程矞采上书，指出战火很快就会烧到湖南，应当紧急备战。他向程总督推举七个湖湘人才，以备任命使用。可是，他的热脸碰到了冷屁股，所提建议，程总督一条也未采纳。胡林翼只能在黎平为前方的战事干着急，关心着每一条战报。当他听说太平军攻占全州，抢掠船只，企图顺湘江奔赴长沙，他急得寝食不安；又听说江忠源率领楚勇在蓑衣渡扼守，大败太平军，便兴奋了好一阵。接着，不利的消息接踵传来：洪秀全率军东奔永州，被潇水阻隔，转而攻占道州，长沙处于高度戒备状态；萧朝贵抄小路向东北方挺进，袭击安仁，取道攸县和醴陵，袭击长沙。胡林翼日夜“引颈东望”，真想飞回湖南，和左宗棠等人一起为保卫桑梓尽一份力量。

前面说过，尽管朝廷批准了张亮基奏调胡林翼到湖南襄办军务的报告，但蒋霨远抗辩道，若胡林翼离开黎平，会致使“士民失望，关系匪轻”，“事关全省大局”，请求将胡林翼留在本省。随即奉到上谕：毋庸调往。

蒋霨远抗辩圣旨的理由，绝非他凭空捏造。据唐树义说，黎平绅士和百姓得知胡林翼要调走，惶惶如婴儿之失慈母，纷纷请托关系向蒋巡抚请愿，要求他向朝廷请留这位好官，后来还联名写信，书面请愿。

胡林翼虽然原地未动，但有张亮基请调于前，又有蒋霨远请留于后，令咸丰对他刮目相看，他的朋友们都说，这使他有了“一飞冲天”的势头。从此可以看出，胡林翼在贵州是待不长了，不久之后，他必定会为朝廷担负更重的使命。

这时候，胡林翼最担心的是，尽管他已向张亮基推荐了左宗棠和江忠源，但恐怕左宗棠一身傲骨，不会轻易出山，坚持“高隐”。若是那样，长沙的防御战就少了许多胜算，桑梓之祸，或许会更加惨烈。于是他又写信给左宗棠，派飞马送到湘阴。

将帅集结号

咸丰二年八月初，赛尚阿派出的援兵正在陆续向长沙推进。副将邓绍良率领九百人，于八月四日抵达长沙。鲍起豹已经召回了石马铺溃散的陕西兵二百二十四名，金盆岭的九溪营官兵也陆续向他报到。加上邓绍良的九百援兵，长沙城的正规军已经达到三千多名。长沙城内还有乡勇二千多人。此时鲍起豹心中已经有数，城外的敌军不过三四千人，于是底气大增。他派川兵川勇下城攻击，多次取得小胜。

林凤祥和李开芳不愧为两员猛将，明知官军兵力已增，却毫无退缩之意。他们一面派人向郴州求援，一面在金鸡桥水道开挖地道，打算埋雷炸毁城墙。官军预先在水道中安放了火桶，突然引爆，轰毙敌军几名。长沙水道甚多，鲍起豹想堵住所有漏洞，对于每一条水道，他都派部队设防。

张亮基在这几天里仔细思考了自己的处境，认为他这个新任巡抚不去长沙接任，终是不妥。于是他又向长沙进发，来到汉寿。地方官员禀报，前方的益阳和宁乡等县路当要道，无兵无饷，人心惊恐，而益阳的位置尤为重要。

张亮基一想到自己身边兵力不足，心里就直发虚。他决定迅速调集兵力，部分用于驻防，部分随他前往长沙。他将刚到的二百名铜仁兵调往益阳驻防，将二百名松桃兵暂留常德。还有六百名官军已在途中，他打算等这支部队入省后，叫他们从常德开往益阳，由自己一并带赴长沙。他又增调镇筸兵八百名开往常德，酌留部分驻防，其余也跟随他开往长沙。他嫌贵州的援兵行军太慢，派出一名专差，前往贵州方向迎催，令其日夜兼程，火速赶赴长沙。他还担心兵力不够，又请皇帝从湖北和贵州就近各调一千兵力增援。他想：只要我能带一支劲旅赶到长沙城外，就可以通知省会驻军，来一个内外夹攻。

除了张亮基以外，湖南的大员们都在向长沙增兵。已到湖南的官军，正在从各地向长沙集中。

江忠源在郴州城外待了几天，得知太平军前锋迅速北上，担心前方无兵堵御，长沙有可能失守，局势将对朝廷更为不利。他请和春从九千人当中挑选一千多人，自己和刘长佑带领五百名楚勇一起援救长沙。他让江忠济和李辅朝率领一千五百人留下，继续攻打郴州。

江忠源于八月四日从郴州起程，当晚抵达永兴县境内的油榨圩，只见一骑从衡州方向疾驰而来。江忠源命人将他拦下，那人道："江大人，小的是赛中堂派来的信使，逆贼前队已于二十八日逼攻省会！”江忠源得报，心急如焚，率队从衡州大道兼程前进。

长沙守军的情况并未像江忠源想象的那么糟。太平军尽管连日攻城，却未取得进展。他们在南门外开挖地道，预装火药。守军将他们的药桶焚烧，并杀毙掘洞部队。代理四川绥定营游击周兆熊等直冲太平军营垒，兵丁接踵扑入，跟追数里，双方各有伤亡。

代理湖南布政使潘铎及时赶到了长沙，八月四日进城接任，在城内徒步巡查，晓谕居民和所有商贾各安生业，不要恐慌。到这天为止，太平军来到城下已有七天，长沙并未出现多大的险情，官民守城的信心增强，社会秩序渐渐安定。

八月五日，太平军又用大炮轰城，将南门城垛削掉数尺，步兵发起冲锋，乘势扑城。守军的火力无法压制，城防吃紧。黄冕带人用石条沙袋抢筑缺口。紧要关头，邓绍良进城报到，鲍起豹令他率领五百营兵从敌后进攻。邓绍良赶紧出城，率部冲击太平军后背。太平军被迫转身应对，守军趁势杀出，一通追杀，毙敌几十名。太平军退入各所民房，坚守不出。鲍起豹下令在城上另筑炮台，安放三千斤大炮，准备轰击。这一天，副将瞿腾龙率领几十名精锐苗兵疾驰而来，另外一千名苗兵也随后赶到。鲍起豹的胆气又壮了几分。

官军接连得到增援，长沙城下的太平军兵力明显处于劣势，林凤祥决定坚壁不出。鲍起豹仗着兵多，敢于拨出兵力攻击敌营。八月六日，邓绍良奉令率部攻击，鲍起豹另拨川兵五百名、川勇四百名出城助攻。邓绍良将一千八百人分作两队，后队埋伏，前队进攻，自早晨挑战，直到下午，太平军才出营应战。官军前后夹击，毙敌一百多名。

罗绕典不肯将城外民房烧毁，恶果已经毕现。太平军占踞了碧湘街、鼓楼门、西湖桥、金鸡桥一带的民房，正在积极地修建炮台，老龙潭和白沙井等高地都搭起了高台，只要安设大炮，就能轰击城内。对于官军而言，最好的办法就是摧毁炮台，焚烧城外民房，令太平军无法藏身，然后将其围歼。可是鲍起豹安坐城内，把攻击任务交给城外的二千多人，显然他们很难达成目标。

八月七日和八日，邓绍良、瞿腾龙率领苗兵和川兵，继续攻打城南敌营。他们的战法仍然是枪炮射击，诱敌出战，靠后队挫敌，却无近战血拼的行为。林凤祥和李开芳很清楚官军的套路，缩在营内保存实力，一边部署攻城的重火力，一边等待援兵到来。

官军还在陆续向长沙集结，但是长沙缺少一位得力的大将。在这个节骨眼上，向荣决定重上前线。他在七月底接到了皇上决定严厉惩罚他的谕旨，马上就明白了一个最浅显的道理：举国之大，谁闹情绪也闹不过天子。革职发往新疆，对他这把老骨头来说，可不是好玩的事情。胳膊拧不过大腿，还是赶快向天子低头吧。遵照前次的皇命，立即起程，驰赴疆场效命。

为了给自己台阶下，向荣说自己深受皇恩，心非木石，岂能不知感激思奋！前些日子，确实是因气疼的老毛病时发时止，两足麻木，行动不便。他没有忘记提醒皇上，他向荣是个有功之臣。他说这是年轻时攻打滑县腿受矛伤落下的病根，后来从西宁凯旋途中，又染上了瘫疾，多年才得治愈。如今年老衰弱，瘴疠交侵，以致旧病复发，步履维艰。现在皇上叫他去湖南打仗，他只有带病前往，誓死图报，决不敢顾惜自己的身躯。他于八月二日登船，踏上了新的征程。

张亮基抵达益阳已有时日，距省城只有一百多里。长沙居民听说陆续会有援兵开来，新任巡抚也即将上任，人心更加稳定。

鲍起豹依赖邓绍良和瞿腾龙的城外之兵连日进攻敌营，太平军负固不出，官军没有攻坚之举，无可奈何。鲍起豹把瞿腾龙叫到城内，抱怨道："罗大人不肯拆除南门外的民房，以致被逆贼占踞，作为攻城据点，构成极大威胁。"言下之意，要求瞿腾龙解决这个问题。瞿腾龙心领神会，于八月九日出城率部发起攻击，杀敌多名，却未能拔除太平军的据点。

第二天，邓绍良和瞿腾龙又对南门外的敌营发起攻击，首先烧毁南城墙外东侧的房屋，又从西侧抛掷火弹，烧掉敌军的几十间哨棚。太平军从墙孔暗放枪炮，击伤不少官兵，邓绍良被迫下令后撤。

太平军失去了一些民房据点，林凤祥决定设法占据地利，以弥补损失。八月十一日，他分兵占据城外高地，远瞰城内。官军发炮轰击，杀伤不大。鲍起豹接到探报：南河港停泊了敌船五十多艘，以及木排几架。长沙知府令乡勇秘密潜往港口，焚烧敌船二十多艘，夺获两架木排。太平军被迫从港口逃走，但他们仍然据守着南门外的鳌山庙和黄土岭等处。

王家琳统辖的一千名河南兵于八月十二日赶到长沙，邓绍良和瞿腾龙约他分路进攻，但官军仍然不敢近战，只是从远处射击。王家琳从北路小西门南进，见太平军一半盘踞民房，一半驻扎山顶。他令前队抛放火罐火弹，烧毁敌军所住的民房。太平军丢下一些尸体，从南路后山撤走。

第二天，邓绍良会同王家琳和瞿腾龙分兵出击，排枪齐射，毙敌一百多名，生擒一名，割获首级四颗，夺获武器多件。副将朱瀚开炮击毁萧朝贵所住民房，毙敌十多人。

正在此时，长沙守军盼望的主力援军到来了。和春与秦定三带领贵州等省营兵先后赶到。下午五点，江忠源的楚勇也抵达长沙。他们从湘江西岸的荣湾镇渡江抵达城北，然后绕到城东，驻扎在小吴门外。

和春将兵勇分扎各门，当即进城，会见罗绕典、骆秉章和鲍起豹。经过查验，城内有江西、四川、湖南官兵四千多名，和春认为城内兵力足够守御。接着视察城防，发现只有南门一面受敌。长沙西面濒临湘江，而太平军并无水师，所以西面暂无威胁。和春将他带来的部队全部驻扎在东门外，令王家琳所部在西门外扎营。和春的兵营紧挨江忠源的营垒，距敌营甚近，可以确保城外饷道和通讯往来。

第二天早晨，江忠源攀城进入城内，立即巡视四面城墙，发现兵力部署稍嫌杂乱，立即与和春商议改进。他说："逆贼兵力不多，攻势并不猛烈，我等何不内外夹攻，将逆贼聚歼？"

和春对江忠源的建议深以为然，两人商定于八月十五日发起攻击。和春率领一路，江忠源率领一路，分两队攻打敌营。太平军仍然伏营不出，从墙孔开炮回击，负隅坚守。官军整个上午连续开炮轰击，打入敌墙之内。江忠源等得不耐烦了，说道："老是从远处发炮，不敢近战，何时是个了局？"他率领楚勇抢到墙边，夺获大黄绸旗一面，但后续部队没有跟上来，无法将敌军逼出营垒。这一天，官军只是小挫太平军。

战斗结束后，刘长佑说："东南角的地势高瞰城内，若被逆贼抢先占据，就会对城东和城北构成威胁。"

江忠源点点头，立刻去找和春，说："城南天心阁地势甚高，与城外东南侧的蔡公坟形成犄角，可以屏蔽东面和北面。如今逆贼已在蔡公坟修建木栅壁垒，占据了半边。我军必须抢占蔡公坟，才可与逆贼相持。若一任逆贼盘踞，东门和北门将会受敌，西北角的粮道也会受阻。如果逆贼援军到来，难免形成对府城的合围之势。"

林凤祥见官军劲旅开到，更加不敢出战，急于加固营垒。官军第二天又发起进攻，太平军仍然从墙眼开枪开炮，官军无法得手。江忠源让刘长佑带领一队人在蔡公坟挖筑营垒，刘长佑又密请和春带着营帐和武器驻扎在天心阁下面，楚勇在白马庙扎营。

太平军发现了楚勇的企图，林凤祥说："决不能让妖军在蔡公坟筑营！"他从妙高峰寺派出一千多人扑向楚勇，江忠源分兵出击，且战且筑营垒，和秦定三部一起将敌军击退。

八月十七日，蔡公坟营垒筑成，和春与江忠源移军扎营，逼攻敌垒，昼夜用炮轰击敌船。天心阁外的这个阵地与东路官军形成犄角，为长时间坚守长沙提供了保障。

与此同时，和春令凤凰厅的苗兵移扎河西，以堵敌军西渡。

林凤祥见楚勇已经占领有利地形，发誓要拔掉这颗钉子，派兵前来争夺。江忠源指挥部队一边作战，一边修筑壁垒，和春也督率所部跟进，林凤祥无力攻进。江忠源与和春两军的壁垒连成一气，逼近太平军，与他们从同一口井中汲水，夜间打梆的声音都能听见。

由于楚勇强行楔入，太平军占据的阵地就只剩下南城外面和西南角上的一块，无法向旁边发展，大大有利于长沙守军的防御。太平军营垒背水面城，处于绝地，虽然还有部队陆续到来，也无法发挥兵力优势。

江忠源的部队与太平军对峙，双方都蛰伏在军营内。营外一里，行人来往自如。百姓想进城，只要避开南门就行了，其余六道城门，都可攀绳出入。街道和小巷里，女人们来往行走，餐馆照常营业，食客盈门，比平时还要热闹，人们好像忘了城外有一支虎视眈眈的太平军。

官军开抵长沙的援军，加上原有守军，已有一万多人，对付太平军先遣队几千人绰绰有余，只要内外夹击，完全可以歼灭萧朝贵的这支劲旅。可是城内的三位高官和城外的和春、王家琳，都没有采取积极的军事行动。鲍起豹一味强调敌军居高负固，砖墙林立，既难围剿，又难火攻。

官方人士已经知道，向荣又出山了。大家议论道："向军门对贼情较为熟悉，不如等他到了之后，与他筹商，再设法围剿。"这时，长沙方面得到情报：太平军主力已从郴州开拔，正向长沙推进。如果官军能赶在洪秀全到来之前，迅速歼灭萧朝贵所部，自然是最理想的结果。可惜各位高官无法统一意见，大家似乎都等着向荣来拿主意。就这样一直等到八月十九日，才盼到了这位带罪前来的大将。

第二章
高人出山

野史：城墙也是城门

太平军在咸丰初年打进湖南，省会长沙关闭城门，在东北城墙上设置桔槔和长梯供人上下，出城入城。赛尚阿从衡州来到长沙，也只能从此处登梯进城；出城作战的将士则是攀着绳索出城。罗绕典见此情景，笑道："此门不简单，乃是出将入相之门。"

北京对战局的思考

中国历史上的大多数皇帝都不是政策的制订者，缺乏创造性的策划能力。他们的功能只是批准或驳回大臣们的动议。咸丰皇帝也不例外。特别在他登基后的前几年里，由于缺乏治国的经验，又面临着天下大乱的局势，他不得不鼓励大臣们对军国大事提出建设性的建议，从中采取令他满意的对策。通过两年的实践，对于文官的腐败，武官的怕死，军队的无能，他已深有体会。因此，只要有哪位大臣提议不拘一格提拔人才来充实干部队伍，他总是举双手赞成。

自从咸丰得知太平军进抵长沙，剿匪人才缺乏的问题更加令他困扰。在他眼里，向荣是个不错的战将，可是此人倚老卖老，不大听话，爱闹情绪。咸丰几经迁就，最后不得不以发配新疆来吓唬他。

至于文职官员，咸丰也无得力之人。他从云南把张亮基调往湖南，原本希望他取代不够干练的老臣骆秉章，把逆贼剿灭在湘江之滨。可是张亮基走到沅江又返回常德，令咸丰颇为失望。他不得不警告这位大臣：长沙是省会，比常德更为重要；凡是调到的新兵，都应该首先派往长沙，迅速解除省城之围，才是根本所在。如果你留守常德一带，无所作为，等待远处的救兵，何以救目前之急？你要调一些干才到湖南辅佐你，朕已批准；你请调湖北贵州兵各一千名，朕也下了调令；你请拨云南大理提标精兵五百名，朕也叫吴文镕办了。你还犹豫什么呢？赶紧去长沙接印上任吧。

咸丰百思不解的是，前方的大员与湖南各地官员究竟是干什么吃的。长沙是湖南的根本重地，既然有逆贼抄小路奇袭长沙，为什么衡州大营的官军没能预先侦探到呢？发现敌踪以后，为什么沿途又没有官军截击？难道衡州眼下也被逆贼围攻了？如果逆贼又要诡计，佯装攻扑省城，而暗中派部队袭击岳州，湖北的驻防军仅能自顾，无暇越境攻击，那又会是怎样的结果？咸丰越想越头痛，想到吃不下饭，睡不着觉。他真希望能有几个能干的大臣挺身而出，迅速地为他扭转不利的局面。

但这几乎是不可能的事情。他还得依靠那个无能的赛尚阿，叫他迅速地调派几名得力的总兵督率主力增援长沙。他还得依赖张亮基、罗绕典、骆秉章这些人激励将士，安抚居民，劝募勇壮，坚守长沙。

张亮基迟迟不到任，咸丰虽已任命罗绕典代理江西巡抚，但现在还不能放他离开长沙。一定要等张亮基上任，省城已经解围之后，才能根据那时的情况，决定是否让他前往江西。

咸丰又传谕两江总督陆建瀛和代理江西巡抚陆元烺，叫他们在边界严密布防，随时警惕逆贼窜入江西。他要求回籍养亲的前任刑部尚书陈孚恩帮同陆元烺办理团练防堵。

徐广缙是咸丰心目中替代赛尚阿的最佳人选。咸丰连发上谕，叫他体察自己的焦虑，考察湖南的敌情，做出完善的谋划，争取调动大军前后夹击，将逆贼消灭在长沙一带。

湖北的情况也不容乐观。新任巡抚常大淳得知太平军已杀到长沙，立刻感到本省岌岌可危。他跟江西的陆元烺争调部队，官司打到北京。咸丰令已经调动的安徽官军仍然开往湖北，如果江西兵力不足，由江苏巡抚杨文定和安徽巡抚蒋文庆再选精兵二千名，火速开往江西的吉安、袁州和瑞州一带，听候江西大员调遣。

所有的封疆大吏都是如此，一听说贼匪靠近本省，立马伸手向朝廷要钱要兵。明明心里发慌，却故作镇静，声称已经做了周密部署。可是贼匪一到，势如破竹，却不见有谁拿出有效的方案。即便有了谋划，执行起来完全是两码事。咸丰能够怎么办呢？他只能连发上谕，要求大家多办团练，四处防堵，多出奇兵。

长沙的防务眼下还得依靠罗绕典、鲍起豹和骆秉章。兵力不够，就叫湖北提督博勒恭武从岳州增援长沙。赛尚阿与程矞采简直是两个饭桶，半月以来见不到他们的奏报，真是不可思议！咸丰一气之下，下旨将赛程二人摘去顶戴，拔去花翎。

咸丰急中生智，自己想出一个办法，叫赛尚阿率兵驰往长沙，徐广缙若已领兵进入湖南，赛徐二人就能南北夹击。可这只是咸丰的一厢情愿，徐广缙北上的速度很慢，赛尚阿也难得挪动屁股。咸丰感到整个官僚系统运作效率太低，大员们总是能够找到借口推脱，不是调兵未齐，就是临敌遇雨。所谓合力进剿，分路堵截，完全是空口许愿。临阵怯懦的总兵经文岱等人，也不见徐广缙查出什么结果。余万清和刘长清已经革职拿问，交程矞采严审定罪，赛尚阿会同审办，至今也无奏报。这么简单的案子，都要拖延如此之久，还没结案，如何能指望他们整顿军纪？

体制的毛病纤毫毕露，咸丰苦于一时想不出改革的良策。他只得发布一道严厉的上谕：倘若带兵官员迁延观望，畏葸不前，即着立正典刑，毋稍姑息！

当咸丰几乎失去耐性的时候，终于接到了赛尚阿和程矞采的奏报。可是看完他们的说辞，咸丰便对这两个蠢蛋完全失去了信心。你们说逆首洪秀全、杨秀清等人都在郴州城内，并且分踞永兴县城，那么大股逆匪尚在郴州和永兴，只是派出小股兵力扑到长沙，你们怎知这不是牵制官军，声东击西？既然长沙城下只是小股逆匪，现在各路援兵陆续抵达长沙，为什么不趁机将之歼灭？张亮基还担心什么？为什么你要将刚调来的援兵分拨截留，迁延不进？朝廷大员都在长沙扎了堆，文官有罗绕典、张亮基、骆秉章，武将有鲍起豹、向荣、和春，你们还在等什么？为什么还不指挥各路兵勇，分头部署，给朕打一个漂亮的歼灭战？

至于郴州和永兴，奏报中说两处都打了小胜仗，但又说逆贼声势浩大，还说贼匪人数比以前更多了，看来所谓获胜，也是谎报军情！既然逆贼主力还没有北上，官军又怎能迎头截击？逆匪进入湖南以后，虽然有很多土匪附从，但都是乌合之众，起自广西的悍贼总计不过几千人。只要能将大股逆匪痛剿，其余胁从自然瓦解，可是你们为何总是没有良策呢？

向荣既然已从广西赶往湖南，那就暂且不要发配新疆了。令他统带四川、河南等处官兵，奋勉剿贼，带罪图功，以观后效。朕还要调一名大员前往湖南，四川提督苏布通阿必须驰驿前赴长沙，听候钦差大臣调遣。

太平军主力尚在郴州，令咸丰十分头痛。如果他们从郴州和永兴北窜长沙，中间还要经过安仁、攸县和醴陵等处，官军是否能够从中路冲截，令他们无法与长沙的贼军会合？倘若部署不够周全，贼军主力不但会去增援长沙城下的股匪，也可能分兵从浏阳和平江北上湖北，或者分兵东进江西。唉，各地防不胜防，官军却派不上大用。大营将骄卒玩，锢习已成，兵勇虽众，遣调无策，试问贼匪全股越过衡州向北，势若燎原，谁能负得起责任？朕前此令博勒恭武赴援长沙，程矞采请求让他仍然驻扎岳州。现在看来，控扼岳州确有必要，但平江一带也须择要扎营，使逆贼不能从陆路北上通城和崇阳。

长沙城外的贼匪，根据最新的战报，据说屡次被官军击败，负固不出，自然是因为官兵势盛，他们在等待贼匪主力救援，或企图在会师之后继续游窜。罗绕典和张亮基能不能抓住机会，激励各路兵勇，将城外贼营痛加剿洗？但愿他们不要坐视株守，失此机会！

鲍起豹说，长沙城外的贼匪总计不过三四千人。由此可见，官军数倍于敌人，完全能够乘贼匪主力未到以前及早剿洗啊。鲍起豹称该匪居高负固，砖墙林立；可是另据奏报，南门外的妙高峰地势尚不甚高，难道官军竟无劲旅将之攻克？民屋砖墙虽然坚固，难道会跟城墙一样坚固难攻？八月十日、十一日、十二日接仗，敌我双方只是互相射击，十三日分路进剿，王家琳尚属勇往；而十五日和春等人分两队攻打贼巢，从早晨打到中午，只有十多炮打入墙内，可见官军距离墙壁很远，炮击也没对准目标；当时只有一个江忠源率领楚勇抢攻到墙边，其余部队为何不同时强攻？贼营占地并不多啊，我军应当各路会合，四面围攻，同时并举，为何要分日轮流出队，任令贼匪负隅抗拒？原因还是在于官兵积久疲玩，不能并力向前，殊为可恨！

和春是朕临时任命的统帅，他已赶到长沙，却并无大的战功。楚勇如此奋勇，和春的部队为何畏葸不前？和春自从统领各部以来，总是跟在贼匪后面追赶，道州、郴州等处，任由敌军冲突蹂躏，竟然未曾与贼匪鏖战一场。这次到了长沙，倘若再不奋勉出力，致使郴州和永兴的贼军主力北上，与长沙贼军会师，朕一定要拿他问罪！

唉，好在向荣已抵长沙，但愿他跟罗绕典、张亮基通力合作，马上指挥部队发起总攻，将城外屯踞的贼匪全数歼擒。赛尚阿和程矞采若能知罪感奋，应该立即派兵前往攸县、安仁等处，从中路拦截贼军主力，并令常禄等人迅速进兵夹攻。此战结果如何，朕就拭目以待吧。

会战长沙

洪秀全和杨秀清接到长沙方面求援的报告，得知萧朝贵已经阵亡，发现此次分兵北上突袭是一个不小的失误。萧朝贵的死对洪秀全是一个沉重的打击。萧朝贵不仅是优秀的前线指挥员，还是最严厉的纪律监察官。据说他因自己的父母触犯天条，而不惜将双亲处死，然后召集部众讲话：“我们的父母触犯了天条，就失去了做父母的资格！”更重要的是，在太平天国领导班子的宗教狂热派中，萧朝贵占有重要的位置，他既是天兄耶稣的喉舌，也是洪秀全最得力的亲信。他的去世给洪秀全带来的损失也许比冯云山的牺牲更大。洪秀全现在面临着一个教义上的难题，作为教主，他必须跟杨秀清一起向会众解释，为什么万能的天兄耶稣没能保护他在人间的替身，使之免受枪炮之害？

死者已逝，长沙城下的活人还需要救助。如果郴州的主力不立即增援，林凤祥和李开芳两部会有被清妖围歼的危险。杨秀清决定从永兴派出一千多人的快速部队，由罗大纲率领，先行救援，全军随后北上，解救萧朝贵的分遣队。洪秀全愤怒了，他要攻下长沙，为冯云山和萧朝贵复仇！

永兴城外，常禄探知太平军小股部队出城，急速北上，令张国梁分拨捷勇，加上一千名湖南兵前往安仁大路拦截，但是未能成功。

八月十一日和十二日，太平军主力从小路撤离郴州，分头北上。官军的总兵李瑞不敢拦截，率部尾追，跟随太平军向永兴推进。八月十三日，李瑞追到乐丰桥，击溃了一些掉队的太平军。第二天追到永兴城外，见太平军纷纷渡过耒水，奔入城内。

太平军在永兴集结，立即撤离北上。石达开和韦昌辉并辔而行。石达开感叹道："可惜这次不走衡州，那里还有跟我学过拳术的几百弟子呢。"

韦昌辉道："莫非翼王去过衡州？"

"十八岁那年去过一趟，"石达开说，"在一座寺庙里教授自创的两路拳术，高一路叫做弓箭装，低一路叫做悬狮装，可以九面应敌。还有一种连环鸳鸯步，决斗时在敌前站立，并拢五指，遮蔽敌手眼光，反跳百步之外，等敌人追来，旋身疾转，踢其腹脐以下，若遇敌劲，则多转几圈，连环踢腿，敌人飞起，跌出数丈甚至数十丈之外。少林、武当两派，恐怕也无此武功吧。"

"对呀，"石达开的随从说道，"那座古寺的前幢有一座丰碑，高二丈，厚三尺。翼王回家那一天，弟子们为翼王饯行，翼王酒后对门下的第一高徒说：'邦森，今天我要跟你比试武艺。我用身子紧靠石碑，让你打三拳。然后由我照样还击你。'陈邦森握拳打击翼王，拳头如同击在棉花上，一直碰撞到石碑。拳头缩回以后，翼王的腹部又平整了。翼王还击陈邦森，那小子有自知之明，知道吃不住这一拳，侧身躲避。翼王击在石碑上，石碑裂为几段。"

韦昌辉听了这番话，将信将疑地看着石达开，心中有些发怵。

太平军撤离永兴时留下了少量部队守城，企图拖住官军。常禄探知城内兵力空虚，很想趁机表现一下，下令向永兴发起攻击。他令张国梁从勇队中挑选二千多名精锐，攻击城北崇福庵敌军营垒。八月十四日，两队捷勇悄悄在东门和北门外设伏，参将庆福带领湖南兵和川勇从西门外沉沙港一路焚烧敌营。常禄率领湖北官兵从灵龛桥新路下街大路进攻。官军还是老一套的打法，假装败退，等太平军追到，伏兵枪炮齐射，击毙一些敌军。

张国梁此时用了一点心计。他令李连升带领五百名捷勇，装扮成太平军，直奔崇福庵敌营。太平军真伪莫辨，正在犹豫，李连升已逼近营盘，火罐喷筒齐射，打乱了太平军的阵式。捷勇乘势冲入营内，杀毙大批敌军。太平军余部向城内逃窜，守城部队打开城门，打算出城接应，张国梁率大队人马乘势抢入城门，刀砍矛刺，毙敌四五十名，生擒十六名。

太平军守城部队已完成牵制任务，从东门撤出。东门外预伏的潮勇开枪射击，击毙几十人，生擒七人。守军余部拼死向茶山突出，走到西门外，沉沙港的太平军见城中火起，也搭浮桥过河，向东撤离。官军这时敢于逞能了，趁势追杀，将不少太平军逼落耒水。但天色一黑，官军便停止追逐。

第二天，常禄率部向安仁县进发，走到安民司一带，隔着永乐江，发现对岸有一千多名敌军。常禄见江水干涸，可以涉浅过江，命令部队分头前进。刚到江边，太平军举旗迎战，但寡不敌众，被官军击溃。常禄乘胜追杀几里，又回到河岸扎营。据俘虏供称，洪秀全和杨秀清已率主力向前，他们这一千人，只是一支后卫部队。

官军在追击中打了两次小胜仗，都是靠着张国梁指挥的勇队。咸丰毫不犹豫地将他升为正四品的都司，相当于一个团级军官了。

咸丰部署的战略是中路拦截洪秀全的主力，可是官军未能实现他的战略意图。洪秀全的后方有李瑞率领的一支官军。他领受的任务是拦截太平军，但他实际的操作还是尾追。八月十八日，他追到安仁的白泥塘，马龙也带川兵赶到。太平军加快行军速度，直奔茶陵。

李瑞于八月二十一日追到茶陵州城，太平军于当天夜间分头北上攸县和醴陵。李瑞、王锦绣、经文岱与常禄分路追赶，第二天常禄赶到攸县，仍然落在太平军后面。马龙于上午九点追到攸县河边，算是赶到了太平军后队的前方，听说太平军从对河上游渡口蜂拥而来，立即派副将虎嵩林率几百人前往下游渡河，从县城以北绕向东南面的五里亭，抄到敌军前方埋伏。马龙率部渡河攻扑，遭到枪炮火力阻击。官军扑入敌阵，短兵相接。太平军从县城以东顺河北上，马龙督兵追杀到五里亭，虎嵩林的伏兵突起，歼敌几十名，却未能阻止太平军前进。常禄探知敌军主力改道从攸县小路直奔醴陵，官军追到新市，已经疲惫，便就地驻扎。

由于咸丰设计的中路拦截成为泡影，太平军很快就来到长沙附近。洪秀全的前锋逼近长沙时，刚刚到任的向荣新官上任三把火，决定于八月二十日对长沙城外的太平军发起一次较为猛烈的攻击。他令官军分三路进攻，中路从白沙井直攻敌营，左路从仰天湖进攻妙高峰，右路从蔡公坟沿城墙推进到南门大街进攻敌营。另外还有一路，由王家琳指挥，在城西发起攻击，不在向荣的计划之列。

清晨五点钟，各部同时推进到敌营之外。中路官军扑到敌营外墙边，一拥而上，前面一队踩上了竹签，攻击失利。后面的部队费了很大的力气拔除竹签，将敌营外墙拆毁几十丈。参将郑魁士正要抢上内墙，太平军在墙内开火，击中郑魁士额颅，顿时血流满面。郑魁士令部队冒着枪弹攻击，仍然无法摧垮坚壁，只得撤回。

左路官军是秦定三的营兵和江忠源的楚勇。他们来到妙高峰下，太平军突出五六百人迎战。江忠源一声大吼，部队冲压过去，将敌军击退，夺得敌军旗帜，毙敌百名以内。

右路官军从蔡公坟直下，抛掷火罐，烧毁房屋，扑到敌营墙边，将外墙木板拆毁，乘势拔去地上的竹签，但也未能攻入内墙。

三路官军毙敌四百多人，兵勇受伤一百四十多名，阵亡十三名。

向荣还没来得及组织第二次攻击，洪秀全的人马就出现在长沙了。八月二十二日，洪秀全的前锋三四千人已经抵达长沙以南不远处的仰天湖，秦定三和江忠源赶紧前往迎击。双方众寡悬殊，秦定三的贵州兵被迫退却，形势非常危急。江忠源带领楚勇向前冲击，短兵相接，藏匿在坟茔草丛中的太平军挺矛刺击，江忠源小腿被矛刺伤，落马坠地。太平军正要挺矛再刺，楚勇步卒滕加胜连忙用矛格开，将太平军刺死。楚勇将江忠源扶上战马，护卫他回到军营，他才得免一死。这时江忠济率部赶到了长沙，与江忠源一起驻扎在浏阳门。

另一路太平军一千多人，企图从东路包抄官军后背，官军用猛烈的火力阻击，太平军才撤退回营。贵州朗洞营参将任大贵头被炮伤，当即阵亡，副将德安腿受石伤。

此次交战，官军伤亡严重，并且失去了围歼萧朝贵先遣队的机会。

太平军主力陆续开到长沙城下，向荣感到了极大的压力。八月二十三日，他下令将城内的五千斤大炮移到南门天星阁，另筑炮台，直对敌营轰击，基本上摧垮了房屋和围墙。第二天，敌军突出四五千人，兵分三路，从秦定三营盘的东面扑来。官军以猛烈的火力阻击，太平军无法得手，分出兵力，打算抄袭贵勇营盘。秦定三率部夹击，将敌军击退回营。这又是一场激战，双方各有伤亡。

太平军主力抵达长沙后，据江忠源观察，他们的主力约为一万多人，本可以对官军形成反包围，但他们全部集结在南门城外，西面湘江，北面长沙。他们的东面是和春与江忠源的部队。如果官军的后路追兵赶到，在太平军南面扎营，就会使太平军四面受敌。江忠源认为，敌军的一万人当中只有二三千人的战斗力。而且这二三千人也并非异常骁勇。官军只要敢于冲杀，他们就会后撤。但他对向荣毫无信心，而各路总兵中，他认为能战的只有和春一人。所以，官军能否在长沙城下聚歼太平军，江忠源没有把握。

江忠源遇见知音

八月二十四日，新任湖南巡抚张亮基终于来到了长沙。从常德到长沙，不过三百多里的路程，他却用了二十六天，令人不得其解。他从路上接到的圣谕中，仿佛看到咸丰那张稚嫩的脸上布满了怒容。从那时起，他不敢再多耽搁一个时辰，迅速赶完了剩下的路程。

第二天，他十分渴慕的高人左宗棠也来到了长沙。当时城门紧闭，防卫森严。左宗棠通报姓名后，城墙上甩下来一根绳子。左宗棠把绳子系到腰上，城上有人拉拽，他攀着绳索登上了城头。张亮基派人把他接到巡抚衙门，迎出来一看，只见这个中年人身材不高，身形微胖，举止利索，但不失儒雅。一张圆脸上，两眼目光机敏，略带好奇，仿佛时刻在探究事物的底蕴。

宾主握手，如见故人。军情紧急，也顾不得说许多闲话。左师爷当即考察城防，部署兵力，调配武器弹药。张亮基见他如此干练，乐得将全城的军事全部交他指挥。左宗棠后来写信给女婿陶桄说：

比见石公于围城中，握手如旧，干以数策，立见施行。

左宗棠视察城防以后，赶紧去见江忠源。

江忠源说：“季高兄能来长沙，真是太好了！我在郴州就给程制军写信推荐你，可是没有回音。”

“这位程大人部署不力，我看他也混不了几天了。即便他叫我出山，我也未必答应呢。”

寒暄过后，左宗棠问道：“城外这许多民房，怎么都不曾烧毁，倒让逆贼占了，构筑坚固的工事，岂不是办了糊涂事吗？”

“是啊，我到长沙时，也觉得奇怪，怎么连这种常识都没有？”江忠源回答，“听鲍军门说，罗大人不忍拆毁民居，才弄成这样。”

“哼！看来这罗大人也是个庸才。”

第二天，左宗棠为张亮基起草奏章。张亮基道：“此番到长沙接任，拖延了许多时日，使皇上对我的印象大打折扣，真叫人后悔啊。”

左宗棠笑一笑，说：“不才试试，或许能为张大人挽回一些不好的影响，也未可知。”

左宗棠略一凝思，提笔代巡抚撰写奏章。他写道：官军已经击毙两名太平军首脑。据俘虏供称，萧朝贵于八月二十二日出来察看地势，被官军炮击左肩，伤重未愈，已经一命呜呼；韦昌辉则已在郴州病故。

这是长沙大员第一次向朝廷报告如此重大的战果，自然有助于扭转皇上对张巡抚的印象。其实这条奏报并不准确，萧朝贵也许在七月底就已负伤，而韦昌辉在长沙还活得好好的。但如此奏报还是有根据的，俘虏的供词中有此一说，不管消息是否确切，呈报到朝廷，足以令皇上宽慰一阵了。

左宗棠接着写道：张亮基一到长沙，立刻向北门外增派了一千五百多名驻防兵，以保障通讯和饷道的畅通。这一条奏报，表明了张亮基办理军务的干练。

张亮基阅罢草稿，对左宗棠的心思缜密和奏报技巧大为钦佩，但在左宗棠看来，这不过是自己的一点雕虫小技，他的才干岂止如此！他一到长沙，就发现地方官员们过惯了太平日子，武官懈怠，文官对军事一窍不通。长沙城外，只有江忠源与和春积极部署防御，城内则只有黄冕稍知兵法，在他到来之前，城内的防御都是这个已无官职在身的老人打点。黄冕天性喜欢鼓捣制造，城防所需的器械，多数是从他家里搬来的。

左宗棠接管防御以后，跟江忠源一起找黄冕商量战守机宜。

黄冕问道："季高来见老夫，有何事吩咐？"

"服周兄，我们要把城内能够作战的人都调动起来。现在最重要的是军饷，要向有钱人家征集捐款。"

黄冕说："季高放心，我马上去办。"此人雷厉风行，一出马就筹集了四万两银子。

左宗棠又说："岷樵兄，早在道州和郴州，你就想聚歼洪逆，未能如愿所偿。现在洪逆的全部兵力都集中在长沙城外，被压迫在江东一隅。只要能够说服中丞大人调兵堵住湘江西岸，江东的兵力压缩包围圈，就能实现你的愿望了。"

江忠源道："季高所言，正合我意。这也正是皇上的意思。"

"哦？圣上也有此意？那就太好了！岷樵兄，此事不难啊。冯云山在蓑衣渡被楚勇击毙了，萧朝贵乃是洪秀全手下最厉害的角色，足智多谋，打仗勇猛，可他也死在长沙城下了。刚刚封了五个王，转眼间只剩下三个。杨秀清和石达开两人勉强算得上是劲敌，只要除掉这两个人，洪秀全就会元气大伤。岷樵兄的楚勇威震敌胆，足以担此重任，可惜你腿伤未好，无法领兵，我们还得请中丞另外调兵过江。"

"中丞对季兄你言听计从，我们这就去找他，请他部署兵力吧。"

两人来到张亮基的公事房，掩饰不住内心的激动。

"中丞大人，不才已将城防部署妥当。"左宗棠说道。

"有劳二位了，请坐，请坐。"

"我们有更重要的事情向大人禀报。中丞想不想一举歼灭洪贼全军？"

"二位认为有此可能？快快请讲！"

"粤贼背水面城，我军援兵已到，扼断了敌军东面和北面，他们已自趋绝地。只是西路的要隘还有土墙头和龙回潭未派兵力把守，粤贼定会过江，从那两处登陆掠夺粮食，也可从那里逃窜。我们先派一支部队渡到河西，阻断他们的逃路，便可将其一举聚歼。"

"对呀。"张亮基眼睛一亮，"不过，那向荣如今总管军事，他知道我曾和吴中堂联衔弹劾他，记恨在心，我说的话，恐怕他不会听。赛中堂对他言听计从，兵力调动，还得跟他们商量着办。"

张亮基说的是实情。那个时候，长沙城内外，清廷高官云集。五位省级军政首脑（新旧三位巡抚和两名提督），十支野战部队的军长（都是总兵），全是和张亮基平起平坐的人物，大家互相观望，推诿责任，仗势托大，保存实力，致使军队的管理和调动乱成一团。张亮基无法调动他们的部队，想要说服他们，更是难上加难。

左宗棠想，张中丞纳谏如流，倘若皇上任命他为钦差大臣，事情岂不就好办多了？只要给他统一指挥部队的权限，让他手握尚方宝剑，有我左宗棠和江忠源辅佐，何愁不能将洪秀全那点军队一举荡平！

不过总的来说，左宗棠出山来到长沙，这里的军务立刻有了起色。左宗棠总是自比为当今诸葛亮。诸葛亮二十七岁出山，左宗棠出山比他晚了十三岁；但他的社会阅历，比诸葛亮刚出隆中时丰富得多。不同的是，他的起点不如诸葛亮那么高，同是军师，还得从基层干起。左宗棠一生的功名从此启幕，而湖南官府委任绅士筹饷治民，抵御造反武装，也是从左宗棠这里开始的。

身不由己的立场选择

左宗棠四十岁第一次出山，的确是给了张亮基很大的面子。此人才高八斗，虽然没能步入官场，但道光朝的名臣陶澍、贺长龄和林则徐等人，都十分看好他的才学和能力。道光二十年（1840），贺长龄在贵州巡抚任上，请他去幕府任职，他没有去；道光二十八年（1848），林则徐在云贵总督任上，也请他去幕府襄助，他仍然没有成行。此次张亮基请他出山，颇费了一番周折。左宗棠之所以同意出山，是因为有了众人劝说的合力。

左宗棠接到张亮基从常德送来的邀请函时，正躲在湘阴白水洞为一家人营造的避难所里。他展信读罢，虽然感激张亮基诚挚的信任，却并未为其所动。他提笔复函，快马给张亮基带回来的是一封辞谢信。

可是，白水洞这个世外桃源，从此不得安宁。张亮基派来的快马没走几天，江忠源派来的信差又到了。

江忠源向左宗棠告急：季高兄，长沙危险了！我跟在逆贼后面赶到长沙城外，好不容易抢占了蔡公坟的制高点。长沙要靠我们湖南人自己来保卫，绿营兵是指望不上了。那是一群酒囊饭袋啊。我在道州和郴州两次力主围歼逆贼，可我官职太小，没人肯听。快来吧，有你协助张中丞，长沙就有望保住了！

左宗棠素知江忠源的为人和才干，有些动心了。此公与太平军作战已有一年多，对敌我双方知之甚深，他的邀请分量很重。何况身为湖南人，左宗棠没理由坐视长沙被困。城内有他的学馆，还有很多学生。只是不知道，张亮基此人究竟如何？左宗棠心里还是没底。他想，贺大人与林大人是我尊敬的师长，他们的邀请我都没有答应，凭什么张亮基一请，我老左就非去不可呢？还是等等看吧。

刚刚拿定主意，有人自贵州来，交给他胡林翼的一封信函。拆开一看，贵州的这位死党抓住他崇拜林则徐的心理，盛赞张亮基是林则徐推荐的好官，和林大人都是一流的人物。这番话，把左宗棠的心说活了。

胡林翼说，张中丞两次派专人带着礼物来请先生，一次被敌军阻拦，另一次想必已经把信送到了先生手中。昨天接到中丞八月二十三日从乔口船上送来的信，说他对你的想念如饥似渴。中丞肝胆血性，举世无双。林大人曾向宣宗皇帝推荐，所以他才得到重用。先生最敬服林大人，而中丞的确是林大人一流的人物啊。

左宗棠对张亮基这个名字并不陌生。他记得，道光二十九年，他在长沙跟林则徐夜话湘江，关于官场中的人才，有过一番交谈。当时林则徐说："云南的张亮基、贵州的胡林翼和黄宅中，都是老夫的左右手。"

左宗棠跟胡林翼是死党，胡某的才干如何，不用林则徐多说。但他不熟悉张亮基，便问道："张亮基有何擅长？"

林则徐答道："此人开爽明干，不易得见。我给你说个故事吧。此人早年任中书小吏，办过水利。有下属向他行贿，被他谢绝。但他没把此事告诉别人，只是写在日记里。后来他来拜会老夫，把日记给老夫看了，其中记载了他拒贿的始末。从此老夫便对他另眼相看了。"

"原来林公对他还有过知遇之恩。"左宗棠说道。

"人生在世，若无知遇，断难出头啊。老夫也是遇到一位伯乐，才有今天。家父以卖柴为生，我幼年跟随家父干苦力。十二岁遇见一位巨室富户，说我器宇非同一般儿童，颇以为异。试着与我交谈，见我应对有序，又夸我聪颖殊常，将来必有成就，于是与家父商量，让我随他的几个儿子一起读书。我有此机缘，后来才得以涉身科举，步入仕途。”

左宗棠想起这段往事，知道胡林翼信中所言不虚，张亮基的确是林则徐看好的官员。想到这么多人都希望他这个草根书生出山一展才华，不禁心头一热。再看下去，胡林翼信中还有一段话，说得左宗棠有些无地自容。

季高兄，不是林翼我想害你，家乡的战祸，就摆在你的眼前！你若能委屈一下自己，去拯救湖南的百姓，民众得到了好处，相比之下，你的损失就小了。如果你不能体谅我这番诚意，还是不肯出山，你自己是保全下来了，难道你忍心看着本朝两百多年的和平毁于一旦吗？张中丞也是不世奇人，虚心延访，请你做他的宾客和师爷，为他运筹帷幄，也不至于辱没你啊。如果湖南全被洪秀全占领，难道唯独你那柳家庄梓木洞能够幸免吗？

左宗棠想，这个胡润之，把话说得好实在。柳庄是我的生计所在，一家十来口，就指望那几间房子和几亩薄田活命了。教书挣的那点钱，养不活我一家人。要是柳庄毁于战火之中，我靠什么抚养后代？一个人活在人世间，若是连肚子都填不饱，还谈什么抱负？天下苍生，和我一样，没有和平，哪来温饱？润之这次铁了心，硬要把我老左推出去。我要是再不出山，他岂不会指责我是自私自利的小人？

正在犹豫间，二哥左宗植来到了白水洞。

“宗棠，如今世风日下，很久不见公卿大夫礼贤下士了。张公诚心邀你出山，你该成全他的这番美意啊。”

夫人周贻端接口道：“张大人既是林大人一流的人物，他诚心相邀，也不算委屈我老公啦。”

同县的郭嵩焘和郭崑焘兄弟随左宗植同来，二人也在一旁相劝。

郭嵩焘说：“季高，你十九岁便中了举人，可惜怀才不遇，三次会试未中，以至于绝意于仕途。如今你已到不惑之年，纵然有一肚子的才学，可是不出去办差，又怎能帮助天下苍生呢？”

“罢，罢，都别说了，我去就是。”左宗棠说，“但我有个条件，意诚要跟我一起进入张公的幕府。”

郭崑焘一愣，没想到左宗棠会拿他来垫背。他想了想，随即腼腆地一笑，说：“行！”

如此多的亲友好心相劝，才说动了左宗棠的心。也许他并非故作姿态，自抬身价，而是确实不想做官，也不想参与这场内战。但他拗不过众人的一番热心，不得不勉为其难。

左宗棠在四十年的生涯中，饱尝世态炎凉，教过书，务过农，赖以维持一家人的生计。他长期生活在社会底层，懂得百姓的疾苦，痛恨腐败无能的官场，却从来没有起过造反的念头。他跟那些期待改朝换代的汉人视野不同。天地会和拜上帝会这类会党执著于建立汉人的王朝，左宗棠则比他们站得高一点，看得远一些，始终关心着中国如何自强，如何抵御外国列强的侵略，如何稳健地自立于世界民族之林。

左宗棠绝意于科举仕途之后，在贫寒的岁月里浸淫于实用科学，钻研军事、中外地理、西洋历史、农学和行政管理，创建自成体系的国防理论，把自己锤炼成政治家和军人的坯子。他以高远的眼界，密切关注着鸦片战争的全部进程，指望林则徐这样的强硬派官员击败夷人的侵略。

道光十九年（1839），林则徐在虎门销烟，大力整顿海防，左宗棠从他身上看到了富国强兵的一线希望。他钻进故纸堆中，考察西方列强侵略中国的历史根源。他知道英国为了倾销鸦片，企图以武力要挟清廷开通商埠；俄国人则垂涎我们的领土。无论是英国人还是俄国人，都把中国人当成好捏的软柿子。林则徐此举，发出了一个强硬的信号。

道光二十年（1840），英国军舰侵入广东海面，鸦片战争爆发。左宗棠听到战况，为自己只能袖手旁观而焦虑不安。他身在后方的山野，心却已驰往海滨的前线。他让自己进入帝国军队参谋长的角色，分析敌情，制订作战计划。他有出色的作战方案，有因地制宜的谋略，也有必胜的信心。但他连最低的军衔也没有，甚至没有一个军人会看一眼他的军事提案。

英军随后大举北犯，厦门、定海、镇海、宁波相继失守。左宗棠闻讯，更加忧虑。官军怎么会如此缺乏战斗力？明朝的军队抵御法国与荷兰侵略军，不是有现成的战略战术摆在那里吗？为什么没有一位中国将军懂得正确地用兵呢？左宗棠急得夜夜失眠。

战局一旦恶化，穆彰阿就有危言耸听的本钱，把道光爷吓得六神无主。道光爷身上已没有其前辈皇帝神武的影子，他居然将坚持抗战的林则徐革职发配新疆，以此来讨好猖狂的敌人。可是英国人还有更大的企图，要求租借香港，于是继续用武力施压，攻陷了沙角和大角，沿海大震。

左宗棠听说爱国护国的林大人被诬指为“误国殃民”，恨得直拍桌子，手掌都拍红了。他对道光皇帝非常失望，简直怀疑此人是不是康熙和乾隆的子孙。

是非颠倒如此，可为太息！

投降派占了上风，没有林则徐的参与，中国战败了。道光二十二年（1842）签订的中英《南京条约》，令左宗棠感到切肤之痛，沮丧万分。

中国战败的后果，草根阶层的左宗棠非常清楚。蒙羞的中国人爆发了对满清的怒火，自然灾害造成的饥荒和瘟疫，也在逼迫挣扎于死亡线上的民众举旗造反。时局败坏到如此地步，他想不出有什么能人可以挽回。他无意于参与即将开始的内战，而是想找一个荒僻的处所，领着老婆孩子躲避战乱。

以左宗棠为代表的这类汉人知识分子，是咸同时期最为强大的人力资源。谁能把他们纳入自己的旗下，谁就有可能成为最大的赢家。他们是山野之间的藏龙卧虎，如果咸丰看不到他们的存在，或者在发现他们的潜力之后，不愿破格地把他们从布衣提拔为高官，那么这位新皇帝将无法守住道光爷传承下来的祖业。如果咸丰的敌人得到他们的加盟，那么清帝国的大厦就会倾倒得更快。

所以，曾国藩说得很对，中国的形势如何发展，取决于咸丰皇帝将要采取何种人事路线。而咸丰在经历了痛苦的思考之后，也领悟出了这个不二法门。虽然咸丰还没有直接下令提拔左宗棠，但他号召地方大员招募贤才，提拔干员，为左宗棠的出山创造了条件。左宗棠此番应张亮基之邀来到长沙，已经做出了立场的选择，加入了官军的阵营。因此可以说，张亮基为皇上办了一件大好事，为朝廷请出了一位最重要的人才，他将在晚清历史上发挥无可估量的作用。他的此次出山，实乃清廷之大幸。未来同治光绪年间的历史将表明，对全体中国人而言，这个“四亿中国人当中最杰出的人物之一”能够登上晚清军政舞台的高位，也是值得庆贺的事情。

第三章

湘阴卧龙

> 左宗棠联语：
>
> 身无半亩，心忧天下；读破万卷，神交古人。

晚清诸葛亮

嘉庆十七年十月七日，西历1812年11月10日，左宗棠出生于湖南省湘阴县的文家局左家塅，也就是现在的湘阴县金龙乡新光村。他和胡林翼在同一年出生。胡林翼在资江之滨第一次看见夏日的阳光，左宗棠在湘江之畔第一回感受冬天的寒风。

据说左宗棠在二十岁以前叫做左宗棫。“棫”是树阴，父亲左观澜为小儿子取此字为名，指望他能得到祖宗的庇佑。这很可能跟这个婴儿的身体状况有关。据说他生而病弱，身体瘦小，小肚皮鼓胀。在他生命的最初两三年内，连存活的希望都很渺茫。

祖宗保佑这个小孩活了下来，让他继承了三代书香的遗传因子。前辈人三代都是秀才，左宗棠带着斯文的基因来到人世，尽管因身体不好而有些难养，但幼年就表现出聪慧的天资。他给大人两个最突出的印象：一是记忆力超强，过目成诵；二是悟性过人，从对对子就能看出来。人家出上联，他稍加思索，便能对出下联，堪称顶尖高手。

对对子乃中国文人最热门的智力游戏，因为游戏的过程最能集中展现丰富的联想力、准确的语文知识和敏捷的才思。一个孩子能够成为此道高手，自然令人称奇。童年的左宗棠完全有资格跻身于神童之列，具备进天才班的智力条件。

祖父左人锦和父亲左观澜很快就发现这孩子非同寻常。祖父偏爱此孙，在他四岁的时候，亲自带他到附近的梧塘读书。

有一天，左观澜给长子左宗棫和次子左宗植授课，教授《井上有李》一文。两个儿子念道：“昔之勇士亡于二桃，今之廉士生于二李。”

左观澜说：“暂停！提个问题：‘二桃’典故出自何处？”

小儿左宗棠在一旁玩耍，顺口答道：“这都不知道啊？古诗《梁父吟》里面就有哇。”

父亲一惊，随后有悟：一定是这个小机灵鬼平时听到两位兄长诵读，就记在脑子里了。

祖父喜欢这个孙儿的聪明，更看好他的胸襟。他带满孙到住宅后面的山上采栗子，左宗棠采了一把，自己先不吃，带回家里，平均分给哥哥和姐姐，演绎了孔融让梨的清代版。左人锦认定，这个孙子是左家的福气，有了他，光大家门有望。

左观澜为幼子的聪颖而暗自窃喜，把此子的前程设定为自己未能达到的目标：应科举，登仕途。他是个正统的儒生，尽管无缘做官，也不愿下海经商，家中因此而缺乏大坨的银子。他只能靠教书授业，勉强维持一家人贫寒的生活。但他把入仕的希望寄托在下一代。左观澜心爱幼子，却未敢放松管教。左宗棠刚到五岁，他就迫不及待地领着儿子到省城长沙读书，不是念学前班，而是正儿八经地诵读儒家经典，学习成年人都永远参悟不透的《论语》《孟子》，以及朱熹的《四书集注》。

中国的为人父者通常不愿教授自己的儿子，只要条件允许，他们会延聘教师来为儿子授课。理由很简单，为父者觉得很难做到严厉地对待儿子，而教学体制要求教师们对学生板起面孔。中国人认为，在教学过程中，孩子们是不打不成材。左宗棠的父亲却是因为太穷而请不起教师来管教三个儿子，他只能亲自上阵。

左宗棠刚到八岁，就开始学写八股文章。左观澜领着儿子提前朝他心中的大目标进军。这个提前量虽然大得惊人，左宗棠却未感到太大的压力。这个得到两代长辈宠爱的孩子，学习的过程相当轻松。他保持着童年应有的活泼，每天读完父亲规定的课业，就跳跳蹦蹦地地去玩他的游戏。

但是八股文毕竟是乏味的玩意儿。善于思考的孩子，长久浸淫于其中，必然会感到腻烦。老师不断地灌输，一定会令孩子心生逆反。左宗棠开始抵触这种讨厌的文体了。一方面，他以写八股文拿手而自负，另一方面，他感到老写这种东西十分无趣。左宗棠是他那个时代的新新人类。他在正统儒生的管教下，产生了叛逆的想法。他虽能写一手好文章，但他偏不喜欢迂腐的应试教育。他“不好八股，但文才非凡”。

左宗棠爱的是历史。抽空一读历史书，便觉荡气回肠，历史人物的浩然志气和宽阔胸怀，令他十分景仰。他捧读三国，有个人吸引了他的眼球。他读到诸葛亮的事迹，眼睛就闪闪发光。此人鹅毛扇轻轻一挥，就能指挥千军万马打胜仗，高深莫测，运筹帷幄，一肚子学问，都派上了大用场。孔明先生不但上通天文，下晓地理，熟谙兵法，知人善任，于兵器和机械都有心得，还有经济头脑。

年幼的左宗棠说：“我长大了，要做孔明！”

这个愿望很普通。一个人的志向，往往在童年便已形成。拿破仑七岁想当皇帝。其实在他那个年龄，想当皇帝的男孩比比皆是。遗憾的是，皇帝一职只有一个名额，几千万人的国家，只有一个超级幸运儿能够上岗。但这并不能妨碍孩子们大胆去想。如今的小孩想当银河大总统的不下十万个。由于社会在相当一个时期内还无法提供这个职位，他们将来当上厅长、处长或者集团老总之后，也就算得偿所愿，找到君临天下的感觉了。

左宗棠倒没有如此缺乏民主精神的志向。他不想独裁，只是想做个一人之下万人之上的丞相。当然，社会所能提供的这种职位，较之皇帝一职，其实多不了多少。能不能照这个定位走下去，还得靠命运的安排。

初生牛犊不怕虎，小孩子很少思考命运。谁也无法阻止他怀抱这个梦想。他相信只要努力，就可以练就诸葛亮的那一身功夫。令他纳闷的是，孔明的那些本领，应试教育怎么就不教呢？净读些儒家经典和八股文，真是无趣得很啊。

幸好左宗棠生而逢时。晚清时期，读书人的知识结构正在发生裂变和重组。学术界已经有人吹响反叛的号角。学术造反派尖锐地指出，盛行于汉代和宋代的儒家学说流于烦琐空疏，脱离实际，对百姓的疾苦漠不关心。大儒们身居高位，谈经论典，不关心官风建设，也不搞政绩考核，至于国防问题，更是搁置一边。他们的学问对朝廷无用，无法提供国家大事的决策依据，不足以保卫疆土，更无助于解救民众于苦难。

在这样的学术环境下，左宗棠受到了另类的影响。他加入了学术造反者的行列，使他在学子中享有盛名。左宗棠的口号是，学习必须与实践相结合。

曾国藩说过，懂得了一句话，便去实行这一句，才叫做身体力行。左宗棠说得更尖锐：认得一个字，就要实践这个字，才叫学懂了；整天读书，实践还不如一个村农野夫，只是会说话的鹦鹉而已。照他们的说法，社会上充斥着有秀才头衔的文盲。

但是左宗棠遇到了一个问题。儒学经典和八股文固然令人生厌，却是科举考试的必读课本。千古不变的制度，不是靠两声造反的号角就能吹垮的。你想踏上仕途，就得现实一点。左宗棠悟出了世界的无奈。应试教育不会照顾大家的心情，仍然灌输无用的知识。当然不是完全无用，而是考试必用，不能不学。

左宗棠觉悟得早，看穿了其中的玄机。他知道应考是一码事，要掌握真正有用的知识还得另辟蹊径。有用的知识无不关乎国计民生，左宗棠涉猎的科目非常广泛，计有历史、地理、军事、经济、水利、农业技术、制造、人事管理。道光、咸丰年间，这些学科尚未细分。这类学问比较注重对于边疆的研究，可以称为边疆史地学；若要再分，可以区分为西北边疆的史地学和内地边境史地学。研究者以军事为目的，把经济、水利和农业技术融合于其中。梁启超给这种学问起过一个名字，叫做“历史地理学”。

在列强环伺的时代，左宗棠钻研的学问对于制订军国大计具有极强的指导性。左宗棠为了造福社会，自觉地更新自己的知识结构。但他同时折衷妥协，一边贪婪地摄取经世之学，一边为科举考试做准备。他的座右铭是：读书当为有用之学，科举特进身阶耳。

左宗棠十四岁就开始引人注目。那一年，他进了湘阴县城，参加童子试。考场设在大成殿，搭了棚子，间隔起来，一名考童独坐一格。左宗棠不怵这种考试。他虽留心异学，正统也学得不比别人差，甚至常以八股文自夸。八股有什么了不起？本少爷虽不感冒，但一动笔，照样拔得头筹。后来回忆那段日子，他说自己喜欢逞能，出言不逊，每作一篇八股文，就向同学炫耀一番。

年轻人争强好胜，十分正常，关键还要有逞强的资本。可是步入中年以后，左宗棠反思年轻时的骄态，颇为失悔，在给儿子的家书里，做了一番检讨，以告诫后辈。原文如下：

近时聪明子弟，文艺粗有可观，便自高位置，于人多所凌忽。不但同辈中无诚心推许之人，即名辈居先者亦貌敬而心薄之。举止轻脱，疏放自喜，更事日浅，偏好纵言旷论；德业不加进，偏好闻人过失。好以言语侮人，文字讥人，与轻薄之徒互相标榜，自命为名士，此近时所谓名士气。吾少时亦曾犯此，中年稍稍读书，又得师友箴规之益，乃少自损抑。每一念及从前倨傲之态、诞妄之谈，时觉惭赧。

左宗棠的八股文确实高人一筹。这次考试交出的考卷，令考官大为赞赏。展卷一看，不仅字写得好，文章也有新意，便褒奖有加。

左宗棠迈过了应试的第一道门槛，爽不可言，决定继续考下去。第二年，他从湘阴来到省城长沙府参加府试。主考官是长沙知府张锡谦。他是少年左宗棠遇见的第一位伯乐。左宗棠交卷后，张大人一看，就非常喜欢，清清嗓子，对诸位同考官说：“这个姓左的少年，他手中那支笔，比我们大家都强，前途无可限量。”

张锡谦这句话出口，令同仁都不免汗颜。一不小心，这些饱读诗书的大人们就被一位少年超越了。张大人倒不是存心寒碜同事，他确实对这姓左的少年心折。于是把左神童的考卷往前腾挪。眼看这份考卷超越了一份又一份卷子，就要名列第一了。忽然，张锡谦感到挪不动了。

为什么？他撞上了从古至今都起着决定作用的潜规则，所以前路不通。为了搞平衡，另外的考官们想对名次的排列适用多重标准。他们说，有一名老童生，已经参加了许多届考试，精神可嘉，应该照顾照顾他，把他取作第一名。张锡谦说：“你们认为他的文章比起小左来，高下如何？”大家承认，论文章优劣，老童生无法和左少年相比。但他们自有一番说辞：少年人嘛，将来还有机会，那就还是照顾一下老童生吧。

发榜的时候，老童生的名字排在第一，小左的名字排在了第二。张锡谦良心有愧，对其他几位考官说：“天下的事情，总难做到真正的公平啊。”他歉意地召见了左宗棠，对他着实夸奖一番，以示勉励。

左宗棠对此事倒没有十分放在心上。他经过县试和府试两次考试，知道自己成绩不俗，信心倍增，一心想参加省一级的乡试，也就是三年一度的所谓“大比”。

左宗棠对乡试胜出信心百倍。可是，当他正在摩拳擦掌时，得到母亲病重的消息。他决定放弃这次进身之机，回乡照顾母亲。他的母亲余氏于道光七年(1827)冬天去世，终年五十三岁。左宗棠在家丁忧。他无缘这次大比，还得等待三年。

就在这段时间里，经世致用的思潮在全国逐步兴起。左宗棠以敏锐的嗅觉，备受新思潮的鼓舞。但是功名还得博取，考试不能荒废。道光十年（1830），左宗棠进入长沙城南书院读书。他学习刻苦，成绩优异。第二年，湖南巡抚吴荣光在长沙设立湘水校经堂，左宗棠七次参加校经堂的考试，七次名列第一。

左宗棠跑遍长沙的书店，买到三本书。那时的书肆里，陈列的多是儒家典籍。淘到这三种书，左宗棠是下了一番工夫的。不仅要找到卖家，还要筹书款。清贫岁月，左宗棠的口袋基本是布贴布。

什么书这么重要？书名并不惊人，作者却都是一代名家。三种书分别是：《读史方舆纪要》，作者是生活于明末清初的史学家顾祖禹；《天下郡国利病书》，作者顾炎武，明清之交的经济地理学家；《水道提纲》，作者齐召南，比左宗棠早生一百多年的地理学家。

《读史方舆纪要》列入了影响中国的百种图书之一。它的内容，包含军事地理学、人地关系学，以及关乎国计民生的历史地理经济学。左宗棠一看这书，便怦然心跳，那里面记载的山川险要、战守机宜，令人了如指掌，真是难得！他心系天下，一旦出仕，决策能有根据，得益于此书不少。

《天下郡国利病书》是一部规模宏大的地理著作，内容涉及军事、赋税和水利。它告诉左宗棠：一个地方，从地理形势、物产和兴办农业的条件而言，都各有利弊。

《水道提纲》是关于中国河道水系的专著。左宗棠每任一地督抚，都十分关心水利，晚年还亲自督导直隶、山东与两江地方的水利工程，造福于民，就因他早已具备这方面的学识。

这三部著作包含许多具有可操作性的知识，为左宗棠提供了做一个为朝廷办实事的官员所需的学识。左宗棠淘到书后，贪读不止，朝夕钻研，“潜心玩索”，有了心得，便做笔记。这种事在当时居然有些见不得人。同学见了，嘲笑他做无用功。这些人目光短浅，哪知鸿鹄之志！左宗棠倒也挺得住，不跟他们理论，犟劲上来了，不但坚持不辍，还更加勤勉。

左宗棠省下饭钱买了这些书，但这已令他囊空如洗。这个“颇好读书”的青年，“苦贫乏，无买书资”，碰上价格昂贵的大部头书籍，就只好望洋兴叹了。

十八岁那年，好事从天而降。江苏布政使贺长龄冬天回善化家中为母亲治丧。左宗棠对这个嘉庆和道光两朝的名臣景仰已久。经世济用学派的领军人物，一个是魏源，另一个就是这位贺老师了。左宗棠早就听说这位贺大人是著名的务实派官员，又是率先倡导经世致用风气的大学者，倾慕他“学术纯正，心地光明”，连忙赶去拜访。

左宗棠的到访未使贺长龄感到唐突。他弟弟贺熙龄在长沙城南学院教书，左宗棠是贺老师的高足。他对恩师的兄长执师生之礼，也在情理之中。贺长龄对左宗棠有些印象，他弟弟说起过这个名字，说此人“卓然能自立，叩其学，则确然有所得”。湖南老乡也曾对他提起过这个湘阴的奇才。

年轻人拜师总有意想不到的惊喜。贺长龄看好这个学子，给他以国士的待遇。这是一个强烈的信号，表明这个年轻的在野人士已经得到部分官员和学者的青睐。

左宗棠此来，是为了求教借书。贺长龄对他无所保留，经史书籍任他挑选。左宗棠坦言家道衰落，买不起书。贺长龄把公家和私人的藏书对他全部开放。左宗棠每次借书，四十五岁的贺长龄还“亲自梯楼取书，数数登降，不以为烦”。

俗话说，“老虎借猪，秀才借书”，就是有借无还的意思。贺长龄也不催这个后生还书，他知道，书到了有用的人手里，就是物尽其用。

左宗棠的知识结构就是如此打了框架。为了功名，他继续攻读儒家经典；为了救世济民，他更多地吸收实用的学问。儒家经典随处可得，实用的名著一册难求，被他视为至宝，日夜捧卷阅读，爱不释手。他举着墨笔，在书上勾画批点，“丹黄殆遍”。他后来带兵打仗，施政理财，得益于饱览经世之学，从青年时代就注重培养自己的策划能力和执行能力。

左宗棠不是一般的饱学之士，在实用科学一途，有别人难以望其项背的造诣。他对中国有史以来历朝历代的版图，都能了然于胸。全国各处的军事重地，包括所有的山隘与河卡，他都如数家珍。他和夫人周贻端婚后的浪漫岁月，既有男耕女织，也有男绘女绣。绘是左宗棠的功夫，根据史籍和图册描绘地图；绣是周贻端的活计，把地图绣在绢布上。成品是一幅幅湘绣地图，可以长期保存，便于携带。

高效率带来的幸福

道光十一年（1831）春天，左宗棠在长沙城南学院读书。几位学友凑在一起闲聊时，说起一件未婚男青年都会感兴趣的事情：湘潭县有个周姓大户，正在为大小姐征婚。大家看好左宗棠的实力，商量好了，要唆使他去应征打擂。

征婚的这个家庭是个大户人家，家道厚实。他们住在湘潭县的隐山，那里有个隐山书院，书香浓郁。周家住在隐山东麓的辰山，盖了一所大院，取名“桂在堂”。村夫野老不懂此名的雅趣，俗口流传，以讹传讹，说成了“贵子堂”。

周家大院占地近一万平方米！这么大的面积，就是只盖平房，也足够上百小户人家居住了。不但地面圈得大，建筑也很奇特。全院四十八口天井，按八卦图形排列。进得院内，廊道通幽，曲折逶迤，和迷宫一般，不懂易经的人进去，绝对找不到出口。

这个宅院的大门口竖了一块青石碑，据说乃皇帝钦赐，凡来桂在堂的文官武将，见了这块冷冰冰的石头都得落轿下马，叩首而拜。显见这家人是官宦的后代，只因老爷们已经去世，才显得有些落寞。

左宗棠听着好友们眉飞色舞的描述，不免纳闷：大户人家的黄花闺女，且不论才貌如何，单是陪嫁的银两之丰就令人垂涎。这周家小姐也算得上是湘潭名媛了，为何要开门招婿？难道嫁不出去吗？

他把心中的疑惑提了出来，欧阳兆熊说道：“季高多心了！周家太夫人王慈云是远近闻名的才女，擅长作诗。你还不知道么？湘潭一地，自本朝以来，冒出了许多女诗人。郭氏一族的女眷诗人辈出，名冠湖湘，郭步蕴、郭友兰和郭佩兰等人，都是书香一道的著名女流。到了咱们道光年间，又出了周家女眷这个女性诗人的群体，人数多达十三位，个个声名卓著。这个要招郎君的周贻端，就是周家女性文学团体的核心！”

左宗棠一听此话，心中的疑虑释去了一半。欧阳说得很明白，这个周贻端是个知书达理、性情贤淑的女子。只是不知容貌怎样，芳龄几何。

欧阳继续为他解说：“周贻端小姐雅号筠心，相貌娴静，举止端庄。芳龄已度十九个春秋，对了，正好与季高同年！”

“十九岁了？”左宗棠一愣，“奇怪啊，如此才女，不知道年岁不饶人么？为什么仍然待字闺中呢？”

欧阳回答：“这有什么可奇怪的？筠心小姐不嫁，就是因为自身条件太好，不肯随便嫁人，以致耽搁了嫁期嘛。她母亲急得团团转，万般无奈，出此下策，公开征选佳婿。这虽非上上之策，却能扩大视野，增加了挑选的余地。”

根据欧阳的介绍，王慈云公开招女婿，采用斯文的竞争方式：比诗招亲。她身兼主持和评委主任，要当面考察有心娶她女儿的男性才俊。

左宗棠的一帮铁哥们儿鼓动他前去打擂，唯恐别人到周家捷足先登，抢走美人。听了大家的一番说辞，左宗棠怦然心动。欲念已被勾起，但不免顾虑重重。在一个贫富不均的社会里，穷人和富人结亲，总有太多的难堪。他只是一介贫民，没有成就功名，拿什么去讨老婆呢？何况对方是个富家千金，又是眼光挑剔的才女！周家招婿，据说看重的是才干和人品，但谁知道她们是不是势利眼，会不会嫌弃自己太寒酸呢？万一高攀不上，反受其辱，我左季高可丢不起这个人！

何况，给异性的第一印象怎么样，他有自知之明。相貌不俗，却算不得超级帅哥。明快果决的左宗棠，竟然踌躇不前。欧阳兆熊和他未来的连襟张声玠竭力打消他的顾虑。他们说：“你左季高可是敢作敢为的人，难道就被一个周家大小姐吓得畏葸不前了？”

激将法果然有用。左宗棠最大的特点就是不服输。也好，就去试试吧。虽说万般不济，既无银子又无地位，相貌也难比潘安，但还有唯一的胜算，就是才高八斗，志向高远，前程无量。若她周筠心真是个有眼力的奇女子，就会着眼于未来，而不会把我拒之心扉之外。

左宗棠拗不过大家的一番美意，决定勇闯周家的招婿擂台。他请二哥随同欧阳兆熊前往周府提亲。第一关顺利通过了，周家同意面试。于是他前往湘潭隐山，登门拜访。

他倒要看看，这些女才子名声在外，究竟是否惠质兰心。

左宗棠来到隐山，出现在王慈云面前。遗孀诗人不禁眼睛一亮。眼前这个年轻人，英气勃勃，面目清朗，浑身洋溢着傲然正气。她打心眼里暗喜了。

王慈云是过来人，才情不俗，眼光独到。小伙子虽然个子不高，但两只眼睛又黑又亮，目光炯炯，双眉浓黑，似剑如刷。配上这双眼睛，整个面目就透出一股刚劲。再看眼睛上下，上方是印堂饱满，富有光泽，眉宇之间流露出一股傲气；下方呢，鼻梁坚挺，嘴阔唇厚，那是坚强沉毅的象征。

王慈云的目光盯上了季高少爷的双耳。这对听觉器官又大又厚，耳珠圆润。面相学有云，此是福相。接着察看嘴唇。这个部位的好坏，取决于厚薄。无知的女孩钟情于薄嘴相公，白面书生。须不知嘴大唇厚，才堪身膺重任。左少爷的嘴正是王侯之相，看得王慈云心中欢喜，不由得连连点头。

这当口，还有另一个女人在打量左少爷。她不是别人，就是周家大小姐贻端。

旧时相亲，女当事人照例回避，但偷窥是免不了的。躲在屏风后面，可以尽兴一览，比面对面瞅几眼刺激多了。可以想象，左宗棠刚进周家大门，贻端小姐便已在隐蔽处选好位置窥视了。终身大事，如何决断，在此一窥，此外别无良机。

贻端小姐偷窥的结果其实并无悬念。母女心意相通，于择偶标准，使用同一版本。这个候选郎君非常养眼。不过，贻端小姐更关心此君的才具如何。

于是，一切都要由下面的才情考试来决定。王慈云备好了考题，前面说过，考的是文才。她先跟左宗棠左少爷拉起了家常。旁敲侧击，很快就掌握了左公子的出身和家境。爱好什么？志向如何？王夫人笑吟吟地把一个个问题抛过来。左宗棠思路敏捷，对答如流。家境是瞒不过去的，只好实话实说；志向高远也是真的，想装作不高远也不行。

母亲和左公子的对话，周贻端听得真切。咦，这位左公子真是人上之人，谈吐从容，进退有度，一派学子风范。才女敬才子，芳心已动。

答辩一过，面试就进入第三轮。王慈云想：家境不好不要紧，暂无功名也不必苛求，只要你真有硬功夫，过得了下一关，本夫人就把小姐许配给你。

硬功夫的考核是填空。王慈云指着桌上的一些残缺的对联，要求左宗棠填补上联或下联。

考题浮出水面，左宗棠就乐了。就考这个？难道你们不知道，本公子从小就是对对子的高手？不过在未来岳母面前不敢造次，嘴里还得谦虚一番，然后才轮到卖弄才学。

季高少爷在准岳母家，稀里哗啦，对出了一串对联。这里选出三副，供各位欣赏。

第一副，有下联缺上联。下联是：胸藏万卷圣贤书，希圣也，希贤也。

季高少爷说出他的上联："手执两杯文武酒，饮文乎，饮武乎。"

第二副，有上联缺下联，上联是：鸿是江边鸟。

季高少爷对道："蚕为天下虫。"

第三副，有下联缺上联。下联是：凤凰遍体文章。

季高少爷脱口而出："螃蟹一身甲胄。"

左宗棠露了真功夫，王慈云喜上眉梢。左公子确是才貌双全啊。所对联语，格律工整，文词恰当，尤显气势不凡。

试卷答案一出，很快就由用人交给了贻端小姐。她还能说什么呢？还是那句欲盖弥彰的老话："听凭母亲做主。"按照惯例，王慈云亦喜亦悲，双眼潮润，对左公子说："季高啊，你以后可得善待我的女儿！"这种场景，千篇一律，无须赘述。

左宗棠与周贻端相识的经过，还有另一版本，纯属民间传闻。道光十二年某天夜晚，周家大小姐梦见一条黄龙，盘缠于自家宅院前栋的柱子上。第二天清晨睡醒后，她忆起梦中情景，连忙起床，顾不得梳洗，跑到前栋一看，只见一名年轻的乞丐爬在柱子上。一问缘故，原来是躲避狗咬。

不用说，这位年轻的丐帮弟子就是左宗棠。周贻端不存门户之见，只因这青年气度不凡，谈吐不俗，就将他收留，以身相许，结为夫妻。

这个版本把左宗棠打入了社会最底层，虽说有些夸张，却同样展现了周贻端择偶不看衣帽看人品的趣旨，与打擂相亲之说有异曲同工之妙。何况左宗棠虽未沦为乞丐，却也徘徊于赤贫的边缘，以至于赢得了美人芳心，却无经济实力把她迎娶回家。

左宗棠打赢了相亲的擂台，仍然赶回长沙念书。二哥左宗植做主，把婚期定在下一年。几个月过去，若说左宗棠心无旁骛，铁定是假话，心里牵挂着湘潭的未婚美女不说，还有更加烦心的事情。

人间的烦心事多数与金钱有关。钱多惹事，钱少办不了事。左宗棠的烦恼属于后一种，他家没钱，怎么操办婚事？四壁徒空，娶了老婆饭都吃不上，岂不是拉着周家大小姐跳火坑？

左宗棠决心通过科举考试出人头地。恰好在道光十二年（1832）秋天，长沙将要举办乡试。左宗棠此年二十岁，父母与长兄都已去世，他和二哥左宗植相依为命。他见二哥正在打点行装，要去省府长沙赶考，不由得心痒痒，说道："我也要去。"

左宗植向他扬一扬手里的一张纸，说："你没有这个东西，去了也是白搭，人家不会让你进考场的。"

左宗棠知道，那张纸是生员的证书。二哥有证，他没证，因为他没在官学念过书。无证就无参考的资格，连考场也进不去。左宗棠有点不信邪。他想，难道一张监生的证书，就能把我挡在考场门外？左宗植设法凑到一笔钱，为弟弟捐了个监生，得以参加乡试。

左宗棠在乡试中交了一篇作文，题为《选士厉兵，简练杰俊，专任有功》。文如标题，议论如何选拔有用的官员，训练能打仗的军队，重用有功劳的将领。这篇文章的立意，符合左宗棠以孔明的角色考虑军政要务的立场。

第一次阅卷，左宗棠名落孙山。此次乡试，名额只有十七名。左宗棠没有入选。第一名是他的二哥左宗植。人们认为，这个结果对左宗棠很不公平。他的作文水平不可能比二哥相差那么远。

考试落选也出乎左宗棠意料之外。他走出考场以后，立即凭着记忆，抄写了一份底稿送给贺熙龄，请恩师给他估分。贺熙龄一看底稿，立刻感到大事不妙。不是文章写得不好，而是写得好过了头。他的评价是：该文言之有物，文采飞扬。

贺老师夸过左宗棠的文章以后，却眉头紧皱，缓缓摇头。左宗棠急忙请教文章错在哪里。贺熙龄说："错不在你。若说有错，就是错在文章写得好。那些考官只看得上一个模子里套出来的东西，你破了他们的规矩，恐怕没有好果子吃。"

果然，阅卷的同考官在左宗棠的卷子上批了"欠通顺"三个字。按照他的意思，左宗棠连文章都写不通。他将此卷打入"遗卷"堆，将左宗棠刷了下去。左宗棠此次乡试落败，已在意料之中。

然而，幸运之神给了他一个机会和一位贵人。

这一科考试提前了一年，是为道光爷五十大寿特别开设的"万寿恩科"。道光爷高兴，特事特办，钦命湖南录取举子可以超过十七名，额外录取六名考生，增补的举人就从遗卷里面挑选。选中者，另列一张副榜，以示皇恩浩荡。

从五千多份遗卷中择优录取是一份苦差。由于副考官胡鉴突然病逝，主考管徐法绩一个人担负起这个重任。左宗棠时来运转，碰上了一位敬业的官员。若是徐大人偷懒，随便看几份卷子，或许就看不到他的考卷。可是徐大人不辞劳苦，硬是把几千份考卷都看了一遍。

看到左宗棠的考卷时，徐法绩不由得大吃一惊。这么优秀的考卷，怎么被批成了"欠通顺"呢？一路小跑，去找写批语的同考官，请他修改一下批语。那位老兄却很执著，偏着头说："中不中由主考大人拿主意，推不推荐是下官的事。大人要让他中，悉听尊便。要下官改批语，恕难从命！"

徐法绩略一沉吟，面孔一板，压低声音说道："你可知道，我增选考卷，是奉了皇上的谕旨？"这一招很灵，同考官再硬，硬不过圣意。徐法绩没有得理不饶人，拿出了雅量，索性走个民主程序，想让大家口服心服。他把左宗棠的试卷发给所有考官传阅。

大家犯嘀咕了：徐大人如此关照这位姓左的考生，莫非这是一份温卷（关系卷）？他们互相丢了个眼色：既然徐大人是想避嫌，让咱们为他分担走后门的责任，咱们何不卖个好，集体通过了这份关系卷？

顺水人情，人人乐得去做。文章优劣不重要，给徐大人的人情却不能不卖。至于阅卷嘛，敷衍一下吧。可是一看考卷，考官们就蒙了。文章且不说，单是那一笔翰墨就叫人喜爱。大家先把小左的书法夸了一番，讲的都是心里话。再读文章，哎呀，真是写得太好了！是谁批的"欠通顺"啊？若非对这考生怀有深仇大恨，实在说不过去啊！批语必须改，却又不能让阅卷官下不了台。大家决议：把批语改成"尚通顺"。

徐法绩甩出了圣旨，又尊重了民主，终于把左宗棠的卷子选拔出来，心中大慰。可他还不甘心。尚通顺？狗屁！对得起这么好的文章吗？对得起圣上的惜才之心吗？本官不管那些滑头怎么想，一不做二不休，索性把这份考卷塞进正榜案卷吧。

卷子塞进去了，到了深夜，徐大人还是睡不着。他左思右想，最终决定，怎么也要把那姓左的才俊取在正榜的第二名或第三名。

清晨，他爬起床，一路小跑，来到公事房，去正榜案卷中寻找左宗棠的那一份，打算把批语再改一个字，成为“极通顺”，却发现那份考卷不翼而飞了！一问诸位同考官，才知道他们又在搞平衡。

“徐大人啊，唯楚有才，咱们湖南人才太多啊。左家两兄弟，哥哥取在正榜第一名，中了解元，弟弟就给别人让让路嘛。正榜只有十七个名额，都有人占着，那就让左宗棠屈居副榜第一名吧。”

左宗棠好歹中了举，成为当年的第十八名举人，算得上一件喜事。徐法绩无端背上了推荐关系卷搞不正之风的嫌疑，很快也被洗清。揭晓中举名单时，湖南巡抚吴荣光起身打一拱手，说道：“恭贺徐大人为国家选得良才。”巡抚大人都说此事办得公允，别人还有什么可嚼舌头的呢？

左宗棠走出考场，没等到成绩揭晓，马上前往湘潭去结婚。定下这门亲事之后，左周两家都不愿延搁婚期。左家生怕错失良机，周家不愿耽搁女儿的花季。两家急在一处，只要没有地震，婚事就要如期操办。左宗棠无房无钱无收入，不能迎娶，那就入赘妻家。男穷女富，倒插门是唯一的选择。

周家宅邸里响起了喜庆的鞭炮声。时当道光十二年八月。左宗棠面子上有些过不去，心中却有成算。乡试不是考过了吗？只待发榜，我就成了举人，兜里没钱，头脸总算是挣到了。蜜月一过，就该筹备进京会试。若是进士及第，何愁不能把娇妻接回自家？

如意算盘一拨拉，新郎的心情豁然开朗。女婿前程有望，王慈云也心知肚明。新娘却是一心系在郎君身上，无暇去想日后的温饱。左季高是何等人才，还怕挣不到功名？

左季高娶了有钱人家的才女，在别人眼里，该是春风得意。可是“倒插门”三字总是梗在他心里，不时泛出一股酸楚。好在蜜月还没度完，中举的通知就到了。进京会试，已成定局。太好了！倒插门不是长久之计。别人能在妻家过一辈子，我左宗棠不能。要想迅速地脱贫解困，京城的会试是最好的机会。明年年初的会试，一定要去。只是——只是囊中羞涩，路途遥远，没有盘缠怎么进京，到了北京又怎能住宿吃饭？

进京赶考，既是智力投资，也少不了金钱投入。算一算盘缠，即便紧着花，也得用掉几十上百两。这是个什么概念？相当于一个四五品官员一年的俸禄！对没钱娶老婆的人而言，那是一笔难筹的巨款。

左宗棠在岳母家里一边发奋备考，一边盘算如何筹集盘缠。他给湘阴的亲戚捎了话，请大家帮衬一把。左氏族人这个出三两，那个出五两，为他凑够了一百两银子。

临近起程的日子，周贻端正在为腹内的孩子提前准备衣服和尿片，左宗棠一脸晦气地回到家里。周贻端问："什么事不开心？"左宗棠唉声叹气，摆摆手说："明年春闱，怕是去不成了。"

明明一切都准备好了，只待择日起程，怎么突然就说去不成了呢？

在妻子追问下，左宗棠回答："我把盘缠都送人了。"

这么大一笔银子，等着派如此重要的用场，关系一生的命运，左宗棠说送就送出去了。送给谁了？还有谁比他更穷？

比左宗棠更穷的是他的大姐左素清。左家大姐嫁了朱姓姐夫。本来左宗棠的穷跟朱姐夫有得一拼，但他入赘妻家，饭是有得吃了，比朱姐夫就强了几分。年关将近，左宗棠去看望大姐。一看家中光景，平日里柴米油盐都难自给，春节也得挨饿。大姐炒菜，无油可放，连盐都舍不得多撒一点。一家老小，啼饥号寒。左宗棠想，自己如今不愁饱暖，姐夫一家惨到如此地步，不能不帮。他心血来潮，把那一百两银子全部送给了大姐。

周贻端听了此事，默默不语，也不知打着什么算盘。若是一般女子，听说丈夫把赶考的钱都送出去了，即便嘴上不说，生闷气也在所难免。周贻端是何等贤淑的女性？她心里自有主张。夜深人静时，她在床上翻个身，忽然对丈夫说："你明天打点行装，赶考去吧。"

左宗棠以为妻子在说梦话，把她摇一摇，告诉她："钱已经没了，怎么赶考？路途遥遥，天寒地冻，车船费都没有，总不能走路去北京吧？"

周贻端也不答话，起身披衣，打开柜门，拿出出嫁压箱底的钱，正好是整整一百两银子。又退下手上的镯子，取下耳坠，抽出发簪，全部交到左宗棠手中。她轻声说："你拿去赶考吧。若是不够，我再去借。"

左宗棠捧着夫人的首饰，呆了好一阵。夫人此举，于无言之中，赞同了左宗棠的义举，又解了燃眉之急。她把事情办得如此低调，照顾了夫君的颜面。左宗棠对夫人不由得刮目相看。他想，夫人看重他的才华，盼着他有出头之日，就是吃糠咽菜，也会乐在其中。于是他发下宏愿，一定要金榜题名。

旷世奇才的失落

左宗棠第一次进京会试，途经汉口，在长江之滨过年，然后匆匆北上，正月没完就进了京城的大门。他怀里还揣着新婚的余香，思念娇妻，想到一家人今后的生活，更想扬名科场。

有一段野史，记载左宗棠在此年梦到了自己的宿命。他中举了，会试落第，后来参佐戎幕，手握兵权，当上封疆大吏，得到封爵，平定边乱，然后万里进军，收复边疆，功成名就，返回故里。一觉醒来，方知为梦。这个梦预告了他的所有前程，从中举到成为一代名相，都被他后来的经历所验证。

如果左宗棠真的做过此梦，那么他似乎并未将它当真。他不相信自己命中注定考不中进士。不过这一关确实不容易通过。京城会试，人才荟萃，强手如林。他虽不怯场，却不能否认竞争之激烈。考官中缺少伯乐，真正的人才有几人识得？八股文孰优孰劣，都是考官说了算。想到他们对考卷任意生杀，委实令人惴惴不安。

三场考试，要写三篇《四书》文，一首五言八韵诗，五篇《五经》文，外加五道《策问》文。所有诗文，左宗棠一挥而就。主考官徐熙庵看中了，评语尽是好话："首警透，次、三妥畅，诗谐备"，"气机清适，诗稳"。

徐熙庵欣赏，大部分考官却不喜欢，徐熙庵孤掌难鸣，堵不住科举的破网，只得眼看着人才漏出去，爱莫能助。发榜以后，左宗棠榜上无名，只得南归。考举人时遇见的伯乐徐法绩奉命考察河道，左宗棠出京时写信给他，说自己功名未就，并不沮丧，将注重培养实干能力，为国计民生解燃眉之急。

此时的左宗棠，年方二十一岁，只是一个小举人，却如枢密大臣一般，满脑子装着军国大计。他在为几千里之外的祖国边疆筹划大计。他所思考的问题，举国之大，只有屈指可数的几个人费神去想。

西部边疆建立省级行政区划的建议，浙江杭州人龚自珍率先提出。他在嘉庆末年写出了《西域置行省议》。那一年，龚自珍二十八岁。左宗棠是否读过龚自珍的这篇文章，尚须考究。也许只是处于独立思考的状态，年轻的左宗棠在第一次进京会试期间，重点考虑了这个问题。他把自己的想法称为"杂感"，写成诗句，题为《癸巳燕台杂感八首》。其中第三首，专写西域军政大计，提议清廷建省于新疆。

一个湖南的青年书生，遇到了怎样的契机，竟会对天山之麓的戈壁沙滩发生浓厚的兴趣？这是一个很难回答的问题。那时的中国，清廷只设了十八个行省。新疆地处西北边陲，遥隔几千里，清廷对那一片广袤的国土疏于管理和防卫，没有一个王公大臣把新疆设省提上议事日程，就连驻军新疆的大将也未感觉有此必要。

但是这个来自湘江之滨的书生，牵挂着祖国的西域。他来到京城，杂感丛生。茫茫人海，同胞几亿，似乎只有他一人忧心西部的国防和建设。朝廷庸官充斥，对新疆的认识只有菜鸟的水平，说起喀什一带的部落混战，如同听《西游记》里的故事。西部边陲的开发和防御，怎能指望他们的重视？唉，恐怕是后患无穷，永无宁日啊。有什么办法说服道光爷，请他老人家在版图内的这块领土上设立省级行政机构，由官员进行日常的管理呢？

在道光爷统治的第十三个年头，中国处在西方列强环伺之中，国防危机隐伏未发，全国上下文恬武嬉。左宗棠心怀如此忧思，莫非他提前七年预见到了鸦片战争的硝烟，感觉到了西方列强对中华大地的虎视眈眈？

青葱岁月的左宗棠呼吁道光爷重视边疆的稳定，指出西部国防建设的艰巨性。那里是一片茫茫戈壁，田地瘠硬，不宜耕种。只有靠骆驼给部队运粮，行程万里，耗时费钱。如果在新疆设立省一级的行政区划，驻扎军队，兴办农垦，生产自给，就能节省国家的额外投入。他写道：

西域环兵不计年，当时立国重开边。橐驼万里输官稻，沙碛千秋此石田。置省尚烦它日策，兴屯宁费度支钱。将军莫更纾愁眼，生计中原亦可怜。

左宗棠自问自答，提出一个亟待解决的问题，贡献一个出色的解决方案。这位青涩的考生未曾接触任何军政机要，却对大西北的治理做了成熟的思考。这件事情，是不是匪夷所思？

左宗棠感到危险在悄悄逼近，《燕台杂感》的第四章满篇忧危之词，试图敲响警钟，呼吁昏睡未醒的国人筹备国防。他指出，只有时刻保持警惕之心，从西疆到南海，才能抵御外国的侵略。

南海明珠望已虚，承安宝货近何如？攘输品俗同头会，消息西戎是尾闾。邾小可无惩虿毒，周兴还诵《旅獒》书。试思表饵终何意，五岑关防未要疏。

先天下之忧而忧是孤独的，真正的意识超前不会有人追捧。那不是一场快乐闹剧的创意，而是把我们的星球当作小小寰球来把玩的洞见。这个湖南伢子高唱西部国防，曲高和寡，直到几十年后，打动了权倾朝野的铁腕女人慈禧，他的“杂感”才得以上升为施政纲领。后人回顾道光十三年那个赶考书生的忧患意识，不得不折服于他的远见卓识和爱国热忱。他的才识跨越了若干时代，他是一个真正的旷世奇才。

七年以后，鸦片战争的炮声响起。大清帝国的臣民才意识到，二百多年的铁桶江山，已经脆弱得经不起一点敲打。一向沉稳的道光爷居然惊惶失措，放下爱新觉罗皇族的架子，不顾中华民族的尊严，开始书写一段屈辱的历史。即便在这时，也无人为那个姓左的贫寒学子喝彩，尽管他一直高唱我们民族急需的国防，尽管他对灾难深重的祖国负有强烈的使命感。

民族的悲剧就是从这里启幕。麻木，愚昧，无知，让国防先锋坐在冷板凳上候场。谁也不会关心一代英豪为什么默默无闻地走过几十年的崎岖之路。为了能够步入容他一显身手的官场，他兴致勃勃地进京赶考，耐着性子去写令他恶心的八股文，但他无法冲破愚昧的藩篱，无法扭转会试落第的宿命，极不情愿地让满腔热血任由俗世之风吹凉。

左宗棠此次进京，只有两件事聊堪慰藉。其一，他在京城会见了一生中最好的朋友胡林翼。两人共论时事，相谈甚欢，关系向死党发展；其二，难得观光几千里，阅历大为充实，民情了然于胸。归家途中，沿途考察各地时务，颇有收获。

第二年年底，左宗棠喜得次女左孝琳，再次进京，第二次参加会试。他总结上次的经验教训，遵照科举的模式，力图交出能够对上大多数考官口味的卷子。入闱就试，果然是文章似锦，又遇知音。考官之一的户部尚书温葆琛，评说更上一层楼："立言有体，不蔓不枝。次畅。三顺。诗妥。二场尤为出色。"温葆琛拿着这份考卷，向总裁力顶。

总裁的评语再次加码，说小左的诗文是大清立国以来少见的文字，可以问鼎状元、榜眼和探花。内部消息透露出来，左宗棠一听，大为释怀。

然而组织考核总是免不了令人一惊三乍。立马又传出利空的消息。不少考官在会上说，小左年纪尚轻，头角峥嵘，担心他自视太高。于是立主打压，把他取在最后一名，位列十五。温葆琛综合大家的意见，虽然觉得未免屈才，还是勉强首肯了这个提议。

内幕再次泄露，左宗棠只得摇头叹气。好在没有出局，还算不坏的结果。他想，这下总算吃下定心丸了。

第二天放榜，还是出了岔子。时间已到，还不见有人出来张榜。左宗棠骑在石栏杆上，嘴里啃着馒头，一副稳操胜券的神态。可是，左等右等，还是不见张榜的人出来。有人传播小道新闻，说黄榜本来已经写好，临时出了变故，正在改写。

左宗棠万没料到，所谓变故，正是出在自己身上。本科录取进士，湖南的名额超出一名！天下之大，难道科举是为你湖南一省而开？唉，又得平衡平衡。湖北是个大省啊，怎么没取一名进士？说不过去啊，应该调剂一个名额给湖北。取在最后一名的左宗棠是湖南人，这个小子朝中无人，咱们开罪得起，那就把他调剂下来吧。温葆琛为左宗棠力争，慷慨陈词，也未能扭转局面。

经过修改的黄榜终于发布了。左宗棠依然是榜上有名，但不是进士，而是誊录。考官们见他写得一手好字，把他留在官府当个抄写员。一个才华横溢的进士，就这样被平衡成了抄写先生。这个岗位，左宗棠推辞不就，炒了老板。如果他愿意屈就，倘若工作勤奋，朝廷看在卖力的份上，一般会赏个县令当当。左宗棠心高气傲，不愿接受不公平的裁断。他有更高的追求，决定几年后重新赴考，再次一搏。

左宗棠心怀宏愿，却因地位卑微，遭到世人的冷落，连妻家的态度也发生了转变。周家人原以为大女婿在科场上一展身手，必能出人头地，没想到他两次会试不第，做官恐怕是指望不上了，不免对他冷眼相看，闲言碎语多了起来。她们对周贻端的态度也跟着发生了变化。

有一首湘潭民谣，分明是揭左宗棠的短。小孩子满街唱道：

湘阴左宗棠，来到贵子堂。吃掉五担粮，睡断一张床。

无非是说，左宗棠食量大，房事勤。若是住在自家吃自己的，说你吃掉多少粮，睡断多少床，那是夸你身体健康；如果你寄人篱下，那就对不起，分明是损你，刻薄摧残你的自尊。左宗棠一次次赶考落第，本就超级郁闷。遭周家人冷眼看待，也要忍声吞气。这点糗事还被传唱开了，心里是什么滋味？他后来用了五个字，道出当年心中的苦楚：

耻不能自食。

世上不乏吃着软饭还能沾沾自喜的男人，但款姐富婆养活的男人毕竟少得可怜。除非母系社会再现，绝大多数男人都会为不能自食其力而羞愧难当。这种时候，周贻端的态度，对左宗棠举足轻重。天要塌了，扛不扛得住，就看夫人帮不帮。

周贻端是个用情至深的女子。新婚那年冬天，丈夫进京赶考，不知是哪个没心没肺的家伙，传出一条谣言，说左宗棠半途病重，奄奄一息。周贻端身边的人担心孕妇受不了这个打击，有意瞒着她。但她从异样的氛围中隐约嗅出了气味，以为丈夫性命堪忧，竟然忧思成疾。直至接到左宗棠的家书，报知已经起程南归，一切平安，她才心中释然。“肝气上犯”的慢性病，却从此伴随终生，成为亚健康。当年八月生下大女儿左孝瑜，身体又差了一大截。

左宗棠不甘寄人篱下，不堪外人的耻笑，周端贻都看在眼里。为了照顾丈夫的脸面，她宁愿再苦一点，劝夫君另立门户，外出谋事，她自己在家带孩子。左宗棠向孀居的岳母借了一所房子，独进独出，另外开灶做饭，算是自立了门户。那地方在湘潭的辰山，就是岳母家的西楼。妻子的妹夫张声玠一家住在隔壁院落里。

分家独立了，左宗棠顿时兴致高昂。他对妻子谈了一个想法。他手头有不少古今地理书籍，还有几份地图，若能据此绘出一份全国地图，然后再绘出各省地图和各府地图，加上详细的注解，岂不是大功一件？

周贻端一听，大为赞同。她扩大了丈夫的构想，提议绘出当代的地图之后，再上溯到古代，把明朝、元朝、宋朝直至更远朝代的地图，全部绘出来。

真是锦上添花！左宗棠兴奋不已，地图工程当即立项。两人分工：左宗棠负责画草图，周贻端负责描绘。

周贻端是个正儿八经的诗人，一生著有《饰性斋遗稿》，收入古近体诗一百三十五首。她嫁给左宗棠以后，便从诗坛隐身，放弃本业，充当丈夫的助手。其实她本人不仅会写抒情诗，还熟读历史，写过几十篇咏史诗，评论古代人物，从秦始皇批评到明代的张居正，足见她不是一个平凡的女子。

左宗棠伉俪启动地图工程，在作图过程中，通过考证，指出一些图志的弊端，对历史地图力求精确，附加文字说明。这项工程为时一年才告竣工。左宗棠志得意满，写下一副联语，张挂在书房壁上，陈述处境，表达志向：

身无半亩，心忧天下；读破万卷，神交古人。

每日审视这副联语，自觉“志趣不凡”。对联明志，左宗棠已经确定了自己的社会定位。其一，人穷志不短，自负不凡，以天下为己任，一旦登上仕途，就要施展经世之才；其二，“神交古人”，要做中国优秀传统文化的忠实继承者。

左宗棠为了自食其力，出门授徒。一个教书匠，收入可怜，勉强可以自给，日子依然清寒。常年在外，“非过腊不归”，春节才是回家团聚的日子。张声玠也在外面打工，左张二人，同试礼部，同是落第而归，关系融洽。每到腊月回家，把酒对饮，切磋学问，评论文章，谈论应办的时务，谈笑风生，兴致勃勃。

春节一过，左宗棠就成了一个不回家的男人。周贻端不担心他有外遇，只挂念丈夫身单影只，落寞孤单。她拿起枕套，绣上一幅《渔村夕照图》。一叶轻舟，系在绿杨树下，远山笼翠，碧水含烟。

绣完了，凝神片刻，在画边绣上情诗一首：

小网轻舠系绿烟，潇湘暮景个中传；君如乡梦依稀候，应喜家山在眼前。

左宗棠出门，这个枕套夜夜都睡。客居异乡，孤枕寒衾，乡愁涌上心头，难以入眠。侧身抚一抚那幅绣画，默念诗句，便会安心睡去。

周贻端身子太弱，总未见好。念左家“子息不繁”，担心难以延续左家香火，她力劝丈夫纳妾，把贴身丫环张妹子给了他。一妻一妾，“茹粗食淡”，她们的劳作，比乡村的堂客们还要辛苦。周贻端出嫁以后，就自觉地完成身份转换，老老实实地做她的寒士之妻，不再以富家千金自居。她以幽娴贞静的态度，处变不惊，完满地担负了贫家主妇的角色。

左宗棠自从入赘周家，在湘潭的岳母家总共寄居十二年，才把妻妾子女接回湘阴的柳庄。左宗棠伉俪的生活，清贫忙碌，温馨愉快。这种快乐，多半是周贻端给他带来的。

男人最怕温柔乡，一入其中，雄心尽蚀。左宗棠备享天伦之乐，他的奋斗若是到此为止，他的一生，除了这段佳话，就无可再书了。但他未能忘怀见用于世的抱负，周贻端也无意于把丈夫锁在身边。这个男人是公认的才子，他的妻子都不甘就此认命。怀才不遇的苦恼，一直啮咬着这对夫妇的灵魂。

忘年之交的缘分

左宗棠独立门户后，出门教书，于道光十七年（1837）来到醴陵的渌江书院主讲。恰在此时，两江总督陶澍，道光朝最负盛名的务实派官员，在江西阅兵已罢，向朝廷告假，回家乡安化扫墓，途经醴陵。

不论古今，一位部长级的高官和一个穷教员，是很难凑到一块的。可是醴陵知县作为东道主，却把左宗棠与陶澍串到了一起。

知县得知陶大人要经过他的辖地，忙不迭地布置接待的馆舍。他素知左宗棠是对联高手，又写得一手好字，便请他撰写楹联。左宗棠早已景仰陶大人的学问和政绩，挥笔写道：

▲ 湘阴人左宗棠一生最大的功绩是为祖国收复了一百六十多万平方千米的领土，不仅在湘军将领中是绝无仅有的武功，即便在历代的中国将领中，也是首屈一指。

春殿语从容，廿载家山印心石在；

大江流日夜，八州子弟翘首公归。

陶大人下得车来，走到馆舍大门前，见了贴在两旁的对联，不由得面露微笑，连连颔首。

这副对联，含有一个掌故，陶大人是当事者，自然知晓。左宗棠是局外人，凭着博闻强记，竟然可以信手拈来。他后来写信给贻端夫人，解释了这副对联的寓意。

陶大人家里有一所印心石屋，进京觐见时，他曾把此事奏闻皇上，请皇上御笔书写“印心石屋”四个字。道光爷准其所请，欣然命笔。这是陶大人一生引以为荣的大事。左宗棠在上联中以纪实手法叙述此事，陶大人读了，心下大悦。嘿嘿，老夫与皇上的君臣之谊非同一般，醴陵这个小小的地方，竟然也有人知道？

下联的意思比较直白，夸赞陶大人在所有封疆大吏中声望最高，湖南人对他的返乡都极为盼望，恭维得恰到好处，没有拍马屁之嫌。陶澍心里暗暗称奇，兴致高涨，对这副楹联加以“激赏”。

知县将陶大人延入馆舍，进得客厅，一幅山水画扑进陶大人眼帘。上面题有两句小诗：

一县好山为公立，两度绿水俟君清。

又是同样的手笔，同样的文采。陶澍激动了：小小醴陵，一定有老夫的知己！他说这里的山山水水，都是老夫一腔正气的见证！

陶澍一扫老年的迟缓，也顾不得总督尊贵的身份了，追问道："此人是谁？写这些对联的是谁？老夫一定要见见他！"

知县答道："回大人，此人名叫左宗棠，是一位年轻的教员。"

"此人竟是年轻人？"陶澍大为惊诧，连连催促，要知县把左宗棠请来。

就这样，二十五岁的左宗棠走到了陶澍眼前。宾主入坐，聊聊数语，便觉投机，忘了时间，竟然谈了一个通宵。左宗棠告诉陶澍，他有一个至交，就是陶大人的女婿胡林翼。

陶总督和左宗棠有三十四岁的年龄差，老总督阅人无数，却被眼前这个青年的人格魅力深深打动，对他的不凡见识甚感钦佩。陶澍深为女婿能和左宗棠结为死党而高兴。

陶总督对左宗棠，可谓惺惺惜惺惺。他也经历过左宗棠这样的成长阶段。少年家贫，随父念书，一直关心实务。他做官以后，总是造福一方。在四川，他取缔私人贩盐；在安徽，他治理水灾，赈济灾民，安顿了几十万流离失所的百姓；在江苏，他大兴水利，疏浚河流，有口皆碑。

左宗棠的激动也不下于陶大人。巴结权贵非他平日所愿，陶总督礼贤下士，主动召见，引为知己，出乎意料之外，令他受宠若惊。他请求陶大人允许他以老师相称，表示要毕生仿效。陶公爱才，欣然应允。两人结下忘年之交。

这次会晤，陶左两家结下了终生不解之缘。

会见过后，左宗棠写信给贻端夫人，心潮澎湃，洋溢于字里行间。他没有掩饰自己的骄傲，说陶澍大人想见他，急不可耐，"敦迫促见"。见面以后，又将他"目为奇才"，和他"纵论古今，至于达旦"。

也许是受到陶总督的鼓励吧，左宗棠第二年再次进京会试。这是第三次进京赶考了，路还是那条老路，时间还是那个时间。

左宗棠在汉口过春节，会合好友欧阳兆熊。此人是他青年时代的死党，前面说过，左宗棠打擂娶妻，他是主要教唆者之一。欧阳年长左宗棠五岁，中举却比左宗棠晚了四科。左宗棠最后一次赶考，正好遇上他成了公车。

两人按时践约，故交异地相见，格外兴奋。左宗棠说："小岑，此次船过洞庭湖，我去祠堂拜了洞庭君，作对联一副，念给你听听：迢遥旅路三千，我原过客；管领重湖八百，君亦书生。"

"呵呵，书生意气，自比湖神，独领风骚，意态雄杰，由此可见。"

见面当天，两人各自给家里写信，一夜无话。欧阳第二天过船探视左宗棠，主人不在。只见书案上摆着几页信笺。欧阳心想：季高定是上岸溜达去了，这几页纸想必是他写好的家书，他既不避人，我无妨偷觑几眼。

拿起来一看，果然，那是左宗棠写给夫人周贻端的家书。信中说，他昨夜熟睡之中，忽听得舱外有些动静。悄悄起身，蹑手蹑脚走到舱外，只见一伙蒙面人上了跳板，向舱室摸来。他仓卒之间找不到武器，拿起一枝船桨，高喊一声，朝盗贼冲去。盗贼不知船上有多少人，居然仓皇逃上岸去。左宗棠得意地写道：我乃一介书生，谈笑之间，就将强敌吓退。你们尽可放心，我在外面，完全可以照顾自己。

这封家书，看得欧阳兆熊一头雾水。强盗？我怎么不知道？左季高深夜斗强盗，总会有些声响吧？可是昨晚水上和岸边悄无声息啊！难道我睡得太死？即便如此，今天怎么没听人说起呢？

正巧左宗棠的随从走进船舱，欧阳忙问："昨晚来强盗了？我怎么不知道？"

随从一愣，想了想，笑道："哪里是么子强盗罗，是公子做梦呢。昨夜不知哪个误扯了他的被子，他便大喊捉贼，邻船的人都惊起了。公子现在说话都嘶哑着呢，一会儿看见他就知道了。"

话音刚落，左宗棠步入船舱。欧阳劈头喝道："季高，我素来认为你是个诚信君子，却不料你谎话连篇！"

"在下做错了什么吗？"左宗棠一脸无辜。

"你连老婆都骗，瞎吹牛，还配谈'诚信'二字？"

"哦，知道了。"左宗棠轻描淡写地说，"你偷看了我写给贻端的信。这可是你不对啊。"

"对不起，你摊在桌上，我就看了。"

"看了就看了，我都不怪你，你又何必大惊小怪？"

"你把子虚乌有的事情当成真事告诉家人，就不怕她们为你担心？"

左宗棠正色道："小岑啊小岑，亏你读过那么多书，怎么还如此低幼啊？你想想，巨鹿大战和昆阳大战，够轰轰烈烈了吧？可是看来看去，也只有班固和司马迁能描写得绘声绘色。没有生花妙笔的铺排，那就是另一番情景了。事实究竟如何？只有天知道！这跟做梦有什么不一样？天下事，难道不都是可以搬入梦境，又从梦境中搬出的么？"

欧阳本来要兴师问罪，却被左宗棠绕了进去。声讨欺骗老婆的大罪，变成了梦文化的讨论。左宗棠认为梦也是人生一境，可以视同人生体验，并非没有道理。两人谈笑一番，就此作罢。

两人结伴北上，途经正定的栾城，到街上观光，见到桂知县发布的告示，劝百姓从事农业，讲授种植木棉和薯芋的好处，甚至介绍备荒的招数，无微不至。

左宗棠对欧阳说道："如今还有这般爱民的好官？"

"是真是假，问问百姓就知道了。"欧阳答道。

两人向居民打听当今县令为官如何，众人都说桂知县爱民，出于一片至诚，连过去的清官都比不上。左宗棠心仪这位好官，铭记在心。进京以后，遇见知交故友，逢人便说此事。劳崇光告诉他："那位桂县令，名叫桂超万。"左宗棠从此牢牢记住了这个名字。若干年过去，左宗棠仕途发迹，同治二年（1863）出任闽浙总督，八十多岁高龄的桂超万以道员身份代理福建按察使，成了他的下级。左宗棠敬重他为人刚直，在他去世后，专上一道奏折，请求朝廷为他在史馆立传。此为后话。

左宗棠进京之后，照例应考，还是榜上无名。左宗棠第三次落第，在家书中写下几行字，向妻子发誓不再属意于科举入仕：

榜发，又落孙山。从此款段出都，不复再踏软红，与群儿争道旁苦李矣！

他受够了，不会再去咀嚼科举的苦果。他在京城穿街走巷，买下一大堆农业书籍。看这架势，他决定做一个农业技术员。他提着大包的农书，绕道金陵回家。他累了，要沿途观光散心；他要去找忘年交陶澍，向他倾吐心中的块垒。

陶总督将左宗棠引为知己，安排他住在衙署内，怕他冷清，找来幕友和亲故，与他谈今论古。陶澍时年六十，官高位尊，政绩赫然。他的得力助手，有江苏巡抚林则徐、江苏布政使贺长龄，以及魏源和包世臣等人，都是一时的风云人物。他们注重务实，整肃官场，治理江河，促进漕运，梳理盐政，积粮备荒。左宗棠在这里感受到"实学"的风气，大为快意。

总督大人如此礼遇一个刚从科场败下阵来的家乡学子，官署中人都不免对左宗棠多瞧几眼，殷勤有加。有时候，陶澍索性把公事搁下，跟左宗棠单独晤谈。

"季高啊，咱们之间是忘年之谊，也不妨以同辈论交。老夫晚年得子，小儿陶桄尚在髫龄，令爱孝瑜与他年纪相仿，若能下嫁，我们就是亲家了。"

左宗棠惶恐地说道："学生不敢高攀。"

陶澍曰："季高不必如此谦让，依老夫之见，季高他日功名必在老夫之上。我老了，儿子年幼，不能亲眼见他成家立业，拜托季高教诲，并且一并将家事托付。"

左宗棠知道无法推辞，便慨然允诺。

第二年，左宗棠于初春时节来到长沙，寄居于二哥左宗植在碧香宫的寓所。左家兄弟一碰头，碧香宫就热闹了。读书人凡事都要辩个明白，意见不合便争吵起来。加上邻居邓显鹤与邹汉勋这两个新化人，辩论之风盛行。

南边的广东时有消息传来。鸦片毒害国人，官员们居然引领吸食之风，上行下效，时事堪忧。左家兄弟谈古论今，时常彻夜争论。家人劝不住，只得拿出酒来。

“来来来，别争了，喝几口，吃点菜。”

酒菜也堵不住口舌。几杯酒下肚，吵声又起。只有喝醉了，才会平静一时。左宗棠后来记载下了那一段值得留念的日子。

碧湘宫畔，更阑烛灺，雨声断续，尊酒对谈。

每剧谈竟夕，争驳不已，家人乃温酒解之。酒后或仍辩难，或遂释然。虽谐语常露憨态，回思多可笑者。

那一年是西元1839年，林则徐从6月3日开始在虎门销烟，同时大力整顿海防。左宗棠从林则徐身上看到了一线希望。他深感词章之业无用，风花雪月损志，只有像林大人这样务实御侮，中国才能自立于强国之林。别了，空洞的词章。这个时代急需经世致用的人才。地理图说对于国防万分重要，这是一门尖端的军事科学。军事统帅务必明晰山川道里和疆域沿革，历代战例都必须参考。

左宗棠把全部精力都投入军事科研。为了国防大业，他需要沉毅冷静。他反省自己生性粗豪率直，火气太大，时时自诫，要求寡言养静。

同时，他钻研农业科技，提倡区种，写出《广区田图说》。他读的书路数更野了。他写信给京城考棚中结识的朋友徐松，请他为自己借书。其中关于大西北的著作，就有《汉书》中的《西域传》，以及徐松自己所著的《西域水道记》。

神交古人，不再泛泛而交，锁定一个诸葛亮。师法这位三国名臣，专心钻研实用科学。晚清政治腐败，国运衰颓，强邻环视，战端将起。倘有孔明传人，何愁国防不保！

这个三试不第的才子，藏身于山水之间，目光纵横天下，寻求挽救国家颓运的途径。他争分夺秒地研究军事地理，抄录了《畿辅通志》《西域图志》和各省通志，对于山川关隘和驿道远近，分门别类的做了记录，共有几十大册。

他已经实实在在进入诸葛亮的角色，不是演戏，而是效仿。他没有被科场失意打得趴下。他不仅立得起，而且自视甚高。他一点也不含糊，把诸葛亮的名字和别号都用上了，自称“卧龙”、“今亮”，给人写信，署名都用“亮白”二字。这样还不过瘾，索性写一副对联自喻：

文章西汉两司马；经济南阳一卧龙。

论文章，可与西汉的司马迁与司马相如媲美；论才干，直比等待明主的卧龙先生。他延续了儿时的志向，仍然把自己定位于军师和丞相，一人之下，万人之上。他有两样引以为傲的资本：第一，满腹经世致用的学问；第二，刚正清高的品格。

当他给自己放假的时候，他便回到湘潭，在辰山种下千株桑树，教家人养蚕治丝。即便是扛着锄头去种田，他也不会看轻自己。

此年六月份，陶澍在金陵去世，归葬家乡。左宗棠失去了一个新知己，林则徐失去了老上司，胡林翼失去了老丈人。贺熙龄转告左宗棠，陶澍临终前把儿子陶桄托付给他，请他到安化的陶家设馆授徒，并且重申前约，一定要结为儿女亲家。

左宗棠孤傲的性格使他一度迟疑不决，担心别人说他趁人之危，攀交官宦人家，从中获利。但他考虑再三，毅然决定，不负陶公所托，把陶桄培养成人，收为女婿。于是，七岁的孤儿陶桄，等待着未来的岳父左宗棠去培养。

秋天，恩师贺熙龄进京。朋友弟子十几人聚会饯别。左宗棠作诗，汤蠖作画，依依惜别。左宗棠与罗汝怀渡到河西，将老师送到江边。站在岳麓山上，挥手告别，目送画舫远去。怅然回到河东，一夜未眠。

贺熙龄船抵九江，作诗寄怀左宗棠，写在一把扇子上：

六朝花月豪端扫，万里江山眼底横。

开口能谈天下事，读书深抱古人情。

贺熙龄为此诗写了一条注脚，暗示他这位弟子已有将相之才：

季高近弃词章，为有用之学，谈天下形势，了如指掌。

真想去当参谋长

道光二十年（1840）春天，鸦片战争前夕，广东那边的火药味越来越浓。英国人公然触犯林则徐颁布的鸦片禁令，摆明要诉诸武力了。

左宗棠在这时来到了安化的小淹村，履行对已故陶总督的诺言，教授他的遗孤。陶桄很听话，也堪雕琢。左塾师是公子未来的岳父，在授书之余，还要帮同料理家务。

左宗棠身居山野之中，却密切注视西方列强的动向，发现动武的预兆越来越明显。他为自己新开几门课程：西洋历史、外国地理、现代军事学。

他对照陶澍家所藏的《康熙舆图》和《乾隆内府舆图》，悉心考究，依据新得的资料，修订往年所绘地图的错误。陶澍的女婿胡林翼对这位死党佩服得五体投地，到处宣传。

左孝廉品高学博，性至廉洁。

其体察人情，通晓治体，当为近日楚材第一。

这年五月，英国军舰侵入广东海面，鸦片战争爆发。左宗棠听到战况，急得背着双手在房子里走来走去。抬头仰望夜空中的“妖星”，发现它闪烁不定，预言英国人会吃败仗。看星星，卜国事，聊以自慰。

山馆无聊，言念时艰，不胜愁愤！惟夜望妖星明灭，以此卜西寇剿除之期耳！

他把自己当成了前线统帅的参谋长，分析敌情，制订作战方案：英国军队劳师远征，舰船有限，兵员不多，补养不足；只要我方严阵以待，坚持抗战，是可以打败英军的，决不能屈辱求和，更不能不战而降。

他建议正规军增设碉堡，训练精兵，改造船炮；又提议发动海上的渔民和水勇，乘坐小艇，用木炮趁着黑夜袭扰英国军舰。他认为，开展人民战争，胜算更大。

对付侵略军，他有一肚子的办法。可是他能给谁进言呢？前线的抗敌军队如何才能得到他的指点？对了，把作战方略写下来，寄给恩师贺熙龄吧。恩师虽然只是个监察御史，或许还是有办法上达天听，转给广东的林则徐大人也行。

左宗棠摊开纸，奋笔疾书，一口气写下六篇军事方案。

打仗要知己知彼，必须全面而准确地掌握敌对国家的情况：国力怎样？兵员几何？使用哪些武器装备？运输是否便利？后备力量强不强？这一篇叫做《料敌》。

光有对敌的军事策略还不够，还要采取外交策略。这一篇叫《定策》。

沿海地区的军舰、炮台和兵员，必须相互配合，合理配备。这是《海屯》。

军舰、枪炮和弹药装备必须增强。这是《器械》。

谍报工作很重要，一定要多取情报，加强侦察，了解敌人的虚实与动向。这是《用间》。

战争的善后事宜，必须事前考虑。这是《善后》。

写完之后，觉得还有不足，又补充一份提案，建议开设工厂，制造炮船与火船。

这个未经朝廷任命也未到任的参谋长，指出最高统帅机关在军事上的失策。他说，朝廷每当接到海防警报，便把远近的官兵都调去防守，而这些部队对于海防并无经验，还没开战就溃败了。部队由于换防而降低了质量，军饷由于太多而难以筹措。

左参谋长说，正确的做法是让一个省的兵力足以担负本省的攻防，便能节省兵员和军饷，打一场持久的防御战。

官军高层若能按照左参谋长的意见去办，鸦片战争获胜的一方很可能就是大清帝国了。无奈这个参谋长是虚拟的，真正的参谋本部都是一些饭桶，而且多数是投降派。虚拟的左参谋长只是一名乡村塾师，即便他声嘶力竭地叫喊，声音也传不到决策的层面。贺熙龄也无法把这些作战方案摆到天子的案头上。他爱莫能助，为左宗棠报国无门而惋惜。

小小举人左宗棠，偏要去想由军国首脑考虑的军国大计，卑微的身份和高端的思维，形成巨大的反差，给他带来巨大的痛苦。想了也是白想，徒然令自己生气。这个反差，反映了清末官场的愚昧腐朽，反映了个人命运的不公，也反映了左宗棠心中的悲凉。

那么就不想了？不，左宗棠办不到。他没有计较官方对他的冷淡，依然执著地报效国家，他心中蕴藏着炽烈的爱国热忱！

七月至九月，英军大举北犯，厦门、定海、镇海、宁波相继失守。左宗棠闻讯，更加忧虑。他对贺老师说，官府实在是腐败不堪了。他打算参照明朝抵御法国与荷兰侵略军的战略战术，结合目前的见闻，撰写军事论文。但他恐怕自己人微言轻，当局不会采纳一名穷书生的意见，只得作罢。

道光爷害怕了，九月份将林则徐革职，发配新疆，以向英国人示好。他的思路很清楚：你们不喜欢林则徐，说他挡了你们的财路，朕就把他撤掉，换上琦善做两广总督，你们总可以停战了吧？可是英国人还有更大的企图，要求租借香港，于是继续用武力施压，攻陷了沙角和大角，沿海大震。

左宗棠听说林则徐被罢了官，还被指责为“误国殃民”，恨得直拍桌子，手掌都拍红了。

是非颠倒如此，可为太息！

冷静下来一想，原因何在？因为臣子们欺骗皇帝，致使皇帝分不清谁是好官谁是坏官。

时事之坏，只是上下相蒙，贤奸不辨。

他多么希望朝廷重新启用林则徐这个贤臣！一个林则徐，只要他能复出，足以稳固岭南千里的国防。这是天下人的期盼。但他知道，朝廷言路堵塞，希望渺茫。

这时贺熙龄在贵州巡抚任上，再次写信召左宗棠前往辅佐，还寄来了路费。左宗棠既身系陶家前约，又对清廷颇为失望，没有启行。

年底，英国单方面宣布《川鼻草约》，派兵强占香港。清廷逮问两广总督琦善。清军作战多次失利，英国战舰进逼广州。

左宗棠在清廷上层找不到知音，只能把一腔热血倾注到诗句中。他一气写成了四首《感事诗》，抒发愤懑，倾诉心愿。他总结历史的教训：对付掠夺成性的侵略者，一味地寻求和议，决不是长久之计。他为林则徐和邓廷桢鸣冤叫屈：民族英雄抗击英国侵略，并不是为了享受荣华富贵，而是为了传播国威，保卫和平。他控诉卖国贼为虎作伥，而他想请缨杀敌，可惜身无一官半职，无能为力。他深信中国有能力战胜侵略：西洋的战船到来，我们有险可凭；即便我们不善于用计，他们也会有来无回。他表达了强烈的愿望：我想为国家筹划防御，但在山间学馆，我能跟谁去诉说呢？

湘潭人黎吉云在京城做官，写信给左宗棠，询问应该如何进言。左宗棠回答：你告诉皇上，必须严厉惩处主和玩寇的官员，将纵兵失律的将领治罪，否则人心无法振作！

陶澍馆舍里有一部《图书集成》，左宗棠从中查阅到了历史上英国人在中国的活动。他了解到，西洋各国与中国远隔重洋，本来不是我们的属国。康熙年代的官方书籍记载了英圭黎派使者前来进贡。据他推断，这个英圭黎就是现在所说的英吉利。

左宗棠的这个考证纠正了一个错误的认识。当时人们认为英吉利是在雍正年间才与中国通商的。左宗棠说，这个公然炮击中国的强盗国家，就是康熙年间请贡来朝的英圭黎。他接着指出，英国是西方列强中最富强的国家，一贯四处掠夺，包藏祸心已久，决不可轻视。英国人用武力对付中国，就是为了能够继续倾销鸦片。英国的奸商一开始和中国做生意，就居心不良地把鸦片带到了中国。当时由于上瘾的人不多，没有引起重视。直到雍正年间，鸦片被列入药材，收取关税，才公开拿到市面上交易，引起人们的关注。

道光年间新疆喀什噶尔驻军的一份报告，引起了左宗棠的重视。报告中说，有英国商人从边外经过新疆北路售货。他当时无从查考英国人的企图。后来他才知道，英国人是暗中在与浩罕人交往，觊觎我国的新疆。

广东有一位名叫潘仕成的绅士，将洋人雷壬士所制的水雷进呈朝廷。朝廷令天津镇总兵向荣监同演示，发现威力很大。这件事，也引起了左宗棠的注意。

总之，从道光十九年起，左宗棠广泛地搜集各种信息。凡是唐宋以来的史传、别录、说部及清朝地方志所记载的官方文件和民间著作，只要是有关海疆问题的，左宗棠无不涉猎，试图了解前因后果。

这个山间的举人拥有信息的优势，有助于抵御外侮，但他却只能无所作为。怎么办呢？他“夜坐独思，百感交集”。他是时代的骄子，渴望为国建功，却因制度腐朽，在国家最需要他的时候，被迫独坐深山。

左宗棠的悲剧属于整个时代。这个悲剧表明：这样的政治制度已经朝不保夕。结果正是如此。第一次鸦片战争以清廷求和而告终。道光二十二年（1842）七月，中英《南京条约》签订。清廷屈辱求和，宁愿付出本不应该付出的代价。左宗棠的心情从沸点降到了冰点。他在信中哀叹：贺老师，真是做梦也想不到啊，时局到了这步田地，真是古今未有！纵有能人出来，也无能为力了。

还未出山的英雄心寒了，仿佛走到了末路。世事茫茫，前途黯淡。他自然想起了隆中高卧的诸葛亮。隐居去吧，选择一个“人迹不到之处”，“买田数十亩”，亲自耕种，以逃避现实。仿效诸葛亮“苟全性命于乱世”，做一条不折不扣的“卧龙”。

湘上农人

在鸦片战争的炮声中，左宗棠迎来了第二十九个生日。他已接近而立之年，却仍然未立功名。一个友人为他画了一幅肖像，他凝视着这幅画，抚昔感今，写了八首七律诗，记述自己的人生历程，题为《二十九岁自题小像》。这是自传体的组诗，回顾物质匮乏的童年，壮志难酬的青少年时代，以及怀才不遇的现况。

其一是陈述现状。快三十的人了，还在教小屁孩念“人之初”。人活到这个份上，也该反思一下自己了。都说念书就会有出息，我读破万卷，又得到了什么好处呢？蚕子休眠之后该作茧了；喜鹊绕着树枝飞翔也该有个较高的落脚点了，可我左宗棠回首过去，飘零二十九载，竟然还找不到一个像样的舞台！

其二是展示抱负。我左宗棠没能成就一番大业，无须算命先生来指点前程。君王希望臣子年富力强，我精力正旺，虽然身处社会底层，仍然胸怀大志，怎能说是轻狂？要我去当一个小小的誊录官，辛苦一阵子，自然可以弄个县令当当，可是谁会愿意做了京官以后又回到小地方呢？富豪子弟说我太骄傲，他们胸无大志，怎能理解高远的志向？

其三是立志修身。我只是担心自己的才干不能见用于社会，当不当官又有什么关系？贾让治理水灾，其实并无良策；桓宽编纂的《盐铁论》，也只是空头理论。我已经知道学习不能如同吃快餐，说话不能直言无忌。不入仕途毫无牵挂，修心养性乐在其中。

其四是怀念父母。父母撇下我们而去已有多年，令我常怀失去双亲的悲痛。我们全靠父亲当教书匠的收入养活，仍然难得温饱，有时只能吃糠饼度日。我纵然能用五鼎烹食祭祀父母，却未能让两老活着享用一只鸡。上有无法孝敬父母的忧痛，下有抚育儿孙的艰难，只能走父亲的老路，当个教书匠，勉强维持一家人的生存。

其五是写手足之情。二哥，我们都未能实现平生的大志，过去的岁月命运不济。我们一个像许靖，未发迹时靠推马磨为生；一个像王章，在长安求学时生病，穷得没有被子盖，只能睡在牛衣里。我们兄弟的命运如此乖舛，又有什么办法？改天再到碧湘宫来看你，陪你聊天吧。

其六描写天伦之乐。我把老婆孩子寄在湘潭岳母家，已经长达九年。入赘的女婿久久不能独立，满心羞惭。大女儿孝瑜都七岁了，已经开始学写字；小桑树也开始长叶，可以喂蚕。多亏妻子不嫌我又穷又笨，自得其乐，小老婆也懂得安分随缘。一家人争论历史，唱和诗词，生趣盎然。盼望有一天能在昭山买下一块小地，盖几间茅屋，就有属于自己的家了。

其七寄怀于友人。朋友啊，身在旅途，更想见到你。禽鸟尚且要成群结队，而我们隔着千山万水，只能书信往来。我们在洞庭湖的凉风中吟诗道别，在京城的夕阳下依依分手。但愿我的梦能飞越四千里，在茫茫人海中见到你!

其八写怀才不遇。唐玄宗为了得到杨玉环，不拘翁媳之礼；小矮人在汉代宫廷里诙谐逗趣，也能填饱肚子。想要当官何必心急，真正的人才不必如此。灯前的身影，孤独如点缀秋山的黄石；下巴上的胡子，如听到惊雷的春笋一般嗖嗖冒出。等到年老衰迈的时候，打开画卷一看，还能依稀找出当年的雄姿。

湘潭的朋友罗汝怀读了他的《自题小像诗》，与之唱和，有心安慰一番：

捂地九州归指掌，匡时五亩树蚕桑。

罗汝怀还特意做了注解：左君啊，你两手就把地球捂住了，天下大势，尽在掌握之中。虽然暂时未能登上军政大舞台，可是你在五亩地上栽桑养蚕，不同样是为了解救百姓的困难吗?

贻端夫人读了丈夫的《自题小像诗》，也写诗唱和，以慰夫心：

清时贤俊无遗逸，此日溪山好退藏。树艺养蚕皆远略，由来王道重农桑。

相公啊，像你这样的才俊，是不可能被社会埋没的。在溪水清凉的山间隐居一阵，照样能有一番作为。栽树养蚕都是长远的规划，自古以来的帝王，岂不是都很重视农业的发展?

其实何须别人安慰？左宗棠一直未能摆脱贫贱的社会地位，难道这个倔傲的汉子认输了吗？没有。只要心中还有匡时济世的热情，他就不会向命运低头。

从道光二十年至道光二十七年，他投入八年的青春，隐居安化小淹村，在陶家宅邸任塾师。山庄僻静，日子如出家人一般寂寞。好在陶家藏书颇丰，还有官宦生涯的公私档案、清朝宪章，为左宗棠提供了一个从事研究的资料室。

八年教书生涯，左宗棠博观纵览，知识精进。他研读陶澍与林则徐等人的书信往来，对军政要务了如指掌。陶家的藏书还为他提供了新的地理资料，他与夫人一起，对以前绘出的地图及时补充修改，完成了第二期工程。周贻端把地图描绘下来，用湘绣工艺绣在绢布上。遗憾的是，这些地图竟没有流传下来。

这时的左宗棠，只要给他一个舞台，他就能差遣百官千僚，指挥万马千军，治理一方疆土。虽然暂且报国无门，但他通过有偿服务，毕竟改善了自己的生活。他在陶家坐馆教书，每年有二百两银子的年薪。他省吃俭用，攒起银子，指望建立一份家业。

左宗棠几经查勘，在老家左家塅以西十多里处的柳家冲，买了七十亩田土。此地现称湘阴县樟树乡巡山村。他预感到乱世即将来临，选地时侧重考虑治安条件，是否利于躲避兵祸。

左宗棠买地，不是为了开发房地产，只为起码的生存。新房只盖一所，其余的田土用于耕种。设计规划是自己做的，一座小型的庄园很快建成。园内有稻田，有坡地，还有水塘。

哈哈，我左宗棠总算有个家了！

秋收季节，左宗棠携带妻小从湘潭周宅移居湘阴柳庄。他唯恐别人误会他是暴发户，在屋前的门楣上亲笔题写“柳庄”二字，让大家知道，他以五柳先生陶渊明自比，要隐居山野了。

左宗棠家住湘阴，上班却在安化，两地相距三四百里，乘车坐船，单程跑一趟都要一两天。这样的上班族是敬业的典范，那时真是罕见。他回家休假也不闲着，监督农庄的工作，用平时钻研的农业技术进行实验。他每天都在田地上巡视，又给自己取了一个外号，叫做“湘上农人”。

农民有什么不好？至少一家人的温饱有了着落。从此就做个规规矩矩的老百姓吧。

但愿长为太平有道之民，则幸甚耳。

边耕田边读书，是一种非常令人羡慕的生活方式，既有田园乐趣，又有诗书馨香。当岳母想念女儿和外孙女时，时常带着孙儿来到柳庄，抽空教孙辈念书。夜晚，孩子们坐成一排，朗朗读书声，传到户外很远的地方。村民们经过这里，听到读书声，肃然起敬：柳庄就是柳庄，这里住的，不是纯粹的泥腿子。

乔迁新居的一年很快过去，左宗棠在安化陶家授馆进入第六年。农业虽然成了人生的第一要务，但他一年里仍然浏览新书上万卷，然后摇摇头说：近时佳作不多，仅得几篇。算了，还是写点农业书籍，向人们传授园圃技术。分门别类写了十几篇，题为《朴存阁农书》

安化是著名的茶乡，左宗棠想到一个问题：湘阴人为什么不懂得种茶呢？一转念，他把茶树种植引入家乡，在柳庄种茶植树。

秋天，胡林翼来到小淹，参加陶澍夫人的葬礼。两个好友晤谈十天，友谊更加巩固。他告诫左宗棠，考虑事情不宜过于周密，论述问题不宜毫无遗漏。左宗棠说：“谢谢，你一针见血，指出了我的毛病。”

道光二十六年（1846），左宗棠从古代农业技术中采取当时便于操作的办法，试行耕种柳庄的农田，充分发挥地利，扩种茶树、桑树和竹子。茶园产生的收入就足以付清国家的税收。《朴存阁农书》编撰一年，已经完工，对湘阴农业和林业的革新起了开创性的作用。三儿子左孝同后来在《先考事略》中回忆道：

府君于柳庄栽茶种树，期尽地利。湘阴茶产，实府君为之倡。

左宗棠研究问题总是从大处着眼。他说，现在的种田人和读书人一样，都犯了一个毛病，就是急功近利，抓小放大，误了自己，也误了别人，对国家的负面影响不小。

炎热的八月，天气久旱不雨。这时左宗棠身在安化，一天夜间，忽然梦见雷电绕身，大雨如注。过了几天，接到柳庄来信，才知他做梦的那天，周夫人为他生下了长子。左宗棠欣喜之余，忆起梦境，将儿子取名叫“霖生”，后来改名“孝威”。

这一年，湖南宁远有胡有禄造反，东安有王宗献造反。左宗棠感到乱世真的要来了。他开始钻研筑墙掘壕和修建碉堡的办法。他认为，住在乡下，学会自保和学习农业与畜牧业同样重要。

道光二十七年（1847），农人左宗棠家里又有两件喜事。一妻一妾连生男丁，次子左孝宽在四月出生。此年八月，左宗棠兑现了与陶澍的盟约，将长女孝瑜嫁给了陶桄。完成了这件大事，他于秋后结束在陶氏家馆七年多的塾师生活，返回柳庄。

动乱的局面越来越明显，湖南又有新宁瑶民雷再浩揭竿造反。江忠源组织乡勇，会同官军镇压反军，保升知县，赴浙江补用。这件事令左宗棠颇有感触。书生带兵打仗，因功踏入仕途，也是一种出路。战事如此频繁，军事学似乎大有用武之地。左宗棠把更多的精力投入军事研究。他又给自己想到了另一个人生定位：

古人谓：“不为良相，即为良医。”

弟则谓：“不为名儒，即为良将。”

第二年，湘阴在连年大旱后忽然大水成灾，柳庄也不例外。人闹饥荒，庄稼被淹，家人皆病。左宗棠度过了一生最困难的时光。

老天没日没夜地浇下雨水，稻田被淹，谷子都发芽了，家里值钱的东西都进了当铺。一家十二口都成了病号。光是发愁也没用，左宗棠跟同乡开个玩笑：“我要把杜老的诗句‘男呻女吟四壁静’改一个字，变成‘男呻女吟四壁空’。”

左宗棠开设了家庭病床，无照行医。他还给自己封了个赈灾领导小组组长的职位，有空就往外面跑，办理赈灾事务，劝富有人家捐赈。他信奉孔子儒学，认为行善是第一要义。他对捐赈行为给予极高的评价，向富人们反复灌输一个理念：捐赈是传统的美德。据他统计，经过大家的劝说，长沙、善化、湘阴、湘潭和宁乡各地，捐献的银钱谷米，折合银子，不下五十万两。

光靠救济也不是办法，左宗棠劝左氏家族的人们储备粮谷，以备饥荒。各家拿出一些粮食，存放在一个粮仓里，遇到灾荒，便开仓自救。这个粮仓需要管理，于是就有了仁风团。

这是一个具有预见性的备荒措施。官府无心过问，民间由左宗棠发起。经过了两年的苦旱，又碰上一年的大水，谁敢说明年就一定没有天灾？在他的劝说下，左氏一族纷纷响应，一个救灾基金就这样形成了。

左宗棠一边救灾，一边还得关心军事。灾荒往往是战乱的前奏。种种迹象表明，政局不稳，民心混乱。当一个名将，定国安邦，或许是一条必行的道路。他给身在北京的二哥写信，自称在军事上的造诣决不是纸上谈兵。

文韬武略在胸，还得为生计操劳。天灾严重，“湘上农人”种田都吃不饱肚子，为了养家活口，只得进城发展。道光二十九年（1849），他来到长沙，继承父业，在朱文公祠开馆授徒。第一个学生就是女婿陶桄。其他学生无不是今后的干才。益阳少年周开锡，长沙少年黄瑜、黄上达和黄济兄弟，都是左宗棠的高徒。黄家三兄弟的父亲就是长沙保卫战中大出风头的黄冕（见第一章）。此人也是林则徐的旧交，他信得过左宗棠，把三个儿子都交给他培养。

这一年，湘阴果然又遭大水。左宗棠身在长沙城，也没有忘记水灾作孽多么可怕。他给二哥写信，忧心忡忡。

弟一家不足忧，惟如此奇荒，邻里之颠连者必多。倘不急筹赈济，则大乱即在目前，其可忧又不但贫也，其受害又不止一家也。

水灾刚有迹象，左宗棠便向学生家长预支学费，回到乡下，买下一些谷粮，一半接济左家塅的族人，另一半接济柳家冲的同乡。可是需要救济的灾民远远不止这些，逃难的灾民源源不断地经过柳庄。

柳庄距湘江只有十里，又靠近湖滨，处在重灾区的边缘。每一天，成百上千的饥民取道门径口，前往高乡求食，柳庄是必经之地。路边到处是饿死鬼，满眼都是可怜人。左宗棠不忍心看着不管。和周夫人一合计，把粮仓里的谷子全部搬出来，煮成稀饭，散发给饥民。

家里的粮食很快就送完了。大水不仅为害湖南，也把东南各省变成了汪洋泽国。大米奇缺，每斗卖到六七百文钱，道路上都是逃荒的饥民。他们营养不良，缺乏抵抗力，疾病迅速传播。左宗棠和家人组成医疗队，救助病倒的灾民。他掌握了一些单方，买来药草，做成药丸。他对医治流行病颇有心得，妙手回春，保全了许多人的性命。

左家人是一个团结的救灾集体。左宗棠在灶边熬药，周夫人和张氏率领仆妇站在门口指挥护理。没钱买药了，就把发簪和耳环当掉。当铺成了左宗棠经常光顾的取款机。他们缩减家里的粮食供应，省下口粮，尽可能救活更多的灾民。小小柳庄，为救灾尽了全部的力量。

灾荒把大批孤儿抛向人间。左宗棠凑了二千两银子，捐给家乡的育婴会。希望工程也要操办。实在没钱了，卖掉田产，来办义务教学。孤寡老人只能靠敬老院，他又兴办了养老会。如此一来，和谐社会已有雏形。

那一段时间，左宗棠累坏了。长沙的学生要读书，课不能不上。课业一完，马上和湘阴同乡一起，四处奔波，劝富裕人家捐赈。赈灾好不容易告一段落，左宗棠松了一口气，在柳庄过了一段短暂的宁静生活。回想所做的公益事业，他感到十分满足。

卧龙即将腾空

道光三十年(1850)，天下将要大乱，湘阴建立了仁风团义仓。左宗棠身为表率，一家节衣缩食，捐出所有值钱的物品，筹备积粮。他亲手制订章程，报官府备案。先与周夫人惨淡经营，后来选择公正人士主持。此后很久，乡民们受惠于这个粮食基金。

局势越来越乱，广西无处不在造反。冬天的一个深夜，左宗棠忽闻林则徐奉旨前往广西指挥作战，在途中去世。他手捂胸口，目瞪口呆。

回想去年，正是在这个日子，他来到湘江边，上船拜见林公。为了找个清静的所在，他们解缆开船，乘着乱流，渡到河西，停泊在岳麓山下。他与林公的儿子林汝舟兄弟一起陪侍林公左右，把酒而谈。林公说，带兵的统帅贪得无厌，是军政的蠹虫；总督这个官位最容易产生腐败。

林公谈到，新疆是个好地方，可惜屯田没有办好，土地没有充分利用，本该肥沃丰产的地区，却没有富强起来。吐鲁番素来丰产粮食，如果新疆南八城都像苏州和松江一带兴修水利，广种稻田，粮食产量不会低于东南。

江风吹浪，舵楼嘎嘎作响，仿佛在回应船窗里传出的人语声。黎明的更鼓敲响，一阵阵催促，左宗棠方才告别离去。没想到才过了三百多个日子，林公已成千古!

人之云亡，百身莫赎。悠悠苍天，此恨何极!

左宗棠悲痛之余，与郭嵩焘周游湘阴东山，寻找避乱的落脚点。他们来到周磜岭，约定在此结庐，比邻而居，以避战乱。

这是一个计划了十年的心愿。自从林则徐被罢官后，左宗棠就感叹国运衰败，预料天下将乱，已经心灰意冷。他留心避难之所，在湘阴东山寻找山地。左氏家族必须保全，需要一个险僻的去处营造居所。只要有田可种，有柴可烧，有红薯芋头果腹，有园子可以种桑，有山可以栽竹，有羊可以放牧，就可以做个山民，优游于山野之间，安享天年。

未雨绸缪总是聪明之举。藏身之处刚刚找好，大规模的内战接踵而来。咸丰元年(1851)，洪秀全起事。这时候，左宗棠还是闲人一个，置身于内战之外。春天，他回到柳庄，随时准备逃避战乱。他对新皇帝寄予一点希望。新老更替，能否出台好一点的政策，就指望这个关口了。乡间消息闭塞，他给友人写信，希望得到京城的消息。

新皇即位，要展示新的气象。清廷颁发特诏，开设孝廉方正特科。这个科举项目是为了提拔品行优良的读书人，也就是罗泽南那样的道德标兵。湘阴县从前无人应举，这一次却有了左宗棠这个合格的候选人。他孝顺廉洁，助人为乐，大家有目共睹。本县有些头脸的人士，由郭嵩焘牵头，联名推荐左宗棠应举，先进事迹的材料已经报上去了。大家知道左庄主空有庄主之名，其实口袋里没几两银子，决定免了他的参赛费，连文具费也不用他交。

但是左宗棠委婉地拒绝了保送。他认为自己还没达到道德模范的标准："抚躬循省，字字疚心，深愧无以副兹嘉命。"这是肺腑之言。在荣誉面前他素来低调，何况身处乱世，无心去出那个风头，也在情理之中。

与此同时，江忠源奉调招募乡勇前往广西参战。江忠源早已是湘南会党的死敌，他的立场非常鲜明。左宗棠虽然没有摆明自己的立场，但是江忠源的为人，素为他所敬重。

洪秀全的部队越战越强，从广西武宣挺进永安，湖南进入备战状态。战争离左宗棠越来越近。胡林翼来信了。他在贵州的黎平任知府，辖地与广西交界，太平军随时有可能杀到。他守土有责，不能和左宗棠一样在这场内战中作壁上观。他在信中说到在黎平实行保甲团练，颇有成效。

在官军无法依靠的时候，如何组织民兵来保卫一方乡土，关系到当地百姓的利益，是一个很值得探讨的军事问题。左宗棠在这方面虽无亲身经验，却密切地观察广西的内战，随时加以研究。他这个旁观者，比官军的前线统帅清醒百倍。他把自己的见解提供给胡林翼参考。

团练乡民的办法，为什么在广西未见成效？因为团练只适合对付小股的盗贼，如果碰到强大的对手，既要防卫，又要出击，那就必须加上一个条件，就是碉堡。

团练加碉堡，是左宗棠提出的著名公式。所谓团练，就是让乡亲们团结起来，以免被非政府武装夺去财物，抢人当兵。这一点并不难做到。谁不愿意保卫家乡的平安呢？人心一致，熟悉地形，便于设计陷阱，不必是聪明人，也能够出奇制胜；不必是勇猛者，也会奋起反抗。这就是民兵的有利条件。

左宗棠的分析，真是入情入理。地雷战，地道战，麻雀战，都是民兵发明的，具有颇大的杀伤力。男人们在家门口保卫老婆孩子的时候，会变得聪明过人，勇猛异常。

左宗棠接着指出，民兵虽好，却也需要保护，而最好的防御工事就是碉堡。只要有堡，就可以安顿老弱妇女，放置米粮器具。一有战事，就转移到堡内，人心自然就稳定了。在堡垒四周各建一碉，民兵住在碉内，配备弩、铳、炮、石各种防守武器。两碉的距离，要在炮火与抛石的射程之内。碉内每一层都开枪眼，多少不限。环绕碉堡挖掘深壕，暗设机阱。堡的面积，方圆不过一里，可以隐蔽几千人。一堡配有四碉，登碉防守的民兵，只需几十上百人。需要的人不多，就能轮流作战，昼夜都不松懈。堡内预先储备充足，防守器械预先安设。敌军一到，马上入堡，坐等敌人到来。这种事情，不必智勇过人者也能办到。

接下来，左宗棠分析官军与太平军作战的得失利弊。他认为太平军的计谋和勇猛非同一般，致使官军的进攻屡次失利，他们则安然地驻扎在根据地，以逸待劳。官军缺乏军饷，大将束手无策。谋士们乱出计策，不得要领，甚至有人妄自菲薄，声称敌勇我怯，敌狡我蠢。他们怎么就看不到，真正的原因是太平军常常掌握着主动权，而官军常常处于被动呢？

太平军首先攻占罗渌洞，抢了先手。官军围攻几个月，太平军没有轻举妄动，屡屡击退官军的攻击。他们接着攻占新墟，也是以静制动，屡次击退官军的攻击。现在太平军分兵占据永安州，采用同样的策略，官军又没有占到上风。这究竟是士卒不行，还是将领没用？对手经常掌握战场的主动权，官军老是陷入被动，所以敌军从容不迫，官军手忙脚乱；敌军得到休整，官军则疲于奔命；敌军设下陷阱等待，官军则每每中计。

左宗棠说，兵法曰："谋定而后战。"又曰："善用兵者，致人而不致于人。"太平军知道自己为什么打胜仗，官军将领却不善于总结失败的教训。这就是分别胜败高下的关键。那些将领真是没脑子啊。办法其实很简单。官军只需调拨公款，命令民兵在敌军根据地附近修筑碉堡，正规军则驻扎在险要之地，修筑壁垒，步步为营，同时推进，逼近敌营。太平军知道官军合围，一定集中兵力来攻，这时他们被动，官军就主动了。

左宗棠还指出，官军每战溃不成军，是因为没有严明的纪律，赏罚不能执行；官军之所以屡次受挫，是因为将领不懂得分合奇正的战术，在上峰严责之下，勉强轻易出战，以求速胜；又不善于使用谍报人员，不明敌情，所以老是陷入敌人的埋伏圈。太平军派出了大批的探子，而官军又无法提供假情报，以混淆他们的视听。

这封信表明，左宗棠已经找到了官军失败的根本原因，也看出了扭败为胜的关键。他身在山中，对战局了如指掌。无论他加入哪个阵营，都可谓知己知彼。但是洪、杨等人连焦亮都容忍不下，更不会邀请左宗棠进入领导核心。而清廷的官员，包括江忠源、胡林翼、张亮基和曾国藩，对左宗棠钦佩不已，逐步借重他的军事知识和智谋，为湘军击败太平军增添了胜算。

在这场内战的初期，左宗棠已经看重民间武装的作用，而且考虑了基本的战法，只是还没有想到把地方武装发展为正规军。他在这场战争中的巨大影响，正在以不很明显的方式逐步形成。

这一年，他在长沙城东的定王台会见了未来湘军的几位大将。罗泽南在长沙讲授经书，左宗棠和刘蓉一起与他会晤，一起见面的还有李续宾、李续宜、王珍及李杏春。这一群朝气蓬勃的书生，即将在湖南人的军事同盟中成为密切合作的伙伴。左宗棠后来怀念这次聚会，有诗吟咏：

紫光画阁且迟开，竞羡长沙好秀才。省识旧游如昨日，春风归咏定王台。

洪秀全揭竿而起，掀起了一场规模空前的内战。左宗棠的命运将被这件事左右。这个湘阴人心忧天下，如今邻省的农民军队要跟清廷分庭抗礼了，他将何去何从？

内战在人间划分阵营，许多人被迫描绘自己的政治面貌，显露阶级立场。左宗棠不喜欢乱世，但他对于搅乱时局的太平天国，起初并无鲜明的态度。

太平天国的领袖洪秀全也是一个矛盾的人物。他与左宗棠一样，读过许多儒家经典，积极参加科举考试，却总不得志。他把科场失意的窝囊气统统砸向孔老夫子，转而信奉洋人的宗教。又将基督教改编成中国的版本，把当时的中国统治者妖魔化，用信仰来点燃降妖的战火。他改认了祖宗，自称天父之子，不仅令所有喜爱寻根的国人非常郁闷，而且把国内那些清醒而痛苦着的穷书生弄得十分困惑，无法想象跟着他去造反算不算一条出路。他有大批盲目的追随者，却无法调动大多数书生造反的积极性。

洪秀全是个穷秀才，和左宗棠处于同一社会层面。他懂得人间疾苦，很想建立和谐的社会。有田同耕，有饭同食，有衣同穿，有钱同使，无处不均匀，无人不饱暖，也是左宗棠正在家乡实践的理想。但是洪秀全所做的事情，是用暴力、用战争来改朝换代，同时扫荡中国的传统文化，而且迫不及待地自立为天王，几乎听不进有识之士的劝谏。

洪秀全发起的战争，在中国读书人的心中打了一个大大的问号。就左宗棠这样的忧国忧民之士而言，他的很多做法值得商榷。你反对腐败的政治，救民于水火，那是好事；可你为什么要否定本国的传统文化？你为什么要信奉洋教，在所到之处焚烧宗庙，把土地文星菩萨全部打倒？灭绝传统，斯文扫地，你想把中国折腾成什么样子呢？

左宗棠对洪秀全有没有同情？未必没有。想不想跟这位造反的首领理论一番？未必不想。野史传说，当太平军打到长沙城外时，左宗棠去太平军大营会见了洪秀全；当太平军杀到湘阴时，他去会见了石达开。他的谈话只有一个重点：放弃洋教，尊重传统，保护文化。天王和翼王身处高位，没把这个湖南的穷书生放在眼里，对他的劝谏充耳不闻，更没有请他辅佐军机大政的意思。

野史虽然有很强的可读性，但很可能讲述的不是事实。左宗棠没有见过洪秀全与石达开。不过，野史的特点不是无中生有，而是捕风捉影。左宗棠没有做过这件事，但是与他很相似的一个人做过。这就是风声和影子，足够野史作者来为左宗棠编造一个段子了。

这个段子的影子就是焦亮。左宗棠比他大了十一岁，但两人的遭遇非常相似，只是焦亮的路比左宗棠走得更为坎坷。左宗棠好歹是个举人，焦亮却连举人都没考中。

焦亮反抗清廷，却被同道者抛弃，他的悲剧中暗含着左宗棠命运的玄机。野史作者看出了这一点，抓住焦亮的影子，杜撰出左宗棠与太平天国首脑会晤的故事，不是纯粹为了供人消遣，多少有些寓意。如果左宗棠真的走了焦亮那条路，他岂不是也成了一场滑稽剧的主角？

反过来说，如果洪秀全听得进焦亮的忠告，那么太平天国运动无疑会比较健康地发展下去，而且会吸引一大批知识分子投身这场运动，其中包括左宗棠这样的穷秀才。

不过，正如人们常说的，历史没有如果。所以，左宗棠与洪秀全没有共事一场的缘分，而只有相互为敌的可能。

太平军打进湖南以后，左宗棠正要组织家人去白水洞避乱，家里来了个不速之客。这个人名叫左纯州，是他的远房侄儿。他一直在广西做生意，每次回家，都要来看看季高叔叔。

左纯州一来，左宗棠就警惕了："纯州贤侄，你从广西来，那边可是乱得厉害啊！你这一路是怎么过来的？没碰到粤贼么？"

"碰到了。"侄儿回答，"其实太平军没有官府说的那么坏。咱们不是做官的，也不是财主，干吗要怕太平军？"

左纯州这次来找左宗棠，是有备而来。他想劝说叔叔投奔太平军。

"季高叔叔，您才高八斗，谁不知道？可您一直不得志啊。满人入主中原以来，一直歧视压迫汉人，哪个汉人不切齿痛恨？太平军很快就要打到长沙了，难道叔叔没有一点想法？"

原来侄儿是来做说客的？左宗棠心里一惊。侄儿的话，当然不无道理。可是这种话乱说不得，左氏家族性命攸关。对于太平天国，他还要看一看。他板下面孔，教训侄儿：“左氏家族几代人知书达理，不能造反，去干大逆不道的事情。快住嘴！难道你想给全族带来灭门之灾？”

但是，太平军北上的步伐仿佛已经能够听见。洪秀全攻取江华和永明之后，从道州东进，五日之内，连克嘉禾、桂阳州和郴州。照这种速度推算，要不了一个月，长沙就会燃起战火。柳庄是待不下去了，左宗棠领着家人躲进了白水洞，接着先后接到张亮基、江忠源和胡林翼请他出山的信函。他在亲友的劝说下，终于来到长沙，立刻投身于省城的保卫战。此中经过，前面已经叙及。

第四章

对弈长沙

> 威廉·詹姆斯·黑尔《曾国藩与太平天国》：
>
> 官军逐渐沿江而下，只要他们拥有像江忠源的楚勇一样善战的官兵，他们就有了另一次歼灭造反军的机会。

圣贤撞上了战争

历史有一些惊人的巧合。洪秀全来到长沙城外的第二天，即咸丰二年（1852）八月二十三日，他宿命中的最大敌手曾国藩也抵达了长沙西南两百里处的湘乡。

尽管湘乡的团练在全省首屈一指，王珍、李续宾、罗泽南、刘蓉等乡勇首领都进入了针对太平军的临战状态，而曾国藩的父亲曾麟书也因身为当地名人，应邀出任乡团的总团长，但京官曾国藩此番回家，却绝无参战的意思。

曾国藩回家，是为母亲奔丧而来的。

两个多月前，咸丰有旨，命曾国藩出任江西乡试正考官。曾国藩呈递谢恩折时，附带请求在公务办完之后赏假两月回籍省亲。他自道光十九年冬天进京供职，已有十多个年头，从翰林七次升迁，官至侍郎，深得新老皇帝的器重。其间祖父衰老病弱，他屡次请假探亲，未得批准。此次皇恩浩荡，终于同意他顺便回家一趟。

曾国藩于六月二十四日乘坐驿车出京。五天后经过河间府，与代理知府吴廷栋在途次相见。七月十三日道过宿州，周天爵正在家乡病休，函约曾国藩相见于旅店，纵谈今古，自夜达旦。

曾国藩说："敬修公可否谈谈广西前线的见闻？"

"唉，不说也罢。"周天爵显然还在为广西的遭遇而生气，"前方将领互不服气，不听指挥，皇上怪老朽办事不力，老朽是费力不讨好啊。今年三月，皇上因逆贼窜出永安，要将赛尚阿、乌兰泰和向荣交部严加议处。乌兰泰虽无罪过，向荣和赛尚阿却是罪无可逭，结果还是不了了之。弄到如今，逆贼都打进你的家乡湖南了！”

“那一次国藩也曾赴部会议，”曾国藩说，“我提出军务关系重大，议处罪名应当从重，不应比照成例。会议罢后，国藩上专折奏请从严议处，可是皇上下诏，改为从宽处理。”

“眼下你圣眷正隆，春风得意啊。去年三月兼了工部侍郎，四月再兼兵部左侍郎，五月又兼了刑部侍郎，今年正月又兼吏部左侍郎，是皇上离不开的大红人了。”

“哪里哪里。皇上下诏求直言，国藩上疏激直，未获咎戾，已是万幸了！内阁学士胜保上疏失检，不是要降三级调用吗？国藩奏请特旨宽免胜保处分，以广言路。全赖皇上圣明，采纳了国藩的建言。”

“逆贼在湘南节节推进，会不会危及你的家乡？你不回去看看？”

“国藩心系桑梓，无奈公务在身，还要过些时日才能回家啊。”

“这倒也是，当以国事为重。老朽听说，你打理部务，悉取则例，博综详考，准以事理之宜，事至剖断无滞。在工部潜心研究方舆之学，左图右书，钩校不倦，于山川险要、河漕水利，诸般大政，详求折中。老朽佩服！”

“唉，部务繁委，值班奏事，入署办公，益无虚日。国藩退食之暇，手不释卷，于经世之务及在朝掌故，分汇记录，共有十八门。”

“听说唐镜海公（唐鉴）去年五月入都，皇上召见十余次，极耆儒晚遇之荣。老朽知道，你前在翰林时，与倭艮峰公（倭仁）、唐镜海公等人讲学，每天都做笔记。不知这次相见，有何收获？”

“惭愧，因公务繁忙，记注之事已中辍数年。刘传莹为我的书斋题额，曰‘养德养身绵绵穆穆之室’，此次唐先生进京，国藩乃仿程氏读书日程之意，为日记曰《绵绵穆穆之室日记》。每日自课以八事：曰读书，曰静坐，曰属文，曰作字，曰办公，曰课子，曰对客，曰复信。触事有见，则别识于其眉。”

“去年会审琦善的那件案子，大得人心啊。”周天爵话锋一转，“究竟是怎么回事？说给老朽听听！”

“琦善在新疆办案，犯了大错，萨迎阿前往查办，奏请将琦善交刑部治罪，奉旨逮问。闰八月，琦善抵达京师，交刑部议罪，钦派军机大臣三法司会审。琦善自供说，这是萨迎阿陷害他。朝廷高官为了包庇琦善，也说萨迎阿原奏有错。会审时，琦善极力为自己申辩，萨迎阿却无法辩白，因他代理琦善的职务，不得回京。军机章京邵懿辰反驳琦善的供词，罗列了十九条，会审官员置之不理，打算将萨迎阿专案组的四名办事人员传上公堂与琦善对质，甚至有人提议治他们一个诬陷罪。当时国藩看不过去，一人力争。我说：‘琦善虽位至将相，但我等既然奉旨查办，审讯是我们的本职工作。专案组办事人员职位虽低，岂有传上公堂与罪犯对质之理？如果他们因为查办此案受到处罚，将来大员有罪，还有谁敢过问？皇上谕旨，只是要我等会审琦善，并没说要审讯专案组，你们坚持要传讯，也要奏请奉旨才行！’国藩词气抗厉，四坐为之悚动。大家见我如此认真，也就不再提对质一事了。”

“痛快！痛快！去年十二月，你上了《备陈民间疾苦》一折，奏称国贫不足患，惟民心涣散则为大患。其根据如何，老夫愿闻其详。”

“国藩认为，日前之急务，其大端有三：一曰银价太昂，钱粮难纳；二曰盗贼太众，良民难安；三曰冤狱太多，民气难伸。其时银价昂贵，朝野均以为苦。我那份奏疏，请求皇上向外省申谕弭盗贼、清狱讼二条，以为会使情况有所好转。”

两人谈得十分投机，第二天依依分手。七月二十五日，曾国藩行抵安徽太和县境内的小池驿，忽有家人从湘乡来报：他母亲江老夫人于六月十二日撒手人寰。曾国藩哀痛至极，立即脱下官服，披麻戴孝，急赶回家。他取道黄梅县，一时租不到大船，便乘小舟渡江，抵达九江城，雇船溯江西上。

船行两日，曾国藩抵达黄州，登陆改走旱路，两天后抵达武昌。湖北巡抚常大淳前来吊唁，对他说：“你须得赶快起程，粤贼已扑长沙，湘乡也不安宁了。”

曾国藩大为吃惊，连忙抛弃行李，只带一名仆从，于八月十四日从武昌起程，船行五天，抵达岳州。他从小路行走，经过岳州，取道湘阴和宁乡，在洪秀全抵达长沙城外的第二天赶回了家乡荷叶塘。

曾国藩一进家门，扑在母亲的棺木上痛哭。接着拜谒祖父之墓。

在曾家的哀哭声中，洪秀全已率主力来到长沙城外的消息传到了湘乡荷叶塘。对于曾国藩而言，可谓家有大哀，国有战难。曾国藩心情沉郁，全心投入丧事，九月十三日，将母亲葬在下腰里宅后的山内。

不久，长沙又有消息传来：太平军开挖地道，轰垮长沙城墙。内地人过惯了太平日子，骤经兵乱，人心惧怯，谣言四起。湘乡人还没见到太平军，就有很多人家纷纷逃难。曾国藩遇见同乡便说：“大家不必惊惶，逃难不是办法，大家要团练乡民，保守平安。”

湘乡县正在大办团练。曾国藩是回籍的礼部侍郎，自然有人请他出来主持团练事务。曾国藩以母忧为由，推辞不出。他认为自己不熟悉行军用兵，不适合出来挑这副担子。

曾国藩没有投身战争，但他作为一名在籍的文官，可以从宣传上对官府有所帮助。他撰写了一组《保守平安歌》，奉劝家乡人办团练自保。

这组韵文分为三首，第一首题为《莫逃走》，号召士绅百姓不要逃跑。天下之大，只有家乡堪称桃源仙境。

本乡本土总不离，立定主意不改移。地方公事齐心办，大家吃碗安乐饭。

第二首题为《要齐心》，提倡乡人团结一心，互相帮助，写透了“团练”二字中的“团”字。

我境本是安乐乡，只要齐心不可当。一人不敌二人智，一家不及十家强。

第三首题为《操武艺》，讲的是“团练”中的“练”字。他号召书生、农民、工匠、商人和雇工，学会用石头、石灰罐、叉子、耙子、长矛、弓箭以及铳和炮做武器，练好使用这些武器的本领。

要保一方好土地，大家学些好武艺。武艺果然学得精，纵然有事不受惊。

撰写通俗而贴近生活的韵文，是曾国藩这个大秀才的拿手好戏。韵文朗朗上口，便于记忆，包含实用的知识和朴素的思想。这组韵文在湖南乡野广为流传，影响颇大。它表明，曾国藩虽然自称不懂军事，但他至少对于团练一事，其实颇有一番见解。

此后的三个月，曾国藩一直待在乡下丁忧，同时关注着外界的战情。

争夺龙回潭

左宗棠进入长沙城后，官军和太平军双方都进行了几天的休整和部署。在短暂休战的几天内，官军未能及时派兵控制湘江以西的要点，为太平军的西渡留下了机会和空间。

官军的前线统帅赛尚阿于九月一日才离开衡州，统领亲兵前往长沙。程矞采仍然留在衡州，剿办新田一带的土匪。但是咸丰已经对赛尚阿忍无可忍，于九月二日颁发上谕，将他革职，由徐广缙派员逮捕，交刑部治罪。程矞采也即行革职，仍留军营办理粮台事务。湖南剿匪的重任全部交给了徐广缙。咸丰认为此人平素办事慎密，指挥稳妥，决定让他接任钦差大臣，并代理湖广总督，所有军营及地方文武，统统归他节制。

就在这一天，太平军开始按照制订好的预案行动了。他们一面向城东发起猛攻，一面派兵渡向河西。当天早晨九点钟，六七千名太平军突然从妙高峰绕到浏阳门外的校场，分三路进扑官军。太平军这一行动，显然是要绕过官军的东南壁垒，争夺城东的控制权。此时江忠源腿伤已经愈合，带领楚勇与湖南官兵一起迎击，秦定三带队从中间攻截。向荣选派城内精兵二百余名，加上开隆阿所率川兵，缒城助战。

太平军正在分扑营墙，和春驰至，上前横截，立毙太平军多名，接着三面夹击，太平军纷纷倒地。官军踏着敌人的尸体前进，刀矛相接，太平军死伤枕藉，见势不敌，便由校场东头撤走。官军正在紧追，太平军忽然聚拢，回头猛攻。官军枪炮一齐开火，仍然无法阻挡太平军的进攻，双方短兵相接，太平军鏖战一阵，方才撤退。双方战到下午，打了六个时辰，各有伤亡。

官军接到探报，太平军已在湘江上游扎营，派出小股部队渡江，袭击龙回潭一带的村庄。左宗棠最担心的事情果然发生了。龙回潭有路可通宝庆和常德，距湘潭县城只有五十多里。太平军显然已经意识到这是一个军事要地，正在设法布兵。

左宗棠接到探报，立刻去找张亮基，强调事态的严重性。张亮基决定不顾个人脸面，去拜访向荣，请他领兵到西路督战，赶在太平军之前，迅速占领龙回潭和土墙头。

“向大人，你是沙场老将了，龙回潭和土墙头的重要性你不会不知道。如今军情紧急，请以国事为重，不要闹个人意气，请你迅速派兵夺回龙回潭！你是洪逆的老对手，千万别让他从龙回潭逃跑！这次再让他漏网，以后的麻烦就大了！”

向荣不会不知道这点利害关系，但他因皇上还没恢复他的提督职务，仍在闹情绪。他想，老夫落得如此下场，就是拜你张巡抚所赐，老夫为什么要听你的调遣？

向荣哼一哼鼻子，说道：“向某如今无官无职，逆贼从这里逃走，账也不能算在向某头上！”

向荣仍然只顾江东，九月三日令开隆阿、邓绍良各带部队缒城出击，令秦定三带兵从城外营盘到阿弥岭接应。遇到太平军四五千人由南路北来，官军将之击退。第二天，和春约常禄移近敌营驻扎，常禄正在拔营，太平军五六千人分头扑向李瑞的营盘，枪炮如雨，常禄分兵接应，直冲敌阵，才将太平军击退。

九月五日，常禄移营到石马铺。第二天探得太平军已分股于上游数里渡河。和春等人多次攻打南门外敌营，太平军坚匿不出，注意力集中于攻占河西阵地。当天夜晚，太平军又分兵二三千人，悄悄从南湖港过江，通过龙回潭，继续西进。

赛尚阿尚在前往长沙的途中，他接到太平军西进的报告，决定拦截西渡的太平军。他身边带有亲兵二千多名，还意外地得到了三千名潮勇。这些潮勇原来由朱启仁带领在郴州作战，但是军心不稳。抵达衡州后，朱启仁请求将之遣散，但衡州的粮银不足以打发这些人，担心他们在衡州闹事，于是打算带到长沙领饷。赛尚阿抵达湘潭后，得知朱启仁刚刚乘船离开此地，立即传令，叫他立刻登上西岸，前探敌踪，与向荣派出的追兵前后合击。

太平军的意图已经十分明显。石达开渡到龙回潭一带后，见到一条东西向的小河，向当地人讨教，知道名叫见家河。石达开下令渡到见家河以南，驻扎在阳湖等村。当地向导说，此地离坪塘镇只有几里，而坪塘镇是从湘潭进至长沙的必经之路。

太平军已把军力分为两部，东王杨秀清留在长沙城南指挥攻城，执行西渡任务的首领是翼王石达开。这项行动一举数得。阳湖一带盛产大米，他们可以从这里得到补给；同时控制了湘江两岸渡口，可以从容往来。更重要的是，诚如左宗棠早已指出的，他们占领了撤退的前进基地，随时可以从西岸撤走，而进军的方向，可南可西可北，又会给官军留下巨大的悬念，令官军无所适从。

朱启仁遵照赛尚阿的指令，率领有哗变嫌疑的潮勇在坪塘登陆扎营。石达开想，卧榻之旁，岂容他人安睡！他立刻部署了一次奇袭。

九月八日黎明，太平军一支小船队突然靠近西岸停泊，几百人登陆，扑向朱启仁的营盘。潮勇也不含糊，拼死阻击，将太平军打回船上，然后追到江边开炮。太平军战船撑出江心，退出了战斗。西岸树林突有石达开的伏兵一千多人杀来，见家河有二千多名太平军前来接应，江心的船队立刻回靠西岸。潮勇正在吃紧之时，赛尚阿带领陆军和水勇炮船赶到，开炮击碎敌船三艘。炮船追杀到豹子山脚，并将东岸太平军的一座望楼击倒。石达开没料到官军会有援兵开到，跺一跺脚，命令部队放弃攻击，见家河及阳湖的部队全部撤回营垒。

同一天，在湘江东岸，常禄推进到金盆岭，太平军绕到常禄东面，踞住岭头，势欲从高压下。

左宗棠要走几步关键的棋子，还未到位，由于统兵将领拖拖拉拉，都被石达开看破了，等于提醒对手填补漏洞。左宗棠和江忠源围歼太平军的企图已很难实现。左宗棠情急之下，再次向张亮基强调："中丞大人，我军不能错过最后的机会。龙回潭已被逆贼占据，但土墙头不能再落到敌军手中。"张亮基再次督促向荣，后者还是不肯派兵渡江。一念之差，太平军又控制了土墙头。

张亮基气得团团转，对左宗棠说："我亲自率兵渡到西岸，驻扎龙回潭，阻击逆贼西进，你看怎样？"江忠源道："如此甚好，忠源愿为中丞详细策划，并率楚勇开路，筑好壁垒，再请中丞前去坐镇指挥。请中丞大人将宝庆和湘乡的团练调到西路会师，以增强兵力。"

左宗棠关上门说话："向荣这家伙，只顾个人意气，全不把大局放在心上。官场和军队，若不大力整治，官军只会一败涂地。"江忠源频频点头。

向荣此时已用连续不断的炮轰击毁了城东南的鳌山庙等处房屋。杨秀清派兵昼夜挖掘地道，都被守城官军杀毙。官军正在城外挖成一道横沟。但是，在长沙城的正南及西南面，太平军占据的房屋仍然多数完固，妙高峰一带地势较高，太平军建立了土城和望楼，顽强据守。

赛尚阿从西路向长沙赶来，已经意识到湘江以西必须有官军驻扎。他派人给向荣送信，令向荣统领新到驻防兵及邓绍良、马龙、常存所部即日渡河，与现在坪塘的潮勇合攻河西的太平军。让和春与秦定三留在河东，合力攻打南门外的敌营。

赛尚阿还算有些面子，向荣执行了他的命令，但未将邓绍良调走。他亲自带着总兵常存的二千人驻扎河西，以防太平军西走宁乡，北走湘阴和益阳。长沙府县也派乡勇潜往河面，烧毁敌船十多艘。石达开见官军开始重视河西的防御，又于上游的见家河乘夜分批偷渡筑营，向荣飞调马龙所部过江，与朱启仁的潮勇夹击敌营。

九月九日黎明，河西的官军分为两队，直攻敌营，炮船从水路助攻阳湖，村内的太平军立即撤走。官军乘势进攻，将太平军占据的阳湖一带村房尽行烧毁。太平军乘小艇渡到见家河北，官军炮船赶到，轰毁敌船二只。太平军躲在河北营垒不出。官军凫水攻击，受伤数名，阵亡一名。赛尚阿从岳麓山后取道前进，令朱启仁立即在见家河南岸驻扎，以防敌军再次渡到河南。部署停当后，他渡江进入长沙城内。

这天晚上，湘江上出现一条神秘的小船，迅速朝西岸驶去。小船靠岸后，一个瘦小的身影蹿上岸堤，摸到太平军军营，扔出几颗火弹，爆出几团火光。太平军以为官军来袭，乱作一团。那人悄悄摸回岸边，回到船上，迅速地返回河东。

这个瘦小的人影闪回镇筸营内，刚进营门，就被哨兵拦住，对他说："玉面书生，你好大的胆子，居然敢私自出营！跟我们去见邓军门！"

进了副将营帐，玉面书生跪在邓绍良跟前。邓绍良板着面孔问道："你叫什么名字？"

"回大人，小的田兴恕。"

"哪里人？"

"凤凰人。"

"为何深夜私自出营？"

"向大人不让咱们过河，小的好奇，想过去耍耍，朝敌营扔了几颗火弹。"

邓绍良道："好小子！原来敌营那几团火光是你干的？你回去吧，从现在起，你就是哨长了！"

田兴恕此年不过十五岁，是个童子兵。但他天生胆大，秉性莽撞，好胜心切，私自出营，偷了一艘小船奇袭敌营。原以为会受军法处置，没想到邓副将看重他的勇猛，因祸得福。后来他一路升迁，成为湘军大帅。

九月十二日，河西的官军推进到渔网洲，太平军从见家河派出二千多人攻击，官军游击曾正川阵亡。正在吃紧之际，向荣飞骑赶到，亲率屯兵二三百人接应。一阵冲杀，太平军前队纷纷倒地，后队撤走。官军追过两重山梁，太平军全部撤回旧营。

和春与秦定三也在河东攻击南门外的敌营，遭到三四千人阻击，官军反攻为守。忽然南面又有一二千太平军冲来，官军方面也有开隆阿接应，张国梁从南面赶到，前后夹击，将太平军击退回营。和春与秦定三仍然驻扎妙高峰下，紧逼敌营。他们商议，等到向荣将河西敌军全部歼灭时，再在河东发起更大的攻势。

左宗棠不赞成等待，他说："我已派出很多探子，得到可信的情报，那洪秀全虽然号称有三万多人的兵力，但真正的中坚力量只有几千人，其余都是临时扩招的。这三万兵力，战斗力并不很强，分别驻扎在湘江两岸。河东约有两万多人，河西有一万多人。他们在江上搭建了三道浮桥，沟通两岸，互相声援。我们城内有五千兵力，城外援兵陆续开到，已经抵达长沙周边的兵力还有三万多人。如此阵营，足够在湘江两岸把三万多敌军包围起来。即便他们从局部突围，也难逃在长沙附近被歼的命运！"

咸丰接到长沙的战报，认为官军完全有力量在长沙全歼太平军。皇帝的想法和长沙的师爷不谋而合。问题是徐广缙迟迟未到长沙，前线大员们没能统一思想。如果咸丰早一点起用左宗棠和江忠源这些小人物，这场内战很可能会提前结束。但咸丰直到目前为止仍然重用前朝老臣，而他们几乎都无出色的表现。这场战争注定一直要持续到新的骨干们崛起在高位之后。

石达开为了牢牢控制河西一线，不断向西增兵，增修了几座营垒，控制了见家河至岳麓山脚一线，营垒连接长达十多里。常存和马龙开到河西之后，被石达开的阵势所吓倒，不敢挥军出战。

九月十三日，向荣亲督官军从排头口向南攻击，朱启仁则从南向北攻击，将岳麓山边太平军占据的村庄烧毁。朱启仁用计引诱太平军出兵一千多人，潮勇与炮船水陆并进，企图吃掉这股太平军。见家河的太平军从营内扛出大炮，沿岸阻击。张宏邦带领潮勇登岸，夺获铜炮一门，约重四五百斤。太平军又从见家河北岸沿河西走，企图从上游过河包袭。秦如虎急率广西兵从南岸沿河飞往迎击，凫水过河，乘势冲杀，毙敌多名，烧毁北岸田中的一座敌营。

和春与秦定三在河东分路攻夺妙高峰、西湖桥等处敌营，未能成功，只是烧毁了敌营墙外的望楼和哨棚。常禄移营进逼金盆岭，与敌军只隔着一条田垄。第二天直攻敌营，一面派队到湘江边的新开铺筑营，分兵驻扎。正在攻打敌营时，一支太平军从江边翻山前来接应，被新开铺筑营的官军击退。

九月十五日，官军炮船开到见家河口，太平军又扛出几百斤的大炮，并用大船载炮对击，被官军炮船击破二只。河东这边，李瑞、经文岱和王锦绣于五鼓时分出兵，直抵黄土岭敌营，枪炮齐射，将敌墙草棚延烧。太平军将火扑灭，从墙孔用枪炮密集射击。官军扑攻数次，伤亡不轻。

邓绍良率部从魁星楼城下的地洞钻到南门外，攻打碧湘街敌营。太平军躲在墙后，从孔内用枪炮射击，官军从后墙抛掷火罐，发起火攻。太平军见火势紧急，蜂拥出营迎敌，官军未能得手。

向荣此日没有攻打西岸敌营，站在江边，眺望江心的水陆洲。此洲长达十多里，横亘江心，如同匹练。北段名叫牛头洲，太平军在上面扎了几座小营，为西岸部队声援。

向荣望见牛头洲上人影绰绰，又见江水已经枯缩，估计部队可以徒步涉水上洲。他一时心血来潮，对身边的马龙和王家琳说："二位总兵，你们快去点齐人马，随我杀上牛头洲！"

身旁的幕僚一听，大吃一惊，忙说："大人，此洲四面环水，地理条件过于凶险。如今大家都在观望，我们何苦去冒这个风险呢？"

向荣撅一撅嘴，说道："哼，难道老夫真是怕死？前几天老夫不肯过江，那是要气一气张亮基。老夫现在倒要让他看看，老夫是不是孬种！你们怕什么？攻下水陆洲，易如反掌！"

向荣亲自披挂上阵，率领三千多名精兵，从牛头洲上的江神庙一带涉浅过河。上洲之后，刚要整队前进，树林里钻出几百名太平军阻击。马龙下令射击，太平军立刻撤退，全部隐蔽在洲南的树林里，不时派出零散骑兵引诱向荣。

向荣恼了，大喊："列队！向前方射击！"

太平军悄悄从树林旁边绕向北面，斜抄到向荣后侧。林木蔽目，向荣没有察觉太平军的动向。忽然，一名军士嚷了起来："后面有逆贼旗帜！咱们被包围了！"

向荣惊出一身冷汗，正要组织抵抗，部队已经溃散。多亏手下有两员得力健将，游击萧逢春和都司姬圣脉拼却性命挡在前面，一阵厮杀，相继阵亡。向荣与王家琳骑着好马，仗着精于骑术，得以涉水逃生。清点部队，折损一千多人。

左宗棠站在长沙城头，目睹这一场乱战，摇头叹息："向大人，都什么时候了，你还要小孩子脾气？你吃了败仗不要紧，你就不怕动摇城内守军将士的军心？你没见他们个个心惊胆战，都耷拉着脑袋？"

这时，将赛尚阿和程矞采革职的上谕送到了长沙，徐广缙却还没有抵达湖南的消息。咸丰非常欣赏的满人提督福兴刚刚领兵抵达道州。赛尚阿派飞马催促，叫他取道衡州和湘潭，从湘江西岸北上，协助向荣作战。

向荣吃了败仗，有心挽回颜面。九月十六日，他令四川兵和广西兵移近敌垒扎营，赶筑营垒，令潮勇仍然从车坛渡北渡见家河攻击。第二天，潮勇来到龙回潭，发现几百名太平军据守此处，赶紧开枪射击，太平军撤回下游河岸的营垒。潮勇也退回见家河南岸。

九月十八日，向荣分派各路官军攻打渔网市、唐家洲、黑石头的敌营。太平军埋伏在墙内用枪炮射击，墙外遍插竹签，官军很难攻入。马龙下令焚烧敌军盘踞的房屋，明安泰带四川屯兵从左家垅绕来，潮勇也过河进至见家河北岸夹攻。鏖战六时之久，双方互有杀伤。

官军连日作战，稀稀拉拉，没有大的战斗，也就没有大的成效，没能控制湘江西岸的军事要点，无法对太平军形成合围。

太平军对长沙的攻击已经长达五十天，咸丰天天盼望徐广缙赶到长沙统一指挥官军，整顿军纪，惩处畏葸不前的将领，鼓舞全军，一举消灭洪秀全的武装。可是徐广缙带头畏葸不前，该斩的就是徐广缙自己。他于十月一日才行抵衡州。左宗棠计算他从梧州走到衡州的日子，长达一个多月。他这种走法，分明是为了躲避战事。他到衡州时，长沙河西的太平军已经多于河东，湘江两岸都有敌营，江面上已经搭造浮桥，见家河口已筑炮台。徐广缙令福兴火速增援向荣，但福兴也学会了徐总督的走法，从衡州走到湘潭，短短的两百里地，他准备磨蹭七天的时间。

攻不破的潭州城

向荣带兵渡江以后，左宗棠开始部署长沙城东的防堵。张亮基下令，官军各营盘之间的空档必须赶挖长壕，以防敌军突出。同时，左宗棠请他给向荣送去密信，叮嘱他一定要扼截河西敌军的去路。

和春与江忠源继续在城外发起攻势。九月二十五日，官军各营出队，齐抵敌营。妙高峰上的太平军从远处射击抵抗，官军未能得手。

官军回营之后，只见一骑马驰到营门外，朝着营内叫喊："叫塔齐布出来，本检点要跟他单打独斗，决一胜负！"

卫士问道："你是谁？"

"太平天国北王韦昌辉手下检点王欣是也！"话音未落，一箭射入营内，箭头上插着一份挑战书。一名军官闻讯，连忙去向塔齐布报告。

塔齐布问道："谁要向我挑战？"

军官答道："那人是逆贼的一个检点，名叫王欣，外号'大头检点'，也有人叫他'王大头'。此人不仅头大，力气也大，号称悍将，上阵必执长矛，骑马驰骋。今天他还绕到我军阵后侦察了一圈，方才归队。"

"我想起来了，"塔齐布说，"此人攻陷江华县城后，乘马出了北门，门上悬有一条巨木，他从下面骑过，用两手攀木，两脚勾住所乘之马，人马一起升空，悬吊片刻，方才落下。"

"对对，正是这个王大头！他听说塔大人神勇无匹，很不服气，要跟塔大人比个高下。"

"他想怎么比？"

"都不乘马，不拿武器，徒手比武，双方都不许有人助战，一定要分出高低胜负，才算结束。"

塔齐布岂会怯阵？他出得营来，只见王欣已不耐烦，正在大声叫骂。此人头颅确实很大，比常人大出两倍。两人来到空地，互相搏击，一直打到日暮时分，塔齐布体力渐渐不支。塔齐布一名亲兵疾奔上前，举枪射向王大头，将他击毙。塔齐布砍下他的头颅，拿回营中一称，竟然重达十四斤有余。

第二天，朱启仁和张国梁在河西攻打浮桥，企图截断太平军的东西交通。太平军出动水师，以十多只炮船前来应战，东西两岸还有二千多名陆军接应。潮勇和捷勇胡乱射击一通，算是交了差事。

长沙城头巡夜的官军经常可以听到城外锄镐掘土的声响。根据声音的方位判断，太平军在挖掘十几条地道。骆秉章觉得城墙随时有被炸垮的危险，必须增调兵力进城防守。他非常不想见到赛尚阿，但是为了调兵，不得不勉强去见。

两人一见面，骆秉章发现这位过气的钦差神情委顿，心中便不再别扭。他上前说道："中堂大人，自从向荣调到河西之后，逆贼加强了对南城的攻势。城内现在得力的军官不多，向荣把鲍超也带走了，邓绍良又领兵在城外游击，可否下令将邓绍良调回城内？"

赛尚阿挥挥手，说："我都是已经被革职拿问的人了，调兵遣将的事情，你们觉得合适，就看着去办吧。"

骆秉章告退，连忙去找张亮基商议。他们决定让瞿腾龙和邓绍良率领八百精兵入城。左宗棠又另调江忠源手下的把总徐以祥，令他从楚勇中挑选二百名精兵进城防守。骆秉章又将鲍超召回城内，以备不测。

长沙城的最大危险隐伏于西南角。官军始终未能在这里立足，太平军得以为所欲为。那些郴州加入的矿工，以其不凡的专业素质，迅速地挖成了地道。

左宗棠向张亮基建议道："要防敌军穴地轰城，我军须对准地道来路，预修月城，开凿内壕，派壮士攀绳下城，围绕城墙开凿外壕，防止逆贼挖掘地道。”

张亮基立刻首肯，官军依计而行。太平军知道这一招厉害，对准挖壕的官军开火射击，将开凿外壕的人大部分击毙。左宗棠在城上观看，见官军吃了亏，忙说：“把竹板捆扎起来，做成盾牌，蒙上湿棉絮，斜靠在沟壕上，子弹打在上面，便会滚落下去。”

左宗棠的办法果然奏效，沟壕终于挖成，破坏了太平军的七八条地道。但到夜深人静时，守军仍然可以听到城外传来锄镐的声响，说明太平军仍未放弃挖地道的努力。

果然，九月二十九日，南城西边一阵巨响，地雷爆发，四丈多长的城墙立即塌陷。太平军二三千人立即向缺口冲来。邓绍良大呼一声，跃出缺口，手刃数敌，右膊被炮子穿过，仍然屹立不退。

太平军将领麾众直上，官军千总赵继宗头受枪伤，当即阵亡。邓绍良手下的镇筸兵聚集在天妃祠摊钱赌博，听说邓副将正在作战，顾不得把钱收起来，飞奔到城墙缺口，迎着太平军冲上去。徐以祥也带着二百精兵冲了过来。官军当即斩杀了太平军将领，夺获“太平先锋”字样大黄旗一面，乘势压下，杀毙长发敌兵精锐一百多名，短发敌兵三百多名。余敌纷纷败退，骆秉章急令长沙知府仓景恬和黄冕指挥军民搬运木石。

为了加快修补城墙的速度，仓景恬喊道：“凡是搬来一块麻石者，赏钱一两！”

长沙协有个标兵，名叫李朝斌，参军不久，但力气超人。他听说搬石头有赏，格外卖力，来回奔走，搬来了二百多块麻石。由于仓景恬的奖励措施，城墙当天便已修复。

代理布政使潘铎也有一套劳军之法。他带着酒肉饼粥，犒劳守卫城墙的军士们，悬赏鼓励他们出城作战，每斩杀一名太平军，就奖励五十两银子。

官员们的鼓动取得了显著的效果，城内居民个个奋勇，青壮年都拿起了武器，老人小孩则送饭送水，夜晚点着灯坐在家门口，防备有人为太平军做内应。每当太平军攻城时，阵地上的士兵发出喊叫，市民们也跟着呼喊，连湘江水也为之震荡。

李朝斌得了赏钱，当晚就跟官兵赌博，一群人团团盘踞在屋檐下，把铜钱抛到空中，落下时用帽子盖住，大家押注赌正反。李朝斌很快就把二百多两赏银输光了，起来一看，一根蜡烛还没燃尽。谁也料不到这个嗜赌成瘾的年轻士兵将来会成为湘军水师赫赫有名的战将。

骆秉章当晚回想白天守城之事，还有后怕。如果不是他将邓绍良调回城内，无兵堵上缺口，那一刻间不容发，长沙城必定已被攻陷。

向荣上次攻拆浮桥未果，九月三十日再次行动。他和马龙五鼓出队，明安泰下令用枪炮射击，虎嵩林从上游接应，正在攻拆浮桥，石达开又调来十几艘炮船救护。官军跃上浮桥，戳死几名敌军，夺得敌船二艘，但还是未能将浮桥拆毁。

十月二日，南月城外的官军正在加挖壕沟，突闻一声巨响，金鸡桥下地雷爆发，离城根只有一丈多远。土石迸裂之后，太平军二三千人冲上前来。和春指挥部队从本营横冲截击，率领两名亲兵上城，亲临垛口，指挥杀敌。太平军一炮飞来，两名亲兵应声倒毙，和春也被垛砖碎砂砸伤头面，并伤右手。

江忠源听到爆炸声，瘸腿赶到现场，令江忠济率楚勇增援。和春正处在生死关头，一队楚勇从城西缺口两旁抢下，江忠济和徐以祥直奔敌队，斩杀冲在前面的几十名太平军。队长伍坤宣夺得先锋金黄大旗。邓绍良率镇筸兵跟着抢下，会合和春所部，三路合力冲杀，鏖战一个多时辰，杀毙敌军三百多名，保住了缺口。楚勇军官徐志近率部下城，挖掘壕沟，横截太平军的地道，几次受伤不退，阻止了太平军的攻势。

由于长沙守军连续两次守住了城墙缺口，咸丰决定加赏一批有功将士，其中有和春、王葆生、邓绍良和徐以祥。同时，咸丰将副都统萨炳阿发往湖南军营，交徐广缙调遣。皇帝先后将两名满人大将调往湖南，用意非常明显，还是为了平衡汉人将领的势力。

向荣经营河西战局，久未攻占要点，江忠源对他毫不指望。他再次请张亮基前往西岸。张亮基叹息道：“我当然知道，守城容易，但要堵住决心突围的贼寇，则很难办。我倒是不怕困难，无奈已经错过了时机。当时和你们商量时，逆贼还没有轰炸城墙，如今呢，十天内两次地雷爆炸，魁星阁的守军还能听到挖地道的声响，闹得城中人心惶惶。现在我若出城，渡到西岸，大家一定会说我这个巡抚是为了逃命外出，我怎么能够洗清自己？”

江忠源听了这番话，也就不再坚持己见了。

太平军攻打长沙已有八十天，两次埋地雷炸垮城墙，仍然无法攻入城内。官军经常出兵破坏浮桥，威胁到他们湘江两岸的交通。杨秀清和韦昌辉都知道，一旦浮桥被毁，不仅两岸部队无法沟通，而且东岸太平军就断绝了粮食供应。城南的壁垒也被官军捣毁了一批，他们只有藏入地洞，才能躲避枪炮，生存得非常艰难。而且部队缺盐缺油，难以久撑下去。

这一天，一个书生模样的人直闯洪秀全的大营。卫士将他拦住，他说：“我要见太平王！”还要硬闯。卫士怀疑他是刺客，将他逮捕搜身。

此人大骂起来，满口市井脏话。骂声惊动了杨秀清，出来查看。此人打一拱手，说道：“此公想必就是东王吧？在下湘乡萧智怀，敢问阁下今日举兵，究竟是为了反满，还是为了助满？”

杨秀清说："混账！这是什么话？我天国大举义兵，当然是要反满，怎么会助满呢？"

萧智怀说："东王要举大事，为何让这些走卒侮辱我一个国士？"

杨秀清大笑道："看来先生也是个狂人。"走上前去跟他握手，一起去见洪秀全。

杨秀清说："陛下，萧先生豪荡不羁，前来投奔天国，有要策献上。"

洪秀全问道："先生有何良策？"

萧智怀答道："萧某幼年读书便能一目了然，却没耐性读完，喜欢玩耍，召集牧童赛跑拔河，指挥进退，如大将指挥士卒。少年时也曾有些文名，就读于长沙岳麓书院。萧某不喜八股，行文随意挥洒，以气行之，顷刻千言，见者吐舌，故此不能见容于科场。如今听说陛下反满，倒是有心辅助陛下。"

洪秀全道："如此甚好。先生有何见教？"

萧智怀说："天军已有数万之众，陛下何须恋战于长沙？只要顺流而下，急取湖北，出兵中原，窥视燕京，就能成就大业了！"

洪秀全说："本王正有此意，拟与各王商议进退之策。先生既肯向天国献策，就留下做个谋士吧。"

经过一番议论，洪秀全和三位王爷一致认为，迅速撤离长沙，乃是最好的出路。

杨秀清、韦昌辉和石达开紧急碰头，制订了一个悄然撤离的计划。为了迷惑官军，他们决定派间谍传递假情报，同时对城墙实施最后一次爆破。如果能够冲进城内固然更好；若不能进城，也可以蒙蔽官军，以为他们还在力图攻下长沙。

十月十八日黎明，官军正在挖掘壕沟，太平军从旧有的地道中斜穿一洞，忽然将南城轰塌一段，缺口宽至八丈有余。紧接着，他们向缺口发起冲锋。瞿腾龙督部拼死堵御，眼看就要支撑不住，鲍超站在两个垛口之间，不准湖南官兵退后。他创伤初愈，屡次跟随塔齐布出城打游击，杀敌最多。长沙解围后，张亮基奖给他六品顶戴。他从广西打到长沙，至此已经身经大小几十仗，总算实现了自己的军官梦。

太平军眼看城墙已有缺口，却硬攻不下，恼恨不已，只得且战且退。官军乘势抢下缺口追击，杀敌三百多人。此次爆炸形成的缺口距离学使署很近，署内存放了几千缗钱。学使急忙募人运石填墙，运石一块，给钱千文。许多人争着运石前往。当时官军与太平军混战在一起，难解难分。有的士卒落到缺口中，筑城者来不及分辨敌我，全部筑在其中。后来修城，发现了许多尸骨，人们将之并葬在一座坟内。

太平军在南城爆破时，忽有军士挖掘到一方玉玺，上刻"太平王印"。据说太平军将士大受鼓舞，一扫因西王萧朝贵阵亡和长沙久攻不下而导致的沮丧。全军将士将此视为天授王权，当晚举行了一个庆典，将士们山呼“万岁”，把这个只能由皇帝享受的称号加给他们的太平王，并将太平王之妻称为“娘娘”。一些文献表明，洪秀全的元配夫人为赖氏，她在长沙享有了这个尊号。但据她的儿子洪天贵福后来供称，赖氏还是第二个夫人。

不管怎样，洪秀全也许就是在长沙将他的王号做了更改，由太平王晋级为天王。他永远不能自称皇帝，因为拜上帝会的宗教信条规定，“帝”字是上帝的专利，除至高无上的上帝以外，任何人的称号中都不得使用这个字。洪秀全只能用“天王”这个称号来表明自己真命天子的身份。

任何一个不信上帝的人，都不会相信这方玉玺是由天使送到长沙城下。毫无疑问，是凡人事先悄悄把玉玺埋在城墙之下，然后指引军士佯装偶然地将它挖掘出来。那么就产生了一个问题，这样做的意图究竟是什么呢？

这件事可能是洪秀全安排心腹所为。可以猜测，冯云山和萧朝贵的去世，威胁到他在太平天国的首脑地位，他需要通过一个神迹来证明自己承载的天命。当然，这件事也有可能是整个领导核心的集体密谋，目的是给洪秀全举办一个正式的登基仪式，借以提高士气。太平天国领导集团在此期间做出的一个决议与这个推测颇为吻合。据说他们从长沙撤围后，打算去常德建国。如果事情果真是这样，那么洪秀全称帝的地点是长沙城外，而称帝的时间就是咸丰二年十月十八日。

当然这只是一种假设。另有资料表明，洪秀全的登极既可能发生在金田村，也可能发生在永安城内。其中永安建制的说法颇具说服力。大量证据表明，太平军在永安时期已经正式建立了政府，发布了国家政令，并且确立了军制。然而，如果洪秀全的登极地点真是永安，那么他怎么会连一方玉玺都没有，非要到了长沙才来演出这一幕呢？

但凡中国人都会明白国人为何对印章的信赖达到痴迷的程度。太平天国的臣民也不例外。他们的官印大小依据官职大小而定。级别越高，官印越大。因此，洪秀全在登基之后的一到两年之内还没有玉玺，是无论如何说不过去的。唯一的解释是，洪秀全在抵达长沙之前，有过一个太平王的印信，这个印信也可能是跟天德王共用的，所刻字样为“天德太平王印”。也就是说，直到太平军撤离长沙的前夕为止，至少在理论上，他是太平天国两个最高领导人之一，而离开长沙的时候，他已经成为唯一的最高领袖。

十月十八日是一个重要的日子。洪秀全借着玉玺的神秘出现确立了他的统治地位，杨秀清则借着此事鼓舞士气，进行了一次战斗总动员。同时他们对萧朝贵的死做出了自圆其说的解释，声称战死的西王其实是被天兄耶稣接到了天国，而洪秀全已在升天时会见了这位昔日的战友。杨秀清又通过神谕指明了进军的方向，上帝要求他的子民们从长沙安全撤离，到湖南西北部的常德去建立他们的国都。

杨秀清在第二天继续执行另一个预谋。一名自称姓刘的太平军投到江忠源的营中自首，称太平军正在对准天心阁挖掘地道。江忠源连忙派人进城报告张亮基，叮嘱城内守军严加戒备。转眼之间，那个姓刘的投诚者不见了，四处搜索不得。江忠源想，此人一定是逆贼的间谍，故意来谎报军情。可是，他说逆贼在挖掘地道，是想让官军产生什么错觉呢？莫非逆贼要撤围了？

当夜二更，长沙城南起火，空中刮起一股旋风，挟带几点急雨而过。杨秀清一声令下，太平军从长沙撤围，从浮桥渡过湘江，向西推进。他们取道龙回潭，分队抄小路行军，很快就消失在丘陵之间。他们的目的地是宁乡。

太平军这次撤围照样做得非常漂亮。为了迷惑官军，他们派出小股部队向南行进，诱导官军误判他们的前进方向。向荣果然中计，以为太平军向湘潭挺进，命令西岸官军拔营追赶，同时连夜传令到东岸，令东岸官军全部开往湘潭。和春接到军令，与江忠源的楚勇一起向南追去。

城内的文武大员们得到消息稍迟。四更时分，城外南面腾起火光，左宗棠站在城楼上，注视着城外的动静。他在高处看得明白，太平军已经全部撤到河西。他双眼布满血丝，捂着口不断地打哈欠。自从进入围城之后，他很少睡眠，日夜巡视城防，观察防卫部署的每个细节。他的才干、冷静和勇气，吸引了许多人的注意。他虽然没有司令权，缺乏权威，但他的观察、指正和建议，都得到了张亮基和其他大员的认同。

身后传来一阵急促的脚步声，张亮基、骆秉章和罗绕典匆匆登上城楼。左宗棠指着城外对他们说："逆贼全从河西跑了。"

骆秉章问道："他们会逃向哪个方向？"

左宗棠说："逆贼定会北上，不过会布置几路疑兵。"

骆秉章又问："向荣会向何方拦截？"

左宗棠道："除了东面，三面都需扼守，我想向军门应该明白。"

"那可难说哦。徐中堂到了湘潭就止步不前，不敢北上长沙，不是出乎我等意料吗？据说他的幕僚有的主张他北进，有的却在拖后腿，说什么赛中堂在长沙城，总督不宜逼他出战。此次防守长沙，城内城外，河东河西，兵勇共有六七万人，还有一位中堂，三位巡抚，三位提督，十二名总兵，湘潭和衡州还有两位总督，若是让逆贼跑了，真是不甘心哪！"

左宗棠嘿嘿一笑，说道："岂止是徐中堂，连福军门也不肯来长沙。张中丞给他写信，他既不回信，也不照办，窝在蕲家河不动。赛中堂倒是到了长沙，正好统一调度，不料接到上谕，要将他革职拿问，他也不便指挥了。这么多大员凑在一起，让谁来指挥都难得心应手啊。”

暗夜沉沉，风雨萧瑟，太平军的突然离去，给站立在长沙城头的大员们留下了太多的悬念。敌人会不会暗中埋伏在丘陵之间，等到官军离去，又重新回到湘江以东，继续攻城？他们会不会西奔宁乡，绕道前往湘乡？他们会不会南下湘潭，北上岳州？一个个猜想，无不令人牵肠挂肚。

骆秉章暗想：只要逆贼不返回长沙，我奉旨暂留湖南办理长沙防剿事宜的任务就算是结束了。天亮后我就要拜发奏折，请求皇上下达新的旨意。

第五章
东进战略

益阳城内，洪秀全召集杨秀清、韦昌辉、石达开、罗大纲等人议事。

洪秀全说："我把尔等找来，就是要议一议，天国大军向何处进发？"

杨秀清一愣，问道："不是说好了去常德建都么？"

"不错，此事确在长沙议过。"洪秀全慢条斯理地说道，"可是天军开到益阳，即有这么多船只等着装载天军，尔等细思，这岂非天意昭示？天军顺江而下，即可攻取湖北的省会武昌，常德不过一座小城，我等岂能舍大取小？"

英杰聚首湘乡

太平军从湘江以西撤离长沙，河西的官军负有防堵的全责。这时向荣已按照徐广缙的安排，从和春手中接过了指挥权，命令湘江以东的官军向南追击。但太平军主力并未南下，那么和春、秦定三和江忠源这一路肯定是扑空了。

长沙城内，人们议论纷纷。有人误以为太平军是从东岸撤走，说道："粤贼从和春这边逃走了，定是和春放跑了他们。"又有人说："不对呀。如果粤贼不怕官军，怎么会向官军行贿呢？"

洪秀全的部队翻越了金牛岭，被驻扎在象鼻坝的福兴探知。福兴纠正了向荣的错误判断，派朱启仁的潮勇从小路行走，渡过见家河，追到牛头山，见到小股太平军，打了一个小胜仗。向荣本来驻扎在见家河北岸，得到消息，也派马龙等部追向安乐铺。

太平军的断后大将是石达开。他率领三千人在安乐铺迎候官军。两军交手不久，石达开得知主力已抵宁乡，便下令撤退。他将翼王的旗帜留在后队，马龙斩杀了后队将领，误以为歼毙了石达开。真正的翼王率部且战且走，马龙担心前方有伏，不敢孤军深入，下令在安乐铺驻扎。向荣于当晚赶到，探得敌军已到宁乡。

罗绕典和张亮基根据太平军俘虏的招供和自己的判断，认为太平军既然到了宁乡，那么不是南走宝庆，就是北走常德。和春、秦定三、李瑞、王锦绣、瞿腾龙、江忠源一路空追，于十月二十一日抵达湘潭，令徐广缙大吃一惊。他说："没有本部堂札调，你们为何来此？"

和春说道："我等奉向军门之令尾追逆贼来此，却未见逆贼踪影。"

徐广缙说："逆贼已向西逃去，尔等火速向西追赶，便可赶上福兴和马龙。"

和春等人计议一番，主力立即向西进军。为防万一，由江忠源率领二千人赶赴湘乡，与王珍的湘勇一起，截断太平军南下宝庆之路。罗绕典和张亮基令向荣抵达宁乡后，设法赶在太平军之前抵达益阳堵截，扼断太平军北走常德的要道。朱启仁、常禄和张国梁则奉令率领上万人驰往长沙西北一带拦截，不让太平军前往湘阴。

江忠源参谒徐广缙之后，当晚留宿在好友欧阳兆熊家。主人陪他一起走访娱乐休闲场所，想从里面找个合适的女子做偏房，可是"遍觅勾栏中无当意者"。

江忠源心中已有预感，这场内战不会很快结束，他很可能在战争中死去。他已年届四十，尚无子嗣，原因也许是夫人没有生育能力。不孝有三，无后为大，他早想在新宁讨个偏房，可是新宁女子个性很强，都不肯给人做妾，他只得在外地寻找。由于军情紧急，他见缝插针，行军途中也不放过机会，急切地寻找一个生育机器。若是寻访良家女子，恐怕一时难以谈妥。而他根据游历的经验，知道青楼中也有不错的女子，于是出此下策，可是仍然未能如愿。

江忠源和刘长佑第二天推进到湘乡县城，见到了王珍、罗泽南与李续宾。

江忠源握着罗泽南的手说："只知王璞山在此驻守，却不料罗山先生也来了。"

罗泽南道："自从粤贼攻打长沙，泽南与王璞山和刘霞仙就奉知县大人之令团练乡勇，以资防堵。我等仿照戚继光的办法部署乡勇，敦之击刺，勖以忠义，纪律肃然。如今也该派上大用了。"

王珍忽见江忠源来到这里，大为惊奇，问道："岷樵先生为何领兵到此？"

江忠源答道："据向军门说，粤贼拟从湘潭西下宝庆，徐节相令我等扼守湘乡。"

王珍道："刚刚得到探报，粤贼已到宁乡，我料定此贼必去常德，正要拔营去雷家铺扼守，向军门的情报恐怕不确。"

刘长佑见到李续宾，也颇为惊讶，说道："听说迪庵兄率领团丁驻扎宁乡，何时返回湘乡了？"

李续宾答道："逆贼七月包围长沙，我领团丁驻扎宁乡，八月份便返回湘乡了。"

“湘乡办团，不知是否顺手？”刘长佑又问。

“唉，费了不少周折。”李续宾叹息一声，“那时城内团丁不满三百人，无所统属，闻警则逃。民家信不过团丁，往往不肯留宿，我和罗山老师、璞山老弟在河岸买了一所房子，权当指挥所，罗山师称之为‘养暇处’。团丁驻扎在涟滨书院，每天训练坐作进退，军规礼节。好在朱县令给我们撑腰。我请他出面指挥，制定了严格的法令。又请他张贴告示：凡不遵号令约束，造谣惑众，奸淫掳掠，泄漏军情，损坏人民房屋、坟墓及身体，犯此者死；凡有聚饮赌博，吸食鸦片，遗失器械，喧呼斗殴，犯此者责罚。如此一来，训练才有了起色。”

“如今粤贼已经西去，迪庵兄打算何往？”

“唉，还是将团丁带回家乡务农吧。”

“不去追赶粤贼了么？”刘长佑见李续宾意兴索然，有些不解。

“这种窝囊仗，不打也罢。”李续宾郁闷地说道，“我曾对朱大人说：‘逆贼自造反以来，一直没有遭到重创，心气未定，却已十分骄矜。现在他们聚在一起，官军理应合围，将其一举歼灭，方为上策。’朱大人向上峰反映，不见答复。上峰尚且如此，我等夫复何为？”

王珍闻言，插嘴道：“迪庵兄要回家，我却想去找粤贼打几仗，以洗国家之耻，不给后世的历史评论家留下话柄，说朝廷供养读书人二百多年，当朝廷有难时，却很少有人出来报效。”

王珍说罢，跟江忠源和刘长佑道别，带领乡勇，匆匆赶往雷家铺。将部队部署停当后，他只身前往长沙，打探确切的情报。他想不通的是，官军云集长沙，怎么会让粤贼轻松逃走了？这个平民百姓跟远在京城的咸丰皇帝一样气愤。他有脾气，却无处可发，只能给朋友写信感叹：省会官军有十万之众，包围了垂死的贼军，竟然又让他们掉尾以去，蹂躏州县，荼毒生灵，无所底止。蒿目时艰，堪为痛哭！

这个急性子快马加鞭，疾驰到长沙城下，只见省城大白天里还闭着城门，出入都要攀上城墙。他想：我身上只有一张通行证，未带公文，无法证明身份，只怕进得去出不来。于是当即返回雷家铺，打算探听到敌军的确切行踪之后再作计议。

不久，王珍探明了太平军的去向，向朱孙贻请战。朱知县立刻报告上级：本县书生王珍打算请兵出境杀敌，可否发给口粮，以免由湘乡转运？可是省里的官员还守着旧观念，批复道：民兵应该防守县境，防止敌军窜越，不要出境作战。

王珍无奈，只得继续留在本县管理治安。湘乡勇虽未参加长沙保卫战，毕竟为湘乡做好了防御的准备。省会解围后，张亮基论功奏保，请求给罗泽南授予训导资格，由吏部铨选。罗泽南有了一个七品的职称，品级与知县相等，但还没有上岗。

洪天王的宿命决策

官军前线大员的部署总是想得很周到，但每到执行者手里就会大打折扣。向荣于十月二十二日从安乐铺赶到宁乡，太平军已从宁乡拔营。行至陆贾山，见官军追来，排列阵式抗拒，官军分三队进攻，被太平军打败。

太平军并不恋战，从城外小路北进益阳。向荣赶到敌军前方抄截的计划落空，或者说他根本就没有想过要去阻挡拼死突围的太平军。

第二天，官军追到苍水铺，太平军已抢到大批船只，搭造浮桥渡过资水，抵达益阳县城。向荣当即带领马龙和郭仁布紧追，韦昌辉派兵渡到江南阻击，与明安泰交战之后，退到河边村庄驻扎。官军害怕埋伏，不敢追击。探报说，资水中的船只已全被敌军抢走，官军无法渡江。向荣且忧且喜，忧的是他可能要承担放跑敌军的全部责任，喜的是他没能绕到敌军之前，有了充足的借口。

太平军到了益阳，拥有大批船只，水路畅通，西北方可从龙阳（今汉寿）去常德，东北方可从湘阴去岳州。到底是去常德，还是去岳州？太平天国面临着一个关键的选择。

益阳城内，洪秀全召集杨秀清、韦昌辉、石达开、罗大纲等人议事。

罗大纲奏道："陛下，妖军已追到江南，我军是否立即开拔？"

洪秀全说："我把尔等找来，就是要议一议，天国大军向何处进发？"

杨秀清一愣，问道："不是说好了去常德建都么？"

"不错，此事确在长沙议过。"洪秀全慢条斯理地说道，"可是天军开到益阳，即有这么多船只等着装载天军，尔等细思，这岂非天意昭示？天军顺江而下，即可攻取湖北的省会武昌，常德不过一座小城，我等岂能舍大取小？"

韦昌辉说："陛下所言甚是。武汉商贾辐辏，乃是富庶之地，既是天意昭示，天军自应乘船顺江流直下，先取岳州，再取武昌。"

杨秀清说："前几日巴陵人晏仲武来到长沙，请求天军进兵岳州。此人曾到广西，入了我拜上帝会，回湖南之后，组织亲族和附近农民，手执黄旗，头系红巾，自称东王，活动在岳州新墙河一带。他说过，他的部队可在岳州接应天军。"

财富的巨大诱惑力，使天国领导人迅速地统一了意见。他们决定放弃在常德建都的计划，立即向东北方的岳州挺进。

太平天国领导集团就因为一个牵强附会的神启，便轻易改变了建都常德的计划，似乎过于轻率，令人难以置信。但若站在洪秀全的角度思考，这件事的可信度应该是很高的。在天国的高层，洪秀全对上帝信仰最深。他经常流连于一个类似幻觉的感知世界，他相信自己到过天国的圣殿，相信自己的一切遭遇都是由上帝指引。就连杨秀清和萧朝贵的装神弄鬼，旁人一看就知道是虚伪的阴谋，他也能够以宽容的心态接纳。所以，一旦他认定某事为天降神迹，他就会把此事的意义看得无比深刻而庄重。

洪秀全在益阳所做的这个决定，对于天国前途的意义是无法估量的。它决定了太平天国不再打算依托山区壮大势力，而要勇敢地踏入长江流域发展天国的事业。这至少表明了天国领导集团有了更足的底气。这个时候，天国的军队在湖南境内从天地会那里扩充了有生力量，天国的组织已经大致完善，许多服从纪律的官兵已被彻底洗脑。太平天国农民运动在跟清军的战争中得到锻炼，已经羽翼丰满，一个大致的国家政权已经形成。

然而太平天国走到此时，已经蒙受了无法挽回的损失。他们的事业蒸蒸日上，但其组织的主要规划者冯云山和洪大全已经牺牲，而最有能力的大将萧朝贵又在长沙城下殒命。对于天国而言，这三个顶尖人才的损失，具有无法承受的重量。一些观察家认为，即便太平军在湖南补充了五万人的新鲜血液，也无法弥补这三位杰出领导人的缺失。如果洪秀全能够挽回这份损失，他的事业会有更好的前景，但他也许没有意识到失去三位合作伙伴对他而言是致命的，因为他并未遍求天下名士，延聘堪与洪大全等人媲美的干才，牵制杨秀清小集团的权力膨胀。因此，这三人的去世明确地标志着这场运动进入了一个新阶段，天国的权力重心开始向杨秀清倾斜。而这个趋势，最终将引发天国领导集团的内讧。

太平军抵达益阳之后，官军的追击也进行了若干调整。左宗棠接到益阳方面的情报，立刻感到岳州比常德更为重要，在他的提议下，大员们当即委派和春、秦定三、王锦绣、李瑞督带主力驰往岳州，令他们确探敌踪，拦头迎击。

楚勇跟在太平军之后赶到益阳，洪军已经扬帆而去。江忠源对刘长佑说："向荣无能，屡失机宜。和春还能听进去意见，可惜已失去指挥权。我真是不想再跟向某追下去了。"

刘长佑默想片刻，说："我们只推说楚勇原有约定，出兵是为了保卫桑梓。如今逆贼已解围而去，我们就驻扎益阳，兼剿安化的土匪吧。"

江忠源说："甚好，就这样报告中丞吧。"

张亮基同意了江忠源的报告，于是楚勇驻扎益阳，担任防务，分兵攻打安化的土匪。

向荣追到益阳之后，只能望水兴叹。洪秀全把上帝赐给他的船筏全部带走了，没给不信上帝的妖兵留下任何水上交通工具。向军只得沿着资水南岸北上，于十月二十五日抵达宁家铺。官军一到此地，立即沿江寻觅木排和竹排，搭造浮桥，安排过渡。

此时向荣接到探报，太平军从益阳取道蓝溪前往临资口。他当即令郭仁布于十月二十六日五更出发，直抵蓝溪。太平军派出四五千人分路迎战。两军从早晨七点打到九点，相持两时许，官军渐渐吃劲不住。这时福兴援兵赶到，太平军才退入村内抵抗。第二天，向荣与福兴亲率部队于五更出队，探得太平军已于初更时全股撤走，又在沿江抢得许多船只，分兵奔向西林港。向荣催兵前进，发现沿路桥梁都被太平军拆断，官军必须扎筏才能渡河，于是向荣又掉在了太平军后面。

太平军主力于十月二十六日已经驻扎临资口，当晚派出三艘船从芦林潭下行侦探。岳州绅士吴士迈督带渔勇沿河追捕，枪炮开火，太平军船只驶回营内。由于官军在临资口设了水卡，太平军船队无法迅速通过。十月二十八日，太平军带领几千百姓帮拆河内卡桩，仍然沿河而下。

向荣的部队于同一天沿着河岸跟追，在田埂小路上行军，部队只能单行鱼贯而行，行动迟滞。向荣另率一支部队找到渡口过河，企图绕向湘阴截击，可是太平军前锋已于当天从临资口取道芦林潭，连夜抵达湘阴城外。次日早晨，林凤祥和李开芳来到湘阴南门对岸的扁担峡，下令开火射击，乘船渡河。

湘阴城头上，知县庄心庠对长沙协左营外委杨载福说："杨大人，本县听说你从小练习骑射，精于技击，在湘江里放过排。前次打李沅发有功，所向无敌，皇上赏戴蓝翎，今天城防全靠你了。"

"庄大人放心，杨某不爱多话，等到逆贼渡到中流，我便下令开火。"

正在紧急之时，只见大队官军赶到城外，沿河开火，与太平军对射。不一会儿，探子来报："总兵常禄和千总张国梁领兵赶到！"

林凤祥见对岸火力密集，对李开芳说："妖军主力已到湘阴，我们不攻了，命令部队撤回！"

太平军从湘阴撤出战斗，向北面的营田进发。向荣行动迟缓，于十一月一日才行抵湘阴，探得太平军前锋已从营田起程，将船只和辎重全部抛弃，改走陆路，轻装奔到归义驿，方才驻扎下来。向荣道："不好！归义驿位于通往岳州的大道，也可走小路东进平江，折向北进，攻击湖北的通城、崇阳和蒲圻。这个军情，须得速速报告徐节相。"

太平军的动向报到长沙，徐广缙、张亮基和罗绕典总要讨论好一阵。他们做出的决定，往往还没来得及执行，太平军便有了新的动向。

向荣抵达湘阴时，徐广缙才来到长沙。四天后，接到向荣送来的急函，得知常禄所部于十一月三日赶到大荆铺，而太平军已连夜北上，此刻应当已到岳州。常禄说他当即拔营追赶，一面派专官通知镇守岳州的湖北提督博勒恭武，请他严守岳州，只要能固守一两天，大兵即可赶到。

然而，常禄采取的措施已经晚了。第二天，向荣行抵岳州的新口铺，听说岳州城已经失守。

向荣听到的消息令他十分沮丧。驻扎岳州的大员于十一月二日已经出城，第二天早晨，知县也已弃城而去。中午时分，太平军分三路涌到城外，只见城门大开，无人把守，官军全部溃散。太平军随即进城，城内的火药大炮及饷鞘都成了他们的战利品。

向荣说："博勒恭武和王东槐带兵防守岳州，城池也算坚固，就算逆贼兵力强盛，守一两天总该没问题吧？可是两名长官弃城而逃，谁还愿意守城？"

博勒恭武精通逃跑的艺术。他给常大淳送去一份报告，说他在十一月三日下午三点探知敌军离城只有三十里，便带领八百名官兵出城迎战。走到五里排，遇到敌军二千人，下令开火，毙敌无数，官军也有损折。不料东门火起，后面又杀出敌军的骑兵和步兵，官军腹背受敌，不能抵御，以致溃散。博勒恭武因坐骑中枪跌地，腹胯受伤。此时官兵营盘全被烧毁，不能安扎，只能撤回武昌。博勒恭武从此下落不明，咸丰下令满天下地寻找这名逃将。他的这份报告，显然一个字都不可信。

洪秀全在岳州大有收获。晏仲武兑现了他的承诺，积极地接应太平军。当吴士迈招募渔勇防守洞庭湖的各个入口时，晏仲武千方百计地阻挠。吴士迈好不容易招到一千多人，令他们驾驶五百艘渔船驶到土星港，把渔船首尾连接，拦在水面阻截太平军的船队。他的这一举措是好心办坏事，帮了洪秀全的大忙。在太平军抵达之前，吴士迈拦住了五千艘商船和民船，这些船只无法通过，全部羁留在土星港。太平军一到，由于晏仲武在渔民中成功地做了瓦解工作，吴士迈征用的五百只渔船不战而溃。太平军把两岸的人和船全部羁押，补充到部队里，军势骤然雄壮。晏仲武的部队扩充到两千多人，不断袭击驻防官军。

这是一个极具讽刺意义的事件。岳州的官军不战而逃也就罢了，可是他们预先在岳州所设的防御，不但没给自身带来任何好处，反而给太平军提供了极大的方便，使太平军的声势大增。太平军的水师从岳州开始形成。洪秀全下令另立水营，任命三十六岁的湖南祁阳人唐正财为典水匠（水师将军），统领水营。

唐正财自幼练习撑篙划桨，成年后擅长驾船，以贩卖木材为生，兼带贩卖米谷。他正在湘江下游贩运，船到岳州，遇到了太平军，被杨秀清的演讲所打动，献出他打算贩卖的米谷，协助太平军的军饷，还联合其他船户一起加入太平军。水营的建立对于太平天国的军事行动具有里程碑式的意义。太平军有了水师，今后便能在长江上往来自如。而清廷的官员们到这时为止尚未意识到水上作战的重要性。

从湘南到湘北，从道州到岳州，太平军在湖南尽得天时地利。以此看来，洪秀全与湖南的关系，似乎真是在冥冥中有一种宿命的安排。太平军真正的兴盛始于湖南，而后面发生的事情表明，太平天国军事行动最终的失败，也是由于他们在湖南和其他战场上与湖南人组成的湘军作战失利造成的。

但在此时，洪秀全站在岳州城头，还未参悟到这个宿命的两面性。他看着刚刚组建起来的天军水师，禁不住微笑了。

武汉三镇出现的神迹

太平军主力进占岳州之后，没有给官军将领留下多少时间来猜测他们的行踪。他们的后队在临资口、土星港各处征集商船，顺流东下，后队变成前锋，已经驶过岳州江面，从湖南临湘县的城陵矶陆续挺进湖北，取道监利县的杨林矶、嘉鱼县的泸溪口和排洲，顺流直下。他们的前锋船队拥有四五百艘船只，兵力不少，沿途口隘驻守的官军虽然也做了一些抵抗，但他们声称敌船假扮商船，很难分辨，以此为借口避免大的交锋，所以太平军畅行无阻。

向荣于十一月五日行抵岳州，太平军主力仍未北上，只见城外四面的高地上都扎有营垒。如果太平军水陆并下，前路并无拦阻。第二天，向荣令常禄带领湖北官兵一千七百名，王锦绣带领云贵官兵一千五百名，从小路驰往武昌，希望他们能绕到太平军前方。向荣部署停当，于十一月七日早晨逼近城下，探知太平军主力船队已经开动。向荣最喜欢趁敌军撤退时进击，立即督带各队兵勇进攻。城内的太平军已经撤走，官军抢杀掉队的一些太平军，追赶二十余里。看到敌军大队去远，向荣下令在冷水铺扎营。

向荣的追兵行进不算快，福兴和玉山的部队还在向荣之后，苏布通阿等人又在福兴之后，都在观望不前。他们的故意拖延，大大影响了向荣的积极性。

太平军在岳州的短短几天内收编了不少会党。从陆路北上的太平军不过几千人，但大多数是骑兵，官军步兵很难赶上。其余都是从水路顺流而下，沿途的船只全部被他们控制，官军无船可渡，也影响了向荣追击的速度。

向荣于十一月八日督率各队跟追，第二天得知敌军已经抵达蒲圻。此城原有二千名官军设防，但已被常大淳调回武昌，城内只剩下四百官兵，经太平军冲击，无法抵御，当即失守。太平军一过即走，官军分批赶上，总是掉在他们后面五六十里。

太平军前锋很快就抵达江夏县的金口，征集了不少物资，距武昌只有六十里。这个消息令常大淳手忙脚乱，无计可施。湖北省城周围二十多里，原有驻防军及赶来增援的陕甘官兵，加起来只有三千多人，雇募的乡勇也只有一千几百名，连分布在四城垛堞守备都不够数，根本没有出兵迎击的可能。长江对岸的汉阳府城与汉口镇，商贾云集，都无官军防守，官军虽在武汉上游派有战船堵截，却毫无把握截住太平军的水师。即便水上得手，太平军还可弃舟登岸，从陆路进攻，路程更近。

十一月十二日，太平军的船只出现在武昌附近江面上。官军从两岸开炮轰击，水师也向敌军开炮，击沉了一些划船。太平军马上绕到对岸登陆，攻扑汉阳府城。陆路的太平军约有六七千人，从蒲圻北上，直抵武昌东门外，分作两翼扑攻，遭到城上的炮击，暂时退踞洪山一带。

向荣从湖南派来的常禄与王锦绣，领兵二千七百多名，中途被太平军冲散，只有一千多人抵达武昌。据湖北官军侦察，太平军船队湾泊武昌上游十余里，约有几百艘，全部安有炮位，所载军火粮食十分充足，两岸对渡又便于接应。

常大淳认为，如今官军水陆都被截断，粮运不通，必须先将大小敌船消灭，方可制胜。他听说湖南大营带有广西炮船，请求朝廷下令调来湖北助战。他又听说太平军早有直奔金陵之说，连忙请求下游的江西和安徽两省早作戒备，并请调江南水师的广艇炮船以及中号小号炮船在九江拦截，顺风溯长江而上武昌，迎头截击。如此一来，不但可以遏止太平军东进，还可以截断他们两岸的接应。这位巡抚把希望寄托于上下游的官军，自己却想不出任何应敌之策。他指望官军水师上下夹击，为武昌解围，但这只是他一相情愿而已，因为此时长江上下游并无官军水师，即便有几艘炮船，也难与强大的太平军船队匹敌。

常大淳还面临着供给中断的问题。武昌城内的食物和日用品全靠汉口店市及客商货船供应，太平军突然攻占岳州，水师下行，所有店货商船逃徙一空，钱米油烛等物无从购办，加上水陆梗塞，更难转运进城。常大淳请求朝廷令湖南粮台多为购办，运来湖北，探查转运路径，以资接济。

官军在汉阳没有设防，但知府董振铎还是率领少量兵勇进行了殊死的抵抗。攻城的太平军是林凤祥和李开芳两员猛将，他们在萧朝贵死后，打仗更加拼命，只用了一个昼夜就攻陷了这座府城，在巷战中击毙了董振铎。

林凤祥下令用船搭建浮桥，过汉水通往汉口，过长江通往武昌。这时洪秀全的信徒们又看到了一个神迹。武汉江面宽阔，但冬季江水干涸，江中浮出一片河床，为搭建浮桥提供了极大的便利。唐正财率领水营把铁链拴在汉阳晴川阁上，连接江中的船只，一座浮桥立刻搭成。浮桥一直通到武昌的汉阳门外，供太平军往来渡兵。江水不起波涛，浮桥十分平稳。神迹显示的天助，更加鼓舞了太平军的士气，坚定了他们对上帝的信仰。

太平军轻松地渡到了汉口镇，放火焚烧房屋，大火绵延十五里，火声隆隆，五昼夜不绝，汉口繁华的集市顿时化为灰烬。

常大淳也在武昌城外放了一把火，烧毁城外的村舍和民房，不给太平军提供隐蔽的工事。虽然他的做法是合乎围城防守兵法的明智之举，但接连两把大火，已经把过惯了太平日子的武汉居民烧得心惊胆战，人心惶惶。

罗大纲率队渡到武昌城外，指挥部队在武昌的东南西三面修建营垒，同时分兵直下黄州。武汉周边，应山、孝感、黄陂、黄冈等处驿路都有太平军把守，黄陂一带也有太平军营垒，距河南信阳州只有三百多里。太平军又于长虹桥隔港驻扎，以阻官军北进。

太平军完成对武昌的围城部署以后，向荣才赶到距离江夏六十里之处，下令在白木岭扎营。四天后，他才率领前锋从长虹桥直抵敌营，但也只是用枪炮射击。太平军分队迎战，和春、秦定三、李瑞分头攻击，从早晨打到下午，互有伤亡，官军并无进展。

太平军很快占据了汉阳的大别山，又在襄河的小河口、谢家嘴等处搭建浮桥，并在武昌的塘角泊有船只，连亘数里，势力极大。

下层官员的呼声

晏仲武为太平军提供了许多便利之后，没有跟随大军北上，留在岳州骚扰过路官军，抢劫军饷，阻遏通讯。张亮基和徐广缙商议，联名发文，令邓绍良在带兵路过巴陵时顺便攻剿。徐广缙还不放心，又派总兵阿勒经阿前往协助。邓绍良刚刚起程，又听说副将巴图带兵护送军饷行抵巴陵，被晏仲武抢去饷银三万两，还杀伤官兵十多人。

这时候，张亮基急于搜捕本省的土匪，已将江忠源的二千名楚勇调到长沙驻防，又函令罗泽南、王珍等人招募一千名湘勇前来省城。但是晏仲武在岳州的势力令他不安，他决定增派劲旅北上讨伐，江忠源奉令挑选一千名新宁勇驰往岳州，会同邓绍良和阿勒经阿作战。

十一月二十二日，晏仲武分兵三路攻击邓绍良，损失一百多人。二十三日和二十四日，两军屡次接仗，官军都有斩获。江忠源和刘长佑从古大路前进，先攻黄伏太、阳夫显、龙凤庵三处的会军，活捉五十多人，将三处敌营焚烧殆尽。邓绍良则直抵晏仲武的根据地，将晏家大屋全行烧毁，逮捕了晏仲武。

徐广缙此时奉到上谕，令他到武汉前线指挥作战，但他要等到大兵云集武汉时才敢亲临第一线，挨到十一月十五日才从长沙出发。行抵巴陵时，见福兴、玉山、苏布通阿的部队先后到齐，便令向荣直逼武昌东门外的洪山扎营。向荣连日从长虹桥、板桥一路转战而进，在卓刀泉扎营。十一月二十三日，官军各部合力进攻，湖南、贵州、广东、四川营兵最为卖力，首先抢到敌营之前，却不再前进。太平军分几队迎战，两军互相对射，各有伤亡，然后各自回营。

江忠源决定留在湖南以后，还是放心不下北方前线，给徐广缙写了一封言辞恳切的劝告信，总结官军两年多来失败的教训，希望徐宫保能够采纳，以利于官军在湖北的作战。

和曾国藩向皇帝直谏的《敬陈圣德三端预防流弊疏》相比，江忠源的这封劝谏信可谓同样大胆。如果不是在特殊的环境之下，他的直言不讳很可能给他招来杀身之祸。他不但指责了徐广缙本身的错误，还向朝廷的正规军高级将领挑战，请求将他们撤下战场。谁都知道，官军的提督、总兵一级大员，骄奢横蛮，个个都是火暴脾气，江忠源一个小小的知府，却对他们指手画脚，甚至要端掉他们的饭碗，不是活腻了么？如果不是出于对朝廷的极度忠心，谁也不会干这种傻事。

江忠源说，洪秀全在广西起事以来，窜扰三省，迁延两年，攻陷了几十座城池，官军死伤无数。向朝廷请求的军饷，达到几千万两。为什么会遭此失败？不是敌众我寡，不是敌强我弱，也不是敌智我愚。那么弊端在哪里？大致上可以总结三条：第一是军法不严，第二是军令不一，第三是军心不齐。

为什么军队要严格执法？江忠源指出，军法是将领管理军队的工具，士卒不敢违反，可以驱使他们出生入死。将领不能行使军法，就不成其为将领；士兵不知畏惧军法，就不成其为士兵。可是广西开战以来，军法已完全成了摆设。

江忠源以湖南的战事为例，说明执行军法的重要性。全州因为得不到增援而陷落，教训惨痛；可是此后仍然有许多将领见死不救，按兵不动。道州因为将领弃城而陷落，这是一个反面教材，但其余的城市纷纷效仿。蓑衣渡之战，敌军锋芒已挫，只要官军在河东连营，斩断敌军右臂，就能取胜，可是官军指挥不灵。道州之战，敌军已被包围孤立，只要官军分兵驻扎七里桥，截断敌军东奔之路，就能取胜，但官军仍然调遣不动。长沙之围，敌人处于穷途末路，官军只要在龙回潭和土墙头驻扎，堵住敌军西撤之路，官军就能取胜，可是官军仍然不听指挥。利害关系已经陈明，下面屡次请求如法部署，将领们却无动于衷。道州、双牌、莲涛湾六十里奇险之路，敌军自己走入了死路，可是官军却要放他们一条生路。

长沙驻军四五万人，围守有余，又给敌军放开一条生路。士卒都认为逃命是上策，临敌毫无斗志。州县官员认为躲避逆贼是理所当然，守城没有决心。

为什么会发生这样的情况？因为指挥作战的都是提镇大员（军区司令或军长），级别高了，就想躲避危险；权力大了，就很难对他们执法。兵志说：法行自贵。大帅必须执法，才能控制将领，使将领依法管理士卒。军营体制，县官不如现管，士卒畏惧下级军官甚于畏惧高官，因为下级军官是他们的顶头上司。部队临战，先退的必定是高官，接着是中下级军官，然后才是基层军官，最后才是士卒。军法难以执行，就是因为高官太多。所以，他恳请徐广缙奏明皇上，把大员们从前线撤走，只留下一两名身经百战、懂得军事的高官，借用他们的权威来控制部队。中层军官不乏能征善战的将才，根据他们的才能，委派具体的职能，使资历较浅的军官奉令不敢迁延，军威便能整肃。他们得到提拔，更会感激朝廷，士气高昂。然后和他们约法三章，多加鼓励，赏罚分明，提高斗志，部队壁垒一新，军情自壮。

江忠源还从财政的角度指出裁撤提镇的必要性。他指出，战争已经打了两年多，军队筹饷困难，高官的薪水和补贴比中级军官高出数倍，撤掉他们，能节约大笔的开支。只要能做到这一点，就可以立刻实行选择将领的办法，为他们树立执法的权威。军法能够执行，权威自然树立，军事自然顺手。

为什么军令无法统一？江忠源认为，根子在于大帅没有随军。军情移步换形，瞬息百变，胜负之机，间不容发。古代名将莫不亲历行间，躬冒矢石，故能随机应变，所向有功。如今大帅距敌远者数百里，近者也有八九十里。刚刚看清地图，危险的地方已经发生变化，谈不上有什么地利；敌情刚刚侦探确切，而战情又发生了改变，谈不上知己知彼；士卒的强弱，不是探访所能了解的；军官的才干，又因毁誉而多误；所以说，遥控是行不通的。

江忠源指出，前线总指挥必须由大帅亲自担任。如果从高官之中选出一名总指挥，而受他指挥的人也是高官，平日里平起平坐，此时就不会把总指挥放在眼里。如果总指挥强行钳制，就会离心离德。何况大帅每出一令，总是由于不符合军情，而被前线总指挥改变；而前线总指挥每发一令，也因不对大帅的胃口，又被大帅修改。加上驿递缓慢，指令很难按时抵达，信函往来，又会造成一些误解。更有甚者，让总兵出任前线总指挥，会引起提督的猜嫌；如果让总兵和提督都任前线总指挥，则两人同时发号施令，会有冲突和错误。军中积习，打了败仗，谎称胜仗；打了小胜仗，就谎称大胜仗；杀敌不多，就谎报杀敌甚多。大帅根据总指挥的报告奏报朝廷，功过不明，赏罚失当，士卒不服，军心涣散。

所以说，大帅必须亲临前线，才能不受蒙蔽。江忠源请徐广缙驻扎军中，事权归一，号令自明。大帅一到，军营耳目一新，将士精神一振。然后因地制宜，根据敌情作战，便能取胜。他认为，只要重创敌军，对手必做鸟兽散。

官军为什么会军心不齐？那是因为大帅对待官兵亲疏有别，赏罚不公。江忠源说，军中兵勇都是朝廷赤子，也都是大帅的爪牙。大帅对待他们必须绝对公平，不分亲疏远近，才能得到他们的效力。不论何人，同样罚过赏功。只要对亲军稍有偏重之心，必然导致将士离心。乌兰泰初到前线时管带贵州营兵，后来总统南路，对贵州兵便有所偏重，而云南兵和湖北兵便有怨言。向荣初到前线时管带湖南兵，后来他总统北路，略为偏重湖南兵，而四川兵和贵州兵就对他失望。徐大福只是一名守备，赛尚阿偏重他，全军都不服气。谢继超只是一名投效的委员，向荣偏重他，众人不服。士卒并不愚蠢，他们能看出上级的意向。千总、把总级别虽低，却能辨别主将的优劣。军中各伍都有伍长，各营都有营将，一军胜则群起而抢功，一军败即按兵而自卫；甚至左队前进，右队先退；前队推进，后队反却。若再加以偏爱和歧视，则会互动干戈，争执不已，恐怕日后再做工作，居中调停，反而难办了。

江忠源语重心长地说：徐宫保，你初到湖南，命令手下的文武官员破除积习，互相救援，也是希望众志成城，面貌一新。可是如今人们议论纷纷，都说你徐大人偏重广东兵勇，我想一定不会有这种事情。徐大人身负天下的重望，一定能团结诸位将领，以成大功。人们之所以这么说，也许是你言语之间对广东兵勇微有褒奖之意，所以引起了误会。

江忠源这已是第二次向徐广缙进言，他认为钦差大人是否锐意改革，关系到对太平军之战的成败。也许此时他对徐广缙还抱有一些幻想，但接下来发生的事情，很快就使他对此人彻底失望。对徐广缙丧失信心的不仅是江忠源这个小官，连咸丰皇帝也不耐烦了，不久便让徐广缙交出了差使。

绝望之城

徐广缙没有积极向武汉推进，仍然坐在岳州遥控指挥。十一月二十八日，向荣所部直扑洪山，攻占敌营，将所有营垒全部烧毁。官军直追到城下，太平军撤向江岸。官军先前已拆断通往汉阳的浮桥，太平军没了退路，便反身死斗，官军各部与之相持，不敢收队。

向荣统领一万兵力，竭力攻破敌军壁垒，是为了杀开一条进城的道路。由于官军各路总兵观望不前，向荣深感兵力有限，无法达此目的。他秘密派人进城，邀约常大淳出兵夹击。常大淳接到信函，犹豫半晌。城内人心不稳，如果现在还派部队出城，会不会动摇军民的意志？还是等一等再说吧。

十二月二日，向荣从洪山改向东面进攻，击破太平军的几十座营垒。向荣将太平军逼到沙河，造成太平军大批伤亡，尸体枕藉，堵塞了河水。

距城墙只有三里了！向荣赶紧派人呼唤城内官军，邀他们出城夹击。无奈常大淳年事已高，无此胆量。他身负守城全责，不敢承担丢失城池的风险。他说："城内兵力单薄，部队士气不高，还是不要出城吧。"不管他的决策是否正确，向荣已经失去了进城的机会。寒风凛冽，大雨倾盆，向荣待在城外，对着远处被雨幕遮蔽的城墙，连连摇头叹息。火药已经淋湿了，部队失去了火力，向荣说："常大人不敢派兵出城，我等还是收兵回营吧。"

罗大纲带领矿工部队驻扎江边，顶着恶劣的天气，在滨江的平湖门和文昌门外指挥部队不懈地暗挖地道，六天便已挖成。林凤祥和李开芳带领敢死队掘进一丈多远，在城根下埋好炸药。

尽管雨声不绝，锄镐的声响还是惊动了守军。一些士兵把管子埋在地下，耳朵凑到管口谛听，声响越来越清晰。他们立即报告常大淳，请求从城内挖地道灌水，淹没城外的地道。可是还没来得及施工，十二月四日早晨七点，太平军已引爆地雷。轰隆一声巨响，城墙倒塌，守军顿时溃散。武昌城内没有一支江忠源那样过硬的部队，常大淳也没有左宗棠和黄冕那样的高人辅佐，民众没有调动起来，这已是一座笼罩着绝望的死城。罗大纲挥刀高喊，四五千名太平军冲入缺口，几乎没有遇到抵抗，顺利地占领了武昌。

太平军的旗帜还没飘上城头，城内守军和城外的援军就望风而逃，躲进了武昌附近的城镇。湖南人常大淳投井自尽，十几口家人自愿跟他去了阴间。他虽然以身殉职，却成了无能官员的典型。人们把武昌的失守归咎于他，后人谈起此事，每每摇头叹息，为他感到遗憾。

罗大纲的手下杀死了布政使梁星垣和按察使瑞元以下的湖北高官。江夏县的知县绣麟持矛巷战，奋力搏斗而死。武昌的绅民妇女将太平军视为洪水猛兽，许多人悬梁投水。

武昌失陷后，向荣拔营退驻青山，暂时与外界失去联系。太平军的几百艘战船驶到黄州抢粮。武昌离九江不远，乘船朝发夕至，江西面临着太平军的威胁。湖北境内到处拉响了警报。荆州的官军得到情报，太平军已派间谍到荆州侦察，打算正月上旬从仙桃镇一带派兵奇袭荆州，主力则从金口沿长江向荆州开进。长江上下游人心震动，战争的氛围使这个寒冬显得更为冰冷。

武昌城外，向荣是唯一积极作战的大将。他现在也和江忠源有了同感。武昌被攻破时，城墙上还有六千官军（向荣奏报的守军人数比常大淳奏报的多出一千左右)，为什么堵不住一个缺口？友军观望不前，致使他无法歼灭围城的太平军。正规军陋习很深，而乡勇不但行军迟缓，所过乡村，还要恣意掳掠，甚至有通敌之嫌。至于地方文武官员，更是没有尽到守土之责。如岳州城坚地险，几千官军守城，竟然一天也守不住。益阳、临湘、咸宁、黄州、武昌，没有一地固守城池，听说敌军杀来，立刻弃城先逃。百姓知道官府靠不住，纷纷迎接太平军进城。

太平军攻占武昌以后，重新搭起浮桥，沟通汉阳与汉口。杨秀清派出三千多人，驾驶三四百艘船只，赶赴长江下游运粮。十二月十三日，太平军袭击黄州府及武昌县。

太平军在黄州府掉入了陷阱。黄州知府及副将预先将居民迁走，然后令官军装扮成百姓模样，顶香迎接太平军进城，设席送酒。太平军喝醉之后，遭到官军杀戮。太平军余部向西逃走。

太平军在黄州吃了亏，十二月十五日分兵抵达蔡甸，向百姓征粮二十万石，征钱二十万串。百姓答应供给稻谷二千石，铜钱二千串，没有全部满足他们的要求。

十二月十七日，太平军到黄州复仇，占据空城一座。第二天行至郭店，不料向荣派兵杀到，又损失了一些兵员。前往蔡甸收取钱谷的太平军满载而归，碰上官军大举进攻，将钱谷夺归官军大营。

官军虽然打了两个小胜仗，但向荣手中没有船只，无法渡过长江。他无计可施，只好暂且休战。他认为，只有先将太平军的船只和浮桥焚毁，斩断他们的往来通道，才能设法收复武昌。于是他决定等待各地水师增援。

常大淳生前遇到的难题，向荣也无法解决。他向咸丰建议从九江调来江浙水师战船在下游堵截；由陆建瀛和张芾率领部队溯江而上，在道士洑扼守，那里河面窄狭，山势险峻，水师停泊此处，可以控扼长江。官军若在两岸部署四五千兵力，与水师犄角扎营，依靠深沟高垒，便能互相应援；他还提议徐广缙调拨广东水师战船从海道驶入镇江。

向荣认为，上游也要有水师攻击。水师从何而来？他想当然地要求将陆军改为水师。他手下张国梁的捷勇曾在长沙靳家河驾船击敌，颇为得力；广东兵勇内可以挑选出水战炮兵配备到水师。向荣感到缺乏的是炮船。他想起了曾在长沙靳家河作战的卢应翔，此人手中有几艘炮船，徐广缙已令其驶往武汉。总兵音德布有贵州陕西官兵一千多名，可以让他派游击韩世禧在常德和长沙多雇船只，配齐大炮，顺流而下。韩世禧可在长沙城防兵内再挑几百人，凑成一千人，加上邓绍良的一千多人，在岳州一带寻觅船只，并在洞庭湖招募水摸二三百名，预备柴草硝磺，全部乘船驶至金口会齐，约定日期，一鼓而下，焚烧敌军船只和浮桥，一定能够起到很大的作用。

向荣的此番谋划，看来井井有条，只是他想象中的那些援军一时根本无法到位。陆军改为水师，根本不如他想象的那么简单。这个计划仍然是远水救不了近火，不过是他的一相情愿。因此，他的调兵遣将充其量只是画饼充饥而已。而太平军的迅速异动，完全打破了他的梦想。

十二月二十一日，向荣派和春等部攻扑新南门，派苏布通阿等部攻扑双峰山、长春观、小龟山、田家园等处土城，并令瞿腾龙攻打长虹桥。太平军在土城内开火，顽强抵抗。城头守军用连环大炮射击，炮子密如骤雨，击毙上山抛掷火罐的广东代理守备萨国亮。官军无法攻克太平军营垒。

向荣在此次攻击之后，一意等待水师增援。可是江西巡抚张芾通知他，所调河南、安徽官兵及舢板战船尚未抵达道士洑一带。新任云贵总督罗绕典则通知他，刚在长沙挑选兵勇五百名前往襄阳防御北路，还有重兵已经调动，但一时难以赶到。因此，太平军北走信阳、东下九江、西上荆州、南回岳州之路，官军都未设防。向荣此时只能驻守一方，距离洪山二三里的卓刀泉为东路要隘，他将部队拉到这里驻扎。

武汉上游六十里处的金口，是从西进攻武汉的要路，向荣的主力都在金口采办粮食，这个地方是必守之地。由于金口一带没有船只，苏布通阿统带的川军无法渡江，向荣令该部驰往金口驻扎。

向荣期待官军水师到来，可是接到徐广缙的通知，常德的兵船仍须留守当地，只能由从衡州和永州撤回湖北的部队，管带几艘炮船驶下武汉。向荣又请张亮基在长沙雇用三四百艘民船，多安大炮，派人送到金口，令张国梁挑选善于驾船燃炮的捷勇二百名火速赶来，以便向下游攻击。

向荣得到情报，洪秀全还在汉阳，杨秀清住在武昌，石达开和罗大纲往来不定。韦昌辉、胡以晃、曾三秀则毫无消息，向荣怀疑他们已被官兵击毙。

向荣为了增强兵力，致力于收集从武昌城内逃出的官兵。正在此时，长沙遣散的一千多名潮勇来到向荣营中，要求杀敌报效，向荣兵力有所增加。他将主力分别部署在东路的卓刀泉、南路的长虹桥和西路的金口，打算分三路进攻武昌。他又抽拨官兵赶赴武昌县防守，以便上下兼顾。但是他这番努力似乎并无作用，城内逃出的百姓声称，太平军打算从水路撤出。

官军的探子证实了百姓的说法，太平军打算在武昌过年，然后分三股向东面水陆并进，直攻安庆和金陵，并打算截住瓜洲水口的粮船，召集丰北饥民。太平军现有兵力四五万，战斗力较强的有一万多人。他们拥有几千船的煤米，要带去金陵使用。部队乘坐满江红船，银钱都放在大船上，煤米放在小船上。

向财富进军

太平军进入武昌以后，据说已经拥有五十万之众，包括妇女、老人和小孩。领袖们遇到的第一个问题就是去留。武汉乃九省通衢，四通八达，如果要留，会遭到官军四面八方的进击，同时缺乏雄厚的物资基础。天国领袖们在这里找不到踏实的感觉，认为他们没有足够的力量长久坚守武汉，于是大家的意见统一为继续前进。

剩下的问题是去向何方。这个决策似乎比去留的取舍更为复杂。从交通枢纽出发，可去的地方太多了。北可直上北京，杀死清朝皇帝，彻底改朝换代；西可挺进巴蜀或陕甘，坐大一方；南可回到运动的发源地，称霸两广；东可挺进江浙，立刻拥有天下大半财富，一夜之间成为暴发户，然后再图进取。

我们可以大胆假设，倘若焦亮和冯云山仍在领导集团之内，他们一定能够说服洪秀全长驱北上，直捣清廷，实现他们为天国制订的政治理想。中外观察家都有人认为，在这个时候，太平军举全力北伐，一定能够成功地打进北京，推翻清朝皇帝的统治。然而焦亮和冯云山已经作古，影响不了洪秀全的思维，杨秀清却对他有很大的影响力。东王认为，如果他们经襄阳向北进军，在河南定会遭到不可克服的抵抗。他主张天军向东开进，攻占东南财富之地。

也许杨秀清只是说出了大多数将士的想法。天军从长沙一路而来，时间过于仓卒，征集的物资还不足以令他们享受荣华富贵，连部队吃饭都成问题。他们目前没有进军清朝巢穴的自信。至于西进，也非将士们所愿。巴蜀闭塞，陕甘艰苦，进去了很难说能否再打出来。南下的选择更不符合军心，天国的臣民们已经烧毁自己家的房屋，表明了离乡背井的决心，现在大业未成就打道回家，显然有些说不过去。上帝的信徒们无不垂涎江浙的繁富，纷纷请求东进。在长沙城下劝说杨秀清撤围北上的萧智怀，此时力请东王继续北进，但他的声音被东进的声浪淹没了。

在太平军东进决策的形成过程中，野史安排了一个关键性的人物。此人是浙江长兴人钱江，一介布衣，胸负奇才，饱览另类的书籍，足迹遍及天下。

据说钱江对生养自己的江南情有独钟。他少年时一度进京，给皇帝上了一份万言书，议论时政，请皇帝迁都江宁，废除八股，停止科举考试，令各省根据考生的实际才干选录人才。

朝廷对钱江的奇谈怪论十分恼火，皇帝下旨将他逮捕，发配新疆的乌里雅苏台为奴。不久他得到赦免，返回内地，再次进京，与李鸿章、何绍基结为朋友。

洪秀全攻占武昌后，钱江星夜赶去投奔。洪秀全被他标新立异的言谈所打动，对他十分器重，令他掌控机要。他给洪秀全上书，提出十四条国策，劝天王直攻北京，洪秀全不听，径取金陵。他非常失望，离弃洪秀全而去。

钱江主张北上是一种说法，换了一个作者，野史又不一样。有人杜撰了一份钱江给洪秀全的上书，说他为洪秀全夺取江山规划了一个三部曲。第一步攻取金陵，那里聚集了中国的大半财富，可以充实太平军的实力，而且金陵是古代帝王建都之所，具有强大的号召力；第二步是攻取汴梁，与金陵形成犄角之势；第三步是攻取济南，构建攻打北京的前进阵地。这样做的好处是，太平军可以控制齐鲁的运河，不让粮食流入清朝的地盘，同时掌控了南北的邮道，还能牵制大清的勤王之师。

不管有没有钱江的献策，洪秀全集团进入武昌不到一个月，就确立了东进金陵的方针。也许以北王韦昌辉和翼王石达开为首的理性派是主张北上直捣清廷的，但他们一个是二等王爷，一个是三等王爷，无力扭转杨秀清的决断。富腴的江浙大地仿佛在召唤太平军将士们，渴望迅速致富的农民军巴不得早一天离开危机四伏的武昌。

洪秀全在武昌有一个小小的插曲。据沈懋良的《江南春梦庵笔记》记载，赖汉英及其三岁的儿子，以及他新婚不及一月的十六岁继室娇妻黄氏，一同被太平军掠去。洪秀全在船上见到黄氏，频递秋波。属下见状，揣摩天王属意于此女，便叫她女扮男装，将她送到天王身边。后来洪秀全谎称黄氏姓赖，而赖汉英是她的舅舅，并将赖汉英之子认为自己的儿子，取名为洪天贵福（或称洪福瑱），也就是后来的幼天王。这段记载几乎无人肯信，因为诸多史料中都称赖夫人是洪秀全元配，生有二女一子。尽管如此，沈懋良言之凿凿，称黄氏的婆婆就在他家做用人，而且还是邻居。对于这个事件，信与不信，但凭读者见仁见智了。

再说太平军决定去向之后，杨秀清令部队放出风声，扬言要在武昌过春节，试图麻痹官军。实际上天国的臣民依据基督教已经放弃了过春节的习俗，他们把中国人最大的传统节日选定为撤离武昌的日子。

根据向荣后来送到北京的奏报，他当时已经看出了太平军撤离的意图。但也许这只是他事后的捏饰。我们很难相信，他会在除夕那一天下达大年初一发起全面攻势的命令。但他向皇帝报告了这次不合常情的军事行动。实际情况也许是官军发现太平军已经撤防，便开始了一轮炮击。张国梁乘势攻入敌营，将土城拆毁十多丈，夺获两尊六百斤大炮和二十多件重型器械。

这一天城内有一些百姓逃出，他们反映，太平军纷纷将大炮搬到船上。韦昌辉使用疑兵之计，放出风来，说要从上游攻打荆州，还要分兵回攻长沙。他派出二百来艘船只驶向上游，抵达距离汉阳三十多里的沌口，还有一些船只陆续扬帆而上。太平军的这些动向，都有探子向向荣报告。

沌口有一条小河通向荆州，向荣不得不重视这一情报。他立即通知驻扎金口的苏布通阿留心侦探。如果敌军果然向上游进发，就要跟踪追击。一面又派快马飞奔常德，令音德布率部赶往荆州，会同将军台涌实力堵截。

向荣当然也想到了敌军可能声东击西，以小部兵力示形于上游，主力向下游撤离。他知道道士洑兵力单薄，第二天就派玉山和刘开泰率部向道士洑增援。

正月二日夜晚，太平军的主力开始撤离。他们在保安门和大东门一带放火，借以迟滞官军的追击。向荣派和春与秦定三从后面进袭，他本人率李瑞等部分攻东门和南门。官军直抵城门，太平军的断后部队自动下城撤走。官军进城后，太平军已从草湖门和汉阳门撤出，迅速上船。向荣追到江边，船队已经启航，他只能望水兴叹，收兵回城。

太平军水师前锋二百余艘船只于正月九日夜晚驶到武昌下游六十里的阳逻，其余船队仍然停泊在长江北岸一带。向荣令总兵和春、李瑞、秦定三带兵先从南岸沿江追击，他本人留在武昌安排接管事务。他派飞马向河南报信，请琦善派兵绕到江南上游攻击敌军；他又知会陆建瀛和张芾，请他们迅速率领水师在长江拦截；又令玉山和刘开泰在五日内赶到九江，与陆、张会师。

向荣不擅长打理政务，而且急于带兵追击敌军，他已照会身在岳州的河南布政使严正基，请他速来武昌安民复市，又派飞马请已经调任湖北巡抚的骆秉章赶紧前来上任。

第六章
湘运之兴

《湖南通史》：

在太平天国运动期间，湖南一改以往“碌碌无所轻重于天下”的状况，一跃而为全国举足轻重的省份，“由是湖南名闻天下，天下皆以为强国”，出现了“湘运之兴”的新局面。

帝国军队总动员

在太平军撤离长沙到撤离武昌的这段日子里，咸丰皇帝每天都在焦虑中度过。他在接到太平军从长沙安全撤走的战报时，气得胸口隐隐作痛。他把这笔账算在福兴和向荣身上，将福兴交吏部议处。向荣本是带罪效力之身，咸丰尽管对他恨得牙痒，但苦于还要用他，只能把他的这个罪过存记下来。他自我安慰道：这对向荣也许是一个促进，他若再犯过错，就只有死路一条了。

咸丰无论如何想不通，逆贼窜到宁乡安乐铺时，据报不过三四千人，兵力实在不多。他们进至宁乡之后，朱启仁带了四千名潮勇驰往长沙西北一带，阻挡他们前往湘阴。官军堵截的兵力已经达到逆贼的一倍半，逆贼怎么就没有遇到一点抵抗，顺利地抵达岳州了呢？所有的官军一定只是跟在逆贼后面尾追，没有一路绕到逆贼之前。想起那些畏葸不前的统兵将领，咸丰恨不得将他们生吞活剥。

更可气的是，逆贼在益阳与官军接战之后，退到河边村庄，官军居然担心有埋伏，便不再跟追。十月二十八日才沿河岸追赶，走的全是田埂小路。向荣为什么要绕道走另一条路呢？这不是谎报军情又是什么？完全是为了掩饰他的故意迟延！至于没有船只，一个前线总指挥，怎么事先就没预备下来呢？所有船只反而被逆贼领先抢占，弄得官军无船渡河，说这些话还不是为了推卸罪责？你们参劾一个县令，借此掩盖自己的玩误，难道大官们的过错就不追究了？

咸丰想着这些令人恼火的事情，焦虑地等着前方进一步的战报。过了好几天，等来的却是岳州失守的消息。咸丰骂道："贼匪从湘阴境内直接窜入岳州，府城的文武官员为什么毫无准备，使贼匪如入无人之境？岳州失守几天之后，徐广缙和张亮基近在长沙，为何茫然不知，只是听那些将官谎报军情，放任他们延误军机？莫非你们早已知道了岳州失守，却先压着不报？徐广缙从广西到湖南，已经迟了许多天。他到了湘潭，贼匪正在穷蹙图窜之时，朕远在北京，屡接奏报，也知道扼守贼匪逃窜之路最为关键，为什么他就不知道？徐广缙必须立即统带大兵驰赴岳州以北，亲临前线指挥，不得再有迟滞！徐广缙到湖南以来，军营并未有起色，朕如此重用他，朕都感到自愧，他于心何忍何安？徐广缙、罗绕典、张亮基、骆秉章，都先行交部议处！"

不难看出，咸丰的这些斥责，几乎与江忠源对徐广缙的批评如出一辙。这是一个很有趣的现象。在对太平军作战的初期，一些基层官员和民间有识之士的看法，与最高统治者完全吻合，但是宝塔尖和宝塔底座无法形成合力，改变不了宝塔中部糟糕的现状。

湖北的官员在咸丰眼中也是一群饭桶。岳州失守，肯定是有逆贼内应，该城文武防御日久，何以毫无察觉？岳州以北还有蒲圻、嘉鱼、咸宁等县，为什么常大淳不去选择要隘堵截，却急着将部队撤回武昌？蒲圻等县难道不是朝廷的领地？凡此种种，咸丰都无法理解。

博勒恭武明显是个大浑蛋，咸丰当即决定将他革职，再查他的劣行。罗绕典看来必须暂留湖南，不要去江西上任了。咸丰仔细推敲湖南军营的弊端，总是由于带兵大员不能预先绕到贼匪之前迎头兜剿，或在要隘设伏拦腰截击，后面的追兵又不肯跟踪紧追。向荣追贼，追到吃紧之时，又以兵力单薄为借口，要等长沙的兵到才肯发兵尾追。如此举动，怎会不坐失良机？

咸丰越想越气，决定将徐广缙革职留任，张亮基、鲍起豹各降四级留任。

皇上心情不好，祁俊藻作为军机领班，却不能跟着他一起心浮气躁。他冷静地指出：逆贼虽还未出湖南，河南、江西与安徽就必须预作准备，以免临时来不及调集兵力。他为咸丰拿出一套调兵遣将的方案。

河南方面，可令布政使郑敦谨驰赴信阳州一带，会同南阳镇总兵柏山扼要部署防守；这还不够，还要令代理巡抚琦善迅速起程，驰抵湖北与河南交界之处，指挥部队严防；从陕甘调来的三千兵力，都由琦善调遣。琦善兵力不足，可令讷尔经额从直隶省选派精兵三千名，交提督陈金绶统带，随同琦善前往。

江西方面，可令代理巡抚张芾立即赶往九江，督促九江镇总兵清保部署防务，省城事务由布政使陆元烺会同在籍尚书陈孚恩代理。

安徽方面，可令按察使张熙宇和寿春镇总兵恩长火速前往沿江扼要处所联合布防。巡抚蒋文庆仍驻省城安庆，就近调度。

这番部署，咸丰批准照行。祁俊藻又提醒皇上：前任湖南巡抚骆秉章已经奉旨进京，此时应当还在湖南境内，可否令他行至湖北时，留在武昌，帮同常大淳办理防务？祁俊藻说："此人老是替别人背黑锅，赛尚阿、程矞采自请朝廷处分时，总要把他捎带上。此人倒也识趣，并无怨言，尽管他无权指挥大军，也能帮同死守长沙。"

咸丰道："既是如此，或许此人才堪大用，就让他留在湖北帮办军务吧。"

蒋文庆奉旨在安庆部署兵力，但他手下无兵。他向咸丰请调江苏水陆各营精兵三千名，咸丰令陆建瀛照办。为了进一步充实安徽的防御力量，咸丰又令山东巡抚李僡迅速挑选精壮兵丁二千名从宿州驰赴安徽。

琦善奉旨开往前线，觉得直隶调来的三千兵力远远不够，还向咸丰请调吉林、黑龙江骑兵四千名，直隶官兵六千名，陕甘官兵二千名，通通到河南布防。咸丰觉得阻挡太平军北进是重中之重，只能满足他的要求。琦善请调之兵已有一万多名，担心军粮不足，咸丰令户部迅速调拨饷银二百万两，分别解送军营及河南。

十一月二十日，咸丰令接替琦善的代理河南巡抚陆应穀在河南各营中再抽调一二千人，迅速派到与湖北交界处择要部署。又令李僡选派山东精兵一千名、郭梦龄选派山西南镇精兵三千名驰赴河南。

从广西发端的造反事件，时隔两年多，影响已经扩大到中原各省，咸丰不得不动员全国各省兵力参战。太平军出现在武汉之后，河南、安徽与江西如临大敌，咸丰令各省大员严密防堵，特别强调九江的重要性，坚持要张芾亲自指挥防御。

武汉的命运令咸丰魂牵梦绕，但是他几天没有接到常大淳的后续战报。徐广缙自从奏报岳州失守后，再也没有奏报到京。咸丰感到前线的大臣几乎无一可靠，决定陆续起用一批新人。但如今战况紧急，他还必须依靠老臣支撑一阵。于是，他向满朝文武发出一封公开信，呼吁先朝旧臣在此极为困难的紧要关头，一定要同心协力，挽救天下苍生，以他们的努力来弥补皇帝的不足。

咸丰提出，他这是为民请命。他代表天下苍生向朝廷的高官们发出恳请。他每当阅读军报，看到地方被害，便会心如刀割。大臣督抚应当体谅他的一片苦心，努力为民除害。军队作战，纪律为先，务必信赏必罚，约束严明，使将士知道有进无退，人人用命。小胜小负，不过是兵家常事，一定要据实奏报，不可谎报军情。他作为皇帝，赏功罚罪，全以军报为依据，倘有偏重偏轻，怎能令将士们知恩图报，畏惧惩罚？

他非常担心地方官员打着团练乡勇的幌子盘剥百姓。他指出，乡勇是民间为了保卫桑梓而自发举办的，经费由绅董自行经理，如果地方官以此为借口大肆募捐，苛刻摊派，骚扰民众，基层官员狼狈为奸，又怎能让良民安稳度日？

咸丰强调自己一心想为百姓减负，凡是被贼匪侵扰的省份，他都曾降下谕旨，令督抚查明，奏请减税和抚恤。现在岳州失守，贼匪扰及武昌、汉阳一带，他想到江南百姓的痛苦，更加忧虑重重：如果官府照常征税，百姓怎么负担得起？他告诫省级大员一定要充分关注民生。凡是逆贼经过之处，都要分别减负，使百姓在颠沛困苦之时，不再背负沉重的赋税。

年轻的皇帝屈尊降纡，请求得到高官权贵的协助。他迫切需要忠心而能干的臣子为他排忧解难，人事问题已经成为他关注的焦点。

太平军进入长江的消息传到京城，迫使咸丰更大规模地调兵遣将。对手拥有强大的水师，湖北黄州、蕲州、广济等处沿江险隘，处处都关系到长江下游的安全。他命令陆建瀛迅即驰往九江上游，扼守长江天险，援应湖北，同时为江西和安徽树立藩篱。当他获悉对手占据汉阳以后，急令徐广缙带领湖南追兵火速赶到武汉救援。又令常大淳和双福指挥武昌守军竭力防守，并与城外救援各将密商，内外夹击。

咸丰得知向荣率先赶到了武昌城外，觉得此人还不算无药可救。看来他明白自己在长沙犯了大错，此举是为了将功抵过。咸丰又把希望寄托在这员老将身上。他对军机大臣们说："向荣每遇接仗，尚能身先士卒，桂林、长沙先后被围，向荣都有守御之劳。现在逆匪攻扑武昌，也是向荣先派常禄和王锦绣带兵赴援，并亲督兵勇追至蒲圻，福兴、玉山和苏布通阿都落在他的后面。向荣督兵剿贼，虽未见成效，究属老于行阵，临事尚知机智。因念将才难得，已叫徐广缙派他总统诸军。该员具有天良，谅必知晓感奋。朕就把提督衔赏还给他，令他帮办军务，提镇以下全部听他节制，让他速解湖北省城之围！"

祁俊藻问道："那些丢城失地的文武官员，皇上打算如何惩处？"

咸丰道："这些人丧尽天良，朕决不轻饶！胡方毂与阿克东阿即行处斩。廉昌也应斩首，先关押起来，秋后处决。福兴有心推诿，厥咎尤重，先行革职，留于军营，交向荣差遣委用，带罪自效。和春、秦定三、李瑞、经文岱、瞿腾龙追击不力，一概先行革职留任，仍责令剿贼，以观后效。"

武昌被太平军攻陷的那一天，咸丰当然还不知道此事，但他为了谨慎起见，已将军事责任做了划分：湖南湖北两路剿匪，责成徐广缙和向荣二人专办；江苏、安徽、江西三省邻近湖北的各个要隘，责成陆建瀛部署防御，但陆建瀛仍然必须在长江上游扼要督剿；河南的各条要路，责成琦善带兵进攻。

祁俊藻说："陆建瀛前因丰工之事，已被革职留用，此番要他负责三省防御，恐众官不服，是不是还得给他一个头衔？”

“赏还他头品顶戴吧。”咸丰答道，“朕听说此人颇为英锐，敢于任事，好谈经济。平日当差还算谨慎，也有些声望，只是还不知能不能言行如一。”

“微臣听说，此人身边有一些贤士大夫和名流辅佐，严正基、魏源、梅曾亮、陈奂，都曾被他罗致到幕府。他在丰工督办河南合龙时，获悉逆贼北上武昌，据说他毫无惧色，从容不迫地对幕客说：‘群盗弄兵，无坚不摧，然实少远略，如今只是苦于没有敢于承担责任的官员！’此话掷地有声，看来此人还是有些胆色。”

“不错不错，他奏来四条有关作战的建议，朕觉得还有些见识，所以令他考察军情，必要时亲往前线扼要指挥，允许他酌情筹办，朝廷不予遥控。又令他分别命令文武大员，严防水陆要冲。他上疏建议，虽然小孤山是扼守长江的要隘，但还不如在上游黄州和蕲州一带设防。朕看重的就是他的胆气。这样吧，索性命他为钦差大臣，总管三省防务。”

这时候，祁俊藻再次向咸丰推荐湖南的干才。他说：“中书省的左宗植向微臣力言曾国藩和江忠源可以大用，请皇上斟酌委任。”咸丰对这两个名字并不陌生，当即下诏，令曾国藩以侍郎身份帮办湖南团练，并令各省起用缙绅协助巡抚，江西的黄赞汤、安徽的吕贤基与河南的毛昶熙等人，都奉命协助封疆大吏举办团练。

陆建瀛奉旨部署东南防御，调兵募勇。兵员尚未集结，上游突然发来鸡毛信：逆贼已攻占武汉。战争警报日益紧迫，长江上游必须钦差大臣亲自督促布防，陆建瀛不得不仓卒出师。他上奏说：东西梁山及荻港各需一千兵力防守，请江苏和安徽两省巡抚如数拨给。

武昌失陷的消息终于报到北京，咸丰瘫倒在龙椅上，好一阵头晕气闷。当他回过气来，所说的第一句话就是：“将徐广缙和向荣革职，留在军营带罪自效！”

咸丰丢了武昌，顿感河南吃紧，他最担心对手直杀北京。经过一晚的慎思，第二天上朝，他发布一道上谕，给琦善调派一批满蒙大将做助手。都统西凌阿，副都统明庆、德崇额和忠泰，头等侍卫穆克登额和德兴阿，同时奉令前赴河南军营，听候琦善调遣。咸丰心想，琦善好歹是经历过阵仗的大员，见识过英国的武力，想必对付国内的逆贼应该不会胆怯。加上这些悍将辅佐，必能将逆贼挡在河南边境。

接着，他对军机大臣说：“徐广缙前次奏报，还说武昌可以解围，他的话几天就失效了，武昌竟被地雷攻陷！徐广缙对敌情如此缺乏了解，朕对他大失所望！还不是因为进兵迟缓，误了大事？向荣在城东打了那么多胜仗，又有何用？未能督率诸军保护省城，罪无可解。现当贼势猖獗，剿办吃紧之际，朕只得对他们从轻发落。徐广缙必须立即前往武昌，会合向荣妥办兜剿。罗绕典应该已到荆州，叫他跟台涌严防上游。陆建瀛要迅速驰赴九江，与张芾一起派出精兵，溯流而上，截击逆贼，不得再有迟延。武昌城中截留的三十多万两军饷，都被逆贼所得了吧？官军的费用从何接济？徐广缙一定要飞催后方绕道解运，还要加倍慎重。叫叶名琛设法筹划，从江西和湖南解运军营，以济急需！”

除了催调徐广缙和陆建瀛的两路兵力，咸丰还令琦善与陈金绶火速领兵南下，与南路和东路各路兵力四面兜围，相机进攻。咸丰一再告诫前线大员，不要区分疆域，致误事机。同时，他还令陕甘总督舒兴阿和代理四川总督裕瑞加强西部防御。

为了琦善专心于军务，咸丰给他赏加都统衔，又任命为钦差大臣，令他专办军务。安徽也需要得力的臣子，已经回到老家的周天爵，奉旨协同蒋文庆办理团练防剿。候补盐运使但明伦奉令听从陆建瀛差遣委用。

可是，奉旨开往第一线的大员们行进缓慢。徐广缙现在知道了事态的严重性，对战争的前途感到悲观。他也知道皇上饶不过他，索性窝在长沙不动，在给别人写信时，很形象地描述了自己紧张的心情：他屏住了呼吸，等待雷霆降临。但是他知道逃避上前线是根本不可能的，于是很不情愿地从长沙起程。武昌陷落以后的第五天，他才行抵岳州。看来江忠源的劝告对他没有产生多大的作用，他仍然企图遥控前线。骆秉章此时也已抵达岳州，奉到了帮办湖北军务的圣旨。他得知武汉已经被太平军攻占，前路不通，便与徐广缙暂住岳州。

咸丰知道徐广缙已是一个废人，而武昌的丢失必须有人负责，他正好要拿一个大员开刀。既然徐广缙与向荣不和，索性让徐广缙退出，让向荣放手去干吧。

十二月二十六日，咸丰下令拿问徐广缙，由代理湖广总督张亮基派员解交刑部治罪。他任命向荣为钦差大臣，赏还提督顶戴，令他接收徐广缙的关防，专办军务。所有军营文武官员，全部由他指挥。他希望向荣能够体谅自己的这片苦心，肝脑涂地也在所不辞。

咸丰是一个细心的年轻人，唯恐遗漏细枝末节。他担心吉林和黑龙江的骑兵南下，仗着他们是满人劲旅，一路上违反军纪，影响军民关系。他叫琦善严格督查，不许部队沿途勒索车辆口食，任意骚扰百姓。

他又想到，陆建瀛所带兵力不到五千人，恐怕还不够用。九江上游一带本来兵力单弱，必须从河南与湖北调兵前往协助陆建瀛，武昌下游才能设立有效的防御。他屡次令琦善与向荣各选精兵驰往九江及安徽一带，与陆建瀛会合堵截。

左江默契

太平军攻克武昌，湖南各地的会党备受鼓舞，蠢蠢欲动。张亮基必须密切关注本省的治安。有一天，他把左宗棠找来，问道：“季高，你知不知道浏阳有个征义堂？”

“征义堂？是个贫民组织吧。”左宗棠答道，“我想想——此堂在道光十四年就有了。那时钟人杰在湖北通城造反，距离浏阳不远，浏阳东乡人周国虞以兴办团练抗逆为名，召集乡民，成立征义堂，练习刀矛，制造枪炮，形成自己的势力。浏阳有很多百姓加入征义堂，历任县令担心征义堂闹事，不敢过问。中丞怎么问起此事？莫非征义堂要造反？”

张亮基叹了口气，晃了晃手里的一份公文，说道：“这是军机处转下来的一份奏折。浏阳的一桩杀人案惊动了皇上，批给我来查处，此事恐怕征义堂脱不了干系。我已犹豫很久，不知该不该发下去办理。征义堂是不是会造反，我问过浏阳的赵知县，他说那些人只是为了保卫家园，并无异心。”

作为一名刚刚经历过战火的清廷大员，区区杀人案，在张亮基的眼里根本算不了什么，他更看重的是全省的防务。如果为了一个杀人案而得罪了征义堂，逼得他们造反，那就非同小可了。可是，如果对此案不闻不问，皇上追究下来，又如何交差呢？

“季高，你先看看案卷，给我拿个意见。”

左宗棠接过案卷，迅速浏览。御史的奏折上说，太平军刚进湖南时，周国虞虽然没有跟着起兵，但他派人与太平军暗通消息，已经包藏祸心。太平军包围长沙时，派密使给周国虞写信，让他起兵响应。此信落到了浏阳团总王应苹手里。征义堂怕他向官府告发，便将王应苹杀人灭口。

左宗棠看完案卷，说：“此事容我想一想，再禀报中丞。”

他退下之后，派人把典史孔昭文和武举人诸殿元叫来，吩咐道：“有件机密公务，须得你二人去办。你们脱下官服，乔装改扮，去浏阳暗访那里的征义堂。不要惊动地方官，更不要打草惊蛇。务必摸清他们有无造反的迹象，侦察征义堂根据地的交通和地形，把该堂大小头目的姓名住址一概查明，登记造册。”

几天后，左宗棠交给张巡抚一份调查报告。孔昭文和诸殿元此去，深入到征义堂的根据地古港、山光洞和宝盖洞等地，查明周国虞手下有两万多名会众，平时确有劫掠私斗的行为。太平军进入湖南以后，派密使来往于长沙与浏阳之间，但周国虞为人谨慎，征义堂并没有轻举妄动。浏阳团总王应苹所部乡勇捕获了太平军的信使，周国虞等人给太平军的回信落到了王应苹手里。太平军从长沙撤走以后，王应苹由于仇恨周国虞，到官府举报他私通洪党。周国虞不甘坐以待毙，派侄儿带领三百名会众进入浏阳县城，声称协助正规军保卫仓库和监狱，表明他的部众不是造反军队，而是民兵组织。周国虞这一手，也是为了威胁王应苹，让他不要再去告状。

很明显，征义堂处在黑白两道之间，属于灰道。周国虞是个智慧型的人物，自我定位非常巧妙，平时不黑不白，有利时亦黑亦白，必要时可黑可白。太平军攻打长沙时，他造反的可能性较大；太平军离开了长沙，他造反的可能性较小。但他手下的头目曾世珍和邓万发不够冷静，行事莽撞，为了寻仇报复，集结部众烧毁了狮山书院，杀死王应苹，顺带抢了一些富裕人家。

这个举动激怒了各乡团勇，他们要为王应苹报仇，在浏阳东部的达浒集结，大有对征义堂用兵之势。周国虞不得不为两位兄弟擦屁股，派出六十人的先锋部队驻扎在杓形，阻遏乡勇，又调集其他会众准备出击。但是征义堂战斗力不强，周国虞的先锋很快就被乡勇消灭。他只得采取守势，率领会众在古港、穴山坪和宝盖洞一带集结，扼险自守。

赵知县非常懂得为官之道，也深知征义堂势力强大，担心自己惹不起，唯恐事情闹大，便把王应苹一案压着不办，一再向上面辩解，说周国虞并没有造反的迹象。没想到，王应苹的家人和朋友把这个案子捅到了北京。这就是王应苹被杀一案的始末。

张亮基看了调查报告，沉吟半晌才说话。

“季高，征义堂人多势众，凶手是周国虞的人，若要缉拿，非得兴师动众不可。赵知县说，他有很多下属都是征义堂的成员，据说我身边也有征义堂的耳目。真要发兵攻打，牵扯面很广哪。我看犯不着为了一个杀人犯大动干戈吧？是不是写个折子，把此意奏告皇上？”

“不妥。”左宗棠回答。

“为什么？”

“理由有四条。其一，征义堂确实跟洪逆有联系，又杀了个团总，如果中丞置之不理，恐怕文宗会怪罪于中丞；其二，省城附近存在这么强大的一股势力，甚至渗透到了县衙和省署，怎么说也是一个不安定的因素，必须要将其瓦解；其三，如果中丞压着不办，王应苹的手下也不会答应，要是发生武力争端，征义堂没了退路，极可能揭竿而起，那时就难平息了；其四，征义堂会众虽多，铁了心要造反的不过几百号人，只要制住了这些骨干，其余会众不打自散。这么便宜的事情，中丞怎能不办呢？

“有道理有道理！”张亮基如梦初醒，“季高先生有什么妙法，能够既将征义堂一举铲除，又不把事情闹大呢？”

“办法早就有了。”左师爷微微一笑，“只是，宗棠有两个不情之请，不知中丞能否应允？”

“请讲请讲，一切照你说的办。”

“此事必须绝对保密才能办好。除了中丞、意城（郭崑焘）和我三人，不能让任何人知道。万一走漏了风声，恐怕就办不成了。这是其一。”

“这个嘛——依你就是。其二呢？”

“有一支部队我必须秘密调用，还要借用中丞的名义，但不发公文，请允许我便宜行事。”

“哪支部队？请师爷明示。”

“我要用江岷樵的楚勇。此时岷樵在湘北进剿晏仲武，想必已大功告成。我想让他即刻赶往浏阳，对外宣称是去平江追剿晏仲武余部，才不至于惊动周国虞。该部开到浏阳之后，又须对外假称要去江西剿匪，暂驻浏阳，等待补给。只要征义堂不轻举妄动，等到岷樵完成部署，一切都尽在掌握之中了。”

左宗棠提的两个条件，张亮基都答应下来。一张大网，神不知鬼不觉地向浏阳撒去。张亮基坐在巡抚公署作秀，配合左宗棠的部署。

王应苹被杀一案，受害者的亲友已经告了御状，湖南的官府却毫无动静。浏阳的团丁到省城告状，张巡抚只是打几句官腔，一概不予理睬。

“本部院已派通判裕麟去了浏阳嘛。此案还要调查研究，你们等着吧，本部院自会秉公断案。”

浏阳人上访碰了钉子，以为张巡抚被征义堂买通了，有意包庇杀人凶手，只得通过关系，求助于邻省江西的官府。

张芾和陈孚恩看了邻省递来的状纸，义愤填膺，给张亮基发来公文，请他发兵捕治征义堂。他们说：张大人一向爱民如子，官声极佳，对待上访的群众，怎么摆出一副官僚的嘴脸呢？张亮基爱惜自己的名誉，有些沉不住气了。但他想起左宗棠的叮嘱，不得不对兄弟省份的同僚也打起了官腔，还是顶着不办。

征义堂派到省署和县衙的卧底，打探到了巡抚和知县的态度，不断给征义堂的头目发回“一切平安”的信号。

这时，身在岳州的江忠源接到左宗棠一封绝密的函件，里面附有浏阳县地图和有关征义堂的各种情报。左宗棠写道：岷樵兄，这虽是一封私信，却是传达中丞大人的命令，只因事属机密，不能下发公文。望兄台接信后，火速带兵赶赴浏阳，目的是收拾征义堂。但是进军目的不能暴露，只说是去平江追剿晏仲武余部。贵部抵达浏阳，将兵力部署停当，再张贴告示，利用强大的宣传攻势和武力威慑，力争招安。遇有反抗，立即镇压。正式的红头文件，等岷樵兄到了浏阳，我再补发过来。此事万万不可泄露，切记切记！

十二月十四日，楚勇从巴陵出发，经平江来到浏阳。江忠源一到，想做些调查，却没有一名绅士敢来见他；走访民众，也无人敢提征义堂之事。可谓风声鹤唳，人人自危。好不容易打消了一些人的顾虑，才得知征义堂在洪秀全攻打长沙期间在浏阳焚掠淫杀，令人目不忍睹，耳不忍闻。而他们的武器精良，技艺不凡，绝对不是寻常的土匪。他想，季高此事办得好，若不及时将征义堂铲除，真是后患无穷！

楚勇开到浏阳的目的虽未走漏风声，但赵知县多了个心眼：江知府此来，莫非是为了镇压征义堂？他连忙拜见江忠源。

“江大人，敢问贵军将向何处进兵？”

“江某奉中丞之命前往江西剿匪，只等长沙运来粮饷，部队就会开拔。”

赵知县放心了。不料过了两天，楚勇在县城东边的冯家岭扎营，张贴告示：本知府奉令前来处理征义堂一事，要抓捕的只是几名首犯，其余人等，一概不问。只要将首恶绑来献给官府，本知府决不出兵。

楚勇扎营时，邓万发和曾世珍等人混在人群里围观，打探江忠源的形迹。百姓认出这两个会党首领，也不敢指认他们。邓万发等人回去后，对部属们说：“原以为官军都是壮汉，今天一见，个个骨瘦如柴，如同乞丐。哼，一群乌合之众，混饭吃的！我们征义堂内，刀矛、拳棍和枪炮样样精炼，吃掉他们又有何难？为什么不敢迎战！”

赵知县听说征义堂要大动干戈，急得连连跺脚，一狠心咬破指头，写下血书，上呈巡抚，以身家性命担保征义堂不会作乱。他还说，如果把事态闹大，他负不起这个责任。

血书呈到张亮基手上，巡抚再次迟疑不决。

“季高，意城，非得取缔征义堂吗？难道就没有别的法子了？”

左宗棠和郭崑焘说：“请中丞不要犹豫，按既定方针办。一定要相信江岷樵，他的楚勇足够对付征义堂。”

巡抚的工作做不通，赵知县又去找江忠源，说话时带着哭腔：“江公，你素以诚信闻名，这次为什么骗我？你了解征义堂吗？他们占据了东乡周边十里宽的地盘，有几万人哪。难道在下不知他们为恶十多年，可是谁敢拿他们怎么样！现在大军都到湖北追赶洪逆去了，而江公你只带一千多名疲弱的士兵来这里，你自己想想，凭你这点兵力，能把征义堂打下去吗？在下一把年纪了，难道还怕死吗？我是担心坏了大局！只要征义堂举兵起事，长沙就保不住了哇！”

江忠源笑道：“赵大人，我的确对你隐瞒了实情，多有得罪了。兵不厌诈，江某身负重托，也是不得已而为之。我怎么不知道情势危急？只是箭在弦上，不能不发了。至于江某的区区一千人是不是对付得了征义堂，很快便见分晓。”

赵知县求告无门，只得听任江忠源为之。不过，为了保险起见，他又向张巡抚告急，请求给浏阳增兵几千，筹饷几万两。

张亮基接到报告，与左宗棠相视一笑，不予理睬。

江忠源正在思考如何进剿，担心山径丛杂，溪峒深险，仰攻不易。不料征义堂主动来进攻了。十二月十八日，征义堂五六千人分三路扑向冯家岭楚勇营地。会众高举白旗，上面大书“官逼民反”，宣布武装造反。会众漫山遍野地杀过来，刀矛林立，喊声震天。左路出击詹家岭，直逼江忠源的大营。

曾世珍欺负江家军兵少，以为很容易对付，却没料到对方是一支精兵，面对强敌，一点也不慌张。江忠源事先已派守备李辅朝率领一营兵力驻扎在县城内，以防内变。他自己督率两营兵力打阻击，在营外设了三重伏兵。

会众冲到离营半里处，发现营中毫无动静，起了疑心，不敢贸然进攻。江忠源派出几十名骑兵诱敌。会众果然上当，蜂拥而进。

江忠源一声号令，伏兵杀出，将会军截为几段。会军首领手持大刀，一阵砍杀，连伤几名楚勇。楚勇毫不慌乱，一齐挺矛刺杀，将会军首领戳死。

杀向县城的会军，遭到李辅朝所部抗击，落败而逃。

会军一战失利，全军撤退。江忠源命令部队全部出击，一直追杀到二十里外的双江口，才收队归营。楚勇斩杀征义堂三百多名精锐，俘虏五十多人，缴获大量炮械和旗帜。经过核查，得知被刺杀的征义堂首领名叫张大武，是会众的教头。

江忠源趁势张贴告示，声称凡愿脱离征义堂者，可以领取良民牌，不予追剿。当夜，征义堂回营后，散去八百多人。从此陆续离散，来楚勇营中领取良民牌的达到一万多人。各乡打算跟随征义堂闹事的人也就不敢轻举妄动。

江忠源知道征义堂的势力已经瓦解，连忙分兵，直捣三坪洞和山口两处会军根据地。张亮基调来的援军，由经文岱等人率领，冒雪向平江的卢洞、十八盘和福石山进军，抵达征义堂根据地的东北部，防止会军撤离。浏阳团练和平江团练出动几千人，配合楚勇扼守各处要隘。

十二月二十三日，楚勇进占古港，江忠源下令进攻。楚勇一举击败曾世珍和邓万发的阻击部队，周国虞所部退守三坪洞。楚勇于除夕日追逼到征义堂的根据地双江口，抓获首领朱兴祥、陈国材、陈朝泾和陈德昭等二十多人，全部斩首。征义堂举事的最高领导曾世珍负伤潜逃，也被抓获斩首。楚勇斩杀七百多名会军，俘虏六百多人。

江忠源命令征义堂余部投向楚勇兵营领取免死牌，各自回家。当晚，楚勇解散了几千名会众，周国虞逃往汉阳的鹦鹉洲。他和邓万发两人这次都幸免于难，到下一年才被官军捕获，处以磔刑。

江忠源在浏阳用兵十二天，称雄于浏阳几十年的征义堂被楚勇一战解除。赵县令大为惊诧，对江忠源刮目相看。

“江大人真是雄才伟略，下官佩服得五体投地！”

“赵大人，你认识左宗棠吗？”

“左宗棠？他是何人？恕下官孤陋寡闻，还望江大人指点。”

“赵大人，有些话不便明说，你只要记住这个名字就行了。对付征义堂，就是他一手策划的。”

史官有论：湖南的官府征讨会党，就是从这一仗开始。

团练大臣的新思维

张亮基在为征义堂伤脑筋的那些日子里，奉到一份上谕：

前任丁忧侍郎曾国藩，籍隶湘乡，闻其在籍，其于湖南地方人情自必熟悉，著该抚传旨，令其帮同办理本省团练乡民搜查土匪诸事务。伊必尽力，不负委任。

这份上谕，显然是祁俊藻根据左宗植的提议向咸丰推荐曾国藩的结果。张亮基不敢怠慢，以极快的速度，于十二月十三日将寄谕送到了湘乡。

曾国藩奉旨以后，第一反应是不愿出山。他还记得，当赛尚阿要江忠源赴广西效力时，他曾奉劝江忠源坚持守制，不能有失于孝道。现在他自己碰到了同样的问题，自然要以理学约束自己的行为。第二天，他起草了一份奏疏，恳请在家终制，并给张亮基写信，请他代奏皇上，陈述不能出山的苦衷。

奏疏刚刚写就，还未发出，十二月十五日，张亮基派差官到荷叶塘送信，通知他武汉已于十二月四日失守，长沙人心惶恐，恳望他出任帮办团练的大臣，为保卫桑梓尽心尽力。

曾国藩大为震惊，他的决心动摇了。湖北省城的失守事关重大。如果此时他再请辞朝廷的重托，皇上会怎么想呢？如果他为了自己做人的完美，不顾桑梓的安危，家乡的官民又会怎样想呢？

正在他难做决定的时候，郭嵩焘来到荷叶塘，吊唁曾国藩的母亲。深夜时分，曾国藩见到了这位年轻时义结金兰的挚友，和他秉烛恳谈。话题由缅怀死者转到国事，曾国藩为了试探对方的想法，说他打算守制，无意于出山帮办团练。

郭嵩焘劝道：“你素来有澄清时局的抱负，现在机会来了，你不乘机为朝廷效力，怎么对得起天恩？何况戴孝从戎，也是古来的惯例啊。”

曾国藩没有说话，郭嵩焘却看穿了他的内心。这位友人雄心勃勃，想要整顿中国的政治秩序，只是因母丧在身，有些犹豫罢了。郭嵩焘又说道："如今适逢乱世，英雄辈出，老兄为什么不趁此机会大展宏图？"

曾国藩的心已被说动，但他城府极深，仍然没有应允，还是一口咬定：他已打定主意为母亲尽孝。郭嵩焘看出他想要下台子，但还需要阶梯。于是他去找曾国藩的父亲，大谈他儿子出山保卫家乡的必要性。老先生深以为然，把儿子找来教训一通。

也许曾国藩要的就是这个效果。父命难违，遵循父命乃是最大的孝道。儒学的伦理规定貌似死板，但巧妙地预设了开脱的机关。只要有足够的智慧，拐几道弯子，人人都可以达成自己的意愿而无亏于大节。既然父亲开了口，曾国藩自然同意遵循皇上的旨意办事。

曾国藩答应了，但不能表现得过于积极，于是他拖延了几天。郭嵩焘索性再烧一把火，领着弟弟郭鹭焘一起前往曾家，催促曾国藩起程。曾国藩沉吟半晌，说："若要我应诏帮办团练，你兄弟二人须得入幕参赞。"

郭嵩焘并不讨厌功名，爽快地应承下来，于是曾国藩出山的一切条件都已具备。

曾国藩烧毁已经拟好的请辞之疏，带着九弟曾国荃，和郭嵩焘一起，于十二月十七日起行，四天后抵达长沙，立即拜访张亮基，筹商如何举办团练，查办匪徒。

张亮基非常乐意看到曾国藩到来。此人豁朗大度，巴不得能人荟萃。他所领导的湖南官场，为曾国藩提供了非常宽松的环境。

曾国藩在张亮基的衙署内走动，自然会见到师爷左宗棠。曾左二人此前虽然未曾谋面，但通过共同的朋友，彼此都有耳闻。曾国藩知道左宗棠是湖南的一大才子，而左宗棠已从各种渠道得知，曾国藩为官清廉正派，敢于负责。特别是江忠源，谈起自己的曾老师，总是赞口不绝。

曾国藩现在所任的这个职位，也令左宗棠瞩目。左师爷自从参佐戎幕之后，一直力主用乡勇对付会党，轻易不会调派正规军参战。绿营将士不服调度，贪生怕死，目无军纪，劳民伤财，把这样的部队调上前线，无异于自找麻烦。乡

▲ 湘阴人郭嵩焘虽然对湘军做出过巨大的贡献，但他本人并不擅长军事。他作为近代杰出的外交家著称于世。

勇部队能够吃苦耐劳，作战勇猛，服从命令，爱护百姓，左师爷对他们格外青睐。如今曾国藩被皇上任命为帮办团练大臣，左宗棠希望他能把湖南的乡勇训练成一支有战斗力的新军。

因此，当张亮基向左宗棠请教如何与曾国藩合作时，左宗棠力主将乡勇的组建和训练，以及全省的社会治安，全部交给曾大人办理，让他放开手脚，才能有一番作为。他还表示，他会积极地为曾大人推荐人才，献计献策。

张亮基听了左宗棠的忠告，已经胸有成竹，诚恳地对曾国藩说道："曾大人是湘省人士，人脉广布，省情熟悉，团练和治安这两块，就劳你多费心了。曾大人尽管放手去办，亮基全力支持。"

曾国藩满口谦词，心中暗喜：张石卿果然爽快！不过，这样一来，究竟谁是谁的帮办啊？口里却问道："本省治安形势如何？"

"逆贼在本省境内从南到北一扫而过，省内蛰伏已久的土匪趁机纷纷举事，长沙府、宝庆府、辰州府、岳州府、衡州府和桂阳州的辖地，都有土匪活动。各地刁民麇集，纷纷起事。"

曾国藩说："土匪虽然没有形成大气候，但若粤贼再次打进湖南，他们很可能成为内应。治乱世须用重典，非得严厉打击不可啊。"

"保民治安的重担，既然交给了曾大人，就请曾大人多拿主意。"

"不知省城驻防兵力有多少？"曾国藩又问道。

"长沙城内有营兵四千，但统领多头，一名将领多则统领五百人，少则统领一百人，由游击色钦额总管营务。"

"团勇有多少？"

"已经练成的团勇，有南县勇、浏阳勇、新宁勇、宝庆勇和湘乡勇，全部由文官统领。级别最高的是五品同知王葆生，其余都是起用生监。"

曾国藩说："如此看来，本省治安形势十分严峻。营兵指挥不统一，团勇数量不多。当务之急是招募兵勇，认真训练，镇压各地的骚乱。"

左宗棠初次会见曾国藩，在一旁留心观察这位比他年长一岁的京官。郭嵩焘、胡林翼、江忠源、欧阳兆熊等人多次跟他提起此人，都是赞不绝口。通过亲眼观察，他同意大家的看法，曾某的确为人正派，敢作敢当。不过，他似乎缺少办实事的才干。

曾国藩对左宗棠十分热情，"季高兄，久仰大名，人材难得啊。不才奉旨帮办团练，恐难胜任，若能罗致季高这般的高才，心里就踏实了。"

"涤公如此爱才，殊为难得。在下倒是看中一个武才，不妨荐给涤公。此人身在绿营，却如鹤立鸡群，虽然只是个候补都司，却知兵善战。前次长沙之战，他率部出城游击，多有杀伤。宗棠以为，涤公若让他训练团勇，必有成效。”

“季高说的是塔齐布吧？”张亮基接口说道，“此人确是不凡。不仅季高向我举荐，江岷樵也说，此人素为已故都统乌兰泰所器重。曾公奉旨兴办团练，百事待举，不妨借这个满人将领之力，统带训练一支部队。”

左宗棠和张亮基的推荐，为曾国藩提供了一个最重要的将才。可见曾左初遇之时，彼此都有结交的诚意。此次见面之后，左宗棠在给女婿陶桄的信中，说他与曾侍郎相处很好，可惜曾侍郎出山，来得太迟了。

左宗棠和曾国藩的社会地位当时相差悬殊，而且曾国藩的官声、文名和口碑颇佳，左宗棠能得到他的友谊，觉得自身的价值又一次得到认同。但左宗棠自视甚高，对曾国藩有褒有贬，褒的是德，贬的是才。他认为曾国藩是个书呆子，执行能力不够。野史抓住了这个事实，编造出一个段子，专讲左曾二人之间争强斗气。

话说曾国藩在京城里做了几年侍郎以后，一年冬天回家省亲，从湘乡返京时，在长沙盘桓几天。昔日岳麓书院的同学们轮流做东，请他吃饭。一次宴请，在座的有左宗棠、郭嵩焘和江忠源等人。

左宗棠是个屡试不中的书生，平日里最怕别人点到自己的这个痛处，和曾国藩坐在一起，眼看着他只比自己大一岁，木讷寡言，才干显然不如自己，却已经做了好几年的京官，而自己三十大几了，还什么都不是，心里不是滋味。

恃才傲物是文人的通病。饭桌上谈论国家大事，左宗棠自然要有所表现。他博闻强记，议论时引经据典，观点标新立异，又能自圆其说。他滔滔不绝地讲话，曾国藩只有听的份儿。

左宗棠成了聚会的中心，令曾国藩心中不快。哼，这个左季高，一介布衣，湘阴的一个农家子弟，竟然喧宾夺主，狂放不羁。我得让他出出洋相。大家趁着酒兴出对联时，曾国藩念出一条上联：

季子自季高，仕不在朝，隐不在山，与人意见辄相左。

“左季高”三字，嵌在此联之中。左宗棠一听，气得脖子都粗了。好你个曾涤生，居然直戳我的痛处。我老左无缘进士及第，做山民又不甘心，还要卖弄才学，那又怎么了？且看我怎么损你吧！老左我反正不在官场，无求于你，管你什么京官不京官，怕你个屁！他略一思索，念出更加刻薄的下联：

藩臣当卫国，进不能战，退不能守，问你经济有何曾？

此联嵌着“曾国藩”三个字。曾国藩一听，面子上有些挂不住了。哈哈，这个左季高，真不是吃素的。我不懂军事，缺乏经世济民的学问，你还不是纸上谈兵！还想反击一下，转念一想，酒席上的话当不得真。我堂堂一个侍郎，与他斤斤计较，倒显得我没有肚量了。

野史的含义，无妨见仁见智，各得其旨。左宗棠在务实人才奇缺的年代，对曾国藩才干的评价不高，其实是因两人之间知识结构的差异。这个段子，准确地表达了知识结构不同导致的认同障碍。

左宗棠和曾国藩在四十岁之前，由于经历和爱好不同，曾国藩务虚多一些，左宗棠则务实多一点。曾国藩以性理之学而闻名，潜心研究宇宙观、人性论和道德学，对于经世济用之学，他虽寄予关心，但比起痴迷此道的左宗棠，还是小巫见大巫。

左宗棠的知识结构比较新进。作为积极的务实派，他热衷于钻研应用科学，为此花费了巨大的精力。他与曾国藩的学问有许多无法重合之处。而曾国藩作为清廷的二品大员，以文章道德享誉朝野，但在实用知识方面，不及一介布衣左宗棠，也是无可置疑的。

但是，此刻曾国藩正在谋划建立一支新军，由于缺乏经验，非常谦谨地听取各方意见。左宗棠不仅劝说张亮基放手让曾国藩主持团练，还非常热心地为他参谋。

把湖南的团练交给曾国藩来主持，确实是一个英明的决断。对于团练一事，曾国藩早有一番与众不同的谋划。抵达长沙的第二天，他就拜发了一道奏折，陈述他关于团练乡民、搜查土匪的设想。

曾国藩自从决定出任帮办团练大臣之后，便在考虑如何为团练乡勇闯出一条新路子。他一直揣摩圣意，发现当今圣上热衷于团练，是想照搬祖宗的办法，走半个世纪以前嘉庆爷的老路。

嘉庆元年，公元1796年，四川、湖北、陕西与河南四省交界的地区，白莲教造反此起彼伏，声势越闹越大。到了嘉庆四年（1799），清廷的绿营正规军已经招架不住白莲军。嘉庆皇帝启用古老的保甲制度管理城乡居民，并在此基础上团练乡民，组建民间武装。

嘉庆下旨之后，团练广泛兴起，民间武装竟然把白莲教打得无处藏身。三年时间内，白莲教基本肃清，大清帝国的国内政局，此后总算稳定了差不多五十年。

咸丰皇帝现在想起了嘉庆爷的法宝，想把各地乡民武装起来，在本地保卫桑梓，对付太平军的进攻。他认为，只要全民皆兵，太平军便会举步维艰，而且会失去兵员补充。为了这个目的，咸丰打算任命一批团练大臣，下令刊刻嘉庆初年的《筑堡御贼疏》和《坚壁清野议》，颁发各省，号召大家边学边干，苦练快上。

然而，曾国藩认为，嘉庆的做法已经过时了，若想打败太平军，照搬老黄历是行不通的。

嘉庆时代团练的功能，可以概括为八个字：清查保甲，坚壁清野。他们的任务，是配合官军野战部队，防止城乡士民与造反军勾结呼应，让官军作战部队没有后顾之忧，此外还能断绝造反军的粮食供应，给造反军攻城制造障碍。

当初的白莲教和如今的太平军一样，擅长流动作战。但白莲教在野战中不是官军的对手，全靠游击得胜。因此，各地乡勇只要完成了那个八字任务，白莲教就变得寸步难行。各地乡勇配合官军，把白莲教困死在战场上了。

咸丰时代则完全不同。如今的正规军大势已去，不堪一击。太平军经过各地，官军当即溃散，乡勇成为抗击造反军的主力。但是各地乡勇通常不能出境作战，缺乏野战能力和统一的指挥。唯一的办法，就是把各地乡勇组织起来，经过训练，改良武器装备，组建成强大的兵团，才能取代绿营部队，为朝廷剿灭太平军。

曾国藩明知咸丰的想法落伍了，但他不好直截了当地指出天子的谬误，同时担心把话说白了，会让咸丰看出他在军事上的野心而对他心生顾忌。他自己心里清楚，要想靠各地的老式团勇来扑灭太平军，无异于痴人说梦。他这个钦命的帮办团练大臣，其实对团练乡民毫无兴趣。咸丰既然要他从事军武，他就要组建一支新式的军队，取代现存的朝廷正规军，挽狂澜于既倒。不过，一切还得谨慎从事。

曾国藩一天都没有办过团练，他所做的工作，是在得到皇帝的授权之后，把已经团练好的乡勇部队，召集到自己的旗帜之下，进一步加强训练，补充装备，改革军制，扩展为清末最强大的一支军队。他从一开始就借鉴江忠源的经验，试图组建一支正规军，以对抗全国的太平军为己任。他的设想规模宏大，是罗泽南、王珍和李续宾这些元老级的团练专家不敢去想的。那些人没有曾国藩这么高的级别，也没得到皇帝的授权，就是想办也办不到。

曾国藩在这份奏折中所谈的设想，是在省城长沙成立一个大团。他心中设想的大团，就是一个军的兵力。他要把各地已经办好的乡勇部队集结到长沙，由他统一指挥，根据需要到各处作战。这实际上就是一支新的野战部队。为了隐藏真实的目的，他为这个想法找了一个恰当的理由。他说省城长沙兵力单薄，行伍空虚，不足以担任城防。有了这个乡勇大团，进行扎实的训练，既可以用来剿捕土匪，也对省城防御不无裨益。

曾国藩还从财政入手，阐述了在省城办大团的好处。皇上号召团练乡民，确实是当务之急。但团练的难处，不在于操习武艺，而在于难以募集资金。

朝廷财政紧张，是众所周知的事实。自道光二十年以来，清廷为鸦片战争陆续支付赔款二千一百万两纹银。道光二十三年，户部银库监守自盗，亏失九百万两，清廉的骆秉章也因此受到连累。全国税款欠缴几近五千万两。连年水旱灾害造成歉收，赈贷费用接近两千万两。中央财政捉襟见肘。

曾国藩说，国库空虚，朝廷无法像嘉庆年间那样资助团练，而民间捐款，指望虽大，却是画饼望梅，当不得真。他提出把各地团练集中起来，编组更有战斗力的新式军队，可以为朝廷节省军费。把壮健朴实的乡民招募到长沙，训练一个人，就收一个人的成效。这种做法比各地一哄而起操办团练，也能减少许多团练经费。

官军进剿太平军以来，时间已有两年多，消耗的军饷不可谓不多，调集的军队不可谓不众，但是将士们遇敌即逃，很少迎斗。官军只是从远处开火，不敢短兵相接。原因在于士兵没有经过训练，既缺乏胆量，又没有武艺在身。他要改弦更张，注重练兵，吸取明朝戚继光和近人傅鼐的经验，练兵只求其精，不求其多。不指望马上见效，只指望能够接济前方作战的兵力。

曾国藩使用这样一番说辞，从本质上改变了团练的性质。按照清朝的惯例，团练只是在各州各县就地兴办，省城和重镇的防务还是由绿营担任。曾国藩提出在省会长沙办团，大大提高了团练的地位，增强了团练的职能。

曾国藩为了表明自己不愿违背人伦，在奏折中写了一个附片，说他在京供职十四年，今年回家，祖父祖母的坟墓上已经长满了野草，母亲的葬礼也没有办完，不忍心突然离家担任公务，请求等到战事顺利之后，团防之事办得有了头绪之时，仍然回籍守制，以遂乌私。

事实上，曾国藩也知道，官军的战事不可能很快逆转，他回家继续守制的可能性不大。只要皇上允许，他可以在团练一事上大有作为。

咸丰正处在病急乱投医的时候，不管曾国藩是不是违背了祖宗留下的团练原则，也不管曾国藩是否有心当一位军事首领，只要能够有助于打败洪秀全，他都会同意。所以这份奏折奉到朱批："知道了，悉心办理，以资防剿。"

曾国藩关于团练的新思维和新实践，使他成为咸丰时代最成功的团练大臣。咸丰任命的第一位团练大臣是前任刑部尚书陈孚恩，第二位就是曾国藩。此后三个月里，咸丰一口气任命了四十九位团练大臣。这些人当中，只有曾国藩真正把团练办成了气候，这是因为他勇于改革旧的团练体制，让乡勇走出了家乡，集结起来，组成了强大的野战部队。

曾国藩有了现成的部队

在曾国藩奉旨出任湖南团练大臣的同时，张亮基命令湘乡知县朱孙贻推举可以担任将领的人才，朱孙贻提名王珍。张亮基命令王珍、罗泽南和罗信南分别率领团练的乡勇到长沙设防。王珍率领三百人进入长沙；罗泽南和罗信南率领七百人开入省会。

从湘乡出山的团练大臣，以及来自湘乡的团练乡勇，在咸丰二年的最后一个月聚首于长沙。王珍将所部称为“湘勇”。湖南已有楚勇、南勇、宝勇、浏勇等勇队，王珍采用“湘勇”的番号，是为了区别于其他的勇军。

第一批来到长沙的湘乡勇，包括了罗泽南的中里湘乡勇和王珍的下里湘乡勇，但不包括李续宾的上里湘乡勇。一千人分为三营，王珍指挥左营，罗泽南指挥中营，罗信南指挥右营。

曾国藩决定按照明朝戚继光管理军队的办法，每天操练湘乡勇，并且为之酌定训练章程。曾国荃佐理兄长，为他拟写了治兵三十二策。王珍也十分积极地与曾国藩兄弟探讨训练方法，

王珍此年二十九岁，比曾国藩小了一轮，但在团练湘勇方面，足以做曾国藩的老师。他曾跟随罗泽南在湘乡山中学习，领悟自我修养的道理。罗泽南手下有几十个门生，空闲时教授战术，练习技击、剑术、跳远，排列战阵，经常演习。那时候，很多老乡认为罗泽南精神异常，罗泽南则说：“你们错了，过不了几年，天下必将大乱，不可不先修武备。”

王珍年少，性情最为刚猛，习武最为勤勉。罗泽南说：“我门下唯有王珍有望成为名将！”

王珍的练勇开到，曾国藩兄弟和郭嵩焘观摩阵法。校场之中，湘勇列队而入，王珍登上将台，挥旗擂鼓。左右每队各有一百人。第一通鼓声响起，队伍鱼贯而行，列为两行，左侧的队伍奔向右侧，右侧的队伍奔向左侧，行走三轮以后，围成圆圈，都持武器对外。第二通鼓声响起，队伍向左右奔走，回复原来的队列，相对格斗，左起则右伏，右起则左伏，三起三伏。军士们再次奔走，圆阵变为方阵。于是，后军分别从左右出场，蛇行绕攻，前军三合而退，前方的左右两军也互为进退。王珍擂鼓鸣角，旗帜成圆周挥舞，士卒便奔走一圈，聚为城郭。城有三道门，先聚集的士卒分左右行走，先从门口奔出，其余也按次序再起成队。士卒的行动只听从旗鼓的指挥，疾奔犹如风雨，听不到任何声息。

看罢演习，郭嵩焘和曾国荃大为喝彩，曾国藩频频点头。他已经看出，王珍是一位将才。

王珍给观摩者讲解他为湘勇制定的营制。湘勇以队为基本单位。一队由十四人组成，设什长一名，伍长一名，副伍长一名，炊事员一名，散勇和抬枪队员十名。六个队合成一哨，每哨八十五人，设正哨长一名，副哨长一名。四个哨合成一个营，营的长官叫营官。因此，一营人数为三百四十人。加上由营部统一调配的整容师、缝衣师、医生、药师、铜工和木工，共有三百六十人。

曾国藩问道：“勇队的武器都有哪些？”

王珍回答：“主要以冷兵器和热兵器交替使用，包括普通刀矛，耙叉，长刀，

七尺矛，腰刀，火罐，火箭喷筒，神鞭，抬枪，鸟枪，劈山炮，藤牌，短枪，弓箭，三眼号炮。每队配备两袈帐篷，供宿营使用。”

曾国藩步下看台，走到队伍前面，仔细打量湘乡勇的号衣。他们的制服都是蓝色镶边，仿造旗人服装镶边的式样。衣服有四粒扣子，号铺用白布印字，中书“湘勇”二字，上注营号，左旁注哨号，右旁注队号，下注姓名。每个勇丁都有一副腰牌，上书姓名、年龄、籍贯和住址，还有担保人姓名和入营时间。

王珍跟在曾国藩的身后，解说道：“营部有一本花名册，注明本营所有士卒的基本资料，及担保人姓名。新勇入营，必经人担保。”

曾国藩微笑着点点头。王珍又说：“湘乡练勇，原则是兵归将选，并为将有。兵归将选，就是由营官组阁，如同一朝天子一朝臣。给营官三百四十人的编制，他愿意要谁就要谁。营官自己挑选的哨长和什长，自然都会绝对服从他的命令，把他当成自己的父兄，这就是兵归将有。以我之见，什长和伍长，以沉默寡言的人为上选。”

接着，王珍向曾国藩等人介绍了湘乡勇独特的管理办法。营官管理部属，有一定的民主程序。每月初三和初八，营官设茶，召集各级军官饮茶，商议军务，了解什长是否称职，散勇是否勤操听令。每月十四和二十九日，营官召集部队公开赏罚升降。每定一桩赏罚，必邀集哨长和什长共同参加，说明赏罚的原因。

营官还要做思想工作。在作战时间以外，要经常召集大家训话，灌输做人的准则，激发听者的天良，鼓舞他们的斗志。营官要常检阅操练，教习阵法，同时要关心勇员的疾苦。

在部队里做思想工作，是湘勇指挥官的一个重要发明。他们提出的口号是：白天打仗，夜里讲学；上马杀敌，下马读书。罗泽南说，军人从事着风险极大的职业，很容易陷入拿性命去博取利益的强盗逻辑。这样的军队，最终会败在一个“利”字上。对于军士，必须把思想工作做深做透，部队才可能不畏艰苦，百折不挠。

湘勇指挥官用宋儒理学武装指战员的头脑，深刻地影响了后世管理军队的方法。由此可见，湘军的创始者们从一开始就注重文化教育和思想建设，在他们的努力下，湘军形成了自己独有的军营文化。

湘勇部队明确了各级军官和各兵种的责任制，定编定岗，核查都有依据。营官以下，所有官佐和士卒，以及其他随营人员，都有相关的职责。营官，是一营的核心，他要挑选并管好哨长和什长；帮办，是营官的副手，协助营官训练和督查部队，负责侦探、粮饷、文书、军器、武器和名册功单；侍勇，负责传达鞭笞和斩首的命令；壮勇，负责差遣勇丁、递送公文及探信，临阵则跟随营官；游勇，临阵随营，由营官指挥，策应各哨，战斗部队中有缺员时便选补上去；护勇，负责掩护正哨长冲锋，每营设四名；散勇，听从什长和伍长的指挥；探勇，负责探路和探查敌情；伙勇就是炊事员；长夫就是挑夫。从营官到士卒，形成一个严密的金字塔结构。

湘乡勇的号令以能够发声的器械来传达。王珍采用的响器五花八门，简直可以拼凑一个戏班。

炮，是最威风的发声器械。号炮是大家都能听到的，营官用炮声向全营官兵传达命令。天黑睡觉前放一炮，称为“定更”。天亮起床前放一炮，称为“醒炮”。吹唢呐时又放号炮两声，表示要互相传递消息：开始行军，或开始操练。连放三声号炮，表示必须肃静，上级有命令要下达。晚上突然响炮三声，是通知大家：敌人来偷袭了，准备操家伙战斗。

除了炮以外，王珍用来给湘勇传达号令的发声器械，都是中国传统的民间乐器。他采用了常见的吹奏乐器唢呐和喇叭，还有打击乐器鼓和锣。

唢呐是哨长之间传递信息的工具，吹一声是召集哨长开会；吹两声是命令哨长带什长一起来开会。

喇叭传达的命令，关系到生活、行军和作战。吹一声，埋锅造饭；吹两声，准备吃饭；吹三声，准备收营行军；连吹数声，是下令急行军；如在与敌人酣战时，喇叭吹作天鹅声响，便是命令埋伏的部队出击，或是命令众人一齐呐喊。

鼓是用来指挥火力和战法的。敲三通鼓，表示威严；敲鼓边，是命令枪炮手放炮；在平和的鼓声中突然重击一下，是命令大炮开火；鼓声急促，是命令部队开始肉搏；鼓声忽缓忽急，则是下令改变打法了。

锣是用来退兵的。战斗中鸣锣三声，是命令部队拼命顶住敌人的进攻；连鸣不止，表示放弃战斗，全线总撤退。

宿营时则有暗号，每夜由统帅发布两个字作为口令。

湘勇在建设初期就形成了一些纪律和规定。指挥员鼓励士卒献计献策，勤于探索学习，积极侦探敌情，重视军器的使用。提倡士卒之间培养友情，规定对伤亡者厚加恤养。各级官佐必须明辨功过，赏罚分明。禁止部队骚扰百姓，传播谣言，杜绝各种漏洞。军营出入要严密把关，夜晚禁止勇丁私自外出。不许部队在战争中劫掠财物。作战要慎重，打了胜仗不能骄傲。

以上各项要求，都有具体的命令。仅以禁止骚扰百姓一条为例，命令中说：湘勇所过之处，务须秋毫无犯，不得求买求卖，强赊强借；擅自挪动民间一草一木者，处以斩首；强奸妇女的勇丁，已成奸者，凌迟处死；强奸未遂者斩首；调戏妇女者要从严治罪。

王珍对于湘勇的训练有一套独特的心得，把训练的要求总结为十一个方面：

练目，练耳，练口，练手，练足，练心，练胆，练谋，练识，练气，练精神。

曾国藩认为王珍制定的营制具有独创性，决定采用，注重训练乡勇的胆识和战技。从这时开始，曾国藩统管着湘乡勇和其他团练部队，颁布营制，勤加训练。

刘长佑与王珍初次联手

曾国藩在接管团练的同时，着手用严厉的刑法整顿社会治安。他委任在籍江苏候补知州黄廷瓒、安徽候补知县曹光汉编查保甲。为了表明诚恳的态度，把思想工作做得深入细致，他以书函劝谕各地绅士，不用公牍告示。他日夜写信，发给各府州县的士绅。

曾国藩把募练乡勇的责权高度集中，由自己一肩挑起来，没有把这项任务交给各地的绅士。他说团练很难筹集经费，不必遍地开花，要选择合适的地方与合适的人才来办。各地的急务是清查保甲，分清良民和歹徒，以锄暴作为安良之法。一旦发现土匪作恶，便可密函报告。只要向省城密报，他就可以拿出巡抚的令旗，将匪徒就地正法，用不着再给监狱添麻烦。这样省去了公文旅行的周折，做到无案不破。

曾国藩加重治安处罚，引用岳飞“不要钱、不怕死”的口号，作为自己的座右铭，一时得到好评。他善于用诚意感召人心，每当有乡下的学者来访，他都是和言细语，谦恭有礼。他会耐心地听完对方陈述意见，如果提议可行，他就斟酌照办；如果提议是他不能采纳的，他也不会横加指责。对于草根来访者，他也以礼相待。于是人人都想得到提拔，都愿为他效力。他权衡各人的才智和特长，酌情使用，无论是聪明伶俐的才俊，还是忠厚谨慎的老实人，都能得到合适的位置，可谓人尽其才。

通过第一轮考察，曾国藩为自己罗致了几个可靠的帮手。他重用四十七岁的新田人张荣祖。此人是一名在籍的七品知县，曾国藩让他参与办案。曾国藩又将道员张其仁任命为总巡，任命夏廷樾和裕麟为团练委员，称为“干练”，有事参与谋议。

阴历除夕，咸丰下旨，命令张亮基、潘铎和曾国藩共同负责在湖南招募兵勇。大年初三，咸丰再次颁旨，说自己在皇宫内日夜思考除莠安良的事情。他说，匪徒多的地方，也是良民居多，作为封疆大臣，只有铲除恶心，才能使人民不受伤害，让地方得到安宁。浏阳和攸县等地的匪徒，必须总督和巡抚认真查办，并与曾国藩一道，参照地方形势统筹办理，才能最终剿灭。

曾国藩接到谕旨，立即向湖南各个州县发出号令，要求对土匪和逃勇格杀勿论。他自己在长沙招募勇丁，揭开了严厉打击会党和其他造反武装的序幕。

曾国藩办案果断，刑罚从重。凡是破坏社会安定的疑犯，解到之后，罪行一经查实，只有三种处理办法：罪行严重的立即斩首，罪行较轻的用棍棒击毙，罪行更轻的也要挨上千百鞭笞。

由此可见，曾国藩在湖南能够有所作为，首先是因为他采取的严厉措施，与皇帝的意思非常吻合，能够挟天子之威而雷厉风行；其次是得到了巡抚和布政使的全力支持，能够放开手脚大干。他借助审案局办案，把势力范围扩展到了全省。

曾国藩正在狠抓治安，湖南高层人事突然发生变化。咸丰三年（1853）正月七日，张亮基在长沙奉到谕旨，代理两广总督，湖南巡抚由潘铎代理。张亮基必须去武昌就任。他接到升官的圣旨以后，立刻想到了左膀右臂，令人把左宗棠找来。

“季高，请坐。”

“中丞有何吩咐？”

“刚刚奉到圣谕，令我署理湖广总督。”

“恭喜制台大人！”

“喜从何来？如今全国军政，就数湖北最为棘手，事情难办啊，除非——”

“大人何时起程？我也收拾回家。”

“季高，你听我说呀。长沙怎么守住的？晏仲武是谁打败的？征义堂是谁收拾的？全靠先生的谋划在内，岷樵的作战在外！二位还得助我一臂之力，否则这个总督如何当？”

经过一番动员，张亮基如愿以偿，左宗棠同意跟他前往武昌。在江忠源的问题上，他也抢了先手。他想把江忠源带走，曾国藩却想留下江忠源。可是张亮基已抢先奏调，曾国藩无法如愿。江忠源不想有负于曾老师，只带走四百名楚勇，留下江忠济与李辅朝率领其余一千名楚勇，交给曾国藩调遣。

正月十一日，张亮基、江忠源、左宗棠离开长沙，前往湖北。临行前，张亮基对江忠源说：“印渠是个当官的料子，让他留在浏阳办案，审讯处置俘虏吧。”

刘长佑奉令留在浏阳办理善后，对征义堂投降的部众采取宽大政策，凡是愿意悔改者一律释放，保全了许多俘虏的性命。事情办完以后，浏阳绅民焚香送行，许多人感激流泪。

刘长佑离开浏阳，打算前往武昌。这一次，曾国藩先行一步。他未能留住江忠源，已是非常遗憾；他想把刘长佑留在湖南，来不及征求刘长佑的意见，发了一纸军令，叫刘长佑来长沙报到。刘长佑接到公文，觉得曾大人事先不跟自己私下通气，对他未予应有的尊重，颇为不快。

刘长佑抵达长沙，到湖南审案局递进名帖。曾国藩迎了出来，笑道："印渠来得正好。我用军令召你前来，你有些不解吧？湖南正在多事之秋，张公要调你去，我是担心你走掉，所以把你强留下来。"

刘长佑说："曾大人客气了。长佑才疏学浅，恐怕帮不上什么忙，不如就此回乡，还望曾大人成全。"

曾国藩说："印渠何出此言？眼下省城正缺得力的人手，怎好让干才回乡赋闲？你我先去见一见潘中丞，再做决定，如何？"

代理巡抚潘铎热情地接待了刘长佑，一见之下，大为器重，好言相劝，刘长佑碍于面子，勉强同意留下。

张亮基一行走了两天，于正月十三日抵达武昌，接印任事。咸丰刚刚任命的代理湖北巡抚骆秉章也从岳州抵达武昌履任。来自湖南的几位高官在武昌聚首，看到眼前的景象，相对摇头叹息。这时太平军撤走不过二十天，官衙和民房都已烧毁，公私财产荡然无存。城内凋残，不堪寓目；司道各库，荡然无存；富绅大贾，焚杀殆尽；官项既无，民捐又竭。左宗棠叹息道："百废待兴，智尽能索，奈何奈何！"

唯一值得张亮基庆幸的是，省一级的官员都很得力。巡抚由骆秉章代理，布政使由严正基代理，两人都是能办实事的官员。若是按察使能由江忠源代理，这个班子就非常理想了。张亮基上疏请求任命，咸丰爽快地批准了所请。于是，张亮基手下有了三位名噪一时的干吏。加上师爷左宗棠这个智囊，天大的困难也能克服。湖北的领导班子，基本上是把湖南原先的班子搬了过来。这些人锐意改革，决定革除官场长期以来积累的弊端和陋习，抓紧修缮城墙，筹集军粮，开市通商，抚恤难民，惩治会党，抓捕逃犯，恢复社会治安。

张亮基把湖南的主角戏留给了曾国藩，而正在此时，曾国藩得到一个机会，得以检验湖南乡勇的战斗力。

正月二十二日，他接到耒阳和常宁的报告，天地会首领何禄与吴玉老十在白沙堡集结，袭击嘉禾县境。他令刘长佑和李辅朝率领五百名楚勇，令王珍率领三百名湘勇，于正月二十五日起行剿办。湘勇和楚勇尚未抵达耒阳，王珍接到常宁的函件，称当地乡勇已将何禄击溃，俘虏了吴玉老十。王珍打算去常宁和安仁一带搜捕残匪，又接到衡山信函，说会党曹戭和李跃聚集几百人在草市造反。

刘长佑走到半途，迎面遇见王珍轻骑而来，王珍隔着很远就招呼道："印渠兄，常宁不用去了！"

刘长佑惊讶地问道："璞山为何去而回返？"

"刚接常宁来函，土匪已经溃散。可是衡山的草市有警，几千土匪聚众闹事，我们回师衡山吧？”

于是两军一起回兵，于二月九日抵达衡山流霞渡，闻知衡阳乡勇当天与会党交手，吃了败仗。曹戴与李跃正在得意，听说湘勇和楚勇开到，大惊失色，连忙下令退后三十里，驻扎在县城以东的吴集。刘长佑与王珍合军渡到湘江以南，将民船全部藏匿起来，约定一见楚勇的蓝旗便同时出击。

刘长佑发现王珍精力过人，到了夜间，他还召集部众开会，讲解《圣谕广训》和关于性理的儒家学说，会后又令军士们练习射箭和写字。

第二天，会党攻击流霞渡，想渡湘江，苦于找不到渡船，仍然退回吴集。王珍和刘长佑率部直逼敌营，曹李被迫下令迎敌，会众鼓噪出击。刘长佑一声号令，蓝旗突起。王珍见到信号，亲自击鼓传令。第一通鼓响，军士们排列如墙；第二通鼓响，左右翼从两侧兜围，如同巨鸟张开翅膀；敌军炮火射击过后，王珍擂响第三通鼓，部队迅速冲锋，势如潮涌。会军反身逃跑，湘勇紧追不舍。王珍亲自挥师奋击，斩其首领，会军大败而逃。两军斩杀二百多人，阵擒李跃及六十多名会党，夺得武器无数。会军余部也被楚勇和湘勇分别诛杀或释放，衡山平定。这一仗，五百楚勇与三百湘勇击败三千会党，自身未损一人。

刘长佑的部队已是身经百战，而湘勇则是参与整顿本省治安的第一仗，取得了可喜的战果。曾国藩得到战报，心中对湘勇已有了几分底气。

湘勇和楚勇连日追捕余寇，二月十日抵达大洲，听说另一支会军已经攻破安仁，占据界首。王珍与刘长佑商议分头星夜进攻，刘长佑前往大坪头，王珍前往大源冲。两军抵达预定位置后，分头向界首进发。部队尚未抵达界首，王珍接到信函，得知张荣祖已从新田赶来，将会军击溃。王珍听说大源冲是会军老巢，又回头搜捕，将会军的三十多处根据地捣毁。

此次剿匪之后，刘长佑和王珍奉令返回长沙。官府叙论王珍湘勇在草市的战功，保举他为县丞。王珍力辞，没有接受官职。

从此，湖南和湖北的各个大府，都想得到楚勇和湘勇的援助。刘长佑的行政才干在浏阳得到了验证，潘铎令他审理衡山官役的贪污案，刘长佑十天审完，返回长沙。

第七章

金陵败局

江宁童谣之一：

蝴蝶飞过墙，江南作战场。

江宁童谣之二：

太平天子朝元日，南北分疆作战场。

形同虚设的长江防线

太平军离开武汉之后，水师浩浩荡荡，直指九江。林凤祥和李开芳统领陆路大军，沿长江两岸推进，扫过黄州，挺进蕲水和蕲州。

林凤翔领兵攻打江南的蕲州，在城外六七里扎营，派人送信给清廷的知州伍文元，劝他投诚。信中说：天国大兵无战不胜，无攻不取；你伍文元助满拒汉，想在城破之日玉石俱焚，这并非天国救民于水火的本意；我天国大军劝众官仔细权衡，以免后悔。

蕲州民众见了这道檄文，同声指责伍文元不该抵抗。一位名叫汪得胜的官军营官大呼道："现在不归顺天国，更待何时？"他率领一百人，号为义勇军，杀入州衙，取了伍文元的性命，乘势杀散官军。林凤翔得知城中大乱，下令奋力攻城，里应外合，不到一天就占领了蕲州。

洪秀全的哥哥洪仁发率领一路部队攻打江北的蕲水，蕲水知县徐汝成下令死守。洪军打了两天两夜，没有攻下。洪仁发派义勇队潜入城内纵火，扰乱守军军心，趁乱攻进城内。县衙仓库的十万多两白银，都成为太平军的战利品。

前面说过，官军在武汉下游长江两岸的兵力部署，由钦差大臣陆建瀛负责。此时陆钦差已令寿春镇总兵恩长督兵赶赴长江进入江西的入口处。他自己走得更远一些，已经行抵湖北广济。在这里，他接到向荣的通知，得知太平军夺得一千多艘船只，水陆并下。陆建瀛知道上游兵单，抵挡不住，决定撤到九江一带防守。

向荣于正月三日进入武昌城后，发布了几道命令，没有停留，立即带兵出城追击，第二天晚间追到葛店，看见了敌船，下令开炮，击沉二艘。又令部队抛掷火弹，烧毁近岸敌船三艘。但这根本阻挡不了太平军的船队，其余船只全部顺流下行。

向荣把和春、秦定三、李瑞、玉山、福兴找来，令他们从各营中挑选出二千四百名精兵，不带锅帐，由他率领，轻装行军，昼夜追赶，企图抄到九江，拦截太平军东进。途中听说张芾已从九江推进到与湖北交界的瑞昌县防堵，向荣冒着大雨，于正月八日傍晚赶到瑞昌，据他估计，他已经绕到太平军前方。

向荣见到张芾时，身上还带着雨滴，寒暄几句，立刻询问兵力状况。张芾说："湖北武穴一带扎有江苏、安徽及江西官兵二千三百多名，北岸的老鼠峡也有一千六百多人。陆制军率领二千多人，加上水师，驻扎在距离武穴三十里的龙坪。制军乃湖北人，熟悉长江上游要隘，如此设防，自有他的道理，依我之见，不难遏止逆贼下窜。"

向荣哼了一声，说："光会纸上谈兵，又有何用！老夫听说，武穴一带部署毫无章法，部队未修壁垒，全是住在船上。逆贼一至，定会贻误事机。老夫必须亲往布置，与陆制军会商酌办。"

其实向荣与太平军几乎是齐头并进，当天五鼓时分，太平军已顺流进入武穴一带，与恩长率领的守军遭遇。恩长是陆建瀛派到武穴增援守军的，陆建瀛把两千人交给他，自己在龙坪只留下了四百人。

向荣的担心不无道理。恩长手下有五千多兵力，人数不算太少，可是陆建瀛两次派驻老鼠峡的绿营兵全是零星凑集，官兵互不熟悉。抵达驻防地点以后，没有选择要地驻扎，更没有浚濠筑垒，以求自固。他们听说太平军将到，胆气已寒。

太平军出现时，恩长下令分水陆三路接战。刘长清的太湖水师用大炮射击，击碎敌船三十多艘。但是太平军兵力强盛，勇往直前，绿营兵当即溃退。恩长使用的鸟枪射击过多，枪管炸裂。他独力指挥亲兵拼死抵抗，精疲力竭，投水身死。

陆建瀛毕竟未曾经过战阵，加上身边无兵，急得措手无策。武穴的残兵败将逃到龙坪，描述官军战败的惨状，陆建瀛和随从们无不大惊失色。这个六十一岁的老人第一次知道战争是如此可怕。他当初说大话逞能，如今已是后悔莫及。又有哨探来报：逆贼船队驶向九江，已在姑塘一带放火。陆建瀛原想等向荣的重兵救援，但他如今已经失望。他想：敌军的目标既是攻打金陵，我还不如直接返回金陵部署防守。江西就交给向荣和张芾，安徽交给蒋文庆和周天爵，不必我来布置了。

第二天，向荣率部绕道前往武穴防区。中午时分，离武穴还有十多里，探子来报，敌船已过武穴，该处设防的官军全被击溃，大炮火具已被敌军缴获。探子又说，陆建瀛也已退回九江，现在敌船已驶进江西，离九江仅百里，顺流直下，瞬息可到，情形十分危急。

向荣折回瑞昌，派和春等人带队星夜向九江推进。连日大雨，陆地行进比水上倍加艰难。又接探报，敌船已抵达卢家集一带，离九江只有三十里；九江城内，百姓搬迁一空，防城器具一无所备。大炮与火药倒是极为充足，可惜无兵防守。

向荣急得直跺脚，急问哨探："陆制军在哪里？"

"小的听说，陆制军已离开九江，向下游去了，消息不通，未知停泊何处。"

向荣思索片刻，说道："令部队继续前进，救援九江！"

向军于正月十二日行至九江附近的官牌峡，太平军先锋船队十几艘已于前一天开到，驶到九江岸边。官军开炮轰击，击破敌船七艘，太平军驶到北岸停泊。这时太平军主力乘坐一千多艘船只连樯而至，官军与太平军开炮对射，太平军一面在十几处登陆，集结五六千人，向官军冲杀，从早晨打到中午，将向军击退。太平军将九江城附近小河上的浮桥砍断，切断了官军的进路，向荣眼睁睁地看着对手开进九江。

向荣的下一个救援目标是安徽的省会安庆，但他认为部队必须渡到江北，才能顺利抵达目的地。如果仍然从江南追蹑，既担心绕道太远，又担心小河太多，还有鄱阳湖阻隔，极为不便。太平军从水路进发，军行迅速，官军步行追赶，疲于奔命，势难赶上。另一个办法是寻找大量船只，从江上追击，方能得手。于是向荣把找船的任务交给江西，叫兴国州加紧征集，又令张芾赶紧设法迅速从上游放下，以备追剿。

向荣知道自己无法迅速应援安庆，指望直隶提督陈金绶统带的北路兵马迅速赶赴安徽，保卫安庆。他令部队在距离九江二十多里的拖船沟一带驻扎，等待船只到来。

张芾正月十日还在瑞昌，次日听说太平军全部东进，他便企图从小路赶回九江。行至中途，得知九江失守，陆建瀛已经撤走。他不知太平军会不会开进鄱阳湖，窥伺南昌，陈孚恩又多次写信催他返回省城部署防守，于是他决定返回南昌，令驻扎姑塘的按察使恽光宸等到太平军离开九江后，立即进城安抚居民。又令知府林福祥会同各位将官收集兵丁，以备遣用。张芾自知罪孽不轻，自请皇帝治罪，果然是革职留用。

杨秀清进入九江，发现这里已是一座空城，没有留下多少资财。他下令将庙宇、官署和税厂放火焚烧，第二天就开始陆续东进。从武昌征召的百姓，只要太平军靠岸，就有许多人逃脱。于是杨秀清决定不要轻易停泊，所过小地方都不靠岸。林凤祥的陆路大军则从湖北双城驿向安徽宿松境内开进。

向荣跟在太平军后面进入九江，派出军官前往大姑城一带雇觅船只，令苏布通阿统带川兵从金口前来，一路寻找船只带到下游，以便大军渡江。

向军此刻已经没了饷银和军粮，加上风雪交作，连日不停，部队忍受不了寒冷。于是向荣干脆原地休整，等待给养和船只。向荣通知张芾，令他迅速提取十万两银子解赴大营。同时四处张贴告示，招商复业，派官员下农村采买米粮。他又令邓绍良星夜带兵赶来大营。音德布所带的云南兵一千多名已经开到，但并未带来船只。向荣又请两广总督叶名琛速调外海水师战船并快蟹、大爬等船，凑足百只，多配子药，遴员选带，由海道驶至江南迎头堵击，但这显然是远水救不了近火。

陆建瀛离开九江以后，乘小船夜过小孤山，只见几百名官军驻扎山脚，安徽按察使张熙宇指挥炮船停泊在山下防守。大家都知道这点兵力不管用，但是小孤山兀峙江中，岿然为东南屏障，山峰斜对南岸的彭郎矶，南面宽约一里，北面宽约半里，正是狭窄之处，如果不守此处，还有哪里可守呢？然而这么点兵力放在这里，又能起什么作用呢？

陆建瀛越过小孤山，不敢停留，炮船也在第二天夜间开走，不知去了何方。此段长江几乎成为官军不设防的地带。

陆建瀛在安庆登陆，乘轿经过安庆城外。蒋文庆登上城墙，大声喊道："陆大人！上游战况如何？"

陆建瀛靠在轿子上，摇手说道："敌军势力浩大，万不可敌！"

蒋文庆说："请陆大人入城，卑职有要事相商。"

陆建瀛回答："江宁要紧，我要赶紧回去！"

陆建瀛撇下安庆，赶到太平府，视察东西梁山。此处是从安徽进入金陵的道路，陆建瀛把芜湖、荻港和板子矶的驻防军都撤到这里，对将领们说："你们不须害怕，本部堂将亲自指挥广艇和舢板船进防此处。"

陆建瀛又召见代理知府潘筠基，令他召募一千名乡勇备防。然后，他从采石矶进入江宁镇。这里是金陵的西大门，他令江宁知府魏亨逵也招募一千名乡勇备防，派五百水勇驻防龙江关，派一千二百名商勇驻防上河。

陆建瀛草草对金陵附近的江防做了布置，便返回金陵，缩在城内不出。他从九江出发后，水陆兼程，只用了七个昼夜，就回到了省城。

陆建瀛带回金陵的只有十七人和两条船，对金陵的防御毫无补益。将军祥厚等人联名写信给他，请他还是带兵去上游迎战，陆建瀛不予答理。祥厚又请他在城外扎营，与城内互为犄角，陆建瀛也不回答。祥厚率领提督福珠洪阿、副都统霍隆武、布政使祁宿藻等人来见，要商谈军事，陆建瀛称病不出，闭阁谢客三天，坐在衙内吃斋念佛。

江苏巡抚杨文定发现势头不对，趁机开溜。他说：“既然总督已归，杨某可以走了。”他即日向朝廷报告，说要移守镇江。祥厚等人联名上疏，弹劾总督和巡抚，指责他们“丧师避寇”。

金陵失陷

再说安庆的情况。蒋文庆听说太平军占了九江，派出大批哨探向上游侦察敌情。正月十六日下午，这个六十岁的旗人巡抚接到探报：九江的太平军全部东进，已经抵达小孤山，距安庆不过二百里。太平军船队驶到这个要隘，竟然如入无人之境。

太平军水陆大军都已逼近安徽，而安徽各地驻扎的官军最多不过一千多名，若要阻击，简直是螳臂当车。各省相继赶到安徽的援军，蒋文庆都已分派到小孤山和宿松一带驻防堵守，省城兵力十分单薄。

安庆是一座沿江城市，位于江北，城墙单薄，又不见援兵到来，城中居民对官军失望，早已迁徙一空，只剩下粮饷和武器装备。太平军一到，将会全部缴获。周天爵在广西就已知道太平军的厉害，他致函蒋文庆，告诉他安庆绝对守不住，请他立刻率领各级官员携带饷银退保庐州。周天爵建议他带兵驰赴正阳一带，既可策护粮饷，也可为金陵提供后路援应。蒋文庆处于两难之地，如果不把粮饷撤走，落到太平军手中，他的罪过不小；但如果他跟粮饷一同撤走，又担心皇上治他临阵脱逃之罪。于是他采取一个折中的方案，下令将粮饷武器分水陆两路押赴庐州，他和省级高官仍然带兵在安庆防守。

太平军船队第二天就驶到了安庆岸边，开炮轰城。官军不待命令，自动从北门撤走。蒋文庆登上城楼督阵，见部队自行溃退，知道无力回天，随即自尽。其余文武官员各奔东西。二更时分，太平军从八卦门和大小南门直接入城，抢掳仓库，烧毁官署。

太平军前锋第二天就离开安庆，继续东进。此后三天，主力陆续从安庆出发，搬走藩库白银三十多万两，漕米四十多万石。

周天爵行抵宿州，接到凤阳府知府杨福祺的禀报，知道安庆已经失守。他飞令前路庐州、凤阳、颍州、滁州等府县速行招募乡勇防堵，催促琦善带兵遮护全淮，通知陆建瀛竭力防守江苏。

太平军于正月二十一日攻占太平。这时陆建瀛还待在金陵城内，他带领战船进驻东西梁山的许诺，已经成为一句空话。

河州镇总兵吉顺于正月二十三日驰抵安庆城外二十多里处，听说城内还有几百名敌军搜掳银物。吉顺于次日早晨带兵进城，分头缉捕，毙敌几十名，抓获长发太平军十几名，全部处死，太平军余部逃走。官军号称已将省城收复，其实只是进占太平军放弃的城市。

张芾在南昌调拨船只，把运粮用的漕艇全部征用，已有一百多艘于二十二日前后抵达九江。向荣看着船只入港，仍然紧锁眉头。这点船只根本不够渡兵，军饷也只到了三万两银子。但他能够想象到，皇上已经对他迁延时日非常恼火。他当即决定，拨出六成兵力先行渡江，从陆路追击。在连绵的春雨之中，渡江的官军衣服淋湿，军火沾水。正月二十三日，贵州官兵先行渡到了江北。

太平军于正月二十五日攻陷芜湖。三更后，船队从太平的四合山顺流而下。第二天早晨七点，福山镇总兵陈胜元指挥部队分驾艇船迎战，打沉敌船三只，其余太平军退至芜湖。林凤祥的陆军见到水师蔽江而下，赶紧从陆路推进。官军艇船继续向太平军水师开炮，击沉敌船二十多艘。战至傍晚七点，天晚风息，艇船无法前进。太平军于晚上九点再次顺流而下，官军无法阻挡，陈胜元中炮落水殒命。

太平军现在已直指金陵。官军已无多少军力防守这座重要的城市，旗营和绿营加在一起也不过五千名，而所调援兵都无消息，陆建瀛先前下令招募的乡勇也未到齐。金陵周长九十多里，这点兵员根本无法分布。守城大员们完全寄望于外援，指望皇上俯念金陵为省城要地，南北咽喉，又是东南财赋之区，其重要性超过其他省份，一定会严令向荣、琦善和陈金绶飞速前来驰援。

但是向荣现在还远在江西，对金陵爱莫能助。正月二十六日，他又收到七万两饷银，将银子分发各部，催令各部于第二天开行。船只仍然不够，湖南营、广西营和捷勇奉令赶赴姑塘登船。

太平军兵行神速，前锋已在这一天逼近金陵。指挥官巡视城外形势，城上枪炮齐发。指挥官收兵不动，在金陵南门外扎营。第二天，太平军已完成了攻击准备，分水陆两路直攻金陵。祥厚和陆建瀛等人登上城墙指挥防御。太平军在城外焚烧民房，船队停泊在上下十多里的江面上。南岸一带都有太平军扎营筑堡，占据了金陵南门通向太平府的陆路，以及金陵东门通向镇江府的陆路，控制了城外方圆七八十里的地面，以防官军后路追兵攻击。金陵对岸的浦口也有太平军驻守，时有船只往来于金陵与芜湖县城之间，为攻城部队搬运粮米。

正月二十九日黎明，陆路太平军开始攻打南城聚宝门，分兵攻击水西门、旱西门、仪凤门、太平门、洪武门和通济门。他们动用火箭和巨炮，火力猛烈，从早至晚，不断射击。官军的几千兵力仗着城高墙坚，也有炮火还击，好歹挺了下来。

第二天，太平军船队冲到金陵城下，太平门和仪凤门威胁骤然增大。陆建瀛和祥厚盼望的山东援兵仍未赶到，向荣和琦善两支大军也无消息。

这一天，洪杨主力全部开到金陵城下，联营二十四座。船队从新洲大胜关排列到七里洲，群集蜂萃，不计其数。二月一日，林凤祥领军开到城下，搭梯仰攻，晨夜不息。

在城防战开始时，守军和城内外的百姓还能协力固守，但是一个偶然的事件大大挫伤了乡勇的积极性。聚宝门外的米商自动招募乡勇攻击太平军的攻城部队，眼看就要得手，城上的守军开炮助威，误伤几名乡勇，吓得乡勇一哄而散。祁宿藻在城墙上见到此情，气得连呕几口鲜血，当即死去。

二月二日，杨秀清下令发射火箭巨炮，轰击城墙。陆建瀛见情势危急，匆匆写就一纸求救的文书，派人缒城而下，送到镇江，交给杨文定。字条说：省城正月二十九日至二月二日遭到贼匪昼夜攻击，危在旦夕；镇江虽然重要，但还不如省城为根本重地，请急速拨兵数千救援。杨文定没有发兵，只是向皇上报告了这一危情。

二月四日以后，攻城部队对水西门、旱西门和仪凤门四面围攻，遭到城内炮火打击，伤亡颇多。杨秀清召集韦昌辉、石达开总结经验，决定采用更有效的攻城办法。他们令部队在仪凤门外的静海寺中挖掘一百多丈的地道，抵达城角，装入火药。二月十日黎明，轰然一声巨响，地雷爆炸，城墙崩溃。太平军这时发生了一个技术失误，第一波地雷爆炸后，攻击部队立即冲上前去，正好赶上了第二波爆炸，几百太平军葬身火海。

官军见太平军炸了自己人，欢呼雀跃，跑到缺口处，割下敌军将领的首级或士卒的耳朵回城领赏。林凤祥抓住仪凤门守军分散的机会发起猛攻。邹鸣鹤见势头不对，连忙从其他各门把部队调到仪凤门。水西门、旱西门、南门三处防兵减少，罗大纲令部队趁机搭接木梯，爬城而入。

罗大纲首先突破了水西门，守军顿时溃败。城内的间谍放火骚扰，大喊“太平军进城了”，其余守军斗志顿消，纷纷溃逃。三座城门随后失守，太平军如潮水一般涌入城内。

这时，提督福珠洪阿已经战死，祥厚与霍隆武退保内城，旗营男女登城守御，拼死斗杀，击毙太平军三四千人。内城陷落后，旗人战死者多达四万多人，祥厚与霍隆武也在其中，无一幸免。上元县令刘同缨身穿公服，坐上公堂，大骂太平军，被太平军处死。邹鸣鹤随办团防，也死于城内。大批官兵被驱胁屠戮。

满城的浴血奋战可见诸官军的奏报，但太平军的说法完全相反。金陵陷落后不久，他们告诉英国驻华外交官密迪乐（Meadows）：那些满人下跪求饶，临死就像哀鸣不已的绵羊。

金陵城高墙坚，却未守住半月。由于陷落过于迅速，咸丰来不及做出任何反应。祥厚等人弹劾陆建瀛和杨文定的奏章抵达京城之后，咸丰决定临阵换帅，令祥厚兼代钦差大臣和两江总督，将陆建瀛逮捕，派人解送刑部治罪；杨文定革职留任，继续防守镇江。可是驿路相距二千里，这份诏书到来时，金陵已在陷落前夕。祥厚这个新任的钦差来不及调整部署，对钦犯陆建瀛的惩办也无法落实了。诏书到来之前，陆建瀛乘小轿去拜访祥厚，归途中经过十庙，遇到太平军，死在刀丛之中。

陆建瀛死后还遭到谣言的中伤。江南官民怨恨他无能御敌，爱说大话空话，传说他其实已经投降太平军。建阳守备汪大臣说得有鼻子有眼，他向向荣报告，说他亲眼看见陆建瀛头裹黄巾与官军作战。

陆建瀛自命为理学家，教人尊崇程朱，钻研《近思录》，阅读性理书籍，孜孜不倦，做官规行矩步，以端方率领下属，赢得了天下的景仰，大有身后进入文庙的希望。可是很不幸，他迎头撞到了战争。在敌人没来时，他表现得慷慨激昂，主动请缨；可是当他亲眼见到战争的残酷，便惊慌失措，于是一败涂地，把一辈子积攒起来的好名声都埋葬了，成为天下人的笑话。由此可见，一个人的理学修养未必是成功的充分条件，他还必须具备其他的素质，尤其是实践经验。

陆建瀛究竟是被吓死，是被斩杀于总督署，还是乘着小轿逃出城外十几里才被捕杀，抑或是逃到了镇江，众说纷纭。但无论如何，他对于战争的双方，已经都不重要了。他的位置将会有别人取代。

向荣和琦善两位钦差大臣都没能看到金陵失陷的场景。向荣派往姑塘的部队于二月一日才登舟东进，开出湖口。向荣第二天从九江出发，在金陵陷落的这一天，他才行抵安庆。

向荣刚刚进城，喘息未定，听说陈金绶与胜保前来参见，连忙出帐迎接。他和陈金绶以前都是杨遇春的老部下，一起刀头喋血，关系最铁。向荣一把握住陈金绶的手说："你我兄弟多时不见，如今同剿一匪，又得共事一方，更当戮力同心，剿除丑类！"

向荣设酒款待故人，当下会商，向荣先从水路救援金陵，陈金绶与胜保从江北的陆路前往浦口接应。

第二天，琦善也到了安庆。向荣与琦善会见，说："琦大人所部都是生力军，但未曾与粤逆交手。我部从广西一路打来，大小几百仗，颇有心得，还是由我部打先锋吧。我部立即从水陆两路推进，贵部可从江北陆路开向浦口，以图接应。"

琦善久历官场沉浮，鸦片战争中接替林则徐，与英国人又打又和，差一点被道光爷要了脑袋，早已没了锐气。如今他已是六十三岁的老人，再次奉命统兵打仗，巴不得有人勇挑重担，立即表示赞同。

向荣这时自我感觉良好，颇有前线最高统帅的自得，跟琦善道别之后，仍令张国梁为前锋，立即向金陵进发。

满蒙亲贵呼吁大举增兵

安徽吃紧的消息传到京城时，曾国藩的门生李鸿章坐不住了。他是安徽庐州东乡人，年方三十，血气方刚。他身在翰林院任编修，却渴望从军，回乡保卫桑梓。他怂恿工部左侍郎吕贤基上奏，陈述在安徽举办团练的重要性。征得吕贤基同意后，他急不可耐地代为捉刀，连夜赶写奏章。

咸丰接到这份奏疏，十分高兴。吕贤基是安徽人，何不顺水推舟，任命吕贤基担任安徽的团练大臣呢？

吕贤基奉到圣旨，私下对李鸿章说："少荃害我！皇上令我回安徽举办团练，这不是赶鸭子上架吗？主意是你出的，奏疏也是你代草，那么此行你也跑不掉。我要再上一个折子，请调你同回庐州。"

正月二十五日，吕贤基请调李鸿章、刑部员外郎孙家泰、候补主事朱麟祺、武生张瑞庆等人随他一同前往安徽。

在吕贤基强调团练重要性的同时，云南籍的翰林院编修何桂珍也就团练乡勇一事向咸丰提出极具眼光的忠告。此人只有三十六岁，但在咸丰登基前做过皇四子之师，咸丰自然重视他的意见。何桂珍指出，太平军去住无常，不过志在掳掠，但官军防剿三年，竟然让这股逆贼蔓延六个省份，调兵虽多，毫无实用。将帅迁延观望，贻误战机；疆吏袖手旁观，苟且偷安；有军法而不执行，缺经费又难筹措。正规军肯定是靠不住了，如今只有责成封疆大吏专办团练，尚可安定人心。必须分令各省督抚专心筹办，狠抓落实。同时还要得到乡绅的合作，共同拟定章程，妥善布置，使各省自固藩篱，百姓不用再逃难，逆贼也抢不到财物。这样一来，就用不着拿巨额的军饷去供养庞大的正规军，也能逐步将逆贼荡平。

何桂珍这份奏折得到了咸丰的重视。正当此时，北京接到安庆失守的报告，咸丰连忙下旨，催促吕贤基等人起程。吕贤基临行前陛见请训，咸丰殷殷嘱托，叫他一定要办好团练，保住安徽，说到动情之处，潸然泪下。吕贤基身系天子的重托，率李鸿章等人匆匆起程，迅速南下。

咸丰实在很难理解，为什么派往前线的大员都是如此无能，正规军为什么完全指望不上。在逆贼尚未离开武昌时，他就料到他们可能沿长江东下，安徽必定吃紧，连续降下几道谕旨，叫琦善先派陈金绶带领精兵驰赴安徽。陈金绶明明是一员骁将，为什么二十天过去了，都不见他奏报起程日期？如今调到河南的官兵为数实在不少了，琦善完全可以拨出兵力援救安徽，为什么对上谕置若罔闻，坐视邻省危急不救，他到底是何居心？

想到这里，他令军机大臣拟旨发往河南：琦善若以部队没有到齐为借口，不让陈金绶赶紧起行，致使安徽再有疏失，朕必将琦善在军前正法，断不饶恕！陈金绶久历戎行，系朕特命帮办军务，凡是调到河南省的部队，你都可以从中挑选精锐，挑得几千兵力，火速前往安徽救援！

咸丰现在对误事的大员深恶痛绝，惩处他们毫不手软。他谕令内阁，将陆建瀛先行革职，仍然责成办理地方军务，以观后效；琦善先行革去都统衔，以示薄惩；赛尚阿定为斩监候，秋后处决。

谕旨刚刚下达，总算得到琦善的奏报，陈金绶已经起程，琦善也已随后开拔。令咸丰感到宽慰的是，去年曾国藩上疏求保的那个内阁学士胜保，主动要求同陈金绶一起带兵前进。咸丰连忙下旨表扬，并令河南巡抚陆应穀为开往安徽的军队源源接济军饷。

胜保和曾国藩一样，以敢于上疏言事闻名于官场。去年他为战争局势担忧，上疏陈述时务，指出太平军“起事以来，未尝挫衄，视官兵如儿戏”，而官军则“日久暴师，钝兵挫锐”，清王朝已面临从海疆到畿辅“在在堪虞”的地步。太平军直逼武汉时，胜保又奏陈筹防之计，认为太平军不会守备武汉，而会东下金陵，请朝廷在长江沿岸加筑炮台，控制江面，以防太平军顺流东下。他表达了以镇压太平军为已任的决心。咸丰扭转了对他的看法，以为胜保满腹经纶，且有力挽狂澜之志，便令他到琦善帐下听候差遣。从此胜保离文就武，踏上了军旅之途。

琦善虽然离开了河南，但并未打算迅速进入安徽战场。他于正月二十一日才走到湖北应山的东旺镇，一待就是五天。

正月三十日，祁俊藻向咸丰奏道：“今接琦善奏报，大军在湖北应山境内驻扎。”

咸丰皱眉问道：“他留在湖北干什么？”

“据他说，在等待河南的驮骡。可是，据微臣所知，河南似非产骡之地，即便向民间雇用，一下子岂能雇得六千头之多？似这样等待下去，恐怕会耽误大事吧？”

咸丰站起身，从祁俊藻手中一把夺过折子，打开看了几行，怒道：“哼，又是敷衍塞责！春时耕作方兴，田间需骡孔亟，若是强行征集，势必闹得全省鸡犬不宁，那么朝廷用兵，又怎么谈得上保卫百姓？琦善明知其中利害关系，却叫陆应穀去办根本办不到的事情，为他贻误军机预设借口，此人究竟是何居心？你赶紧替朕拟严旨训斥，令其不待驮骡，火速进兵！”

朝廷的文武百官，都看出前线大员无可依靠。二月二日，翰林院侍读学士宋晋为皇上出主意，建议重用江忠源的楚勇。他指出，安庆失守以后，长江下游岌岌可危。向荣统带大军绕道行走，不知能否赶到敌军前面，而后路并无劲旅跟追，也难收合剿之功。邓绍良在湖南守城时极著声威，江忠源谋勇兼备，屡有战功，他们的部队都是劲旅，应当任命邓绍良和江忠源帮办军务，令邓绍良仍带镇筸兵，江忠源仍带旧部楚勇，迅速觅船顺流东下，紧追逆贼，与向荣前后剿抚，才有希望迅速成功。

由于蒋文庆死在安庆，安徽已无巡抚，咸丰决定再次起用老臣周天爵，补授他为安徽巡抚，把安徽的军务和民事全部交给他，叫他尽心筹划。同时，他采纳宋晋的建议，令新授湖北按察使江忠源、寿春镇总兵邓绍良，各带亲信部队，火速赶赴江南向荣军营。为了预防太平军越过黄河，又令太常寺少卿雷以諴、翰林院侍讲学士晋康前往河南，会同杨以增巡查黄河口岸；令詹事府少詹事王履谦前往东河，会同福济巡查黄河口岸。

接着，咸丰接到向荣的奏报，上疏日期为正月二十六日，地点仍是九江。咸丰大吃一惊，不知这位老将的行动为何如此迟缓。原来向荣认为陆军根本无法阻挡敌军沿江而下。他说，敌军银粮辎重尽在船中，绝不肯弃舟登陆。根据途中的谍报，敌船有二千多艘，单是在武昌得到的大炮就有二百数十门，从岳州、武穴、九江所得的大炮也为数不少。既然敌军拥有大量船只与火炮，官军没有水师，就只能眼看他们得逞。向荣听说上海泊有火轮船，上海道吴健彰对海上情形最为熟悉，他现派人送去急信，令吴道台配齐拖罟、舢板等项战船开向江苏。他又听说温州洋面有头等蟒船及拖罟、大爬各种船只，船坚炮利，但不知数量有多少，炮勇多不多。他已派人给温州镇总兵送去急信，令他统计船只和兵员数量，委派得力的水师将领，带到江苏联合作战。

二月四日，咸丰令军机大臣给怡良和王懿德下达上谕，令他们迅速从福建各标营内拣派得力精兵二千名，配足军装器械，火速经浙江开赴江苏，交给杨殿邦调遣。

长江下游败报频传，京城的满清王爷贝子们都坐不住了。同一天，十二名王爷和两名贝子，包括恭亲王弈訢、睿亲王仁寿、郑亲王端华、怡亲王载垣、科尔沁郡王僧格林沁，联名向咸丰呼吁，谴责两年来朝廷派出的前线总司令指挥无能，要求向东南一带添派精兵。他们认为，只要将满人的精锐之师派上前线，就能迅速地结束战争。否则让逆贼堵塞了南北的通道，粮运不通，京城就失去了江南的财富和粮食，留下心腹大患。

这些皇亲贵胄商量出一个方案，要求从盛京调兵六千名，从吉林调兵二千名，在旅顺口登船，从海上运往江苏；再从北京调兵一千名，从密云调兵一千名，携带京中的枪炮器械，走运河运往前线大营；再从西安调兵一千名，从宁夏调兵五百名，从绥远调兵五百名，从山西调派绿营兵二千名，从甘肃调派绿营兵二千名，从陕西调派绿营兵四千名，火速赶赴军营，交钦差大臣统领，分路攻击。另外，四月间从察哈尔调动的骑兵四千名，从归化城调动的土默特骑兵一千名，立即在张家口外选择水草繁茂的地方驻扎，交察哈尔都统训练；从黑龙江调骑兵二千名，从东三盟调蒙古骑兵三千名，共计调取骑兵一万名，都驻扎在距京五百多里处，一有紧急状况，五六日间即可到京，以便调遣；又从察哈尔调取官马二万匹，在战马倒毙疲乏时，可以及时补充。直隶省黄河以北的地区，要加强防守，请令直隶总督讷尔经额仔细勘察地形，添派精兵驻扎，既可防逆匪北窜，也可为琦善声援。

亲王贝子们要求如此大规模地调动满蒙旗营和绿营兵，既是对咸丰前期剿匪无功的不满，也表明整个爱新觉罗皇族已陷入恐慌之中。咸丰不能不积极地应对，他令内阁安排大学士、军机大臣、九卿，会同户部速议具奏，并要求户部缩减各项日常开支，用于支持战争军需。同时，他决定蠲免或缓征江西和安徽遭到兵燹地区的钱粮。

第二天，咸丰接到吕贤基奏报，鉴于安徽办理防剿及团练事宜正当吃紧之时，需才孔亟，他请求将给事中袁甲三和广东潮州遗缺知府赵畇调往安徽军营，协助他帮办军务。咸丰批准了他的请求。

二月八日，咸丰接到周天爵奏报，这是清廷大臣第一次对战争双方所做的评估。这位老臣认为，太平军进入长江，连破湖北、安徽省城，直攻金陵，如入无人之境，原因有两条：第一是官军失去了有利地形。敌军占据了长江上游，水陆并进，蔽江而下，官军在下游阻击，失去了地利，所以无力抵挡。第二是官军战法不利。陆战要靠车马，水战要靠舟楫。洞庭湖和长江上下的木排船只都被敌军占有，在汉口集结多时，匪徒号称几十万，锐不可当。而官军总计不过几万人，即使集结一处，全力迎击，也难制胜。何况从黄州以下，直达金陵，沿江一千多里，分布着几十处要隘，官军更无木排战舰，只有陆军分守各个要隘，每处或一千多人，或几百人，零星散布，如同儿戏。敌军主力到来，如同秋风扫落叶。

周天爵认为，清朝开国以来，凡遇战事，官军是第一次处于如此不利的地势，在如此恶劣的条件下作战，所以才会一误再误。现在敌军攻打金陵，断绝了官军运道，占领了官军的盐关，一切漕米课银，全被贼盗抢走。反过来说，逆贼也是第一次占有如此好的地利，拥有如此有利的条件。京城的粮仓和银库，官员的俸禄和士兵的粮饷，百分之八九十靠江苏供给，倘若江苏丢失，洪秀全必定会划江而守，以他们强大而富有的部队，侵犯朝廷空虚的领地。敌军分头进攻，忽南忽北，官军必须统筹全局，预先制订攻防之计。

周天爵建议皇上特派亲信重臣，统带大军，从中路进攻，一面檄调广东水师义勇，前后夹攻，一面团练山东、江苏、安皖、河南相连四省的乡勇，保护黄河各隘口，阻遏敌军北窜之路。他自己与吕贤基统带兵勇，左右其间，以灭逆丑而彰天威。

咸丰看了他的奏折，叹道："此人对成败得失的分析都很中肯，提出的办法也不错，只是由谁来统带大军呢？难道琦善和向荣不是朕的亲信重臣？他们手中的兵力难道还少？只要他们还有天良，难道对付不了区区逆贼？陈金绶和胜保奏报，他们正月十九日从信阳起程，二月六日进入安徽宿松县境内，当晚赶到了太湖县，且看他们有何能为吧。"

但是琦善和向荣都辜负了咸丰的期望，金陵失守的战报接踵传来。咸丰脸色煞白，胸口一阵气闷，喘不过气来。调养了几个时辰，他强打精神做了新的人事安排。他将闽浙总督怡良调任两江总督，填补陆建瀛的空缺，令他督带已奉旨调派的二千名福建标兵星驰就道。这时杨文定请求防守金陵下游一百五十里处镇江对岸的瓜洲，咸丰觉得此人还算有些勇气，让他在怡良到任前代理总督之职，令联英暂行办理江苏巡抚事务。

杨文定与文艺一致认为镇江不能防守，把金陵周边的兵力集结在山嘴头驻守。咸丰指望他们能够堵住句容至丹阳、东坝至苏州的各条陆路。根据奏报，向荣已抵六合上游，咸丰要求漕运总督杨殿邦与向荣南北联络策应，严防江口，不可让敌军阻隔官军交通。

咸丰知道，琦善和陈金绶已经来不及救援江南，索性令他们专门负责江北一带的防御，"内戢土匪，外遏贼匪北窜之路"。据报黑龙江骑兵已抵宿州，咸丰令他们与担任前锋的吉林部队择要部署兵力。咸丰最担心太平军从江苏北上，令代理四川总督慧成立即从陕西折回，驰往江南、淮扬、徐州一带，会同杨殿邦办理防剿事务。

与此同时，他接到奏报，吕贤基和李鸿章一行已抵达庐州。他们应周天爵之邀，联络当地的乡勇。此时庐州一带已有小股太平军和土匪骚扰，当地绅士张树声、张树珊兄弟，周盛波、周盛传兄弟，以及刘铭传和唐定奎等人，开始团练自保，结寨互助。这是李鸿章到庐州之后团练乡勇的基础，也是他多年后组建淮军的基本力量。

江忠源奉到驰往江苏的圣旨以后，积极思考进剿太平军的方略。他给曾国藩写信，提出必须联合湖北、安徽、江苏各省，制造几百艘战船，从福建和广东调来几千水师，首先肃清江面，然后才能收复金陵、扬州和镇江，否则沿江各省后患无穷。江忠源提出兴办水师，就是从这里萌芽。他和向荣都认识到了水师的重要性，所不同的是，他没有寄望于上海与温州的战船，而是提议战火中的各省自造战船，交给福建和广东的水兵使用。这对曾国藩后来自办水师，是一个极大的启发。

南大营和北大营

且说向荣连日催督兵船扬帆东驶，前锋于二月十四日晚赶到芜湖，兵勇一拥登岸，突袭守粮的太平军。太平军丢下几具尸体，当即逃走，官军进驻芜湖。向荣第二天早晨赶到城外，立刻舍舟登岸，令部分兵力改由陆路继续向金陵前进。

陈金绶与胜保从长江北路进兵，于二月十五日抵达桐城，打算取道舒城、合肥、滁州一带，向金陵和浦口开进。

向荣骑马来到芜湖城门，只见城墙上有些标语：

无须陆建瀛引路，可免其沿途迎接。

向大哥一路辛苦，无劳向大哥远送。

向荣看罢，脸上红了一红，干笑两声，说道：“丑类可笑，以为老夫不敢进剿。哼！老夫立刻就要让你们尝尝厉害！”

向钦差身边的僚属立刻吩咐士卒：“快去，将这些狗屁标语统统清洗掉！”

向荣说道：“传我的命令：船队停下休整。本部原是陆军，不懂水战。船队中炮船太少，并无足够的炮位领先轰击，掩护兵船前进。船队必须在此赶造炮船，等所调炮位到齐，配备到炮船上，才由水路进攻。”

向荣此时还不知道金陵已经易手，所以颇为镇定。他还打着自己的如意算盘，以为只要他的陆路援军率先赶到金陵城下扎立营盘，为城内声援，再相机从芜湖调船队前往金陵，扎成水寨，与陆军互为犄角，就不难对付胆敢讥笑他的那些逆贼。

向荣离开芜湖之后，才知金陵已经失守。他于二月十八日驰抵江宁县的板桥，查看近城扎营处所，不料太平军先在城外挖掘了陷阱，密布竹签，并在长寿桥左右修筑了土城，连扎了几座军营，防备非常严密。周边都是小河，无法绕越。向荣发现，东路的孝陵、雄黄镇一带地势宽敞，进攻较易，还可以扼截太平军进兵苏州和常州的陆路，当即率部从秣陵关一带驰往东路，寻找地方扎营，作为进攻基地。但金陵北面没有官军，向荣赶紧派出军官，迅速通知琦善，请他率部在北岸扼要之处驻扎，设法堵御，以防太平军北进。

杨秀清没有等到琦善抵达金陵北岸，就开始攻击长江下游。太平天国从金田发兵之后，一路打到金陵，不过是挪了个地方，所过之处，并未割据一城一池，也没有建立根据地。他们经过的城乡，在他们走后，立即被官军进占。他们来到金陵之后，打算长期盘踞，就必须在金陵周边建立堡垒，拱卫这个大本营。杨秀清认为，必须赶在清军主力合围金陵以前，在长江下游攻占几座繁华富庶的都市，既能为金陵提供补给，又能为金陵建立犄角。他跟韦昌辉、石达开商议了一个计划，决定攻占镇江与扬州。

二月二十二日早晨，杨秀清派林凤祥为先锋，试探官军在北岸瓜洲和南岸金山一带的实力。林凤祥率领一百多艘战船蔽江而下，直逼瓜洲。

官军的水师正好集中在瓜洲和金山。杨殿邦从瓜洲派出艇船迎战，杨文定也从金山派叶常春指挥艇船迎击。官军艇船击破敌船十多艘，迫使林凤祥退到黄天荡。林凤祥下令弃船登上北岸，改为陆军，按计划向扬州推进。

杨秀清摸清了官军的实力，下午三点钟，亲率主力船队三四百艘向下游攻击。叶常春抵挡不住，指挥艇船退到金山脚下驻扎，太平军冲到瓜洲江面。杨殿邦令驻守瓜口的二百名徐州兵开炮轰击，还是阻挡不住攻势。杨秀清率领一支船队从运河直趋扬州，林凤祥也已从仪征陆路北上，直抵扬州城下。

罗大纲率领另一支船队驶到镇江附近。罗大纲发布了一份告百姓书，令苏州、松江、常州、镇江四区百姓从城内撤出，以避战火，待打完仗后再回城内。

安东将军平满大元帅抚辖水陆兵马罗、参赞军机大臣抚辖粮饷王，为照得吾主于二十二日定鼎金陵，一切满贼概行诛戮，鸡犬不留，汉官陆建瀛等尽行归于汉王，本帅不日兵临城下，苏、松、常、镇四郡所属厅州县等处地方，你等百姓不必惊惶，本大臣深晓天文，以罡星在，太白星在，松江、上海，丑夷亦非人类，沪邑难保不作战场，尔常、镇百姓各宜退避远方百里之外，可保太平。清之民亦汉之民，百姓各祈自谅，待吾主大定之日，再颁发榜文招安，尔等回里安居乐业，考试行文，各宜知道，毋违晓谕，特示。

杨文定指望陆路官军助战，派人登山瞭望，岸上不见一人一骑。罗大纲未知金山官军的虚实，分兵从鲇鱼套登陆，火烧金山。杨文定和叶常春大为恐慌，立即令艇船退过焦山。罗大纲一击得手，继续放火，烧了北固，直攻镇江府城。

据说罗大纲的前锋中有一队女兵，为首的名叫萧三娘，二十多岁，长身猿臂，骑在马上，左右挽弓。她是萧朝贵的妹妹，勇悍胜过男将，官军望风披靡。她的嫂嫂洪宣娇也得服她几分，因为洪宣娇虽能骑马，却不能纵马杀敌，萧三娘则能在马上挥师作战。

萧三娘来到镇江城下，见城头上空无一人，城门大开，官军副都统已率守军撤走，萧三娘兵不血刃地进了镇江。

北岸的杨殿邦没有保卫扬州的信心，北撤到高邮、宝应一带。林凤祥第二天轻易地攻占了扬州。杨殿邦的防区是运河与淮河流域，他在逃跑途中查看地势，发现处处城池都处在河堤之下的低洼地带，毫无把握固守。各路援军他都指望不上，他便别出心裁地想了个放水断敌的主意。淮安水利工程可以开闸放水，也可以闭闸蓄水。他向皇上请示：可否开启所有闸门，泄尽淮水，使敌船无法行驶，敌军就无法从水路北上。这样就只需在陆地堵御，较为容易。如果敌军攻到高邮、宝应一带，他便开决洪湖，使水下注，敌军就会全军淹没。

南岸的叶常春也有自己的担心。他害怕敌船绕袭下游，从后背袭击艇船，也不跟杨文定打招呼，便指挥艇船下行二十多里。杨文定本来也想后撤，但想到如此避敌无法向皇上交代，于二月二十四日又令艇船回到焦山口外驻扎。但他一到焦山，又后悔不迭。想来想去，还是下令大踏步向下游撤退，转移到江阴和靖江一带江面，派人绕过扬州向北京报信，等待大军增援。

太平军顺利地攻占了镇江与扬州，南北对峙，控制了长江水道。向荣的担心得到了证实，官军在长江北岸毫无还手之力。扬州失守以后的第三天，陈金绶和胜保才抵达距浦口二十五里的护国庵。部队扎营以后，派出哨探，得知浦口已无浮桥；敌船停靠在浦口一带，有的几十艘一队，有的几百艘一队，防备森严。杨秀清还在北岸刨挖了陷坑，遍插竹签，以防官军推进。

陈金绶决定先把浦口拿下，控制金陵的对岸。二月二十六日凌晨三点，陈金绶部分队进攻。上午九点，部队开到浦口镇城。陈金绶在前面围攻，胜保在后面跟随。忽听得南岸敌营炮声不绝，江边帆樯络绎，驶泊北岸。石达开组织部队登陆迎击。陈金绶令部队绕到敌前截击，分兵从东关冲入。浦口一失，石达开无心恋战，率部退回江岸登船，全部开赴下游一带。陈金绶打了个小胜仗，攻占了浦口镇。但他找不到船只渡江，只能在江北扎营。

向荣在同一天五鼓时分发起了对金陵的攻击。官军分十路攻击金陵城外太平军修筑的土城。向荣在土城一带站住了脚跟，并且击退了钟山敌军的反扑，终于出了一口恶气。

二十九日，向荣出兵攻打钟山敌营，经过反复绞杀，逼近孝陵一带扎营。他为自己制订的作战目标是攻占钟山，俯瞰全城，进而克复金陵。

第二天，琦善抵达浦口，与陈金绶和胜保商议作战方略。他们得知扬州与镇江已经陷落，官军必须收复的城镇已有三座。琦善的部队在江北，没有渡船过江，他的任务只能是控制浦口，收复扬州。琦善留下西凌阿的黑龙江骑兵驻守浦口，率主力向扬州进发。如此一来，官军在金陵战区兵力部署的格局已初步形成，琦善的江北大营和向荣的江南大营分设长江两岸，琦善负责浦口至扬州一线，向荣负责金陵至镇江一线。

琦善从抓获的俘虏口中得知，杨秀清现在扬州城中，并供称太平军正在计划从浦口与六合一带北上。但是，琦善对这两条重要的情报并没有给予充分的重视。

向荣的部队多次诱太平军出战，太平军总不搭理。向荣决定以计取胜，密令各营挑出勇士，以备偷袭敌营。同时暂停进攻，企图麻痹敌人。恰值连日风雨，太平军防备渐渐松懈。三月六日夜晚，向荣突然召集部将，布置任务。他说："探得通济门外敌营稍单，尔等密传号令，分兵两路，一攻钟山，一攻中和桥，以牵制逆贼兵力。苏布通阿率一支精兵，从中和直袭通济门外敌营，不得有误！"

当天夜间，官军发起攻击。李连升部先绕到敌营之后，中途摸掉了太平军的几个巡逻哨，埋伏在山脚下。秦如虎和李若珠从前面进攻，杨瑞乾、朱占鳌、郑魁士从左山梁进攻，虎嵩林、明安泰从右山梁进攻，一齐逼近敌营，四面叠进。太平军仍然伏营不出。官军屡次进攻都未到此，此次逼近攻击，出乎太平军意料，营内慌作一团。张国梁一马当先，被炮火击伤了中指，仍然不下火线，率先抢到墙边。朱占鳌被子弹射中胸侧，继续战斗。官军抛掷火罐喷筒，打入营内，寮棚帐房顿时腾起熊熊的火焰。

官军见敌营火势已大，同声呐喊，抢入营中，刀砍矛刺，杀毙极多，迅速地攻破了三座敌营，长发太平军几乎全部葬身火海。几名战士刚刚逃出火海，又为李连升伏兵擒杀。城上的太平军见三营已破，立即从通济门内派出二三千人来救，被官军堵了回去。太平军不敢恋战，即时退回。据向荣统计，此战杀毙敌军约三百多人，烧毙六七百人，斩献首级一百五十余颗，生擒九十余人。向荣赶紧奏报战功，声称获得大捷，并称仍然计划先夺钟山，占据有力地形。

琦善、陈金绶和胜保不甘落后，在扬州城外与太平军接战，奏报于三月九日和十日大获胜仗，歼敌几近四千人。

与此同时，向荣也对镇江采取了行动。他派出邓绍良和李瑞在丹阳集结，向镇江进攻；希望杨文定的艇船参与攻击，还指望麟桂和吴健彰迅带海口战船开至京口，与陆军夹击镇江。

向荣的金陵驻军经过几天休整，于三月十一日半夜出击，趁太平军熟睡时偷袭七瓮桥，攻破毗连的三座敌营，附近的四座敌营无人敢来救援。从半夜打到中午，先后作战六个时辰。苏布通阿和马龙等部迅速将敌垒修复，进驻七瓮桥敌营。三月十二日夜晚，向荣又密派张国梁所部潜赴七瓮桥西，烧毁敌营一座。据他的统计，当天烧毙敌军三百多名，斩取长发首级五十多颗，俘虏四百多人，救出胁从难民一千多人。

同一天，太平军从扬州分批出动一万多人与琦善交手。此仗从早晨打到中午，琦善声称焚毁敌营土城五座，连获五次胜仗，杀毙敌军七八千人。

三月十三日，向荣又分兵五路进攻金陵，主力直捣钟山，另四路攻打其余敌垒，牵制敌军。官军各持稻草一束，既能蔽身，又能填壕烧营。四鼓时分，偷袭队伍出发烧营。三更后，钟山前后五座敌营一齐火起，明孝陵飨殿也已燃烧。太平军的钟山军营遭到猛攻，南门雨花台军营也是火光冲天。钟山太平军知道营垒已无法防守，连夜自行焚毁，在朝阳门、正阳门、通济门外将旧营加高培厚，为退守之计。

在抵达扬州的十来天内，琦善和向荣接连向咸丰报捷，给咸丰造成错觉，以为两支官军主力有望迅速收复金陵和扬州。琦善报告的战果，一次歼敌四千多人，另一次歼敌七八千人，明显水分太多，但捏报战功为他赢得了奖赏。咸丰赏还给他都统官衔，并发给他白玉扳指一个，白汉玉烟壶一个，大荷包一对，小荷包二个。陈金绶也赏还了顶戴，并发给四喜玉扳指一个，白玉翎管一支，大荷包一对。胜保已补授内阁学士兼礼部侍郎衔，帮办军务，这次也得到了四喜玉扳指一个，大荷包一对，小荷包二个。

向荣的奏报虽然水分不多，但捷报频传，咸丰也得给他嘉奖，发给他白玉如意扳指一个，白玉翎管一支，绿玉烟壶一个。又发给翎管十一支，扳指三十六个，荷包一百四十四个，火镰十三个，小刀四十九把，叫他分赏给手下的将领和官兵。随后又赏向荣穿黄马褂，再次勉励。

然而，向荣和琦善两军都是初登场时做一做秀，忙完了这一阵，此后就不见再有大的动作。琦善称扬州敌军修筑了木城，官军要等大炮架好，才能有效进攻；向荣则说要暂缓攻打金陵，首先肃清水面，但水上作战要等水师到来才能着手。

金陵和扬州一线捷报不断的时候，咸丰接到了大学士、军机大臣、九卿的会奏，算是对皇亲贵胄提议大举调兵的回复。他们说，洪秀全起事已有两年多，朝廷陆续征调各省兵员八万四千七百余名，连各省原有的兵力，共计动员九万七千七百多名官兵，这还不包括各省练勇的人数。经户部先后奏拨军需银二千五百一十万余两，所以兵力不为不厚，拨饷不为不多。

咸丰被向荣与琦善的捷报所迷惑，又迫于财政上的压力，认为继续大规模增调劲旅已无必要。他指出，惠亲王等人奏请特派援兵分路攻剿，如此厚集兵力，确实足以震慑敌胆，大快人心。但是，向荣统带的兵力已有一万多名，加上已经赶到前线的陕甘军队，以及从云南、贵州、武昌等处征调的部队，共计七千人，向荣的兵力已经十分充裕；琦善和陈金绶等人统带京城火器营及吉林、黑龙江骑兵，加上西安、青州驻防兵，以及直隶、山东、山西、陕甘各处官兵一万七千三百四十名，兵力也很雄厚。两路官兵总数超过了三万，昨天又有圣旨向扬州增兵，加上怡良和慧成所带的兵马，又增加了一万多人。增派的兵力，与惠亲王等人奏请调派的驻防绿营兵数相符，而且核计程途，都距江苏和安徽甚近，较之从远处征调更为便捷。所以，咸丰决定，惠亲王等人计划调动的军队，暂时无须调派。

吕贤基和周天爵的奏报进一步增强了咸丰的信心，他们使咸丰觉得安徽方面的官军也在加强防御。他们不仅向皇上提出胁从不问、立功受奖的对敌宽大政策，还汇报了具体的部署：吕贤基暂驻宿州，周天爵驰赴庐州、凤阳一带抄剿南路土匪，并且部署兵力巡防。

如此一来，咸丰仿佛胸有成竹，决定先看一看向荣、琦善、吕贤基、周天爵等人的作为，再做下一步的打算。

第八章
防不胜防

野史：

洪秀全举办的科举考试中，一位考生献了一副对联：

“一统江山四十二里半，满朝文武三百六行头。”

金陵变成了天京

太平军攻占金陵之后，军威雄壮，清廷朝野畏惧，几千里之外的居民都忧心忡忡，举家迁徙，在山上修筑岩寨，进去躲避。清廷在京的官员，许多人借口有病，回归乡里，不敢再为清政府效力。

金陵的少数居民对太平军进行了地下抵抗。金陵西南城角下的浮桥右委巷中住着一名机匠。此人孔武有力，三个儿子也是壮汉。太平军入城后挨家挨户征集财物，大院豪宅无一幸免。他们不大注意普通住宅，开着门的就进去，关着门的暂不骚扰。居民全部关门闭户，只有机匠家开着门，坐等太平军到来。他家的房屋只有三间，每间房内都坐着他的一个儿子，把刀杖放在角落。如果是成群结队的太平军进了院子，父子四人便弓背送迎，家里没什么好东西，太平军看一眼就走了；如果太平军只有一到三人，父子便请他们进房，父亲去关大门，三个儿子将太平军击杀，把尸体埋在后圃的荆棘中。

埋葬死人以后，父亲又把家门打开。如此进行了十几天，杀死太平军近百名。邻家有个老妇人看在眼里，对太平军说：“那家去不得，进得去出不来。”太平军夜间派兵包围这座住宅，冲进院子，机匠跟两个儿子都搏斗而死，只有二儿子逃脱。

据说太平军在攻占金陵时杀了三万人。杨秀清为了消除金陵居民的敌意，以开国军师大元帅的名义发布文告，要求民众停止反抗，抛弃清廷，禁供佛道，改信上帝。其中透露了定都金陵、开科取士、收拾人心的意图。

本帅敬承皇命，兴兵伐暴，所到之处，望风瓦解。破城之日，将贪官污吏剪除，并不扰害一民，前已出示晓谕，料必知悉。风闻乡市有不法顽民，藉大兵未到，肆行焚掠，现为本帅拿获，斩百数十人。今着校尉李宪带兵数百，遍行乡市，一经拿获，就地正法。其有良民，各将顺字贴门，不必畏惧。尔等捐资助饷，纳临捐职，试问此等功名，何荣何辱？即将向来匾额除去，不得自误。我定金陵之后，定议考试，衡文取士，再定甲乙。其有各处庙宇，供养僧道，何如养乡里穷民之为愈也。现今拿获僧道斩首，查首倡及重修之人，一一拿究。

太平军把经过改造的基督教带进了金陵，每次进餐前，都要诵赞美诗。赞美诗是洪秀全自制的，强调他是上帝的儿子，替天行道：

赞美上帝，为天圣父。赞美耶稣，为救世圣主。赞美圣神，封为神灵。赞美三位，为合一真神。天道岂与世道相同，能救人灵，享福无穷。智者踊跃，接之为福。愚者醒悟，天堂路通。天父鸿恩，广大无边。不惜太子，遣降人间。捐命代赎，吾侪罪孽。人知悔改，魂得升天。

此诗把洪秀全的意思表露无遗，但稍嫌粗糙，所以后来屡经修改。部队诵毕，各向外跪，手书默念：“小子秀全跪在地下，仰求天父皇上帝老亲爷大开天恩。”然后齐呼“杀尽妖魔”，才能开餐大嚼。

太平军攻占扬州一带之后，由于基督教的包装对于西方世界颇为亲切，列强的舆论称之为“革命军”，并说“两个中国有满汉两个皇帝”。英国驻华公使文翰(George Bonham)奉命率军舰从上海赴金陵视察，与洪秀全联系，向他申明英国的中立态度，并会谈中英南京条约。东王杨秀清说：“天王乃耶稣之弟，英国人同为上帝子民，应当归顺天国。”文翰大为吃惊，当即拒绝。他以为杨秀清头脑有问题，还不死心，又去会晤韦昌辉和石达开，得到的答复大致一样。于是他返回上海，向国内报告，建议英国采取中立。他附加了一条评论，使得英国政府对洪秀全存了戒心。他写道：“太平军的排外，较满清更为可怕。”

天王洪秀全此时的自我感觉的确很好，他住进了金陵的两江总督署，拥有百万雄师，认为太平天国已经无敌于天下，把建都大事提上了议事日程。

杨秀清奏道：“河南居天下之中，是古代的东京，天国应该建都汴梁。”

洪秀全说：“东王此言有理。萧智怀先生向朕建言，出兵荆襄，杀向河洛，同时出兵皖赣，杀向淮颍，挺进开封。金陵留部驻守，由朕亲率大军从扬州杀出，沿运河水陆并进，扼临清，赴幽冀，所在招纳豪杰，易置守令，一切因俗从简，暂不更张，如此则河北将望风而下！”

唐正财作为太平天国的水师指挥官，听说杨秀清提议在河南建都，大为震惊，连忙奏道：“北路不利于水师作战，而且田地贫瘠，民风剽悍。天国应该建都金陵，先平南路。”

韦昌辉也想留在金陵不走，旁敲侧击：“金陵城中火星庙有一座铁炉，上铸‘烽烟太平’四字，此乃祥瑞之兆。”

洪秀全说：“北王所奏甚是。命军士抬着铁炉在城内游行一圈，然后抬进天王府内。”

韦昌辉又说：“我天军攻破扬州，附近的百姓用枣、栗、灯笼、鸡蛋犒军，寓有‘早立登基’之意。”

洪秀全道：“依北王之见，还是在金陵建都为好？朕今天有些倦了，此事改日再议吧。”

何去何从，一时难以定夺。有一天，杨秀清带着侍卫走到江边，一名老船夫在江上喊道：

“河南缺水又缺粮，若被敌人围困，无法突围。金陵有长江之险，城高池深，百姓富裕，粮食充足，为什么不在这里建都，而要跑到河南去呀？”

犹如醍醐灌顶，杨秀清恍然大悟，改变了主意，连忙去见天王，表示同意定都金陵。于是，太平天国将金陵改称天京，将清廷的总督署捣毁，建立王宫。颁布十条法令，称为“天条”。

道光三十年年底，洪秀全在金田时下过命令，为太平军制定了五条纪律：“一遵条命；二别男行女行；三秋毫莫犯；四公心和傩，各遵头目约束；五同心合力，不得临阵退缩。”其中所谓的条命，就是拜上帝会必须“时时遵守”的十款天条，因为这些天条是皇上帝制定的。

十款天条中，第一款和第二款都是一个意思，就是只能崇拜皇上帝，皇上帝以外的神都是邪神，一律不得敬拜。第三条还是拜上帝的规矩，就是不准直呼上帝的本名“耶火华”，更不准咒骂皇上帝。

第四款依据圣经中上帝六天开创万物第七天休息的故事，规定星期天安息日要分外虔敬礼拜，颂赞皇上帝的恩德。

第五款、第六款、第八款和第九款都是最常见的道德伦理，分别为孝顺父母、不要杀人害人、不要偷窃抢劫、不要讲谎话。

第七款是男女大防。虽然禁止的是奸邪淫乱，但具体的标准订得太高，简直使男女之间失去了自由交往的可能性。此条的阐释中说，天堂子女，男有男行，女有女行，不得混杂，淫荡的男女叫做“变怪”，触犯天条最为严重，哪怕是抛个媚眼或意淫一下，以及吸洋烟、唱邪歌，都是犯了天条。

第十款跟第七款和第八款密切相关，要求会众不起贪心，也就是不要贪恋别人的妻女，不要贪图别人的物产，不要赌博，不要博彩。

天国领袖们听信船夫一言，便放弃全军北上的计划，这跟洪秀全在益阳看到大批船只时改变主意一样，似乎有些不可思议。但船夫只是一个代言人，说出了大多数将士的心声：天国将士不愿开往长江以北。长久以来，长江已经成为华南与华北的一条自然分界线。一个南方人只要渡到江北，离开江岸不远，便会觉出氛围大不相同，他会感觉到自己踏上了北方的土地。

太平军从广西挺进到南京，一路走来，如同一支迎亲的队伍，到处受到欢迎，民众因为他们打开了清朝统治的枷锁而欢欣，并未介意他们那稀奇古怪的宗教信仰。可是他们一旦渡过长江，进入北方的省份，情况也许就大不相同了。他们有可能成为敌占区的陌生人；他们也许很难招收到新兵；官军和居民的抵抗也许会更加顽强。老船夫替全军将士说出了心中的这些疑虑。

事实也许不会如此，老船夫的话也许只是杞人忧天。如果天王洪秀全的胆子再大一点，他完全可以将这些疑虑从部众中消除殆尽。北方官军的防御部署如同南方一样混乱脆弱，那里的捻军已经开始四出袭击；西北边疆地区的回民正在酝酿农民运动。太平天国的领袖只要多一点果敢，多一点理智，将疲倦的部队好好休整一番，然后挥师北进，完全有可能达到焦亮和冯云山等人为这场运动制订的目标，一举推翻清朝政权。如果这两个杰出的人物还活着，定能对洪秀全施加有益的影响，那么整个历史进程就有可能彻底改变。

可是洪秀全和杨秀清轻易就被老船夫说服了。他们在金陵建立了自己的首都天京。作为宗教立国派的核心，杨秀清此刻最注重的是宣传天条。天国的官员每到一处，就开设讲坛，派人坐上高台宣讲，叫做“讲道理”。天国用严厉的天条约束男女臣民的行为，限制了臣民的一些基本自由，甚至有悖人伦。他们禁止夫妇同宿，禁止母子交谈，违反天条的两性接触会受到“点天灯”的残酷处罚，即将犯人裹在用易燃液体浸泡过的材料中点火燃烧。

太平天国在建都之后大肆封官赏爵。为了犒赏功臣，王爵封了不少。侯爵以下，有捐米五百石者，即加一等。他们借用五行概念，设立金、木、水、火、土五将军，各司其职。土将军、水将军、木将军都是工兵将领，前者负责挖地道、筑土墙，中者负责搭桥渡河、挖掘壕沟，后者负责造木栅、筑木城、修理营帐。火将军是炮兵将领，负责发射枪炮。金将军是兵器将领，负责制造武器。

太平天国定都天京后，公布了一个纲领性的施政文件，称为《天朝田亩制度》。这个文件将社会组织、军事组织、土地制度、文化教育、妇女解放各方面的规定和措施一锅烩，其最著名的主张是建立一个“有田同耕、有饭同食，有衣同穿，有钱同使，无处不均匀，无人不饱暖”的地上天国。许多学者认为其核心部分是“凡天下田，天下人同耕”的土地分配制度，但恰好这个核心部分是天国政府无法落实的纲领。太平天国一直未能长久地占领乡村，而在短暂占领的有限区域内，又无法成功地推动平均主义的土地分配，这个纲领基本上流于空谈。《天朝田亩制度》颁布后不久，杨秀清、韦昌辉、石达开等人迫于天京粮食供应紧张，向洪秀全建议在安徽、江西等地“照旧交粮纳税”，洪秀全批准施行。他们仿照清朝的办法，将地主定为田赋的主要交纳者，向他们征收地丁银和糟粮。太平天国实际上承认了地主占有土地，并允许地主收租。

据说此年天国在钟山举行了科举考试，由于东王势力坐大，考试的诗题定为《四海之内有东王》，得王字，五言八韵。

一名考生是个顽固的孔孟之道捍卫者，有心戏耍洪氏的科举，在卷子上写下了这样的诗句：“胆为红巾破，愁随黑发长。伤心怜姊妹，含泪别爷娘。杀贼全凭向，殃民总是杨。避秦何处好，搔首对斜阳。”杨秀清看了，勃然大怒，下令将作者处死。

还有个段子，说一个名叫郭镐的安徽贡生被太平军抓了，决定投降天国。但他对天国的一些做法仍有不满。洪秀全把八月三十日定为中秋节，郭镐便撰写了一副对联的上联，贴在门上：“明中秋月暗，暗中秋月明，好教我不明不暗。”第二天，有人对上了下联：“长头发日短，短头发日长，试问你谁短谁长。”

突兀的北上

且说太平天国建都金陵的国策既定，杨秀清等人充分发挥唐正财水师的优势，占据了下游的镇江和扬州，控制了金陵东至镇江的长江水面。但是琦善和向荣两路官军主力的到来，从陆地上威胁到金陵、扬州和镇江三个据点的安全。若要把这两支官军主力调走，只有派出得力的部队杀出江南，袭击清军必救之处。

这个时期，由于太平天国的影响，河南、山东一带的捻军更加活跃。如果太平军派出一支劲旅北上，突入中原，可望得到捻军的应援；继续北上，便可直捣清廷的老巢北京。杨秀清脑子里酝酿着这个计划，往返于金陵与扬州之间，要求林凤祥和李开芳率领精兵，做好北伐的准备。

石达开、罗大纲等人提出了另一个方案，建议在长江上游建立根据地，以保证金陵的水上通道和物资供给。他们决定派出得力的部队西征，杀向安庆、九江和武昌。夏官副丞相赖汉英与春官正丞相胡以晃自告奋勇，充当西征前锋。四十岁的赖汉英是广东花县人，天王娘娘赖惜英之弟，天国臣民称之为“国舅”。三十七岁的胡以晃则是广西平南人，他是天国官员中唯一的武秀才。他老家在平南县花洲的山人村，据说金田集结时，洪秀全与冯云山就是躲在他家里谋划起事，被驻防在思旺圩的官军所困。他协助带领会众据守，并派人往桂平金田村告急，邀得援兵击败官军，护送洪秀全至金田举事，因此是一个大功臣。

杨秀清非常高兴有猛将自愿西征，但他顾虑小股劲旅杀出金陵和扬州，必须长途奔袭，才能对清廷构成威胁。若在金陵附近被琦善和向荣发现，很难突出官军的包围追击。于是，他与韦昌辉、石达开等人进行了精心策划，导演出一些扑朔迷离的神秘行动，致使琦善、向荣和北京的咸丰皇帝被他们牵着鼻子走了一段。

在太平军实施奇兵出击的计划之前，琦善的江北官军经过认真部署，在咸丰三年三月底对扬州城外的敌军发起攻击。三月二十九日夜晚，琦善将兵力分为西、北两路，密令总兵双来从象鼻桥偷袭城北敌垒；陈金绶、胜保派鞠殿华于三十日夜半时分从西面分三路进攻。到四月一日为止，官军捣毁了扬州城外的十座敌营，迫使太平军撤入城内。根据琦善的统计，此战斩获太平军的广西老兵三百多名，湖广等新兵二千多名。琦善估计，在扬州城内固守的太平军约为三四万人。

二十九日和三十日，向荣的江南清军也对金陵发起了攻击，但未能重创敌军。邓绍良跟杨文亭会合以后，于三月三十日从甘棠桥出兵二千多名，进至镇江南城外面的观音山一带，轻率深入，没有部队在后方掩护，以致遭到太平军四五千人伏击，伤亡惨重。向荣向咸丰遮遮掩掩地奏报了这次惨败，有意掩饰，但被咸丰一眼看穿。

让向荣感到欣慰的是，经过他的努力，水师已经出动。四月二日，和春、叶常春、李德麟带领水师溯江而上，驶至焦山口，烧毁来不及撤走的敌船。随后从甘露寺驶到大码头一带，发现二百多艘敌船，开炮轰击，一直冲到瓜洲口，又发现七八百艘敌船，烧毁敌船二十一艘，击坏几十艘。这是一次纯粹的水上攻击，邓绍良的陆军因援兵未到，没有参与攻击。

就在琦善和向荣在大江南北发起攻势的时候，杨秀清策划的北进行动悄悄启动。他们根据谍报，否决了从扬州北进的计划。杨秀清得知，淮安一带有漕运总督杨殿邦把守，他从淮安南下两百多里，驻防扬州东北面四十六里的邵伯。太平军虽然将其击败，但朝廷又令福济取代他的职务。杨秀清认为，北伐部队从此处突围，风险太大。

江苏按察使查文经的一个举动增强了杨秀清的这个印象。查文经奉旨治理黄河，驻扎在离淮安只有三里的繁华商业城市清江浦。为了防止太平军从此地北进，他扬言将有几十万京兵开来，命令各州县预备马料。查文经这一诈唬，起了疑兵的作用。杨秀清得到情报，惊愕犹疑，更加不敢令北伐部队从此路推进。咸丰令查文经暂代漕运总督，率领漕运标兵和徐州镇兵驻扎在扬州东北面的运河口岸茱萸湾。

杨秀清的北伐部队由林凤祥与李开芳统领，决定从浦口突围。林凤祥留下曾立昌防守扬州，自己率部乘坐一千多艘船只，从扬州运河上驶入长江，朝上游驶去。通过仪征与六合的江面时，已被当地百姓察觉，报告官府。这时周天爵已被解除巡抚职务，奉令负责江苏江北的军务，吕贤基奉旨坐镇宿州，新任安徽巡抚李嘉端驻扎临时省会庐州，令李鸿章募练乡勇。关于太平军的这一行动，他们都得到了百姓的禀报，而琦善和向荣却未发觉。

林凤祥的船队在官军的眼皮子底下大摇大摆地抵达浦口江面，把扬州的金银绸缎和妇女运送到天京。四月六日中午，船队中有几十艘船停泊浦口北岸，船上的太平军分头登陆。

浦口驻防的官军分为两部，一部是山东营兵二百名，驻扎在上斗冈的庙旁；另一部是号称劲旅的黑龙江骑兵，共有一千六百多人，由西凌阿指挥，零散地住在民房之内。

黑龙江骑兵暂时没有自己的营房。他们在赶赴浦口的行军途中，为了乘船加快速度，丢掉了锅帐和马匹，抵达浦口以后，分散在居民家中住宿。满人骑兵乐得闲散，尽管四月三日锅帐已经运到，西凌阿却没有立即把部队集中起来。与锅帐同时运到的还有战马八九百匹，已经下发到各部。第二批运到的几百匹战马，黑龙江官兵嫌其瘦弱，拒绝收领，几百名官兵仍然没有战马。

西凌阿的部队没有处在临战状态。当四月六日太平军的船只靠岸时，只有山东营兵赶到岸边应敌，但因寡不敌众，且战且退，撤回上斗冈的军营旁。黑龙江骑兵在江边麦田放马，一见太平军登陆，当即弃马逃走，上千匹战马成为太平军的战利品。

林凤祥自然不会放过歼敌的好时机，当即挥师分头追赶。他们发现黑龙江骑兵分头钻进了民房。林凤祥下令，将妖军所占民房全部烧毁。大火起处，黑龙江官兵纷纷逃离火海，直奔二十里以外，在江浦县的东葛、西葛各处躲避。他们当中发生的伤亡，都是逃走落后被杀，并非打仗受伤。

琦善得到来自浦口的报告时，太平军已经朝东葛追赶。琦善连忙派参将张守仁率部火速增援浦口，赶至浦口西门时，尽管天已将晚，光线却仍然如同白昼，因为大火已经烧成一片。西凌阿等带兵大员不知去向，也无音信。琦善不由分说，连忙上奏，请将西凌阿、明庆、乌凌额、魁福摘去顶戴。

杨秀清把林凤祥送上岸后，当即率船队向下游驶去。四月七日下午，船队经过仪征附近江面。这些船上各色旗帜俱全，显然有大人物乘坐其上。知县都縈森不知太平军搞的什么名堂，担心他们驶入瓜洲，连忙派人向琦善报告。

号称满洲铁骑劲旅的黑龙江骑兵逃到东葛之后，惊魂未定，于第二天继续向滁州北撤。四月八日，林凤祥追到东葛，令部队将驿马全部抢来。官军对浦口已完全失控，而滁州又向琦善告急，安徽代理布政使奎绥将过境的八百名山东兵截留，令他们驰赴滁州关山一带堵御。

杨秀清为了迷惑敌军，令曾立昌清扫扬州周边的地界。四月八日凌晨，太平军在六合县境内与副都统德崇额的吉林骑兵相遇。双方交手以后，德崇额不敢恋战，借口兵力单薄，骑兵不能渡过运河，向琦善请求援兵。

曾立昌来到六合城下。知县温绍原知道向荣和琦善刚刚扎营，壁垒尚未修好，都不可能前来救援，全城的安危，都系在他一人身上。他率领民团在龙池守御，形势岌岌可危。太平军环城占据民居，似有长久攻城的态势。

城外有座火神庙，甚为宏敞，太平军将领住在其中，率部去抬神像。这时怪事发生了，几十名太平军士卒居然抬不动一尊神像。将领下令刀砍，可是刀砍不入。挖空后壁，用巨木擂撞，神像屹然不倒。士卒恐惧，不敢再动。

当天夜晚，空中飘起了小雨。太平军正在酣睡，陡然火起，部队住宿的房屋全部烧成了灰烬，大火把天空染成通红一片。太平军以为是清军杀到了，大骇狂奔，自相践踏，死者无数。温绍原趁机从城内出兵袭击，大有斩获。一千多名太平军，只有二三百人得以逃生，而且个个焦头烂额。从此六合的遭遇被太平军传为神话，许久不敢攻打六合。

驶过仪征的太平军船队于四月九日驶回上游，接应从六合败退的部队。德崇额率领吉林骑兵闯过浮桥，使太平军首尾不能相接，小有斩获。但是由于官军仍未控制浦口，杨秀清的第二批北上部队三四千人又顺利地从浦口登陆北上，朝滁州挺进。此情被江浦县知县曾勉礼察觉，上报琦善。而此时林凤祥的先头部队已经攻进了滁州。

四月十日，林凤祥越过了关山，抵达定远县境内的池河驿，然后北进总铺，直扑凤阳所属的临淮关，将濠梁驿号舍烧毁。

西凌阿的骑兵部队徒步逃到滁州，才开始征集马匹。四月二十一日，太平军从北面退回滁州抢夺物资。山东官兵随黑龙江骑兵追了过来，抵达滁州的朱龙桥，与太平军遭遇，黑龙江骑兵又要退走，山东营兵在后阻止，骑兵不得不奋力前进，将太平军赶出了滁州。

西凌阿没有向西北追赶，而是在滁州等待，台面上的理由是等待上级发箭。他向琦善请求绕到东北方，途经敌踪未到的天长，到扬州自请琦善处分。

琦善对浦口发生的事情仍然摸不着头脑，尤其不知西凌阿究竟去了哪里。忽然，西凌阿的部属福拉登布等人来到大营，报告浦口失守，并说西凌阿正带着部队向大营赶来，请求钦差大人严厉惩处。

琦善问道："军火武器是否齐全？"

福拉登布回答："全被烧毁，只剩随身弓箭、鸟枪，战马还有三百多匹。"

琦善问道："部队为何停在滁州不动？"

"都统大人说要等待弓箭到来，还请钦差大人发给粮饷。"

琦善一阵急火攻心，喝道："一派胡言！西凌阿明明知道，金陵、扬州、镇江三城失守，缺乏造箭之人，箭支无从制造，他却故意屡请添发，以此为借口推诿责任。至于粮饷一事，现在河南并未解到，拿什么发给你们？等到河南的军饷解到，我就拨给他一万二千两银子。你们遇敌即逃，既然已到滁州，复不自奋，反而要绕道来扬州请求处分，以为巧避之计。我不准他前来！如今河督已解到战箭五千支，全部发给你们，叫西凌阿立刻跟踪追击。来人啦，将福拉登布顶戴摘去！火速派差官去迎西凌阿，不准他来营，令他前往滁州追剿。倘再退避不前，定将他们请旨俱行正法！"

琦善是一个懂得羞耻的大臣。他既不满意陈金绶和胜保夸大战果，又为浦口失守放走了太平军而羞惭。他请求朝廷任命慧成为扬州前线总指挥，自己率兵绕到北边迎击北上的太平军。咸丰看出他与陈金绶、胜保意见未合，又担心慧成带来的部队不听调遣，不想把他从扬州调走，反而任命他为江北大营的统帅，希望陈金绶和胜保两人中抽调一人赶赴北路。

陆应榖大胆陈言

太平军的派遣军已经越过滁州北上，成为咸丰的一大心病。细想之下，安徽一带并无能够截击这股逆贼的官军劲旅。这时他又想到了江忠源。四月二十三日，咸丰令军机大臣传谕张亮基和崇纶：由于滁州、凤阳一带吃紧，而该处兵力单薄，所调官兵一时未能到齐，考虑到江忠源亲历行间，战功屡著，前曾谕令他驰赴江南帮办军务，现在他正在剿办湖北广济的土匪，如果此时尚未完成，即令代理提督阿勒经阿接办，令江忠源率部迅速驰赴安徽凤阳一带，会同周天爵等人攻剿。咸丰硬要把江忠源与向荣扯到一起，说他是向荣大营的帮办，此去安徽，可与向荣声息相通，南北联为一气。但他没有摸清江忠源的心事。江忠源一直替乌兰泰打抱不平，对向荣耿耿于怀，根本就不愿去做他的帮办。

此时林凤祥已经抵达临淮关，将已撤掉的浮桥仍行搭起，夜间宿营南岸，白昼移营北岸，分赴附近乡村征集民财，同时直扑凤阳府。

林凤祥从浦口登陆时，兵力只有二千多人，沿途招兵，抵达临淮关时，兵力

▲ 广西武鸣人林凤祥是太平天国的一员老将，在太平军的第一次北上和东征中打前锋。长沙战役和武昌战役中，他都冲在最前面。

已增加一倍多。四月二十一日下午七点，代理凤阳知府裕恭和知县黄元吉率领乡勇，在北门外九华山与林凤祥交手，寡不敌众，以致败走。林凤祥分兵从小路杀入东门，城内烟火突起，九华山龙兴寺的两股太平军忽向北门奔去，将乡勇冲散，蜂拥而入，凤阳府城当即失守。

林凤祥攻打凤阳府城以后，仍然驻扎在临淮，分兵西进怀远，意图很难判明。此刻距离临淮最近的清廷大员是周天爵。这个老人在举人臧纡青的辅佐下，带领一支人数不多的部队，打算从临淮以北和以西堵御林凤祥。可是吕贤基担心林凤祥北上宿州，留下从河南永城赶来的营兵六七百名，以及从汉中赶来的营兵五百多名，暂时驻扎在宿州以南，令孙家泰带领二千乡勇，协同寿春镇总兵玉山赶赴凤阳。周天爵同意吕贤基的判断，于是改变主意，决定返回宿州。李嘉端令李鸿章率领八百名合肥乡勇开到东关，加上当地的一千五百名练勇，严阵以待。琦善虽从扬州派出了武庆和开隆阿的二千人，但他们和西凌阿所部黑龙江骑兵，以及咸丰从北京派出的托明阿所部，都未抵达凤阳。

前面说过，咸丰希望琦善派出骁将，率领劲旅，追剿太平军北伐部队。琦善奉到谕旨后，与陈金绶和胜保商议，最终决定，由胜保率部从天长、盱眙斜插临淮。咸丰得知胜保离开扬州，令刑部侍郎雷以諴代替他帮办军务，与琦善、陈金绶督兵克复扬州。

也许是吕贤基和周天爵判断错误，也许是林凤祥和李开芳侦知了官军的部署，他们没有北上宿州，而是决定向西北方挺进。四月三十日，林凤祥从怀远开向蒙城，五月一日抵达蒙城县西北五十里的西阳集，扬言要继续向西北挺进亳州，然后直奔开封。河南巡抚陆应穀闻警，大惊失色，派兵奔赴两省交界处的宋家集，他自己也向前线靠拢。

陆应穀在途中接到报告：太平军于五月四日下午一点抵达亳州，攻破州城，难民纷纷逃出。河南官军陆续赶到商丘的宋家集，陆应穀也向宋家集赶去。亳州与河南交界，此处失守，河南门户已经大开。

林凤祥未在亳州驻留，继续前进。他们离开亳州以后，捻军趁机在此城抢掠。五月六日，林凤祥抵达归德。陆应穀率领的河南官军在宋家集与林凤祥遭遇，交战之后，太平军从小路悄悄推进到归德，攻入府城。陆应穀顾此失彼，连忙带兵奔赴刘家口，林凤祥却已先派一万人进驻该处。陆应穀中途折回到归德城外，攻城一昼夜，伤亡惨重。他原有三千兵力，归德一仗，除伤亡以外，溃散不少，连日收集，只得到几百人，军火器械多半不堪应用。

陆应穀为了不误差事，火速赶到柘城，听说太平军分为两支，一支向北，奔赴刘家口，一支向西，奔赴省城开封。陆应穀派人给省城送去鸡毛信，要求留守官员严为预备。可是他知道开封非常危险，因为城内只有一千多名驻防军，乡勇也只有一千五百名，兵力十分单薄。

北进的太平军在曹河上游抢得几只大船，扑过河岸。这一着威胁到山东的济宁和兖州，连直隶的大名一带也成为他们可能进击的目标。

对于咸丰而言，局势瞬息千变，万分危急。林凤祥北伐部队快速推进，从东向西穿过安徽，正在袭击河南，占了归德以后，又兵分两路，一路直指开封，一路北上渡到曹河以北，兵锋北指。官军的主力集中在金陵战区，屯兵城下，将近三个月，不仅没有收复一座城池，还放跑了敌军的北伐部队。造成不利的既成局面以后，西凌阿等部又不能迅速追击北上的敌军，如今闹得河南的省城频频告急，山东和直隶处处隐藏危机，而北方的官军又已纷纷南下，无力堵截，朝廷几乎无兵可调，无款可筹。这时候，咸丰才意识到惠亲王他们调集重兵对付逆贼的想法是多么正确。

事实已经表明，官军方面，不仅江北大营和江南大营无能，安徽的大员也没能挡住这支人数不多的太平军。当林凤祥从临淮关攻入凤阳时，周天爵不但没有迎头进剿，反而向北折回宿州。当时他若能率部迅速堵截，林凤祥也不至于如此之快地杀到河南。周天爵直到林凤祥袭击亳州之后才带兵追赶。此人算得上一名勇敢的大员，而他一再保举臧纡青的乡勇，说他们可当一面，但仍然将敌军从安徽放跑了。这种局面，不仅咸丰想不通，直到今天，仍然令人费解。

林凤祥离开归德以后，向正西挺进，接连攻破宁陵和睢州，然后折向北进，攻破兰仪县，来到了黄河南岸。河南的黄河口岸都无重兵把守，林凤祥可以很轻松地渡到黄河北岸。

不过，林凤祥没有急于过河，而是试图打下开封。他的先锋部队约二千人西进陈留，于五月十三日向开封进发。

自从林凤祥的北伐部队离开扬州之后，相关的清廷官员都以为这只是太平军二三千人的小股部队，对他们的战斗力估计不足。陆应穀带领几千人跟林凤祥交手之后，转战三天，亲眼见到太平军以几百人为一队，有进无退，又擅长包抄官军后背。他们从亳州抵达开封时，据陆应穀估计，兵力多达数万人。探子提供的情报更加深了陆应穀的印象。他们说，太平军从陈留到开封，横排二三十里。

陆应穀已经知道这支敌军战斗力非同一般，对北京构成很大的威胁。他冒着长敌人志气、灭自己威风之嫌，请求皇上调集重兵防御京畿。他说，沿途官员都说这支部队无足轻重，都是为了粉饰太平，借以推诿责任。如今开封危在旦夕，万一敌军掘河灌城，则人皆鱼鳖。黄河以北渡口太多，只要敌军占了开封，可渡者不止一处，所以河北一定要严密防守，北京也要早做准备，调精兵护卫京师。

陆应穀的提醒震动了北京，京城人心惶惶。咸丰令舒兴阿率领陕甘精兵四五千名驰往河南，令周天爵和胜保火速增援开封。他指望舒兴阿、胜保、周天爵、托明阿及善禄这些精兵强将能够保住河南的省会。为了稳定人心，他命令京城加强戒备，委派御前大臣僧格林沁、步军统领花沙纳、右翼总兵达洪阿、军机大臣穆荫统领旗营，巡防京城。

五月十二日，林凤祥抵达陈留，分兵攻打开封。第二天，河南布政使沈兆沄等人登城眺望，只见太平军从东南方向涌来，在开封东面和南面开炮射击，往来攻扑，行动诡秘。沈兆沄下令用重炮还击，林凤祥的部队颇有伤亡。

林凤祥试探性地攻城，得出的结论是：城头上炮火猛烈，攻城部队很难渡过护城河。他明白，自己的任务是长途奔袭，而非攻坚。如今碰到有备的坚城，他立刻决定放弃攻击，令部队撤到几里之外的繁塔寺驻扎。

朱仙镇和虎牢关

再说开封城内，守城总指挥沈兆沄无法估算攻城敌军的兵力，但城内军民都很惶恐，感到兵力太少，无法守住城池，居民大半出城逃避。陆应穀此时待在南边的陈州一带，与开封断绝了联系。沈兆沄只得硬着头皮指挥死守。他决定首先烧毁城外的房舍，不给太平军留下攻城的前进阵地。

五月十四日黎明，沈兆沄悬赏重金，组成敢死队，缒城而下，携带火弹，焚烧太平军所占的村屋，杀死村内的余敌。下午，太平军的大批骑兵和步兵从东面开来，沈兆沄以为他们要来硬攻了，连忙令守军上城防备。不料太平军在离城几里处绕道而行，只有一些侦察兵到城下探视地形，被守军发现，下城追击，小有斩获。

傍晚时分，太平军向西南行走，在较远的村庄集结。林凤祥与李开芳商议，决定在开封以南四十五里的朱仙镇休整部队，再谋进军之策。这里是传说中岳飞以五百精兵大败金兵铁骑的地方，五方杂处，商贾辐辏，人员复杂，有利于造反武装招兵买马。镇西有一条贾鲁河，与黄河相接，交通非常便利。

林凤祥到了朱仙镇，立即用黄绫写信二封，盖上大印，分别交给两名信差，叫他们分头前往扬州和金陵送信，然后叮嘱道："如果途中信已丢失，你们一定要转禀东王，我军力争渡过黄河北上，若不成功，便南下打回长沙。"

林凤祥知道已有数路官军前来攻击，担心北渡黄河受阻。他只让部队休整了一天，就挥师北进，于五月十八日抵达开封与郑州之间的中牟，距黄河不过五十里。他另派一支部队向西南挺进，背道而驰，以便牵制官军，保证北伐成功。官军行军缓慢，给他提供了转移的时间。

林凤祥从中牟西进郑州，然后继续西进到黄河之滨的汜水，率领几千人冲入汜水县城。他想通过传说中刘备、关羽、张飞大战吕布的虎牢关北渡黄河，但是由于当地官员已经有备，实行了坚壁清野，他们虽然通过了虎牢关和老犍坡要道，控制了这一地区，却苦于一时找不到足够的船只。林凤祥叫部队在嵩山之内征集物资，一面向老乡打探何处有船。林凤祥得到高人指点，派出一支有力的部队沿黄河向西南推进，抵达巩县。

官军此时在黄河南岸已有一支劲旅赶到。来自西部省份的托明阿，加上西凌阿和善禄所部，为了加快追击进度，将骑兵和步兵分开行军，绥远城骑兵及陕甘骑兵归并黑龙江骑兵，由托明阿和西凌阿率领，走在前面，善禄率领步兵随后接应。

五月二十四日，托明阿的骑兵驰抵荥阳，距巩县约六十里。这时林凤祥已在汜水。托明阿率领骑兵跟追，于第二天赶到汜水县城东，探得城内还有敌军五六百名，托明阿和西凌阿分三路进攻。留守渡口的太平军见官军追到，直奔渡口，企图上船，被官军追杀，眼看就要亡命。太平军忽然杀个回马枪，从东西两座土山内一齐扑下，开火射击。接连三次反攻，都被官军击退。太平军在这一天损失了宝贵的船只十三艘。

这时善禄的步兵赶到，从后面夹攻，小有斩获。五月二十六日，官军骑兵和步兵分路进攻，太平军在渡口上下排列船只抗拒，官军用抬枪和抬炮连环射击，又烧毁船只十几艘。太平军不再抵抗，乘船启航。有些船只顺流东下，有的船只驶往北岸，其余部队向山内撤退，躲入汜水县以西的北土山大沟。太平军充分利用地利设立营垒，岸边停泊着大约一百艘船只。山路崎岖，深沟道狭，不利于骑兵进攻，托明阿等人对此无可奈何，只能通知河南与山东的巡抚在黄河两岸扼要严防，并调兵就近渡到黄河以北堵击。

当留守汜水的太平军牵制着托明阿的部队时，林凤祥率领主力沿黄河向西南行进，来到巩县境内，抢夺洛河的船只，企图从洛河进入黄河，再行北渡。洛河在黄河之南穿过洛阳、偃师、巩县三县境内，本来未设渡口。林凤祥无疑得到了高人指点，突然从这里抢船进入黄河，大大出乎官军意料之外。黄河北岸的官军兵力单薄，河岸遥长，官军若无大批援兵赶到，林凤祥便能顺利地达到目的。北岸官军急调柳园口等处的驻防军，迅速开往温县和孟县的渡口。

然而官军还是晚了一步，从汜水渡河的太平军已于五月二十六日占领了温县。两天后，林凤祥已经从洛河抢到船只北渡，率领主力在北岸登陆。温县距怀庆府只有四十里，太平军可入山西，也可进入直隶。但是林凤祥又出奇兵，从汜水派一支部队东回郑州，于六月三日攻入密县，第二天占领东南面的新郑，接着通过南固，南下许州。

林凤祥的部队一南一北，迫使官军两头施救。他的北进部队摆脱了河南官军的追击。托明阿进入汜水县城，遥望着北岸的太平军军营，只能兴叹而已。林凤祥迅速从温县撤出，向官军兵力空虚的怀庆和卫辉地区推进。他们沿河向东北方急奔，抵达武陟，在司马集遭遇乡勇阻击，决定暂停攻击，进行休整。

古战场上的新英雄

太平军杀入河南境内，左冲右突，官军无力遏截，开封的乡勇却将之挡在城外，只得绕城而走。咸丰接到战报，认为乡勇是阻击敌军必不可少的力量。他再次要求各省加强团练，以开封附近乡民协助官军沿途剿杀贼匪为榜样。

但是团练的成效不可一蹴而就，眼看敌军就要打到家门口了，咸丰不得不采取更有力的措施。他任命直隶总督讷尔经额为钦差大臣，统辖河南河北各路官军，令理藩院尚书恩华和江宁将军托明阿帮办军务。陕甘总督舒兴阿、山东巡抚李僡、山西巡抚哈芬，都奉到谕旨，要求他们督兵会剿。

在调往河南的所有官军中，胜保的表现最为积极。他自五月十二日从扬州起程后，遇到五天大雨。他心焦如焚，不准部队休息。可是部队长途跋涉，路上泥水过深，每天只能推进三四十里，于六月四日才抵达亳州。胜保没有停下休息，令部队从陆路兼程前进。

林凤祥获悉官军劲旅正在迅速向他赶来，不敢在武陟停留太久，突然挥师西进，攻打怀庆府城。据城内守军估计，攻击兵力约为三千多人。讷尔经额派出两支部队前往增援，大名镇总兵董占元为一路，代理正定镇总兵双禄的一千人为另一路。代理河北镇总兵花里雅逊布奉令仍在开封对岸的延津渡口驻扎，副将甘恪修的五百官兵奉令驻扎获嘉，以为后路声援。

六月六日，林凤祥派出的南下分遣队几千人逼到许州城下，发起攻击。守军严守一昼夜，太平军未能攻入城内。经文岱第二天抵达密县，柏山于六月八日赶到许州的八里桥。太平军探知官军追到，于当天夜间撤围，取道临颍县南下。柏山紧追不舍，第二天赶到郾城县的王店，追到敌军尾队。官军接仗小胜，太平军继续南下。柏山又取道西平县，一路穷追。

柏山于六月十一日在遂平追到林凤祥的南下分遣队。太平军前有沙河，河水暴涨，无法渡河。太平军分出兵力阻击，掩护主力撤走。阻击部队损失惨重，牺牲了一名李姓丞相，有可能就是李开芳。但此人的名字后来又频频出现在南北战场，无法确定究竟是死在何处。

被沙河阻截的太平军南下分遣队在阻击部队掩护下，撤到遂平附近的渡口，于六月十二日渡河，继续南下。柏山带兵穷追，第二天抵达确山县的南京店。官军经过连日追赶，疲惫不堪，再也走不动了，柏山不得不下令扎营。

六月十四日黎明，柏山下令拔营，追到臻头河北岸，见太平军已经渡到河中。太平军得到转机，此时距离湖北只有一百多里，于是狂奔向南。可是走到三官庙一带，遇到经文岱率领的官军。太平军无心恋战，继续南撤，却发现前面拦着一道淮河。他们无暇多想，顺着河岸东奔。第二天，柏山追到明港驿，已经落在太平军后面较远处。

六月十六日，经文岱追到小股掉队的太平军，发生了小战斗。南下分遣队主力已经抵达正阳和罗山一带，进入河南捻军最活跃的地区。

话分两头，林凤祥抵达怀庆后，周边未见官军，但城内守军抵死抗拒，无法攻进城内。董占元的一千人已行抵获嘉，距怀庆只有一百多里。可是董占元探知敌军兵力比他多出几倍，不敢再向前进，在获嘉驻扎下来，讷尔经额迭次严催，他总是说要等后起部队到齐。

托明阿、善禄和西凌阿终于渡过黄河，抵达怀庆，突然发起攻击。林凤祥损失一千多人，招架不住，下令撤到四门之外。官军审讯俘虏，得知敌军春官正丞相吉文元已被击毙。太平军分散驻扎在四关，官军与怀庆城内取得了联系。

尽管官军主力已向怀庆周边集结，林凤祥仍未放弃对怀庆的进攻。他把主力集结在怀庆以北。沁河与丹河在这里形成一个三角形的两条边，把太平军主力夹在其间，林凤祥显然是要利用河水作为自然屏障。

董占元已被革职，不敢不带罪效力。他听说官军主力已到怀庆，便不再犹疑，率部赶到丹河以东，击败太平军前哨，率部过河。林凤祥派出一千多人迎敌，以一支部队出村攻击，另一支部队绕到河东，抄袭董占元后路。由于官军火力太猛，林凤祥令部队藏入高粱地内，然后安全撤走。这时恩华也统带部队进抵河东的清化镇。

林凤祥对董占元十分恼火，于六月二十一日诱敌接仗，一举击溃董占元所部，彻底打垮了董军士气。西凌阿的骑兵一直没有斗志，此时更是见敌就退。

怀庆府从六月三日被围，已经长达二十天。知府余炳焘派人缒城报告，城西角被太平军用地雷轰击一次，东南角轰击二次，虽然都经抢修完好，可是城内粮食只能维持几天了。一万名乡勇断粮以后，情况无法设想。

这时胜保的部队终于开到。他于六月二十三日在怀庆东关外距城六里的申赵扎营，第二天与托明阿、善禄、西凌阿等晤商机宜。

托明阿说："胜大人的部队堪称劲旅，较为得力，就请胜大人打前锋吧。"

善禄与西凌阿连忙附和，一番恭维，令胜保十分陶醉。他自离开扬州以后，未曾与敌军交手，正因行军迟缓不好向皇上交代，巴不得抓住一个表现的机会。他非常看重自己的名声，在众将恭维之下，也不推辞，从二十五日开始，催动本部兵马向敌军发起攻击。胜保连战三天，然后向皇上奏报斩擒敌军约二三千名的战果。其实就连胜保对林凤祥的壁垒也是无可奈何，怀庆仍然处在太平军包围之中。城内守军翘首以盼，还是不见官军到来。

这时候，山东巡抚李僡率领一千八百名兵勇来到战场，与恩华、蕴秀商议对策。他说："官军营兵只有二千多人，其余几千人都是乡勇。估计逆贼有七八千人，如果我等轻举冒进，只怕会全军覆没。唯有厚集劲兵，才能破其巢穴。"恩华与蕴秀连连称是，于是李僡请求朝廷增兵三四千名。他指名请调的部队有：驻守庙工的直隶布政使张集馨所带官兵，驻守卫辉县的长芦运司杨霈所带兵勇，以及直隶境内的山西官兵。

诡秘的西进

杨秀清策划的北伐行动取得成功后，官军对扬州的攻击不但未能奏效，还出现了指挥系统的混乱。琦善从四月二十一日到二十七日连续发起攻击，收效不大。慧成、晋康和查文经率部抵达扬州城外的湾头，自成一体，不与琦善联系。他们于四月二十四日开始进攻扬州东门，也是收效甚微。

扬州太平军死守城池，而韦昌辉和石达开在金陵策划的西征行动正在紧锣密鼓地进行。

西征计划原来也是打算从陆路实施。金陵城内陆续派出一千多名太平军，剃掉长发，伪装成逃难出城的平民。但是，由于官军哨卡盘查严密，这些人都被查获。他们供认，他们出城之后的任务，是到金陵以南的东坝集合，然后听令行动。

向荣得到报告后，命令各哨卡继续严密盘查。西征计划眼看着就要流产，但是太平军首领并未死心。既然陆路走不通，那就走水路。计划的核心转移到船队。但是，要把大批船只从金陵调走，想要瞒过官军的耳目，几乎是不可能的。

官军对太平军的水上优势一直耿耿于怀。金陵至镇江一带的江面全被太平军控制，大量船只穿梭来往，官军对此束手无策，也弄不明白船队调动的理由。咸丰对此深感忧虑，屡次令向荣采用火攻。但向荣此刻却显得老成持重，担心火攻之后太平军更会化整为零，因此他迟迟不肯下手。于是他给赖汉英创造了一个机会。

大约在林凤祥抵达临淮关的同时，西进计划开始秘密实施。四月十八日，太平军船队在金陵观音门外忽行忽止，一天数变。第二天，船队仍然形迹诡秘。这些行动没有瞒过向荣的眼睛，这是石达开故意给向荣安排的一场表演。同时，他还安排了另外一场戏。

四月二十日，几名水手投到官军营内，向军爷们诉苦，说太平军征用船户的船只，仍然叫船户的水手驾驶。他们征调频繁，忽东忽西，叫船户们无所适从。

向荣得到报告，以为逮到了一个瓦解太平军船队的好办法。只要船户们跟着官军走，何愁不能解散敌人的船队？于是，他跟巡抚徐乃钊商量，派官员和士绅前往江边，给船户水手做思想工作，承诺给他们发放免死路票，只要他们逃走，官军会派部队接应。

那些向官军诉苦的水手正是石达开派来的间谍。向荣派人解散船户，石达开便达到了目的。四月二十二日，向荣委派的工作队报告，他们做通了船户的工作；船户和水手决定与太平军决裂，各自将船只焚烧。果然，从凌晨五点直到中午，江面火光不绝。向荣相信，押船的太平军已被烧死无数。与此同时，一千几百艘船陆续从夹江驶入大江，向荣估计此次散遣水手不下一万多人。其实这一千多艘船内载着赖汉英、林启荣、白晖怀的几万名西征部队，顺利地离开金陵，溯江而上，而向荣自以为成就了大功一件，连忙向咸丰报功。

观音门外的船队驶走了，三山门、石城门及江东门、栅栏门还停泊着几千艘船只。这些船只中载有太平军的辎重，防守严密。向荣以为，城北船队解散一事进行得非常隐秘，还没有传播开来，于是他多次向船户散发告示，希望船队全部解散，致使太平军江上无船可通，南北之路中断，他就可以从陆地上一举歼灭金陵的敌人了。

向荣现在做着一个黄粱美梦。他庆幸自己体会了上天的好生之德，没有听信皇上的劝告去采用火攻，使各省被太平军胁迫的船户免遭火难，而又解散了敌军的船队，江面可望肃清。而官军的艇船已有七十多艘抵达下游，只要天上刮起东北大风，即可上驶攻击。官军在上游还有少数炮船，并且添设了大小木排，虽然无法抵挡太平军的大船队，但只要和春能统带二十艘艇船驶至上游，与炮船会合，就能够取得制江权。

从金陵上行的太平军船队驶至西江口，遇到向荣水师的炮船，暂靠北岸，随后扬帆驶过芜湖三山的江面。江浦知县派出的探马追到安徽和县的乌江镇，回头禀报，而这支船队已尽数驶向上游。

安徽巡抚李嘉端接到报告，立即向朝廷反映情况。但是向荣已经奏报观音门外的船户与太平军起衅，烧毁一千多艘船只，遣散水手一万多人，因此咸丰认为，这次驶过芜湖三山江面的船队，很可能就是向荣遣散的民船。向荣不但自己上当，而且以他错误的判断影响了朝廷的决策。

其实向荣心里也对所谓解散的船户生了疑窦。根据探报，这些船只乘风扬帆，直向上游驶去，似乎不像船户所为。为了防备万一，他于四月二十七日令福兴带领二千兵力前往采石矶截击。当天夜深时分，又有探马回报，说这支船队确系敌船向上游攻击。向荣以为金陵的敌军会随后西进，可是金陵城内毫无动静。向荣心中没了主意，敌军究竟是分兵西进，还是打算全部撤离金陵？只有一面侦探，一面仍令福兴带兵赶赴太平、芜湖一带堵截。

向荣的儿子向继雄带领炮船驻扎在上游，果然与赖汉英遭遇，但不堪一击，朝上游撤退。赖汉英追到铜陵，向继雄已退驻九江。

太平军部分兵力从金陵溜走一事，向荣想瞒也瞒不住了。他未将此事通知朝廷，却不得不通报给了安徽和江西两省有关地方的官府。九江的文武官员接到通知，饶九道义泰和九江镇总兵罗玉斌商议如何应对。

义泰说："九江存兵无多，亟应厚集兵勇，以资堵御。不知罗镇台有何高见？"

罗玉斌说："如今人们都说'北胜南江'，江北有个胜保，江南有个江忠源，都是著名的骁将，名震敌胆。如今江忠源率领一千七百名楚勇驰赴江南会剿，不日即可到九江，何不奏请朝廷，将他留在九江加强城防呢？"

"我听说江忠源打仗，全靠其弟江忠济，不知这员猛将是否也在军中？"

"好像也在军中。"罗玉斌回答。

于是江西官员连忙奏留江忠源。向荣此时也想到了这员大将，由于朝廷已委派江忠源做他的助手，他便发了一道公文，令江忠源迅速赶赴安庆查看情形，或者赶赴太平、芜湖，会同江南大营的部队迎头堵截西进的太平军，如果敌船已过太平，直上安庆，便折回九江下游一带择要扼截。

赖汉英这次行动安排得天衣无缝。他的船队从二十七日至三十日先后通过芜湖，虽然跟官军交手，却未曾上岸放火抢掠。官府往往依据是否烧杀抢掠来判别对方是良民还是逆匪，赖汉英此次利用这一点，致使沿江官府迟迟无法判明他们的真实身份。

第九章

保卫南昌

> 就在江忠源防守南昌的这个夏天，美国培理舰队的四艘战舰出现在日本海岸，依靠坚船利炮打破了日本人以刀剑为支柱的武士梦想。

必死的信念

且说江忠源于咸丰三年年初跟随张亮基抵达湖北以后，一直忙于四处征讨会党。张亮基刚刚接任便接到报告：崇阳的陈北斗，通城的刘立简，嘉鱼的熊开宇，公开反抗朝廷，手下兵力达到几千人。他听从左宗棠的建议，把剿匪事宜全部交给江忠源。

江忠源率领楚勇，于三月份进攻通城。此地自从道光十九年钟人杰起事之后，潜伏着许多会党。由于湖北高官没有严厉镇压，留下了反叛的火种。刘立简、罗经仁与何天进等人发起抗粮运动。他们认为官府忙于恢复武昌，无力派兵镇压。不料江忠源率领四百名楚勇和三百多名开化勇与泸溪勇前来挑战。

江忠源只有孤军一支，但他要对付的不止是刘立简，还有嘉鱼和蒲圻的会党。他只得将开化勇和泸溪勇分派到嘉鱼和蒲圻，自己率领楚勇，直攻通城麦园的刘立简根据地。楚勇一战告捷，抓获刘立简，处以磔刑。接着进军葛家坪，五天打了六仗，斩杀四百多名会党。

江忠源正要继续深入会党根据地，忽然得到报告：陈北斗率领几千人，与通城会党残余何天进联手，袭击桂口及通城的下畈，并要趁机夺占通城。嘉鱼的熊开宇和梁一举也与何天进联合，军力重振。江忠源认为通城在武昌上游，不可丢失，便返回通城固守。由于兵力单薄，请张亮基调江忠济与刘长佑、李辅朝率旧部楚勇来湖北会剿。他同时写信给曾国藩，请求他把刘长佑派到湖北。

楚勇本是江忠源的部队，曾国藩不能见急不救，他收到信后，当即令江忠济带所部楚勇从平江前往增援。三月五日，刘长佑率楚勇回到长沙，曾国藩也令他驰赴崇阳和通城会剿。

几天后，江忠济率领五百名新宁勇赶到湖北。这时陈北斗已回驻桂口，江忠济令部队隐蔽前进，当夜打了一场漂亮的偷袭战，阵斩陈北斗和十一名首领。接着击溃何天进等部，烧毁会党军营，斩杀会党几百人。然后立即拔营赶赴通城，和江忠源一起在城外扎营。

江忠源得知陈北斗已被打败，料定通城会党一定感到孤立，便拔营攻入山中，同时写信令刘长佑前来增援。正在此时，江忠济赶到，和大哥一起在城外扎营。几万名会党蜂拥而来，四面夹攻，重重包围。楚勇不到一千人，江氏兄弟却毫无惧色，令部队站立不动。

江忠源拍着江忠济的肩膀说："要破此贼，全靠三弟了！"

话音未落，江忠济挥舞双刀，大喊出阵，部队跟随冲杀，所向披靡。江忠源击鼓助战，楚勇无不拼死搏斗，会军大溃。江忠济率部分路追杀，活捉首领张西园等二十多人，斩杀和俘虏大批会党。

刘长佑于三月八日抵达通城，会党已逃向蒲圻，刘长佑率部追击，将之击败。

太平军在湖北走了一遭，在各处引发会党起事，长江两岸的沔阳、监利、石首和蒲圻等地，以及汉水两岸的襄阳、安陆、德安等郡，都有会党起事。张亮基有高人辅佐，一点也不恐慌。他遵照左宗棠的建议，仿照湖南的办法，命令各州县举办团练，由德高望重的士绅主持，募集资金，训练丁勇，保卫乡里，迫使盗窃之风稍有收敛。

曾国藩把楚勇派到湖北，不得不防与通城相邻的地区。他已经起用江忠源非常赞赏的四川人林源恩，令他招募五百名平江勇丁跟随自己。当会党从崇阳和通城攻打平江时，他命令林源恩回援，在北乡的上塔市扎营。

江忠源以一支人数不多的部队，不断立下奇功，被咸丰视为得力的大将。金陵战事吃紧，他令江忠源襄办江南军务。江忠源本已不打算再涉足军事，广西的战事已经伤透了他的心。他第二次出山增援桂林时，本以为有乌兰泰做靠山，可与太平军决一雌雄。可是乌兰泰死了，江忠源认为自己位卑望轻，报国无门，打算脱离军旅。没想到皇上对他如此看重，令他去做向荣的副手。虽然他不喜欢向荣，认为广西的败绩和乌兰泰的战死都跟这个四川老将脱不了干系；但他感念于朝廷的器重，还是改变了主意，决定继续军旅生涯。

接到任命的当晚，他挑灯书写家书，洋洋一万余言，把家事全部安排妥当。他在最后写道：我要说的话，就此为止。从此以后，我就一心为国家担当军事，与贼寇作战，你们不要再用家事来干扰我了。

江忠源不想受到任何拖累，他驻军益阳时，买了一个姓陈的女子做小老婆，他决定让这位爱妾返回家乡。他也许还不知道，他在爱妾腹内播下的种子，将在十个月后成为他的遗腹子，使他死后留有子嗣。

江忠源出于对咸丰的一片至诚，写了一道长达五千言的奏疏，直言不讳，在他给徐广缙建议的基础上进一步发挥，陈述军事见解，请求朝廷根据他的提议进行八个方面的改革。

第一是严军法。江忠源指出，长久的和平导致军人养尊处优，贪生怕死。他从人性的根本上论述，是人就会怕死，但是军人受军法约束，必须敢于出生入死。严厉的军法会使军人明白一个道理：进可能死，退则必死。军法约束是提高部队战斗力的不二法门。

第二是撤提镇。所谓提镇，提就是提督（省军区司令员），镇就是总兵（军长），两者都是清廷派驻省级行政区的最高军事长官，位高权重，他们跺一跺脚，脚下的土地都会抖三抖。撤掉提镇，就会砸掉上百名高官的金饭碗，无异于从老虎嘴里抢肉。如此大胆的建议，只有江忠源这样忠肝义胆的人才会冒死提出。如果遭到报复，就会死无葬身之地。江忠源不但提议撤销提镇，还指责这些人腐朽无能，贪婪怕死。他说出了大家心知肚明但都不敢吐出的真言，咸丰居然没有驳回他的建议。

第三是汰弁兵。这是对大清帝国全体军人的一个挑战。自从鸦片战争爆发以来，朝野上下对官军的整体素质评价很低。江忠源顺应官心民意，提出淘汰那些只会钻营不会打仗的官兵，选拔朴实勇敢的军人来补充他们留下的空缺。换言之，他要求对全军中下层进行一次大换血。

第四是明赏罚。官军将领们不敢亲临第一线，赏罚不公，导致军心涣散，这是江忠源在广西时就观察到的现象。他请皇上责令将领亲赴前沿，明察秋毫，一赏一罚，开诚布公，以振军心。

第五是戒浪战。江忠源的这个建议，实际上是委婉地告诉皇帝，官军的敌手谋勇兼优。在这一点上，他跟周天爵的看法略有不同，但结论一致。周天爵看出太平军套用周武王的军制，采用孙子兵法，所以胜多败少。江忠源则认为，太平军打防御战时阵地严实，打进攻战时能出奇兵，而且重视谍报工作，行军时虚实并举，动作迅速，所以能战能守。总之，周天爵和江忠源都肯定了太平军是官军的劲敌，一些西方观察家也支持这种看法，不过他们主要是从武器装备方面认定了太平军的优势。江忠源指出，既然官军是面对可怕的强大对手，作战时就必须小心谨慎，知己知彼，稳扎稳打，才能立于不败之地。

第六是察地势。打仗要看地势，因地制宜，这是一个常识。江忠源为什么要特别提出来呢？那是因为官军将领普遍缺乏地理地形知识。江忠源认为，官军在全州、道州、长沙、湘阴和岳州的失利，都是因为没能掌控军事要地。

第七是严约束。官军扰民始终是一个最严重的问题。官军镇压太平军的公义之一，就是制止盗抢奸淫，保民安民。如果官军的行径跟盗匪一样，甚至比盗匪更甚，不仅在道义上站不住脚，而且会失去民众的支持。江忠源说，太平军只抢富人的财物，官军则连穷人都抢，百姓自然会拥护太平军。必须加强官军纪律性，才能打赢这场战争。

第八是宽胁从。江忠源的军武生涯起始于道光末年。在镇压雷再浩的作战中，他提出除恶务尽，斩草除根。在浙江为官时，他仍然是爱憎分明，对盗贼如同严冬一般残酷，对良民如同春风一般温暖。但是通过咸丰年间的军事实践，他发现敌军中也有大批良民，属于胁从之列，不能一概诛杀，应该争取他们投诚。他建议官军打仗时在阵地旁树立“投诚免死”的大旗,对于投降的太平军一律不予处罚。

江忠源的这份奏疏，对清廷镇压大规模造反的方针大计产生了深刻而长远的影响。曾国藩等湘军大佬组建和训练湘军，制定湘军营制，思考行军作战的方略，无不参考他的这些见解。这份奏疏是江忠源的经验之谈。他是湖南乡勇将领中对抗太平军的第一人，对于敌军的战法了如指掌；他多次与绿营配合行动，亲身体验到了绿营的弊端，对于交战双方可谓知己知彼。最重要的是，他是一个善于思考的读书人，他的意见具有极大的指导意义，不仅使乡勇将领中的后来者少走了弯路，对清廷中刚愎自用的文武大员们也具有极大的说服力。

官场必须换血

江忠源拜发奏疏之后，遵旨率领一千七百多名楚勇东进。行近蕲州，听说长江对岸的广济有个宋关佑领头抗交官粮，胁众数万，斩杀了黄州知府邵纶和黄梅知县鲍开运。江忠源抵达蕲州时，听说宋关佑已经集结了几万部众。

江忠源认为，百姓是误听了宋关佑等人关于免除粮赋的谣言，所以不肯交粮；鲍开运是邻县的县令,发兵攻打广济,操之过急,所以酿下了大祸。要摆平这件事，必须不问胁从，严惩起事首领。

江忠源下令在蕲州扎营。广济的百姓跑来求见，请楚勇不要过江，他们许诺把宋关佑绑来献官。江忠源答应了他们的要求。但是，约定的时间到了，不见把人送来，江忠源果断令部队过江，进军广济城北。

宋关佑的起事，张亮基和崇纶已经接到报告。他们一方面通知江忠源顺道镇压，一方面奏请皇上批准。但是，江忠源这一时期的所作所为，大部分是根据自己的判断。朝廷和地方大员给他的命令送达时，往往落在他的行动之后。镇压广济会党一事，他在奉到圣旨之前就着手进行了。

三月二十九日，刘长佑已经驻军黄梅城南。这时军中疾病大流行，李辅朝卧病不起。江忠源将军事全部交给刘长佑掌管。楚勇三战三捷，斩杀五百多人，俘虏三百人，释放其中的一半，令他们带回告示，转告其他人解散。

第二天黎明，会党从城西分两股杀来，再次被楚勇击败。会党悄悄来攻营垒，又被刘长佑用计击破，只得逃亡广济。江忠源审讯俘虏，发现有许多是昨天放走的人，知道他们是死心塌地的会党，便将他们一律处死。

江忠济从蕲州运粮前往军营，遇到土匪，遭到猛烈的围攻，江忠源急忙援救。这对兄弟生死患难相倚，令人感慨不已。

四月二十一日，江忠源接到李嘉端的通知，说太平军分兵袭击滁州，请他率部从捷径驰赴河南与安徽交界之处扼要堵截。四月二十五日，又接到圣旨，叫他在广济剿匪之后再赴江南大营。地方大员的请援，朝廷的圣旨，叫他去往不同的地方，江忠源只能按照自己的意思行事了。

江忠源于四月二十七日将大金铺的会党根据地焚毁，并将张东铭捕获，会党余部胆落，四散逃匿。

前面说过，江忠源还没离开广济，咸丰已得知太平军正在从滁州北上，又给江忠源下了一道圣旨：如果广济战事未完，便由代理提督阿勒经阿接办，令江忠源统带兵勇，迅速驰赴安徽凤阳一带，会同周天爵等人作战。

江忠源接到圣旨以后，把广济的善后事宜交给代理汉黄德道徐丰玉和阿勒经阿接办，自己率领所部从蕲州出发，打算取道九江，再渡江进入安徽。

但是赖汉英的西征部队再一次改变了江忠源预定的行程。他来到九江之后，得到情报，太平军在分兵回攻上游，他与向荣的大营已经隔绝，声息不通。何去何从，江忠源还要看一看。这时的江忠源深感任大责重，很想有一番作为，但苦于兵力不足。他请求朝廷从云贵给他调派几千精兵，让他挥师向下游攻击。他还打算派军官回归新宁，添募壮勇三千，凑足万人，自成一军。他向咸丰保证，只要有了雄厚的兵力，他就亲率将士，竭力扫除东南逆贼，与之势不两立，如若不能成功，请皇上拿他治罪。

江忠源的奏报引起咸丰的感慨。那些朝廷大员，饱食俸禄，怎么一到朝廷要用他们时，个个都用不上手？不是畏葸避战，就是互相推诿。而江忠源这么一个刚从基层升上来的官员，怎么就敢于承担起责任？

咸丰想到此处，给内阁再发一道上谕，要求对那些从草根阶层中涌现的忠义勇敢之士，只要他们建立了奇功，就要给予奖赏提拔。他以江忠源作为例子，说此人在家乡团练乡勇，多次立下战功，被提拔为按察使，可见练勇之中人才辈出，朝廷也敢于放手提拔。北方民风素称骁勇，安徽、河南、山东、江南交界地方不乏奇杰之材，能为百姓御灾捍患，其中有些人，自己出资招募乡勇，投效军营，杀贼立功，统兵大臣应立即奏请优奖，或给官职，或给予荣誉，以此形成急公好义的风气。有些人在家乡举办团练，保卫桑梓，遇到贼匪，合力擒捕，也有保卫乡里之功，要跟那些随军打仗的一视同仁，给予奖励。

这道谕旨，说明咸丰已下决心要从民间选拔人才，并且决心使用民间的武装力量。他已经意识到，必须网罗一批效忠于自己的能人志士，才能保住江山。而对那些前朝的庸臣，必须重重地敲打一下，对有罪的臣子们则要严惩不贷。这个想法越来越清晰，越来越坚定。不过，咸丰此时并未充分重视湖南的人才，而是寄望于北方豪杰四起。

咸丰想起琦善和向荣这些前朝老臣，没打一个像样的仗，反而谎报军情，越想越气，下了一道颇带威胁口吻的谕旨：你们各拥重兵，未能收复一城，以致另股贼匪从安徽窜到河南，迫使朝廷不得不从各处调兵应对。琦善和向荣都是有罪在身，朕弃瑕录用，若再不知感奋和畏惧，早日收复三城，坐使贼势蔓延，劳师靡饷，国法俱在，你们给朕小心一点！

咸丰已经意识到官场问题的严重性。洪秀全从广西打到湖北以后，所过州县，无不失守，就连省会安庆和九江府城都没能把他们阻挡一阵。从根源上说，都是由于各个地方的官员首先就有怕死之心，将土地和人民委之不顾，实堪痛恨！咸丰下过死命令，要求统兵大臣和守土大吏严办丢城失地的官员。可是上有政策，下有对策，有的官员谎称下乡招募乡勇去了，有的则谎称是危难中被百姓救起，捡了一条性命。还有一些官员，干脆下落不明，生不见人，死不见尸，朝廷长久失去了他们的行踪。这帮遇敌就逃的官员，若不严行惩办，何以肃国纪而儆将来？

正在这个节骨眼上，前任湖北提督博勒恭武在北京出现了。他从岳州逃走以后，为了躲避朝廷的缉捕，来到湖北毂城，改装易服，逃到清江，又偷偷逃到京城外面的黄村，改换姓名，打算隐居下去，但还是被巡捕拿获。刑部审讯时，他才承认自己的真实身份，但还为自己辩解。咸丰决定将他立即处斩，派刑部尚书周祖培监刑。

博勒恭武一案再次提醒咸丰：官场必须换血了，必须剔除博勒恭武这样的败类，换上江忠源这样的新生力量。江忠源陈奏的八条改革军务的办法，咸丰看得十分仔细，觉得与现实情况非常吻合。这位新提的按察使已经跟洪逆打了两年多的时间，所有的军情都是他亲眼所见，不是那些大臣们的空谈可以相比的。他希望江忠源抵达江南大营后，能够说服向荣和许乃钊，认真进行一番改革。

赖汉英撞上江忠源

咸丰三年（1853）五月三日，赖汉英的船队逆流而上，接近安庆。李嘉端不敢轻视，当即带领文武官员登上城楼，部署防御。中午时分，太平军船队乘风直扑安庆城下，用大炮射击城墙。官军抵挡不住，渐次逃散。第二天上午九点，太平军炸垮城墙，进入城内。剩下的二百多名官军下城力战，立刻就被消灭。文武官员紧急商议，认为安庆城池破坏，人民尽逃，并无仓库钱粮，不如退守距城十多里的集贤关，至少可以挡住太平军北进的道路。

五月六日中午，赖汉英登陆，兵分几路，分扑集贤关。官军用枪炮连续射击，挡住了他的进攻。

安庆的李嘉端和南昌的张芾纷纷向咸丰告急，咸丰这才知道，向荣所谓解散的太平军船队，其实是一支向长江上游攻击的水军。但他仍然认为敌军是混在解散的船只当中向上游进发。他经过权衡，认为还是北方的战事要紧。他已命令江忠源不去江南，而是改救河南之急，因为归德已经失守，太平军逼近了黄河，北省军情重于江路，势不能不先其所急。因此，他告诉张芾，如果江忠源还没有走出江西，要催令他兼程北上，不要误了事机。

太平军出现在安庆的消息也令湖北震动。张亮基不断接到安徽和江西十万火急的公文，通知他有敌军溯江而上。可是赖汉英的船队继续保持低调，经过各个州县，都未曾加以侵扰。抵达彭泽以后，赖汉英按兵不动，没有攻城掠地之举，不同于太平军往日的行为。张亮基判断，或许这支船队的确是被胁迫解散的民船，甚至有可能是湖南的渔民。他和左宗棠商议，打算先派一些湖南衡阳、郴州的人士，带着公文前往彭泽，秘密侦探，看看这支船队究竟载的是解散投诚的水手，还是行为诡秘的逆党，再根据情况决定如何办理。

再说江忠源抵达九江之后，接到探报，敌军分股攻向长江上游，拥有一千多艘船只，顺风驶上，已于五月七日抵达彭泽县。

江忠源与刘长佑商议："我军可否向下游迎击？"

刘长佑说："我军只有一千多人，兵力单弱，而且没有火炮。江面宽至十余里，沿途无险可扼，仓卒遇敌，不但难以发起攻击，还恐怕措手莫及。还是坚守九江为好。"

江忠源决定留驻九江防守，并向皇上奏报留守九江的必要性。他当即令部队入城分垛坚守。但是九江城墙过宽，合计一千七百八十余垛，楚勇不敷守垛之数，九江存城兵丁六百多名，皆系未经战阵，如果敌军攻城，兵力过于单弱。江忠源做好了与城共存亡的准备，一面飞探下游消息。

江忠源在九江驻扎下来，咸丰事后批准了他的奏请，令他在九江妥为部署。同时，他令湖广督抚迅调重兵前来策应，并同意江忠源派军官回湖南添募乡勇。同时他提醒江忠源：逆贼飘忽不定，倘在江西遭到痛击，逃散到湖北一带，江忠源应当先其所急，驰赴救援。

尽管赖汉英船队行踪诡秘，九江前线的官员对这支船队的身份却没有任何怀疑。江忠源来到九江之后，认定这是太平军的战斗部队。他一边部署九江防御，一边向张亮基通报敌情，请上游注意戒备。张亮基和左宗棠不敢怠慢，下令采办木排，预备船只，扼要设防，并委派代理按察使罗遵殿驰赴下游择要驻兵。张亮基和左宗棠也率领亲兵赶赴道士洑与黄石港一带驻扎。

到此为止，向荣仍未向朝廷说明真实情况。咸丰询问：这支船队沿途没有抢掠，但又为何攻击安庆？又为何与向继雄作战？一定要查明确切情况，火速通知上游各省督抚，妥为预备。

争分夺秒

赖汉英虽然在彭泽按兵不动，但已派人到彭泽以南不远处的南康府城策动造反。这里的百姓开始行动，接应太平军入城。五月十四日，一百多名居民将星子县代理知县罗云锦押到城内偏东的同善堂看守，随即劫狱，放出囚犯。第二天，代理知府恭安前往城隍庙烧香，居民又将他押到同善堂，和罗云锦关在一起。

赖汉英得到情报，认为时机已经成熟，下令对彭泽县发射火箭，烧毁衙署，立刻率领船队乘风溯长江直上。行至湖口，赖汉英又下令对县城发射火箭，然后命令船队驶入鄱阳湖。

五月十六日，太平军船队开到南康府城的南门外，部队还没登岸，居民就将两名官员献出，并给太平军馈赠银米食物。都司胡瑶林乘马出城，也被居民抓住，送到太平军船上。传闻三名文武官员都被太平军拘禁于船，甚至有人说恭安已经死亡。

赖汉英得到江西百姓的拥戴，大喜过望，对南康百姓赞不绝口，立刻上岸进城宣慰居民。一些百姓欢欣鼓舞，追随赖汉英回船，加入了太平军。

赖汉英一动，张芾就探知了太平军的这一动向。他判断，敌军有可能指向九江，也可能从湖口进入鄱阳湖，直指南昌。如果他们入湖，官军在南康和吴城各处驻兵无多，无力阻挡，只能听任他们南下。南昌守军不满三千，团练壮勇也只有二千多名，共计五千多人，防守将十分吃力。

张芾处在一个两难的境地，必须选择是保卫九江还是保卫南昌。正在为难之际，督粮道邓仁坤匆匆跑来求见。

“中丞大人，如今只有江忠源能够守住南昌，请大人立即上疏请调楚勇来此。”

张芾刚刚因为太平军东进时丢失了九江而被革职留用，他不能再冒丢失省城的风险。何况他还踩着一脚屎，当今皇上不久前惩办的穆彰阿就是他的恩师。他头上如同悬着一把剑，必须处处留心，稍有疏忽，就会丢掉前程。如果再丢掉了南昌，他的性命恐怕都难保住。但他又担心九江失守，皇上同样会怪罪他。于是他回答：

“邓大人所见极是，本部院早已上疏请调江忠源，只是不知圣意如何。如果我擅自做主将江君调离九江，致使九江失守，我还是难逃干系啊。”

“九江只是一座空城，与其分兵防守九江，不如集中兵力保卫南昌。何况南昌还要为江南大营提供粮饷，如果南昌丢失，官军就被敌军掏了心脏，断了粮饷！”邓仁坤由于心急，声音有些发颤。

“对呀。”张芾沉吟半晌，终于下了决心，“就这样吧。江忠源有一千七百名楚勇，对防守南昌举足轻重。如果把九江一千多名驻防军也调来省城，他们还可以从后面追攻敌船。”

张芾当天就拜发了请调江忠源的奏疏。咸丰览奏之后，考虑到上驶船队身份不明，加上九江战略地位重要，不同意江忠源退守南昌。但是朝中也有呼声支持张芾的动议。军机章京段成实给军机大臣上了一份说帖：江西也是财赋之邦，为东南要地，断不可令贼据之。如今求吏才还算容易，求将才确实困难，请皇上调江忠源去救江西，安徽按察使可派他人上任。他的意见，军机大臣也奏告了皇帝。咸丰权衡再三，终于批准了张芾的请求。

咸丰虽然做了决断，上谕却要过十天左右才能送达南昌。张芾没等上谕到来，决定先派军官去请江忠源。一匹快马将他的告急信送到九江城内。

江忠源所奉的上谕是坚守九江，但从巡抚的告急信中已看出事态的紧急。前线的情况瞬息万变，他想起戏文中常说的一句话：将在外，君命有所不受。

他派人把刘长佑找来，说道：“皇上要我前往金陵和凤阳，但那里都已是残破之区，我去救援，虽然难见效果，作战却也不难。南昌这边，皇上还没有令我去救，但这是完善之地，事情紧急而难度较大。我应当先挑重担。”

刘长佑说：“部队因伤亡和中暑已经大大减员，还望斟酌。”

江忠源问道："除掉病弱，精兵还有多少？"

"一千二百人。"

江忠源说："留下伤病号，集合所有精壮，准备出发！"

江忠源决定先斩后奏。他给咸丰上了一道奏疏，不等批复，立即开拔，力争抢在太平军之前进入南昌。刘长佑和江忠济随他同行。

这一天是五月十六日，楚勇离开九江，刚刚起程，探闻敌船已入鄱阳湖口，乘风直上。情况已经十分明显，敌军的攻击目标不是九江而是南昌。江忠源庆幸自己先走了一步。

他催马追上刘长佑，问道："印渠，我军可否在吴城阻截？"

刘长佑答道："据探吴城湖面宽阔，我军兵力太少，就算能够保住吴城，也无法阻挡逆贼前往南昌。"

江忠源沉吟半晌，说："既然如此，还是直接去南昌吧。"

江忠源的楚勇开始用脚板跟赖汉英的船队比赛。这个新宁人自从咸丰元年在赛尚阿的召唤下赴广西协办军务，在清廷统管军队的钦差大臣和封疆大吏眼里，就成了炙手可热的人物。从广西到湖南，从湖南到湖北再到江西，他所率领的楚勇成为一支快速救急部队。太平军打到哪里，哪里就会出现他的身影。

赖汉英于五月十七日经过吴城镇。江忠源率领楚勇急行军，于五月十八日夜间抵达南昌。他见城外的民房鳞次栉比，很可能成为太平军的隐蔽所，见到张芾以后便说："请中丞下令，立刻焚烧城外的房屋。"

张芾一愣，问道："为什么？"

"靠近新城门的章江门和广润门，外面人烟稠密，若有贼寇藏在民房里，我军看不见啊。必须全部烧毁，否则没法守城！"

张芾略一沉吟，果断地说："听凭江公处置。"

南昌市民没有张芾这样的觉悟，对江忠源烧房牢骚满腹，街头巷尾议论纷纷：江忠源是什么人？怎么一来就烧房子？逆贼还没杀到，你就实行焦土政策，不是你家的房子，烧了不心疼，是不是？

江忠源向绅士父老耐心解释："你们没有守过桂林，也没有守过长沙，不知贼军占据了城外的民房，就有了攻城的前进隐蔽所。如今南昌城周围房屋这么多，楼高墙厚，留下来会后患无穷啊。"

江忠源没有更多的工夫磨嘴皮，手一挥，率领亲兵出城放火。据说大火三日不息，古代名胜滕王阁也被烧毁。

江忠源一到南昌，张芾就退居二线。张巡抚放下架子，交出实权，请江忠源挂帅，虽有苦衷，也算难得有自知之明。江忠源通过邓仁坤，很快就掌握了敌我双方的部署。张芾对这两个湖南人倾心倚任，说："作战由江君负责，守城由邓君过问！"张芾如此豁达，恐怕还是因为负有守土之责，担心丢掉顶戴的缘故。

邓仁坤对南昌的城防早有研究。上一年太平军打进湖南时，他曾请求上峰在南昌修筑工事，筹备城防。不久前，太平军从武汉蔽江东下，官军没能守住九江，南昌的百姓纷纷迁往别处。当时巡抚不在城内，他便下令安抚百姓。他向张芾提出防守赣江的策略，请求增兵控制湖口，又拟写了城防注意事项，都未得到足够的重视。江忠源一到，他的价值凸显出来，立刻成为江忠源的得力帮手。

江忠源预测太平军将从东北方向攻来，而南昌的得胜门和章江门首当其冲，决定分派楚勇防守这两座城门，他自己在敌人主攻的章江门楼坐镇。刘长佑驻扎在得胜门，训练守军轮流防城，还要担负楚勇的文案工作。

江忠源夜宿谯楼，下令炸毁城墙外面的矮墙，不让太平军有隐蔽之地。

楚勇只比太平军早到了半天，五月十九日上午，赖汉英率领一千多艘船只组成的大军，乘着北风大作，向章江门驶来，风帆蔽江，黑压压一片。船队在南昌附近停泊，陈孚恩等率乡勇逼近江边，可是无险可据。乡勇都没有作战经验，更无攻击的胆量，担心寡不敌众，又顾虑城内兵单，当即撤回城内，登城守望。

赖汉英说："我军突袭，城内应无准备，兵贵神速，立即进攻！"

江忠济随大哥站在章江门上，只见敌船向岸边靠拢，纷纷向城头开炮。江家兄弟冒着炮火，指挥守军开炮还击。一排炮弹射到江面，击沉敌船三艘，把太平军压制在水面上。赖汉英因为大意而损兵折将，抬头一看，只见楚勇的蓝色军旗在章江门上空飘扬，不由倒抽一口冷气，惊叹一声："江忠源来了？他怎么来得这么快？"

城头上忽然一阵喧哗，江忠源问道："什么事情？"

不一会儿，只见江忠济带领楚勇押着四名绿营兵过来，报告说："敌军方才开炮，这四人就要攀绳逃出城外，被楚勇抓住了。"

江忠源说："统统斩首，以肃军纪！"

张芾和陈孚恩也在城头，颇为尴尬，说道："本省官军初次打仗，城内原有的几千人都没见过阵仗，想来是一时吓坏了。"

江忠源道："缺乏作战经验不怪他们，可是临阵脱逃，说明纪律松弛，必须杀一儆百！"

赖汉英初战失利，当下派小船抄到南门外的南湾。这里的守军指挥官是知府林福祥，他命令机动部队开炮，击沉敌船二艘，并将登陆的敌军击退。

南昌官军初战小胜，士气高昂。江忠源还是不放心，对张芾说："我带来的楚勇，个个身经百战，军纪森严，我要派他们到四城督战。"

江忠源环城巡视，分兵防守城垛，将一千二百名新宁勇抽出七百名，分派到七座城门，每座城门各派一百名楚勇。各门的楚勇又分散开来，每四五个城堞都有一名楚勇监督几名守兵。另外五百名楚勇作为机动兵力。江忠源下令："只要发现有人企图逃走，立即斩首。我会日夜在城头巡防！"

楚勇的勇敢表现大大鼓舞了其他守军，南昌的城防力量大大加强。城防部署完毕以后，张芾来找江忠源，说："江西民情柔弱，听到警报之后，百姓纷纷迁避，南昌的绅士及工商匠役人等无不远走高飞。多亏邓仁坤啊，一切军需品平时都有储备。可惜城内兵力太少，还得请皇上从湖北和湖南遴选得力镇将带兵赶来增援。"

江忠源道："我军兵力虽少，但守城绰绰有余。敌军初到，布置未定，我军应拣选轻锐，潜师出城，抄击敌后。等到援兵大集，再大举反攻。"

赖汉英在湖南吃过江家军的苦头，知道这一次的攻坚战不好打，决定稍稍后退，率领船队向得胜门驶去。这时城外的大火还没烧尽，赖汉英指挥部队登陆，连连下令："快快救火！"太平军扑灭了得胜门外的火焰，这里的民居保留下来，成为太平军的掩体。太平军以此为根据地，不久便挖地道轰城，南昌人这才明白：江公果然有先见之明。

赖汉英在城外巡视了一圈，叹道："看来南昌城防已经部署定妥，我们只能靠水陆夹攻，困死清妖！"他下令在北兰寺一带连营数里，掘壕起堑，作为进攻阵地，又分派游军，沿鄱阳湖西向南昌、新建两县所辖二三十里境内巡逻，日出夜归，断敌接济。

江西百姓对太平军表现出了巨大的热情，各地有人倡议进献物资，东至饶州府、广信府，西至瑞州府，南到临江府、抚州府、建昌府，每天都有百姓举着旗帜，远道送来猪米等食物，清廷官吏不敢禁止。太平军派人迎接拥军的百姓，热情接待，见面以兄弟相称，打成一片。他们将《太平诏书》《天条书》《幼学诗》《三字经》数卷，加上收货凭据交给百姓。重度的答谢，则有棉花、油盐、衣服等物。农民到营门来卖农产品，太平军支付高出市价几倍的价钱。在他们支持下，南昌附近的农民到地主家开仓分粮。

这时九江镇和南赣镇的营兵部分赶到了城外。上谕也送到了南昌，咸丰不但批准江忠源增援南昌，还根据张芾和陈孚恩的奏请，任命他总统城内外各营兵勇，统一指挥。

南昌的西南北各门外，民房墙壁尚未毁尽，赖汉英以此作为前进基地，令部队开枪放炮，暗挖地道。五月二十日，江忠源令楚勇从永和门空心炮台突出门外，三四千名太平军在高坡上开火射击。楚勇冒着枪林弹雨直扑敌阵，太平军抵挡不住，退到坡后。楚勇在高地站稳脚跟，太平军拼死回扑，楚勇顽强抵御，当天击退了太平军发起的四次冲锋。

楚勇不怕死的精神再次鼓舞了守军。知府耆龄和林福祥在城上指挥大炮和抬枪射击,打破两军对峙的僵局。邓仁坤新筑空心炮台,指挥乡勇在台内用大炮连射,以猛烈的火力击毙不少敌军。林福祥一介文官,亲自发射连珠火箭和大炮,命中敌阵,因炮位退坐,致伤腿足。城内各营不忍让楚勇孤军作战,下城增援,一时矢石如雨,迫使太平军全军撤退。此日先后约伤毙敌军二百多名,官军伤亡近百人。

张芾与陈孚恩都在城上督战,亲眼见到楚勇奋勇敢战,以一当百,惊诧不已。楚勇把总李光宽身先众勇,深入敌阵,所向无前,更令张芾等人看得惊心动魄。那一天的战斗十分惨烈,李光宽最终饮弹身亡。

楚勇收队之后,江忠源下令加筑月城,鼓励士卒下城焚屋清壕,以防地道暗攻。同时在城内严密巡逻,缉拿奸细,以弭内讧。江忠源忠勤懋勉,筹划周详,官兵无不悦服。

赖汉英也不示弱,令部队在章江门外的沙井修筑了营垒。太平军沿着赣江岸边的小洲筑起炮垒,日夜对城轰击,炮子如雨点一般落在城头。

江忠源每天登城守备,到夜里疲倦万分,卧榻休息。张芾有事找他,直接走到卧榻前与他交谈,丝毫没有巡抚的架子,如同劳军的三陪先生。两人坐定,随从在左右侍候。

张芾说:“江大人,真是惭愧,江西的官员无法守住南昌,还得烦劳楚勇出力。幸得贵部及时赶到,否则后果不堪设想。”

江忠源道:“中丞不必客气。忠源来此,未见到几位江省官员,不知都去了何处?”

“唉,”张芾长叹一声,“说来惭愧啊。闭城以后,经我委派稽查城门、巡查街道的官员,竟然都未来跟我见面。有些人未奉差委,屡传不到,显系先期远避。南安府同知杨正祥,抚州府通判范寿椿,饶州府通判王煊宇,候补知县刘世炜、祁启萼,万安县知县黄瑞图,峡江县知县蔡廷兰,试用知县袁思韩,本来都在城内,如今连人影也不见了。”

江忠源拳头紧捏,说道:“忠源最恨这些胆小怕死之辈,拿着朝廷的俸禄,国家有难时,他们躲得比谁都快!若不严行惩办,何以肃官守而励人心!不过,少了他们也无妨。陈尚书和恽臬台带领练勇一千八百多名,加上处州营兵几百名,在城北得胜门外分立营垒,已与城内互为犄角。忠源随中丞负责登城守卫,还可随时出城策应。只是兵力还嫌单薄,何况除楚勇以外,都未经过阵仗,还请中丞催请援兵早日到来。”

张芾说:“援兵到来之前,全靠楚勇支撑局面了。我立刻上疏,请皇上责成向荣及湖广督抚迅即拨兵救援。”

江忠源说：“在下也会上疏请援。向军门营中只有和春与秦定三最为得力，若能由他二人率二三千精兵来此，南昌定能保住。”

两人谈到要紧处，忽听一声轰响，炮子飞来，击碎了侍从的脑袋，然后洞穿了座位后面的墙壁。张芾大惊失色，连忙叫来随从，悄悄叮嘱道：“赶紧去找知府林大人，叫他送几张牛皮过来。”

当晚，林福祥派人过来，用牛皮制成防弹屏挡，遮在江忠源的卧榻前。江忠源看到了，笑道：“军人作战，怎能躲避炮弹？快把牛皮拆掉！”

这几天里，赖汉英没有强攻南昌城，而是在完善自己的营垒。得胜门外很快就竖起了一道栅栏，保护太平军的水师。他们将上千艘船连接起来，从七里街向东，绵延十多里，构成水上封锁线。为了保存实力，赖汉英不许部队出战，只有工兵在悄悄挖掘地道。

江忠源隐隐听到地下的声响，知道老对手在打什么主意。他悬赏招募敢死队，亲自率领出城，把得胜门外的房屋差不多全部烧光，这样就便于寻找地道口。赖汉英令部队稍稍退后，靠着文孝庙修筑三座壁垒，三面围墙，一面靠水，保护船队。部队前可登陆，后可上船。

太平军的壁垒修得坚不可摧，开挖的地道长达五六里，斜向逼近城墙。江忠源令人迎着声响挖过去，破坏了四条地道。楚勇又用石头在城门外垒砌一座小城，阻挡一面，以防敌军把地道挖到城墙下。

连日操劳，江忠源也病了。但他不敢休息，仍然坚持巡城。想到金陵、镇江和扬州尚未收复，太平军又攻到了河南，而他这位百战骁将身染疾病，力不从心，一时百感交集，随口吟道：

东望三城久未收，又闻鼙鼓入中州。孤城保障吾何敢，大局艰难剧可忧。

前席每思廉李将，中兴谁是岳韩俦？时危多病宁天意，差幸甘霖兆有秋。

江忠源和刘长佑是城防的主心骨，两人长期缺乏睡眠。地下常常传来一些怪异的声响，仿佛死神随时可能从地底钻出，弄得人心惶惶。张芾偕同陈孚恩巡城，夜半走到章江门，想跟江忠源进一步磋商城防。江忠源困极了，已闭目沉睡。张芾不忍把他叫醒，在城楼上徘徊，忽见桌上灯后有纸，纸上有字，取来一看，原来是一份命令稿，凡是张芾和陈孚恩所顾虑的城垛紧要处，都已加派守军严密巡逻；城中挖掘隧道，阻截敌军地道，也做了周密部署。二人大为惊喜，说：“城无忧了！”下楼而去。

第二天，他们见到江忠源，对城防部署大为赞赏。江忠源说：“那份计划是刘长佑制订的。”江忠源不经意的一句话，令张芾和陈孚恩对刘长佑刮目相看，连忙请来晤谈，对他的见识大加赞赏，从此刘长佑名声大震。

地道战

赖汉英的攻城策略，使南昌攻防战的核心转移为地道战。太平军不断在城北得胜门外暗挖地道，江忠源在城内加筑月城，从章江门到得胜门楼，两军不断接仗。江忠源又令部队在得胜门老月城内开掘深壕，安设瓮听，侦察敌军动向，防止敌军轰塌城墙。

太平军把文孝庙作为挖掘口以后，此处成为江忠源的心腹大患。一天夜间，他派兵下城去烧文孝庙敌营。楚勇放火之后，抓回几个舌头，江忠源连夜审讯。俘虏供称，石达开已从金陵派出几千援兵，即将开到南昌。

为了防止守军袭扰，赖汉英在永和门与得胜门外的高坡上连扎三营，分兵攻击各门。江忠源令守军击退攻城敌军，不时选派敢死队下城追击。从五月二十一日到六月一日，城防固若金汤。

罗玉斌的九江援兵于五月二十八日全部赶到南昌。江忠源手中兵力增强，决定于六月二日发起一次反攻。他派楚勇、川勇、九江兵和南昌乡勇从城西顺化门出兵，分三路进击，另派守备封九贵带领一百多人的放火队，从章江门下城，去烧敌垒和敌船。江忠源带领林福祥，率练勇在城外高处接应。张芾与陈孚恩在城上督阵，陆元烺、恽光宸、吴其泰、邓仁坤、王训和沈涛等官员负责分守各门。

三路官军出城后，迅速逼近敌营，遭到大炮轰击。徐思庄的南昌乡勇遭到几千名太平军阻击，立刻处于劣势。张芾令耆龄对准敌阵发炮，将敌军稍稍压退。炮火一停，太平军又反扑过来。九江兵、楚勇、川勇和南昌乡勇三面接应，合力抵御，鏖战二时之久，才将敌军击退。封九贵的放火队从章江门下城，携带火罐火箭，正要放火烧房烧船，太平军出动二三百人顽强阻击，放火队拼死冲锋，毙敌几十名。游击常海在城上指挥浙江兵用枪炮射击，将太平军压制下去。这一天的战斗，攻击部队和放火部队因兵力单薄，都未得手。

江忠源下令收兵回城。他刚回到城内，张芾便来找他，一脸愁容地说道：“据湖口县禀称，又有贼船百余只开来，恐怕赖逆凶焰更加嚣张。”

江忠源说：“招募乡勇有无结果？”

张芾道：“增募了一千多人，只能协助守卫城墙，用于攻击，太无把握。”

江忠源叹道：“是啊，即便我们能够保住省城，可是逆贼又会窜往别处。若能再得精兵五千，便可将城下此股贼匪扑灭，不致再有蔓延。”

"唉，可惜向钦差那边的援兵还不见到，若是和春与秦定三能来，加上湖南和湖北的援兵，相信江大人一定能将赖逆歼灭。"

江忠源的反击未能奏效，反而促使赖汉英决定加快对南昌的攻击。六月四日早晨，他下令引爆地雷，炸塌了得胜门西月城外六丈多长的城墙，缺口两旁还各有三四丈的裂缝，声震一城，黑烟迷目。江忠济率领一百多人用布袋盛土垒筑，修补缺口。不料城墙大垮，筑墙者多被埋在墙下，江忠济也在其中，未被埋掉的随从将他拔掖而出。

江忠济站立起来，只见几千名太平军蜂拥而上，江忠源和江忠济督率楚勇当先阻击。张芾闻报赶到缺口处，战情正在紧要之时，太平军用火箭枪炮向城内射击，子密如雨，楚勇军官唐邦兴和陈周吕等站立缺口，指挥众勇冒死拒敌，血战一个时辰，将冲上缺口的敌军全部杀毙，击毙几名身着黄衣、手执黄旗的太平军将领，敌军方才稍稍退却。楚勇乘势压下，太平军抵敌不住，败入屋内。楚勇林立城下，形成一道防御线。

得胜门城墙轰塌时，太平军分兵攻扑各门，陆元烺、徐思庄、陈景谟、汪茹鉴等人在各门分段守御，将攻城敌军全部击退。

张芾和陈孚恩赶紧号召官兵和民工连夜抢修。邓仁坤和林福祥最先赶到缺口，冒着箭矢和石头督率抢筑，尤为出力。他们很快筑起高约七八尺的城墙，堵塞了豁口，江忠源才令楚勇撤回城内。第二天将缺口及开裂处一律筑补，得以化险为夷。统计战果，当天各处共毙敌五六百人。

这一仗能够保住南昌城，靠的是楚勇抢护，江忠源调度有方，又能先事预防，江忠济不避锋镝，督率楚勇当先阻击。对于楚勇和协同作战的部队，张芾分别从重给赏。张芾请求朝廷赏给江忠济五品顶戴花翎，被江忠源拒绝了。恰在此日，京城快递给江忠源送来咸丰颁赐的白玉翎管一支，白玉四喜搬指一个。江忠源对咸丰满怀感激，发誓要死守南昌。

赖汉英功亏一篑，大为遗憾，下令在这条地道的左右继续开挖几条地道，暂不动用主力攻城。太平军只是躲在屋内凿孔，用枪炮射击，派小股部队四出侦察。江忠源派出探子，测出敌营位置，指挥大炮轰击，击毁几处敌营，又令各部在城内开挖暗壕，杜绝太平军的地道。总兵马济美率领援兵赶到，江忠源与张芾商量，令他率领本部人马和罗玉斌的九江兵，加上新募的川勇，扎营在城东北的永和门外。

这时候，都司戴文兰率领二千人从湖北赶来。此人是江忠源的老战友了，江忠源一见他，十分高兴，握着他的手说："贵军来得太及时了。我就知道，湖北不会坐视不管。"

戴文兰说："左季高听说南昌吃紧，呼吁两省协作，对张制台说：'江西有难，湖北不能坐视不管。如果各省只顾自己的辖地，就会被洪秀全各个击破！’制军颇以为然，连忙派我等前来。”

江忠源道：“贵军可否到城外扎营御敌？”

戴文兰说：“遵令！”

江忠源又对张芾说：“援兵陆续到来，我想再发起一次反攻，中丞以为如何？”

张芾说：“向荣的援兵尚未开到，是否等到援兵稍多时再行反攻为好？”

江忠源道：“我也担心反攻开始之后，赖贼会从水上撤退，官军无从追击。若有水师上下追堵，形成夹攻，才能将敌军全歼。”

“向荣倒是有水师，只恐怕他不肯调来南昌。”张芾说道。

“向荣靠不住！此股逆贼离开金陵后，他曾派福兴率水师从附近追击。福兴明知向继雄炮船失事，却不援救，行至芜湖便已返航。那时逆贼多未上岸，自然是乘风直上。如今想来，逆贼之所以没有沿江抢掠，一是为了保密，二是考虑到沿江城镇残破之余，已无可掠。福兴应当已将此事禀报向荣，但向荣却对朝廷谎称是难民船只，致使逆贼蔓延到江西内地，真是可恨已极！”

六月十一日，戴文兰等下城扎营，太平军突出几百人冒死来扑，戴文兰等人率部毙敌数十名。第二天，戴文兰等正在支搭帐房，太平军又出动一二千人，分作五路，直扑官军营盘。戴文兰指挥开化勇迎战，张金甲率辰州兵设伏于短墙下，开化勇佯退诱敌，辰州兵突出冲截，开化勇又从旁围攻，共伤毙太平军一百多名。

六月十四日，张芾派马济美统兵由东向北，戴文兰由西向北，在得胜门外北面空心炮台后驻扎。六月十五日凌晨五点，两部同时出兵，马济美指挥参将罗玉斌等部从东路进攻城北敌营，几千名太平军蜂拥迎截，广勇首先冲锋，川勇与镇标兵继之，三面围攻，鏖战两小时，大有斩获。派在空心炮台策应的广勇练勇人数较少，刚刚列队，几百名太平军直扑而来。广勇头目程智泉拼死抵御，练勇在一旁接应，空心炮台内也同时开炮护卫，才将太平军击退。

城外开战时，张芾、陈孚恩、江忠源等人一同在城上指挥，并令知府耆龄、游击祥麟等用大炮射击，击毙一些太平军。戴文兰等人从西路进攻城西敌营，太平军突出三百余人，被官军击退，退入营内，不再出战。但是太平军兵力约有一万多人，其中有不少骨干力量，进退有序，即使在伤亡严重时，部队也未溃散，官军无法将其重创。

南昌保卫战打到此时，张亮基调派的兵力已全部到位，向荣所派兵力只有总兵音德布率领的一千二百人到位。此外还有骆秉章派来的六百人、赣州总兵阿隆阿带来的三百多人陆续赶到。江忠源打算让援兵在永和门和章江门外扎营，分为左右二翼。东南四门距离太平军稍远，防守较易，江忠源未派部队在那里驻扎。

第十章
湘勇出省

野史：曾国藩好相术

曾国藩喜欢钻研相术，有人向他请教看人的方法，他念了一套口诀："邪正看眼鼻，真假看嘴唇；功名看气概，富贵看精神；主意看指爪，风波看脚筋；若要看条理，全在语言中。"他又说："端庄厚重是贵相，谦卑含容是贵相；事有归着是富相，心存济物是富相。"

曾侍郎主持严打

咸丰三年（1853）的上半年，太平军从金陵、扬州一线把战火烧到了黄河以北。金陵的太平军又向西线回攻，再次攻克安徽省会安庆，包围了江西的省会南昌。

官军在各条战线都陷入全面防守的被动态势。金陵—扬州—镇江战区，由满人文官琦善和汉人老将向荣看守，攻击毫无进展，还放走了一批又一批敌军；黄河以北，由托明阿、西凌阿、胜保等一批满人将领率领旗营劲旅阻截，与林凤祥的北伐军相持，京城如临大敌，调集重兵拱卫，进入了一级戒备；在安徽，官军没有一支得力的部队阻击太平军的攻击；在南昌，全靠着江忠源为数不多的楚勇在极力支撑，才牵制住了赖汉英的西进部队。

咸丰皇帝起用了几乎所有的前朝重臣，但他一次又一次失望，只能把扭转战局的希望寄托于弃文从武的胜保和从基层崛起的江忠源身上。他希望江淮之间、河洛之畔涌现出更多的"北胜南江"，为他保住已经岌岌可危的大清江山。谁也不能指责这位皇帝未能摆脱自己的局限性，他已经尽力地不断解放思想，大力推进用人制度的改革，呼吁重视基层人才。

但是北胜南江的提法明显带有褒满贬汉的色彩。把胜保排在江忠源之前，本身就是为了抬举满人。其实胜保岂能跟江忠源相提并论？江家军战功卓著，从广西、湖南、湖北打到江西，身经数百战，作战顽强，经验丰富，见识不凡，是胜保望尘莫及的。

在咸丰眼里，能有胜保这样的满人官员挺身而出捍卫帝国的利益，已经是够不容易的事情了。尽管胜保投入战争不过几个月，也未打几个胜仗，从金陵赶到河南的怀庆，拖拖拉拉走了一个多月。但即便是这样一名战将，在满人臣子中也显得弥足珍贵。

而且，到这时为止，江忠源脱颖而出只被视为一个孤立的现象，并没有令朝野对更多的湖南人刮目相看。没有人注意到，湖南一地正在涌现大批江忠源式的人才。江忠源是一个先驱，一个典型，一个榜样，正在带动湖南的读书人投身于这场战争。咸丰和所有当局者都没有料到，尽管许多省份都在朝廷号召下大办团练，但真正足以捍卫大清帝国的军事力量，只是在湖南一省酝酿形成。这个从前默默无闻的江南省份，形成了一个必将深远影响后世中国的人才格局。湖湘人才从此崛起，将改变中国甚至世界的命运。

对于这个重大的历史事件，我们找不到任何的预言。只有野史传说，李星沅曾经寄望于曾国藩平定粤逆。另外有一个名叫朱骏声的江苏长洲人，也预见到曾国藩将为本朝平定动乱，带来太平。曾国藩奉诏在长沙帮办团练时，朱骏声卧病安徽黟县山中，听到这个消息，大喜道："太平有望了！"

别人问："您怎么知道？"

朱骏声说："前些年，我拿着自己的著作，要呈送皇上御览，就是此公带领引见。常人眼斜颧高，此公却两颊平直，髭髯甚多，直连颌下，披覆于宽博之胸，益增威严。我看他办一件平常的小事都慎重周详，所以相信他能办大事。"

这些说法，即便有几分真实性，恐怕也难逃事后诸葛亮的窠臼。

湘军的崛起不是在一声号令下发生的事件，它经历了一个潜移默化的过程，经历了许多偶然性的碰撞与糅合。所有湘军大佬都在咸丰登基前后逐步开始注重军武，但他们都未策划过一支新式的军队。可是咸丰三年的国家大局，以及咸丰皇帝求贤若渴的人事路线，使他们走到了一起，成为一个志同道合的群体。于是湖南民间的武装力量开始呈现出爆发之势，逐步凝聚成清末最强劲的一股军事伟力。

由于湖南的不少书生热衷于团练事业，该省民间军伍的形成有了不错的基础，但还需要一个必要的条件，那就是曾国藩的出山。湘军的崛起绝非发端于曾国藩，也绝非由他一人之力而生成，但跟他出任帮办团练大臣的确有直接的关系。湖南的乡勇原来各自为阵，由于曾国藩的出山，他们才有可能脱离本乡本土，整合在统一的旗号、统一的指挥机构和杰出的指挥员之下，集结力量，进行大规模和大范围的作战。

因此，曾国藩在咸丰三年所做的事情，对于湘军的诞生举足轻重。

曾国藩年初来到长沙任事以后，和代理湖广总督张亮基、代理湖南巡抚潘铎一起于二月三日奉到上谕：

封疆大吏翦除百恶，即可保卫善良，着该署督抚等认真查办，并着会同在籍侍郎曾国藩体察地方情形，应如何设法团练以资保卫之处，悉心妥筹办理。

虽然咸丰只给了曾国藩一个辅助的角色，但对于团练乡勇保卫全省的责任，曾国藩有心一肩挑任。这位团练大臣自从决定出山以后，心中就打好了算盘。既然在守孝期间奉旨办差，就要大干一场，如果只是玩一玩地方的团练，那就太没意思了。

曾国藩要办大事，就要把手伸向湖南的官场，控制一些要害的职能部门。他盘算着如何借助皇上的天威来为自己打开局面。奉到上述圣旨九天以后，他就上奏了《严办土匪，以靖地方》一折。他说湖南存在各种各样的土匪，但近年来当局隐瞒不报，任其猖獗，只有动用严刑峻法，才能把大规模的动乱制止在萌芽状态。

这位团练大臣说，太平军在湖南走了一遭，这里的会党多半都随太平军去了，但仍然有串子会、红黑会、边钱会和香会聚集闹事。湖南的崇山峻岭，有利于会党的孕育。东南部的衡州、郴州和桂阳州，南部的永州，西南部的宝庆和靖州，到处隐藏着会党。地方官府知道会党的势力无法遏止，都不想自己的辖地里发生祸患，千方百计地加以遮掩，苟且偷安，留下了几十年应杀而没有杀的人，听任他们横行霸道。现在乡下的无赖刁民气焰高涨，他们见有人命在身的强盗首犯常常逍遥法外，又见太平军势力强盛，朝廷没法制止，便以为法律只是一纸空文，官员也只是摆设，对他们不起作用。如果不用高压手段，就无法打掉他们嚣张的气焰。

曾国藩相信皇帝一定赞成他的这个分析，更会赞赏他提出的解决办法。他告诉咸丰，他要开展一场大规模的严打，铲除强暴势力，给良民以安生之日。这话听起来有些像申韩法家治国的主张，似乎不应该出自一个理学家之口。这正是曾国藩的高明之处。在不同的时期，不同的场合，他会借重不同的理论观点。现在他把仁恕放在一边，鼓吹治乱世须用重典。这种做法体现他实践学问的博大，不会吊死于某一种学术之上。同时在并非贬义的基础上，也可以说他是某种程度上的机会主义者，体现了湖南人特有的变通精神：灵泛。

曾国藩所说的严打，就是从重从快打击犯罪活动。从重，是靠严厉的刑罚对罪犯形成威慑；从快，是以迅雷不及掩耳之势出手，把罪犯打蒙，但不免简化程序，错判罪案。这跟儒家治国的理念大相径庭。但曾国藩此时急功近利，已把儒学修养抛到脑后，连身败名裂都在所不惜。他说，他虽然会由于严厉的司法得到残忍严酷的名声，但他也认了。当今的急务，要使全省没有破不了的案子，清除大小各路会党，就可以指望涤荡一切污浊。对于那些曾经有过抢掠、拜会、结盟行为的人，要当即正法。只要清除了内奸，太平军从外省再次打来，也无法有什么作为了。

咸丰看了曾国藩的奏折，心绪颇为激动。这位大臣讲出了皇帝心里的话，咸丰完全支持他推行严打，在他的奏疏上用朱笔批道：

办理土匪，必须从严，务期根株净尽。

咸丰的朱批无异于赐给曾国藩一把尚方宝剑，可以号令湖南的大小官员。他在长沙设立自己的行辕，不叫帮办团练衙门，而是叫湖南审案局，一听名字，就像一个面向全省的专政机构。这个机构设在鱼塘街，紧挨着巡抚衙门，有了跟巡抚平起平坐的味道。曾国藩明确了审案局的功能：专管治安案件，凡有加入会党、抢劫及其他严重侵害治安行为的嫌犯，都由审案局审理。如此一来，曾国藩成功地操控了湖南的司法管理。

曾国藩现在有了两种面目，在接近绅士和书生时，他和蔼儒雅，令人觉得容易亲近，一脸优美的须髯，有助于缓解对方的不安；作为审案局的头子，他表情稳重，举止威严，看人时瞪着一双三角眼，眼光凝注对方，看得人毛骨悚然。但无论在何种场合，分手之后，他会记下对方的优点和缺陷，准确无误，这是他颇为得意的识人方术。

曾国藩委任了审判员，拿获犯人，立即严讯。他借用巡抚的令旗，掌握了死刑判决权，可以将犯人立即处死。有些犯人在杖击之下当场死亡，他也无动于衷。他调整好了自己的心态，把自己当成了法家的代言人：既然是为民除害，他就问心无愧，要用重法以锄强暴。你要说他冷酷无情，他也敢担负尚武不仁的名声。于是继江忠源戴上“江屠夫”的帽子之后，曾国藩也有了“曾剃头”的绰号。

湖南的土匪成分复杂。曾国藩将土匪区分种类，有会匪、教匪、盗匪及寻常痞匪。有了区分，就能根据罪情分别处罚。

在他执掌审案局的初期，他要对付的社会不安定因素主要不是盗匪，而是残留在湖南境内的散兵游勇。太平军进攻长沙时，官军调集各省兵勇几万人，后来主力由向荣率领追击太平军，留在湖南的散兵游勇十人一队，百人一群，出没在长沙附近的村墟，或者打着兵差的旗号，在湘江上下游封存船只，敲诈勒索。商旅畏惮，不敢行走，物流几乎断绝。官军逮捕了三名强封民船的川兵，曾国藩下令立即斩决，割下首级，挂在江边示众。从此游兵敛迹，风帆畅行无阻。

审案局采用严打的方式，从重从快审判罪犯，不再遵循正常的办案程序。有些嫌疑人已被州县立案，尚未进入审讯环节，审案局为了加快速度，立即把他们提来，讯出供词，就立即正法。

咸丰初年的严峻局势，使一些官员深化了对社会的认识。他们指出，官场腐败，导致民不聊生，盗抢成风；而软弱的官员又对治安混乱放任不管，甚至成为黑社会的保护伞。总之，社会不得安宁的总根子，都在官场的弊端。咸丰皇帝头脑清醒，赞同这个判断。曾国藩做京官的时候，就曾在奏疏中强调这个问题。如今皇上授权他负责社会治安，他决定两手都硬，一手惩治“恶民”，一手查办贪腐的官吏，尤其不放过那些镇压土匪不力的官员。

他动员全省各级官员积极整顿社会治安，只要接到有关官员贪赃枉法、玩忽职守的举报，马上严参。他的行馆成了审案的公堂。三个月内，他杀了五十多人。这件事震动了湖南官场，激起了文官和司法官员的不满。这些人叫苦不迭，却又害怕曾大人拿自己开刀，不敢不打起精神料理公务。

曾国藩为了表明自己敢作敢当，所有布告都署上自己的姓名。他接连给各地下发文件，要求各级政府招贤纳才。各地的知府和知县一下子适应不了这种雷厉风行的作风，但畏惧心理令他们努力地改变风格。见到曾国藩与乡民秀才平等相处，基层官员稍有悔悟，不敢高高在上，脱离民众。他们开始做一些调研，摸清本地的民生疾苦，向上级报告兴利除弊的情况。

曾国藩广泛听取民众的呼声，感动了民间的有识之士，一些绅士找他讨论行政事务，对恢复治安提出了行之有效的见解。湖南的社会秩序很快就有了好转。

骆秉章添柴加火

战火烧到湖北以后，湖南暂无大的战事。代理巡抚潘铎立足于他的本位思考，不愿意多养军队，多供军饷，奏请朝廷撤兵二千多人，只留下一千七百名沅州兵防卫本省。省城所招湘乡练勇一千多人，潘铎也要撤销，令湘勇还乡。

潘铎的做法阻碍了湘军的建设。曾国藩要依靠乡勇的武力整顿全省的治安，与潘铎的想法背道而驰。好在曾国藩已经调取三百多人，以王珍统领，在衡州和永州各地剿匪。

潘铎的裁军迫使曾国藩走精兵路线。兵员不足，更要重视训练。这是曾国藩对湘军建设的重大贡献。他从王珍和李续宾创办乡勇的实践中吸取了经验，决定狠抓军训。在潘铎的大刀阔斧之下，只有少数团勇留在长沙，曾国藩要求他们每天操练。曾国藩还向正规军伸手，命令绿营的城防部队每月六次集合操练。

军训带来了实效，团勇的战斗力大大增强，实力超过绿营，随时可以投入实战。

曾国藩每次接到州县报警，立即派出几百名团勇。部队轻装出发，路上不许停留，所到之处，事端立即平息。团勇不但镇压会党，还就地逮捕不法官吏。

曾国藩要抓正规军的训练，需要有军官配合。大多数绿营军官对曾国藩不买账，只有塔齐布支持他的工作，服从他的号令。每当曾国藩检阅部队，他总是脚踏草鞋，带刀侍卫，勤勉有加。曾国藩记得，左宗棠和张亮基曾向他推荐此人。

曾国藩与塔齐布交谈，发现这个武夫虽然官职不高，却是见识不凡。考试他所带的兵勇，基本上训练有素。他想，左季高和张石卿所言果然不虚。通过了解，他得知塔齐布是满洲镶黄旗人，此年三十六岁，官职为五品守备，代理长沙营都司。他在广西接受过战火的洗礼，善于识拔优秀的士卒，鲍超就是被他延揽到旗下的。

曾国藩为了进一步考验他的能耐，令他密捕几名巨盗，塔齐布顺利完成了任务。

潘铎没有裁撤的团勇部队中有一支几百人的辰州勇，带队军官是千总诸殿元。这支乡勇在操练中表现出色，曾国藩对诸殿元另眼相看。他令塔齐布兼管辰勇，与湘乡勇会同操练。这支部队在两名优秀军官的带领下，练得胆技精强，成为曾国藩手下的劲旅。

潘铎在三月份发了一个指示，为湘乡勇重新组建提供了机会。朱孙贻奉巡抚之令，派湘乡团勇捕诛本地会党。他趁机将本县的团勇增加到六百人，绅士们共推罗泽南担任总指挥。李续宾增募三百人，率部驻扎云门寺，打算前往衡州和耒阳之间阻击会党，后来没有成行。

在湘乡的团练元老中，有人从一开始就对曾国藩不感冒。大家聚在一起，谈到曾侍郎时，王珍说道："此人京官做久了，动不动就发公文，打官腔，真是看不惯！跟他交谈，话不投机半句多。"

李续宾把王珍拉到一边，说："部队必须团结，才能打胜仗，哪里有工夫计较这些小事？何况曾公是朝廷的钦差，单凭这一点，我们也该尊重他。"

湘乡勇此时有了九百人的队伍，每天每人发一升米和二十钱的柴费菜钱。官府负担不起这项开支，李续宾就从自家拿钱，由父亲李登胜与王宗麓提供。

正在这时，潘铎具折告病，湘乡勇如何发展，要看新任巡抚的态度。他们又走到了一个十字路口。咸丰这时想起了骆秉章，决定让他回到湖南巡抚的任上。

骆秉章自从清明节跟新任湖北巡抚崇纶办好交接之后，遵照皇帝以前的旨意前往北京，三月十六日行抵汝宁，在廖亲家衙门内小住。两天后接奉上谕，令他代理湖南巡抚。几天后他便起程南下，于四月十一日在长沙接收官印。

骆秉章经历过长沙的战事，对团练颇为上心。他改变了潘铎的政策，支持曾国藩加强省城的团练建设。塔齐布得到曾国藩的器重，对公务十分热心，给骆秉章送来一纸建议书。骆秉章正与曾国藩商谈公事，把建议书接过来一看，一句话也没看懂。于是，他递给曾国藩过目，说道："这个塔守备，倒是对军事非常上心，可惜我一句也看不懂。涤公你看看，究竟说了些什么？"

曾国藩接过建议书看了一阵，也是一头雾水。

骆秉章说："看不懂吧？粤贼北上长沙时，塔守备也曾上书讨论军事，他的文章写得实在不敢恭维，老夫几乎一句也读不通。"

曾国藩说："你这个大秀才看不懂，曾某自然也看不懂。"

但是曾国藩心里并未将此事放下，回到审案局之后，把塔齐布召来，说道："你写的建议，我和骆大人都看不懂，现在你给我讲一讲，或许我能听懂。"

曾国藩没想到，塔齐布虽然不通文理，说话却甚为明白。原来他是想改革选拔基层军官的制度，不拘一格选拔人才。曾国藩听后大为高兴，连忙与骆秉章商议，予以批准。

塔齐布的建议通过了，他令宝庆勇到校场集合，树起四面旗帜，下令道："谁能最先夺得这四面旗帜，我就让他做哨官！"

队列中奔出数人夺旗，夺到旗帜的那四个人，果然当即被委任为哨官。四人当中，鲍超是其中之一。他进入吃战斗粮的正规军之后，决定靠战功来继续攀升，训练时格外勤奋，在塔齐布不拘一格选拔人才时，他立刻拔得头筹。

塔齐布又树起八面小旗，下令："夺得小旗者，就是队长！"

就这样，下级军官很快选拔出来，塔齐布当天就率领部众在校场开始训练。骆秉章决定犒赏他，在巡抚衙门设宴，亲自为他斟酒，说："骆某只看文章，没能听你当面陈述，险些错过了人才，先饮此杯，聊表歉意。"

从此，塔齐布名声大振。骆秉章听从曾国藩的劝告，奏委塔齐布代理抚标中军参将。

在骆秉章的支持下，曾国藩一手抓军训，一手抓严打。各州县捕送到长沙的匪徒渐渐增多，曾国藩严刑鞫讯，每天都有斩枭杖毙的大案，前后杀掉了二百多人。湖南的匪徒闻风敛迹。严打违背了儒家倡导的仁恕之道，连曾国藩的门生都看不下去了，替他捏着一把汗。李鸿章的长兄李瀚章在益阳担任代理知县，给曾国藩上书，劝他减轻刑罚。曾国藩把他的信函扔到一边，没有理睬。

骆秉章刚刚回到湖南巡抚的位子上，就遇上了一些严重的治安问题。但是由于团练得法，所有问题几乎都能迎刃而解。安化县境内的兰田市有串子会聚众造反，曾国藩令朱孙贻亲自上阵，率团勇前往缉捕，擒拿一百多人，事情平息下去。

接着，湘南的桂东县送来紧急军报：江西和广东边界有土匪窜入县境，占据了县城。曾国藩与骆秉章共同行文，派知州张荣组带三千兵勇前往攻剿，又调候补盐道夏廷樾率领七百多名湘乡勇随后增援。这支湘勇的指挥官还有邹道坤、吴坤修、县丞王珍和训导罗泽南。

罗泽南所部开到衡山，听说附近的草市有会党起事，集结了一千多人。罗泽南连忙赶赴草市，擒捕了会党头目刘积厚、龙念七等二十多人，处以死刑，会党溃散。

王珍于六月一日抵达桂东，得知张荣祖已经收复桂东县城，王珍奉令留守。会党向永兴和兴宁等县进军。罗泽南从草市来到桂东，与王珍会师，连日追击，迭获大胜，将会党赶回江西上犹、龙泉等县。骆秉章综合汇报罗泽南的战功，保奏以知县使用。

但是江西的会党并未沉寂，又从万安攻击龙泉。王珍和罗泽南率部越境迎击一百四十多里，进军大汾圩。会党正在竹坑集结二千人，大肆抢掠，气焰十分高涨。王珍令乡勇把守隘口，分兵左右进攻，自己从蕉山绕到会党后方夹击。哨官（连长）钟开诚、易普照驰入阵内，斩杀会党首领三名，会党大败。此战共活捉八十五人，斩杀二百多人，夺取大量武器，将会党根据地全部扫平。

把守隘口的本地民兵也俘虏了逃跑的会党四百多名，全部斩首，会党余部溃散。这次江西会党袭击湖南，不到两个月便被湘勇扫平。

骆秉章切实感到了团练的好处，觉得团勇是一件称手合心的好工具。他下令增募一营湘乡勇，令监生邹寿璋率领。

江忠源奏请招募三千名湖南乡勇随他到江南大营，咸丰批准之后，曾国藩大力支持，函致江忠源之弟江忠浚和江忠淑，请他们操办此事，同时令宝庆府知府魁联支持江氏兄弟招募宝庆勇，又令朱孙贻招募湘乡勇。他计划在长沙对这两批乡勇加以训练，然后派赴江南大营，与江忠源旧部合成一军，使江忠源手中有一支劲旅。但是这个计划没有实施，因为江忠源没有前往金陵，而是从九江去了南昌。

五月份，曾国藩最小的弟弟曾国葆奉令招募一营湘勇，驻扎在长沙南门外。这时接到永州府报告：广西兴安、全州、恭城等州县聚有匪徒，请兵防堵。骆秉章派代理衡永道徐嘉瑞前往。正好张荣祖率部从江西凯旋，骆秉章与曾国藩商议，即派张荣组所部赶赴永州作战。恭城会党接着挺进永明，兴安会党挺进零陵县界，江蓝厅也有会党进入，贺县的会党又挺进江华。兵勇分头作战，不久就将会党镇压。

赖汉英从金陵西进到长江上游时，咸丰警告湖南：逆贼有可能回攻长沙，并会袭击南昌，曾国藩与骆秉章必须会筹防御。湖南的高官得到了一个大力充实地方武装的机会。骆秉章通知提督鲍起豹，叫他调兵来长沙，并把江氏兄弟招募的宝庆勇和朱孙贻招募的湘乡勇共三千人留在省城，听候调动。在将张荣祖派赴永州的同时，骆秉章和曾国藩命令夏廷樾、罗泽南带领湘乡勇返回长沙。

太平军舰队开到南昌城外的消息传来，咸丰令湖南派兵增援江西，骆秉章立刻派出镇筸等绿营兵八百名前往增援。紧接着，江忠源在南昌向湖南求救，朱孙贻和夏廷樾都主张增援江西，曾国藩则在认真考虑江忠源、左宗棠等人的提议，准备组建水师，在衡州造船。骆秉章听从了朱、夏等人的提议，决定征调二千名湘乡团勇，加上一千名新宁团勇，由夏廷樾、朱孙贻、江忠淑、罗泽南、李续宾等人率领开往江西。

江忠淑的千名新宁勇和朱孙贻的一千二百名湘乡勇陆续抵达长沙集结。李续宾于六月三日领到官府发给的军费，当即从湘乡出发。勇丁们脸上有了笑容，他们每人每天有一百钱的伙食费了。这支勇队于六月五日抵达长沙，驻扎在城南书院。

骆秉章去看望湘乡勇，他们还没来得及换装，衣裳褴褛，面目朴野。巡抚的随从们见了，都捂着嘴发笑。骆秉章对朱孙贻和罗泽南说："孤军远行，兵力还得增强。服装要添置，军队嘛，就得穿上衣甲。"

李续宾在一旁施礼，说道："骆大人，依在下之见，本军无须改装。逆贼由于轻装上阵，所以善战，我们湘勇也是起于畎亩，与逆贼争锋，全靠短衣草鞋，灵便活泼，还是不要用甲胄束缚他们，令他们胆怯吧。"李续宾此话也许在湘乡勇将领中具有代表性，湘勇此后作战一直不穿甲胄，冲锋时以肉身冒着炮火，对着刀刃，这就是李续宾倡导的勇敢。

六月十二日，曾国藩与骆秉章会奏办理防堵事宜一折。曾国藩又专折奏称：

臣母丧初周，拟回籍修小祥之礼。适闻粤贼回窜江西，臣应留省城会筹防堵，不敢以事权不属，军旅未娴，稍存推诿。

同一天，曾国藩又与骆秉章联合上奏，参劾长沙协副将清德性耽安逸，不理营务，请旨革职，交部从重治罪，以儆疲玩而肃军政。

曾国藩又专折奏保塔齐布和千总诸殿元，说塔齐布忠勇奋发，习劳积苦，深得兵心；诸殿元精明练达，胆勇过人，恳恩破格提拔。为了表明他的保举十分慎重，他说此二人日后有临阵退缩之事，皇上可以将他一并治罪。

曾国藩在大办团练时重用满人军官塔齐布，而他向皇帝奏保的人员，首先就是这个满人武官，可以看出他行事之谨慎。他要向满人统治者表明忠心，借以消除最高统治者的猜疑。

曾国藩训练新军，确实也要借重塔齐布。他和骆秉章将各路兵勇几千人调来省城防守，全赖塔齐布逐日抽调操阅，暑雨不辍。可是塔齐布听令于曾国藩，便间接地得罪了提督鲍起豹。鲍提督来到省城，声称盛夏酷热，不应操练。官兵不愿吃苦，都怨塔齐布给他们找苦头吃。怨气也发到了曾国藩头上，于是正规军与勇队发生争讧。曾国藩奏参的副将清德连忙依附鲍起豹，成为塔齐布的仇家。

但是曾国藩得到了咸丰的支持。咸丰览奏之后，决定将清德革职拿问，交张亮基、骆秉章讯明定罪；同时赏给塔齐布副将衔，将诸殿元以守备补用，先换顶戴，以示鼓励。

这样一来，正规军对曾国藩的怨恨加深，为日后的骚乱埋下了种子。

曾国藩此时还种下了一个苦果。在招兵买马的浪潮中，王珍的积极性最高，一下子就增募了二千人。曾国藩对王珍颇为不满，骆秉章却不反对，留下王珍的兵力作为湖南的游击部队，令他驻扎郴州，以防南路土匪。曾国藩和王珍的分道扬镳，从这时起就显露出征兆。

当时广西会党进攻全州，王珍赶赴郴州防守，不久又到桂东办理团练。他发现桂东民情淳朴而懦弱，若有疾苦不敢言者，于是秘密察访，锁定扰民最厉害的一百多名匪徒，逮捕归案，全部处死，由此民心大悦。王珍趁热打铁，召集乡民，教之战阵，形成几千人的劲旅。

援赣大局既定，曾国藩做了具体的布置，他令江忠淑从浏阳进兵，朱孙贻从醴陵进兵，夏廷樾、郭嵩焘、罗泽南共领兵勇一千四百人从醴陵随后进发。合计援江兵勇三千六百人，这就是湘乡勇出境征讨太平军之始。

曾国藩对湘乡勇特别关心，担心他们缺乏针对太平军的作战经验。他认为，楚勇身经百战，随同前往，可以弥补这个缺陷。江忠源的三弟江忠淑熟悉江家军的营制，曾国藩令他率领新宁勇打前锋。曾国藩又担心楚勇崇尚剽悍精锐，营制却不严密，令千总张登科率领二十名湘乡勇为他们做前哨。

部队出发前，曾国藩对江忠淑和张登科叮嘱道："必须在百里之外派出哨探，到了瑞州，就停止行军，等待湘乡勇到来，一起前进。"

六月十八日，湖南援赣军的湘乡勇从长沙出发，部队番号为"湘勇"，没有营名，营以下也没有设立哨和队，也就是没有连、排建制。领队的军官，除了罗泽南、朱孙贻、李续宾兄弟，还有夏廷樾、郭嵩焘、杨虎臣、康景晖、杨昌浚、罗信东、蒋泽沄、易良幹、罗镇南、谢邦翰、李杏春，一共十五人。骆秉章和曾国藩没有起用绿营将领，营官和哨官都是清一色的书生。曾国藩对书生的忠诚寄予厚望。

曾国藩在密切注视着增援江西的湘勇会有什么样的作为，但他并不把这支援军的胜败放在心上。曾国藩更加关心的是，他家乡的这些带兵的书生，到了残酷的战场上，究竟有没有胆量一搏？这次观察的结果，将直接影响到他对湘勇的信心。

湘乡勇出发后，途中都能找到民舍住宿，但李续宾反对借宿民宅。他说："军队最宝贵的素质就是不侵扰百姓。"他建议设置帐幄，开壕筑垒。湘勇表现出了严明的军纪和亲民爱民的态度。

左宗棠镇守鄂北

援赣军从长沙起程的时候，湖北的官军感到了太平军从河南方面的威胁。

咸丰三年六月十九日，林凤祥的南下派遣军从罗山县西南一带继续南下，第二天抵达纲庄，然后奔赴龙旺和宣化等镇，于五天后抵达大胜关，进入湖北地界。王家琳从河南带兵跟踪追入湖北。

早在这支太平军抵达河南许州时，湖北官军就已做出反应。左宗棠令按察使唐树义领兵赶赴应山和孝感防御。张亮基对左师爷深为倚重，每晚手持总督关防，交给左师爷，叮嘱道："军情一起，便是燃眉之急。关防放在你这里，紧急时你可先发公文，再向我报告。"

太平军抵达罗山县以后，距湖北孝感北界的九里关及黄陂北界的河口一带不远。左宗棠料定太平军会从麻城、黄冈的内河进入长江，上攻武汉，令唐树义手下的许连城等部从河口赶赴黄安阻击。许连城所部抵达麻城，几千名太平军刚从河南杀到。许连城兵分两路，将太平军击败。

唐树义认为这支太平军是由李开芳率领，根据探报，他们已于六月二十七日进入黄安。唐树义的通讯兵快马加鞭，深夜将告急信送到左宗棠手中。

左宗棠还未就寝，急调省会城防部队三千多人，全部交给都司董玉龙和同知张曜孙率领，令他们星夜驰往鹅公颈集结，全力扼守团风镇。董玉龙的四百多人在太平军之前赶到了团风镇，张曜孙的部队也赶到了团风镇的鹅公颈，唐树义火速赶到黄安县坐镇指挥。官军到位不过一两个小时，太平军便分水陆两路杀到，企图夺船入江。官军打了他们一个措手不及，太平军大乱，夺路而逃。官军分两路追赶，将这支太平军击溃。

七月三日，同知伍煜等部从东湖追到张家集，太平军见官兵扬帆追及，纷纷凫水登岸，淹毙无数，四十多人被俘。官军夺获敌船三十七只，烧毁敌船十多只，夺获骡马四十匹。另一股太平军大约千人，奔至马鞍山一带，被许连城追上，五十多人被俘，二百多人丧命，内有长发太平军五十多名。这股太平军已经溃散，成股者不过二三百人，其余都弃械剃发，纷纷逃匿。

左宗棠事先已命令各州县官员通知各地乡团，遇有零星敌军逃入辖境，必须迅速抓捕，送至官衙。他还要求各地在交通要道上多设陷阱，水路要将船只驶走，桥梁都要拆掉，把敌军困死在辖境之内。

尽管左宗棠做了周密的部署，但各地报来的敌军人数大大超出他的预料。他匆匆去见张亮基，说道："制军大人，河南巡抚通报，窜入湖北的余贼不过几百人，可是本省各州县禀报，都说有一万多人。根据我的情报，从罗山仙花店进入黄安和麻城的敌军确有三千多人。黄安一战，敌军溃败，于六月二十九日奔赴麻城。从六月三十日接仗，到七月四日为止，从麻城到罗田，官军毙敌已近千名，其溺毙逃散者不计其数。根据派出的军官查验，长江和内湖浮出的敌尸已有不少，此刻还有敌军在逃，各路官军正在分途兜剿，可见窜入本省的股匪不止几百人。但从罗田逃往安徽的敌军估计不过两三百人。"

张亮基说："我这里也得到情报，六月二十四日又有一千艘敌船从湖口驶入江西，号称二万人，加上现在攻扑南昌的贼军，人数不下两三万。由此看来，从扬州和金陵两处窜出的敌军，共计已有七八万之多，而分窜河南、江西的逆贼越来越多，困守金陵、扬州的逆贼却不见减少，岂非咄咄怪事！"

左宗棠冷哼一声，愤愤地说道："前此江苏大营尚时有捷报，近来阒寂无闻。贼逸我劳，贼锐我钝，师老饷竭，言之寒心啊！长江流域，从金陵到江西，一千几百里，毫无阻遏，敌船来往自如。上月初旬，江西敌船一百多只满载米粮，运到金陵。如今正值秋收季节，到处都有余粮，贼匪运输十分方便，金陵的逆贼恐怕是饿不着肚子了。如果他们找到机会，突出包围，大举他窜，后果不堪设想！看来还得请皇上号召文武百官踊跃献策，痛除谎报军情、贻误军机的积习，才能迅速荡平。"

张亮基说："季高所见甚是。如今盘踞东南三城的贼匪未见有减于前，而各处分窜的贼匪几于策应不及，不知以后的局面如何收拾！你就代我写个折子，如实奏报吧。"

左宗棠连夜起草奏疏，如实向朝廷反映敌情的严重性。写完之后，想到湖北官军近日的作战，在自己的指挥调度之下进行得有条不紊，连获胜仗，颇有成就之感，于是，他又提笔给女婿陶桄写信，回顾近几个月从铲除浏阳征义堂以来的各次战役，不无炫耀之意。

仆自去年佐制军平浏阳土匪，解长沙重围，今年平通城、广济土匪，剿此股贼匪，颇有阅历，其实与平时所论相合，尚有见到而未能行者。

左宗棠已经完成了从理论到实践的过渡。他平日纸上谈兵，如同在电脑网络上面反恐，纵然精彩绝伦，却没有实战成果，难以取信于人，自己毕竟也是心中无底。如今几仗打下来，指挥调度，都是神来之笔，验证了他的才干。还有一些军事行动，是他已有筹划却来不及实行或没有条件实行的，都已经证实他的学问不是空谈，完全具有可操作性。

这样就够了。诸葛亮的再世，已经活生生地摆在世人面前。

左宗棠经此一战，将林凤祥的南下派遣军消灭在湖北，致使他们无法实现南下长沙的战略。但因派遣军人数大大超出预料，仍有小股太平军逃到安徽境内。安徽官军了解到的敌情跟左宗棠得到的情报有所出入。据报，从罗田逃入安徽的太平军有一千多人。七月六日，此股太平军扑入英山县，开监放犯。第二天，他们向安徽的太湖进军。抵达太湖后，攻破太湖县城西门，烧毁县衙，然后乘木筏沿太湖河东进石牌抢掠，北进到安庆以西的三桥头，插上太平天国的旗帜，声称要攻打集贤关、练潭和桐城。

各路兵勇集南昌

交代过了湖北的战情，回头来看南昌的攻防战。

前面说过，太平军在攻坚战中擅长挖掘地道，埋设地雷，轰塌城墙。南昌守军虽然已经几度破坏了太平军的地道攻势，但仍然承受着城墙被爆破的危险。得胜门外仍有许多民房尚未捣毁，太平军隐藏在民房内偷挖地道，官军防不胜防。

鉴于这种情况，张芾、陈孚恩和江忠源商议秘密调整部署，将机动兵力与驻守永和门、顺化门、进贤门、惠民门的楚勇，大约一千兵力，加上浙江的抬枪兵，全部调集到得胜门，昼夜严防。为了防止中计，不论太平军如何挑衅，这里的驻军不再出城迎战。江忠源叮嘱道："逆贼有可能在多处爆破城墙，楚勇军官要分段防守，不得顾此失彼！"

六月二十三日凌晨三点，赖汉英在前次炸开的城墙缺口之西，又用地雷炸塌四丈多的城墙，太平军趁势发起冲锋。江忠济正在巡城，来到得胜门，发现敌情，指挥楚勇打退敌军的冲锋，正要乘胜压下，右边相连处又被轰塌五丈多，两处共塌九丈多，轰伤多名官军。江忠济见势危急，持刀督勇向前，誓不独存。他刚刚冲到缺口，太平军向缺口内抛掷大火药包，烧伤几十名楚勇。太平军将领手执黄旗，乘势上城，江忠济率部奋力迎击，太平军站不住脚，将领被江忠济击毙。楚勇一齐赶上，将太平军赶下城头。

西边打得正惨烈的时候，太平军又在旧缺口东面引爆地雷，炸垮六丈多长的城墙。多亏李辅朝已预先部署兵力，尽管西面情势危急，李辅朝也未擅离岗位半步，不敢过去增援。爆炸声中，顿时巨石掀空，尘土四塞，黑焰上腾，李辅朝所部楚勇立刻堵住缺口。太平军也将大火药包抛掷进来，当时南风壮盛，毒烟内迷，楚勇军官戴利行、夏春潮和许多勇丁都已受伤，自计必死。刹那间，忽然北风反火，毒烟外迷，太平军阵脚动摇。几名绿营军官受到感动，率部协助抵御，邓仁坤带领练勇冒着矢石赶来，合力将太平军杀退。

江忠源听到爆炸声后，亲自带人到缺口救援，部队士气更加高涨。江忠源想：士气必须鼓舞，光靠嘴巴不行，连声喊道："藩台大人在哪里？快把他请来！"

主管财政的副省长一叫就到，"江公，有何吩咐？"

"有劳藩台大人，叫人从银库里提些银子过来，摆在城墙上，我自有用处。"

副省长不说二话，银子很快就运来了。

江忠源说："传我的命令，运一块砖来，赏银一两！运一块石头、一根木头过来，赏银五两！"

张芾刚从得胜门赶往永和门，闻警折回，听说江忠源在给重赏，连说："这个办法好！"他赶紧指挥文武官员率领各自的部队搬运砖石，连夜抢筑。一日之内，缺口已经填塞，新墙修得跟旧墙一般高。

江忠源令马济美率部从永和门外的营盘出兵，由东向北，又令戴文兰、张金甲各带所部从章江门外的营盘出兵，由西向北，两路夹击，牵制太平军兵力。太平军伏匿不出，从墙内放炮抗拒，官军屡次攻扑，适值大雨，枪炮难以发射。文孝庙敌垒趁机杀出几百人，戴文兰迎头痛击，将敌军逼回庙内。

赖汉英这次攻城，同时在三处爆破城墙，轰塌城墙共二十五丈有余，致使城防比前面几次更加危险。由于新宁勇的杰出表现，守军仍然化险为夷。各处守军前后毙敌约二百多名。

由于赖汉英不断向金陵求援，石达开陆续向南昌派出援军。赖汉英兵力增厚，虽然攻城未果，但有望扫清南昌外围。他想：清妖保住了城墙，定会麻痹大意，何不趁机再攻？于是，决定在第二天再打一仗。

六月二十四日，得胜门外的太平军出动几千人，突然直扑永和门外马济美的营盘，引诱官军出战。马济美果然上当，小胜之后，穷追不舍。经过一片树林时，太平军伏兵突然出击，将马济美拦住。官军稍稍退却，马济美却不肯后退，喝道："吾父吾祖都效死疆场，我有何惧！"奋力督战，手刃数敌，却被团团围住，身受矛伤，当即阵亡。

南昌官军在江忠源的指挥下，懂得互相救援之道。张芾在城头观战，见马军失利，忙令军官用二千斤大炮射击，正中敌阵，城外官军营内也开炮接应，将太平军压制下去。知县沈衍庆带领乡勇从南面用枪炮连环射击，压制敌军；千总王树英也率部前来增援；罗玉斌率领四川勇和贵州勇，文忠带领九江镇兵，分三路夹击，总兵阿隆阿率部从进贤门前来策应。官军配合作战，终于将太平军击退。张芾又令耆龄派一支部队拦击，毙敌颇多。马济美死后，九江镇总兵由阿隆阿继任。

赖汉英没能扫清南昌外围，只得继续在得胜门以西挖地道，同时企图在赣江上游扩大战果，牵制官军兵力。由于官军没有水师，太平军在赣江和锦江往来自如。七月二日，太平军攻占锦江之畔的瑞州。赣江之畔的丰城县城早被水淹，太平军抵达之后，立即焚烧城外的庙宇，并抢走了几船粮食。七月六日，太平军四五百人突然在南昌以南的京家山登陆，焚烧庙宇，沿河放枪，遭到官军阻击，被迫退回船上。

赖汉英为了获取给养，分兵南取丰城，西取瑞州，东取饶州、乐平、浮梁、景德镇等地。太平军几百艘船的队伍向赣江上游窥探，江忠源接到报告，令正在从湖南赶来南昌的夏廷樾从上游迎头截击，并令上游各处官员严密防堵。为了牵制赖汉英，江忠源派新宁勇专门对付地道，从城内向外挖掘，十天之内破坏了三处地道。他又决定对城外发起新一轮的攻击。七月十日，守军分路进攻，太平军负隅不出，只是从墙孔发射枪炮。广勇和镇勇绕到东北七里街，太平军只派几百人迎战。官军无法攻克敌垒，焚毁敌军营房十间，然后回营。

七月十三日，向荣派出的一千二百名援兵终于开到南昌，音德布向江忠源报到。同时有快马飞报：湖南的援军不日即将到来。江忠源心中大喜，决定等到新的援军开到，再对城外发起更大的攻击。

且说江忠淑率新宁勇打先锋，很快就进入江西，从锦江水路向南昌开进。这支部队的指战员都是山农出身，不少人性格柔懦，不愿离乡背井去远征。江忠源曾给新宁勇讲过忠君报国和礼义廉耻的大道理，加上物质刺激，通过多次实战，才将他们训练成勇敢的斗士。然而此次出省，江忠淑疏于思想工作，加上指挥失利，新宁勇士气并不旺盛，进入江西之后，发生了意想不到的情况。

和江忠淑同船的有一位四十八岁的新化学者，名叫邹汉勋。他因弟弟邹汉章同江忠源一起在南昌被围，心急如焚，不断催促部队加快行军。船队开到瑞州，江忠淑对他说："叔绩兄，曾公叫我们在瑞州等待湘乡勇，会齐以后，一起进兵，你看如何？"

邹汉勋道："南昌被围紧急，我军距离南昌已经不远，何必如此拖拉？"

"叔绩兄所言极是！"江忠淑大有同感，"我江家军素来号称劲旅，涤公担心我们孤军深入，遭遇不测，也是过于谨慎了！叔绩兄精通舆地，有你随军，难道还会有什么不测？"

江忠淑下令继续前进。船队驶到光义市，忽然遭遇一支船队，前锋大喊："粤贼杀来了！"江忠淑命令抬枪射击。枪声传到锦江两岸，百姓赶来鼓噪，向新宁勇示威。新宁勇以为遭遇大敌，丢弃军械和饷银，惊慌上岸，四处逃散。江忠淑的船上也乱成一团，船只翻覆，行李被江水冲走。

江忠淑游水上岸，一阵凉风吹来，浑身直打哆嗦。来到一个大户人家，主人送他一件绸衣，让他把湿衣换下。江忠淑退到义宁，收拢部队，休整了十几天，不见太平军到来，才继续前进。

新宁勇遇见的船队究竟是不是太平军，还是一个疑问。江忠淑事后给江忠源写信，说敌方船队有一百多艘，但是一通抬枪射击后，对方并未还击，可见并非多么勇猛的敌人，甚至有可能不是敌军，只是商船而已。不过，太平军既已攻克瑞州和丰城，江忠淑遇见的船队也有可能就是太平军。

江忠源盼望的湖南援军终于陆续抵达南昌。七月十八日，夏廷樾统带一千三百人抵达永和门外扎营。罗泽南和朱孙贻的一千二百人于七月二十日抵达南昌外围，驻扎在得胜门外的七里街。江忠淑的一千名新宁勇也在同时开到，在章江门外扎营。

与此同时，太平军也有援军新到。七月二十二日，他们的七十多艘战船从下游驶到河干停泊。

江忠源不是迁延避战的司令官，援兵一到，立即部署攻击。七月二十四日，官军分七路进攻。广勇与江西勇、南昌勇从空心炮台出兵，进攻得胜门外的敌营，太平军派出几百人迎敌。耆龄和祥麟在城墙上指挥守军开炮，压制太平军。这路官军与太平军打成平手，太平军三进三退，攻防双方各自回营。

九江营等正规军从永和门外湖岸一路进攻，新宁勇、辰州兵和抚州兵从章江门外分两路进攻，太平军都坚伏不出，官军只得撤回。

此次出击，最激烈的战场在七里街。音德布统带云南营，朱孙贻带领湘乡勇，王坤带领镇筸营，加上川勇和贵勇，总共二千八百人，来到永和门东北，分三路进攻七里街敌营。

太平军出动三四千人迎敌。罗泽南带湘乡勇首先出击，云南兵随后。鏖战良久，太平军后撤。罗泽南不知是计，挥军追杀，直抵敌营。罗泽南见到太平军纷纷上船，心中大喜，令部队焚烧船只，捣毁敌营。忽听一声炮响，二千多名太平军从左边山后抄出，侧击湘乡勇。罗泽南反身抵抗。太平军又从右边营后抄出一千多人，湘乡勇腹背受敌，顿时乱了阵脚，纷纷逃走，千总杨受春等人当即阵亡。

太平军乘势扑来，领队的湘乡书生拼死搏杀，罗信东、罗镇南、易良幹和谢邦翰四人战死，太平军紧追不舍。阵亡的四位书生都是罗泽南的弟子，虽然他们不怕死，却无法约束部队。幸亏武生杨虎臣率部奋力横截敌前，勉强抵挡一阵，才保住了湘乡勇主力。经查点，云南兵阵亡三十二名，湘乡勇阵亡八十一名。

湘乡勇一方的记载未将这一仗写得十分狼狈，但实际情况确实很糟。这场战斗除了杨虎臣的拼死截击以外，只有一个亮点。李续宾在敌军追杀时存了一个小心，令李存汉等一百六十人埋伏下来，等到敌军追过去以后，从敌军后背攻击，击斩三十七人。

李续宾发起的偷袭打乱了太平军的阵脚，太平军的追击受挫。此举救了罗泽南一命，他趁乱躲进一户百姓家中，幸免于难。夜晚，李续宾和李续宜率领乡勇四处寻找，多方打听，才把罗泽南找到，接回营内。

我们在《湘军志》中找不到罗泽南避难的记载，也就看不到李续宾兄弟智救老师的功绩。这段故事未入史册，也许是由于李续宾兄弟得罪了史家。据说李氏兄弟发迹以后，《湘军志》的作者王闿运到湘军军营中四处募捐，李氏兄弟对他颇为冷淡，他们的英雄事迹因此而很少见于作者的笔端。王闿运的写作态度跟现代媒体颇为相似，不付广告费就不给你做宣传。如果你惹恼了他，说不定就会笔下打人，给你弄点难听的弦外之音。

第二天，湘乡勇后撤三十里，收集溃卒，整顿营伍。

湘乡勇的这场败仗很快就传到曾国藩耳中。曾国藩嘴角上浮现出若隐若现的微笑，令人莫测高深。书生带兵打仗有优势，重谋略就是其中的一条。但又有个致命的弱点，读书人胆子小。最令人不放心的是，他们真刀真枪干起来，会不会怕死呢？湘乡勇在南昌第一次跟太平军较量，仗是打败了，但是书生似乎都不怕死。有人战死了，其余的还在坚持，说明书生带兵打仗，是一条能够走通的路子。

王珍听到这个消息，反应完全不同，他捶胸顿足，悲愤不已。死去的四个人都是他的同学好友。他没能增援江西，已是有些悔恨，如今好友死了，他还活着，他总得为死者做些什么。他铁下心来投身于这场内战，恐怕这是一个主要的原因。

对于湘乡勇的挫败，江忠源也未放在心上。胜败乃兵家常事，不能因为一点失利而放弃作战部署。七月二十六日，官军又照原路发起攻击，江忠源和刘长佑亲自出城督战。战斗结束后，江忠源和刘长佑会见湘乡勇将领。

他们把来自家乡的援军将领接进城内，张芾、陈孚恩和黄赞汤举行盛大宴会，招待江忠源、罗泽南、刘长佑、李续宾一干湖南将领。张芾举杯祝酒，显得颇为激动，对江忠源的家乡人说："四君子在此，还有什么可担心的！"

江忠源走到罗泽南身边，轻声说道："我今天察看地势和水道，发现贵军营垒与贼营之间路多阻隔，贵军可否移营进逼贼垒，以便攻击？"

罗泽南说："岷樵兄高见，泽南遵命。"

庐陵人黄赞汤与李续宾举杯畅谈，大有相见恨晚的样子。此人是刑部侍郎，道光十三年的翰林，在城内协助张芾料理军务。他比李续宾年长十七岁，却看中了这个年轻的布衣，愿意与他深交。此事传出，世人诧异，也认为难得。可见李续宾的个人魅力不小，其"道德光辉"使人心折。李续宾家里存留着二人的结交书，这段故事出自黄赞汤长子黄祖略之口。

江忠源回到桌旁，大声说道："忠源不才，有个想法，求教于诸位。粤匪从湖北、安徽转陷江南，沿途掳掠民船，数已逾万。自九江以下，江路一千几百里，贼船往来停泊，官军无敢阻拦，金陵、扬州、镇江等处都是两面凭江，官军虽然并力攻围，但贼得水陆兼护，以牵制官军兵力，故欲克复三城，必须肃清江面；欲肃清江面，必先制造战舰，以备攻击。"

郭嵩焘问道："岷樵兄以为何处制备战舰为好？"

"愚见以为，应当奏请皇上，令四川、湖北、湖南各省督抚，依照广东拖罟船的样式，制备战船一百余只。这种船容量大，每艘可载五十人。另叫广东督抚购备一千多门大炮，三百斤和五百斤重的各备几百门，限期三个月制造装备完毕，陆续驶到武昌，以备调遣。这个建议，我已向皇上奏报。"

郭嵩焘又问道："若是三个月内粤贼已被剿灭，岂不是多此一举？"

江忠源摇摇头说："官军在如此短期内击败粤贼，恐无指望。即便能在此限内完事，这些战舰可以分配给沿江水师各营，大大充实水师力量。何况粤贼船多，失败之后，定会向远处逃窜，官军必须沿江搜捕，不能不用战舰。"

罗泽南又问道："战舰造齐以后，水师官兵从何而来呢？"

江忠源说："战船炮位限期造好之后，朝廷可以调集福建、浙江和广东三省的水师营兵，同时招募广东水勇，扼守长江天险，与逆贼开战。这样一来，只要找到机会，就有力量发起攻击，而在防堵时也能依营据险，以壮声势。不过，造船必须挑择干员，募勇必须选择良将。忠源已向朝廷推荐夏廷樾、俞文诏和劳光泰三人。若令他们监督造船，必能办理妥速。张敬修和林福祥都是广东人，熟悉购炮雇勇之事，可以委任他们办理，然后督率舰队赶赴江苏，听从调遣。"

邓仁坤在一旁说道："此言甚是。我们必须有一支水师，才能对付逆贼的战船。鄱阳县的知县沈衍庆办事果断，很有谋略，可以令他率领所部一千人，准备一些船只，在稻草里面埋藏火药，从水上袭击逆贼。"

张芾一听此言，连忙阻止："沈衍庆的团勇不悉水战，不可冒险。城内守军已经不多，我们不能再损兵折将了。"

邓仁坤心想：你不让沈衍庆去办理，我可以将几十艘运粮船改为炮艇，招募水兵，扼守进贤门，以保饷道的畅通。

几个湖南人在江西的省会慷慨激昂地议论国家军务，令在座的江西大员钦佩不已。此次夜宴，大家尽欢而散。

第二天，罗泽南遵照江忠源的部署，令湘乡勇逼近敌营驻扎。部队正在扎营，太平军蜂拥而来。湘乡勇因几天前损兵折将，个个同仇敌忾，誓死报仇，打得颇为勇猛，但因失去了四名指挥官，部队调度不灵。幸亏太平军交手之后便撤回营内，城内练勇又从空心炮台出兵诱敌，炮台上开炮掩护，毙敌颇多，没有造成更多的损失，但官军也未敢直趋敌营。

罗泽南和李续宾在战斗间歇总结经验，李续宾说："我军初战即败，士卒临阵脱逃，究其原因，除营官阵亡以外，主要是指挥系统不够灵敏。罗山老师，我觉得应当缩小作战单位，明确统属关系。"

罗泽南同意他的意见，将剩下的一千一百人分解为两个营，罗泽南指挥一个营，叫做"玉字中营"；李续宾指挥一个营，定名为"右营"；留在湖南的湘乡勇则定名为"左营"。

如此划分之后，各营都成为独立作战单位，互相没有统属关系，各营的长官无法指挥其他营。这时候，湘乡勇的士卒也出现了体制差别，分为公有制和私有制两种。中营和右营各有三百六十人吃官饷，享受公务员待遇，余下的四百人称为"余勇"，由罗泽南与李续宾两人募捐来养活他们。这四百人都归李续宾指挥。换言之，罗泽南管辖着三百六十名吃官饷的士卒，李续宾管辖七百六十人，其中三百六十人吃官饷，其余四百人靠募捐养活。

这两个营的湘乡勇打出了"湘军"的番号。湘军这个名称，就是从这里开始异军突起，从此载入史册。

湖南人的军队当时还有几个分支。江忠源所部起于乌兰泰麾下，累次增募，拥有四千人，兵力最为强盛，自称"楚军"，比湘军名气更大。

湘勇横扫南昌周边

援赣军来到南昌以后，张芾接到报告：南昌西南方几百里外的泰和有会军起事，攻打泰和与安福。接着又接到吉安的告急信，说会军攻打吉安，杀死了知府。

江忠源一直带病坚持作战，援军的到来使他放松下来，再也支撑不住，此时卧病在床。张芾带着一帮僚属，急匆匆来找他商量对策。江忠源沉思片刻，说道："湘军刚刚吃了败仗，颇难对付粤逆，不如派去泰和镇压会党。我把楚勇也派去，合成三千人，吉安当可无恙。"

江忠源算得上湖南团勇的老大哥了，为了照顾湘乡勇，打算让他们离开主战场。张芾对江忠源言听计从，唯独这件事有所顾虑。他说："逆贼几次炸毁城墙，城内人心惶惶，如今抽出三千人增援吉安，城防力量大大削弱，恐怕不合适吧？"

布政使说："湘乡勇前去也就罢了，若将楚勇也派去，城防力量就会大打折扣！"

张芾和布政使提出反对意见，僚属们纷纷赞成。不管湘乡勇是不是劲旅，多一个人就多一份力量。大家的眼睛都盯着江忠源。

江忠源道："泰和土匪刚刚造反，即时扑灭，还算容易，要是他们扩张了势力，与长毛勾结起来，断绝了南昌上下的道路，那就危险了！如今南昌的兵力超过一万，留下这三千人，也不会多到哪里去，派出这三千人，城防兵力也不为少。事情孰轻孰重，一眼就能看出，诸位还犹疑什么？"

江忠源力排众议，派夏廷樾驻扎南昌西南约二百里处的樟树镇，派刘长佑和罗泽南率部前往吉安。

八月一日，刘长佑与李续宾、罗泽南率部从樟树岭进攻吉安，会军解围逃跑。他们一分为二，一部占领安福，另一部占领泰和。罗泽南、刘长佑、李续宾商议，决定由刘长佑攻击泰和，罗泽南和李续宾攻击安福。

八月四日，湘军进攻安福，一战而据县城。当晚，会军集结兵力，杀了个回马枪，又被湘军击败。第二天，会军又来争夺县城，湘军以一当百，鏖战许久，斩杀大批会军。会党落败，逃向莲花。罗泽南移驻吉安城内，李续宾率队追赶。

八月九日，李续宾追到莲花，会党主力迎战。八月十二日，李续宾部一战而胜，士气振奋。李续宾留守五天，搜捕潜藏的敌军。与此同时，刘长佑所部也攻克了泰和。

且说江忠源把罗泽南和刘长佑派往吉安之后，休养了几天，又强打精神巡视城防。郭嵩焘陪伴着他，为他出谋划策。有一天，章江门抓到一名太平军探子，郭嵩焘亲自参与审讯。俘虏供称，太平军所到之处，都在船上宿营；他们在文孝庙修筑栅垒，是为了保护船队，派兵轮番巡守，官军杀来时，他们就列队阻击。当时长江及内湖的水路都被太平军占据，而官军几乎没有一艘船在水上。太平军的船只数以万计，在南昌周边东西往来，穿梭于饶州和瑞州之间。

郭嵩焘认为，江忠源建设水师的想法应当得到高度的重视。他对江忠源说："东南都是水乡，贼寇占据了长江水路，而我军只以陆师攻击，势必鞭长莫及。我军一定要与贼寇争夺长江之险，然后才可以制胜。如果不造战船，就无法与贼寇作战。"

两人商议，制造战船目前尚无可能，但制造木筏还有可行性，木筏也能用于水上作战。郭嵩焘自告奋勇前往樟树镇造筏，江忠源派江忠淑前去协助。

南昌城内，军饷已经匮乏，军火也供应不上。江忠源担心发生意外，但他又想不出好办法向城外发起攻击。他一心盼望木筏早日到来，官军水陆夹攻，或可得手。

吉安战事平息后，木筏将近竣工，江忠淑等人打算督催船筏返回南昌。郭嵩焘和夏廷樾给江忠源写信，说已经造成八架木筏，八月二十二日可全部完工。罗泽南和刘长佑正在追剿余匪，还要过一段时间才能返回樟树。郭嵩焘和夏廷樾只有湘乡勇一千三百名，乘木筏一同返回南昌。江忠源令郭嵩焘务必于二十三日起程，又令刘长佑返回南昌。等他们一到，就可以水陆并进，迫使太平军撤围。

夏廷樾驻扎樟树镇，几次捕获会军的谍报人员，搜出他们与南昌太平军往来的书信。其中有一封赖汉英的命令，要求会军急攻吉安，赖汉英许诺派兵增援。张芾接到夏廷樾的报告，额头上沁出一层汗珠。若非江忠源果断地派兵增援吉安，江西的局面恐怕就不可收拾了。

由于楚勇作战勇敢，南昌算是保住了，江忠源、刘长佑和江忠济都受到了褒奖。但楚勇内部却暗藏着危机。部队没有及时地得到军饷，部属们打了胜仗，巴望着奖赏，当奖赏颁发时，却因分赏之事发生了内讧。

这件事的导火索是张芾。此人在穆彰阿时期的作为虽然颇为人不齿，但他这次防守南昌，放下架子依靠江忠源，却是做得无可挑剔。他拿出二万两银子犒劳楚勇。这本来是一件大好事，然而江忠济的贪心把好事变成了坏事。

江忠源正在病中，赏银由江忠济派发。有人说他把所有的银子都私吞了，没有发给将士们；也有人说他分配不均。结果都是一样，部队哗变，一些部属喊着要杀江忠济。

江忠源听到此事，忧心忡忡，病情加重。刘长佑正在极力排解，江忠源把他找去，叫他以自己的名义收拾残局。刘长佑为了楚勇不致解体，只得照办。他派人前往火神庙，把刘字旗立在戏台上，告诉大家，愿意跟随者主动报名，重新组建一支部队。一批新宁勇果然集合在刘长佑的旗下，从此刘长佑自成一军。

江忠源解除了江忠济的职务，不让他统领部队。可是江忠济也有忠于他的部属，这些人大多数散去，其中有不少勇健的士卒，楚勇的战斗力大打折扣。这件事导致了江家军的衰退，跟江忠源过早死去有不可忽略的关系。

刘长佑离开泰和之后，罗泽南和李续宾留在吉安地区继续剿匪。从莲花逃走的会党跟其他会党会合，再次进驻安福，在城外设立三座军营，沔洞和洋山各地的会党起来响应，占据朱村桥，阻击湘军。永新也有会党起事。

安福刚被会党攻占，城内无人居住，会党也不愿据城固守。罗泽南于八月十三日进城，会党以为是本县的乡勇，扬言要聚而歼之。天色将黑，会党蜂拥而来。湘军猝不及防，持矛站立在街道上，左右横刺。灵活一点的，跑到屋顶上大声喊杀。会党拼死冲杀，无法进城，惊慌失措，奔走相告：这是湖南团勇！

第二天，会党又来攻城，把巨炮安在十字路口，轰击湘军，士气高昂。罗泽南分派各哨扼守街口，从旁道横向冲锋，杀得会党大溃，击毙几百人。会党余部逃向永新和莲花厅，放火骚扰上坪司、天河与东坑等地。

罗泽南以三百人击败安福的几千名会党，但会党仍然在四路集结，罗泽南不得不请求援兵。夏廷樾说：“敌军已经落胆，罗山自己足以对付，哪里需要增援？”罗泽南令李续宾赶赴天河攻击，自己从林陂迂回，前往天河策应，果然兵力未增，又获大捷。

第十一章
三线作战

野史：太平名将李开芳

太平军大将李开芳擅长谋略，北伐时采用明朝徐达和常遇春北征的老法子。最初的方案是以李开芳为西路，杨秀清为东路。西路从扬州进攻滁州，途经凤阳、归德、开封、怀庆，绕道山西，进入直隶，与东路部队在天津会师；而东路军则傍海北上。杨秀清不想北行，让林凤翔代替自己，以至于深入无援。

滚滚财源出智囊

咸丰年代的清江浦，是运河与淮河交汇之处南北东西的通衢，既是七省咽喉，又是京师孔道，南船北马，五河要津。在河运主宰经济命运的时代，清江浦占尽河漕优势与天时地利。

太平军打到扬州时，清江浦紧张了一阵。这个水天一色、风月无边的地方，成了官军担心被太平军占领的战略要地。副都御史雷以諴奉命巡防运河，驻扎在清江浦，有意于积极参与军事，干出一番大业，可是他手下无兵，不知从何下手。

有一天，雷以諴到邵伯巡视，忽有门人来报："有名士钱江到访，来献安邦之国策。"

雷以諴说："快快请见！"

雷以諴心想：早就听说这个钱江，出身于名门望族，自幼颖悟立群，十二岁时能操笔成文，立就六百言，被邑人称为"奇人"。因屡试不第，科场受挫，家道中落，投笔出游，一路抑郁不得志。后来辗转至广东，慕名投奔林则徐，不料林则徐已被革职遣戍新疆。在广州时，钱江见英人索要不已，经常滋事，欺负国人，与何大庚起草《全粤义士义民公徼》，联合绅商，招募三万壮士，攻打英人商馆。当时朝廷已与英军议和，琦善听说此事，大为惊骇，在英国人的威胁之下，只好查办，将钱江逮捕，以“虚张声势”罪将他充军新疆，钱江因此名扬海内。钱江在新疆与林则徐相聚，辅佐林大人治理水利。林钱二人因治屯有功，被朝廷特赦。道光二十六年林则徐被起用，代理陕甘总督，钱江为新幕客。道光二十八年林则徐奉命移督云贵，钱江与之分手，出游京都。钱江进京之后，交游于公卿之间，放荡不羁，爱说大话。如今他跑到我这里来献安邦之策，不知是否真有两把刷子？

雷以诚正在思忖，只见一个五十岁出头的文士走了进来，拱手一揖，说道：“在下长兴人钱江，字东平，号晓峰，见过副都御史大人。”

雷以诚道：“先生大名，如雷贯耳。幸会！幸会！不知先生有何见教？”

钱江说：“在下看得出来，雷大人如今有为难之处，不知在下说得对也不对？”

雷以诚道：“哦？你倒是说说看，雷某有何难处？”

“清江浦并无城郭，很难防守，而且大权尽在河臣，雷大人在那里，不过每天收一收各地的报告，多半是例行公事，不可能有什么作为。大人有心前往扬州助战，可是手中无兵，岂不是很犯难么？”

雷以诚暗暗吃惊：此人果然不凡，雷某的心事，都被他看穿了。于是问道：“钱先生可有法子为雷某解难？”

“这有何难？”钱江笑道，“在下有一小策，能为大人解难，不调兵而兵至，不请饷而饷裕。”

“愿闻其详。”

“里下河一带十分富裕，不难从民间募集军饷。有了钱，大人就可以招募乡勇，何愁手中无兵？大人带兵前往扬州，驻扎在仙女庙，既可巡防运河，又能保卫里下河富庶地区，皇上必定高兴，说不定还会让大人参与江北大营的军事，大人大有可为啊！”

雷以诚道：“先生屈驾，请留幕府辅佐军事，办理粮台，不知可否？”

钱江此来，本为投奔明主，雷以诚既发出邀请，他便爽快地答应下来。雷以诚听从他的劝告，拉起一支乡勇，驻扎在扬州以东约三十里处的仙女庙，几天间招收了几千名勇丁，募集军饷几十万两，军威大振。

咸丰得知雷以诚自告奋勇组建部队，靠近扬州前线，兼守里下河门户，果然大为赞赏。自从洪秀全造反，多数官员避之唯恐不及，难得有这么一名文官自请拿起武器，主动向前线靠拢。

惠成的儿子晋康与雷以诚一同办差，主动请战。雷以诚和他驻扎在万福桥，控扼了扬州的东南方。太平军得知里下河地区非常富有，企图取道万福桥向这一地区推进，都遭到雷以诚乡勇的阻击，无法过桥向东推进，官军得以保全通泰的十几座城镇。

雷以诚一开手就做得如此顺利，又听从钱江的劝告，向皇上报告：清淮东路募勇筹饷，大有可为，不但可以守住里下河的门户，还能牵制敌军北窜之路。

咸丰大喜，授予雷以诚很大的权限，令他一面设法保卫里下河，一面同漕运总督杨以增严密巡查河岸。胜保离开扬州后，咸丰任命雷以诚为刑部右侍郎，顶替胜保在琦善的江北大营帮办军务，做了琦善的副统帅。

琦善不以带兵打仗而著称，而雷以诚却是熟读兵书。他率部到扬州城下扎营后，军营里彻夜打梆子，烧火堆，精心守备。奇怪的是，琦善的军营一片寂静，漆黑无亮，没有火光也没有人声。

有一天，雷以诚来到琦善军营，琦善嘴上挂着讥讽的微笑，对他说："雷大人的军营里很热闹啊。"雷以诚不知琦善此话为何意，沉默不语。

过了半晌，琦善又说："夜间防守，燃起火光，贼寇便能看见我军；我军敲打梆子，就听不见外面的声响，这很危险啊。"

雷以诚一听，顿时领悟到自己做得不妥，面露惭色。他忽然悟到，不根据实战情况来照搬兵书，是很危险的。

雷以诚抵达扬州以后，江南江北两大营的战事都不顺利。大约在四月下旬，琦善发现一个可疑情况：新江口江面有太平军战船乘风扬帆驶过三山江面。五月二日，已有太平军出现在安徽蒙城。陆应榖得到的情报说，此股敌军有一万多人，乘坐三四百号战船。蒙城距亳州仅一百数十里，这股太平军威胁到河南的归德和陈州，令陆应榖不安。他的担心很有道理，因为这股太平军正是杨秀清给林凤祥派出的援兵。

从五月份以来，向荣对金陵的攻击没有取得进展，无以向朝廷表白，便向皇上自请治罪，作为讨贼不力的反面榜样。咸丰一眼就看出了向荣的小伎俩。他请求给自己治罪，不过是为了装死老虎来逃避责任。咸丰不吃这一套，催促他加紧收复金陵。

琦善本来有望攻进扬州城，可是由于各部无法协同作战，初胜终败。

琦善连日指挥部队对扬州城进行例行的炮击，炮兵击塌了一丈多长的城墙。接连几天炮击，又将城墙缺口炸开许多。猛将双来见有机可乘，用木棍搭建浮桥过河，支架云梯，首先奋勇直上，率领官兵登城。

琦善在城下督战，令陈金绶火速指挥各路部队登城接应。陈金绶没有赶来，倒是福济派来二百名乡勇助战。这时双来已领着十几人登上城头。东门那边，福济和查文经亲自上阵，指挥部队攻城。北面已经登城的官军枪矛并进，杀敌不少，又用火箭将城内房屋烧毁数处，攻击颇为得手。可是陈金绶在西面按兵不动，袖手旁观。太平军在城楼上开枪开炮反击，抛掷火弹，燃烧了城上的席棚和城下的板屋，登上城头的官军被火焰熏蒸，睁不开眼。子弹击中双来左颊，打掉两颗板牙。双来晕倒在地，被兵丁扶下城墙。部队伤亡惨重，十分危急。

琦善亲自跑到陈金绶那边，催他挥兵登城，但陈金绶已指挥不动部队，他只好身先士卒，冲向城墙，部队还是观望不动。城头的官军得不到接应，支撑不住，只得撤退。琦善气得大叫大嚷。双来攻上城头时，他满心以为能够杀进城内，没料到友军不肯接应，未能得手。除双来轻伤外，官军还折损了许多中下级军官，士兵伤亡更多。琦善回到军营，立刻写折，狠参陈金绶对部队指挥失灵，请求将他摘去顶戴，以观后效。同时，他也跟向荣一样，自动请求处分。

这时琦善遇到了更大的难题。从北方陆续赶到江苏的各路官军全部驻扎在扬州城外，军饷供应中断。琦善的江北大营所支军饷，一部分由户部拨款，另一部分由外省协助，后者总是未能按时送到。由于拖欠军饷，江北大营军心不稳，作战连连失利。雷以諴身为帮办，很想为琦善做点什么，连忙召见钱江。

钱江一到，便问："大人把在下找来，莫非是为了大营缺饷、军心动摇一事？"

雷以諴道："正是！正是！看先生一副胸有成竹的样子，想必是有了良策？"

钱江微微一笑，说道："点铁成金并非难事。大人只要在各地设关置卡，从商人的生意中一两银子抽他一厘钱，就不难筹得军饷。在商贾眼中，千中抽一，不关痛痒，并可转嫁买主，而大人这里，则是滴涓之水，汇集成河，可养十万百万之精兵。兵精粮足，洪杨岂有不灭之理？如是，功在大人，利在国家。"

雷以諴一听，如醍醐灌顶，翻然大悟，连说："先生真乃用兵理财的高手！"

钱江说："其实厘金并非我钱东平的发明，这东西是商人鼓捣出来的。在位于交通要道的城镇里，各地的商人都会开设会馆，为家乡的商旅提供方便。会馆从百货的赢利中抽取一定的金额，储备起来，公用开支。

"厘金是一种商业税，征收对象为行商和坐商。针对行商的称为'活厘'，针对坐商的称为'板厘'。其税率大体为百分之一，即按货物价值抽百分之一的捐税。百分之一为一厘，故称'厘金'或'厘捐'。征收厘金的专门机构有两种，对于坐商，设立税务局征收，通称'厘局'；对于行商，设立税卡征收，通称'厘卡'。关卡由官府或军队在通商要道设置，进行征收、查验和缉私。交纳税金后发给税票。征集的税金全部用于军饷。

"战国时期，赵国大将李牧驻扎在北部边关雁门郡，军饷匮乏，便从集市上抽取商业税，用于养活自己的士兵。他拥有一千三百辆战车，一万三千匹战马，加上十万大军，费用浩繁。赵国是个小国，李牧又驻军在那么偏僻的地方，靠着商业税的供给，军饷也不见短缺，行军不缺粮草，士兵不愁吃穿。

"明代不征商业税，全靠农业的税收来供养军队，赋税的一半用于养兵。全国每年收入应该有二千多万两银子，但十年的节余，还不够一年的收入，郡县府库照例都没有储蓄。大农春秋有两次收获，往往还不够开销。战火一起，田地里不再播种收获，朝廷收不到关税，而赈灾抚恤，各种费用层出不穷。于是劝人捐输，商议借贷，想用一两位贵戚大臣的私财填补天下的费用，实在想不出办法了，便增收农业税，弄得民不聊生。

“本朝察觉了这种弊端，两百多年坚持不加农业税。然而，每当战火燃起，百姓仍然不免经年累岁的徭役，把国库的钱全部拿出来，也不能满足所需的开支，谋臣们束手无策。

“粤逆起事，朝廷筹饷派兵，耗费几千万两银子，财源已经枯竭，所拨的钱财，只是公文上的数字，长久无法落实。大家都靠捐输，可是如今捐输也不灵了，只有靠厘金了。捐输和厘金两种办法，都起源于战国和秦汉时代。但比较起来，捐输是个笨拙的法子，朝廷卖官鬻爵，流弊很大，败坏了风气。何况与捐输比较起来，用商业税来供给军饷，是一种比较稳定的来源。商人做生意，手头比农民宽裕多了，让他们交一点税收，也算是官军收的保护费，不会伤他们的元气。

“穷苦百姓做小本生意可以免税。商人缴纳了厘金以后，会把税收转嫁到消费者头上，提高商品的售价，他们损失也不大。古往今来，商家卖货总有两种价格，交税的价格较高，不交税的价格较低，税收总会转嫁给买家。”

钱江这一番说词，有理有据，说得雷以諴心服口服。他的部队缺饷最为严重，户部拨给他的款项太少，请求增拨无门，他不能眼看着军士们饿死，情急之下，决定马上实施钱江所献的厘金法。他下令设立厘捐局，针对百货抽取税收，奏明专供本军之用。他首先在部队驻地仙女庙等镇的水陆要道劝捐助饷，对行商和坐贾，根据他们的营业额征税，规定每百文捐纳一文或二、三文，每担米捐钱五十文，每担豆子捐钱三十文，每担鸡鸭捐钱八十文。几个月下来，雷以諴所部比江北大营所得的军饷更为优厚，半年时间“汇捐至两万贯”。雷以諴有了钱，钱江又为江北大营募勇三千人。于是江北大营粮台殷实，兵力大增。各省相继仿效这一课捐办法。

雷以諴虽然推行了取得养兵之财的好法子，却未能培养出一支能打仗的军队。但是他的办法启发了正在崛起的湘军大佬。湘军的崛起虽然未能得益于厘金的征收，但不久之后，曾国藩靠着这个办法，把湘军带出了最艰苦的岁月。

胡林翼当上湖北巡抚之后，精思熟虑，效法刘晏“专用士人理财”一语，制定章程，为厘金税收制定了详明周到的制度，立刻带来了财政的富强，湖北全局赖以振兴。东南各省，继起日盛，大抵上都是采用相同的办法，百姓也能够接受。胡林翼证实了钱江的分析，他说，设立厘金，只向商人收取，不向农民要钱，比增加田赋好多了。

总之，在咸丰同治年间几无间断的内战中，厘金为官军提供源源不竭的饷源，使官军最终得以肃清全国的敌对势力。随着厘金在全国逐步推广，官军将帅不断提高收税比率，所设的税卡越来越多，抽取的税金越来越重，每年的收入超过人口税的数倍。战争平息后，厘金成了惯例。此后几十年，全国的商贾都为这种税收感到头痛。

因此，钱江倡议的厘金开征以后，对清代的社会经济发生了很大影响。除田赋（农业税）以外，厘金与海关税、盐税等其他各税一起，成为官府的大宗税收。由于经常随地设卡征课，随意定物征课，税额可观，税收旺盛，所以太平天国战事结束，这个税种仍然无法废除，直至1931年，民国政府才裁撤厘金，改征统税和营业税。

另一方面，厘金之法长久执行，被那些等待补缺的官吏看做发财的机会，设立的厘局日益增多，立法日益严密，一所厘局就有几十名胥吏和仆役，大者官侵，小者吏蚀，甚至对大米和布匹都开始收税，税收章程订得过于苛刻，执行的官员也有许多坏人。但这些显然都不是钱江献计开征厘金的初衷，而是官场腐败带来的负面效应。

雷以诚采用厘金法以后，收入大增，于公于私都尝到了甜头，又派钱江与五名幕客亲赴下河地区，督劝捐纳，谁不服从，就用武力威胁，时人畏之，目为五虎。

钱江倡收厘金以后，名声更大。他自恃功高，往往出言不逊，常与雷以诚争执，由此种下祸根。他把一个姓沈的亲戚推荐到雷以诚的幕下，沈某多次因文字出了毛病，遭到钱江的责备。沈某怀恨在心，向雷以诚暗进谗言，说钱江有心夺取部队的指挥权。雷以诚左右的小人也在火上加油。另一幕客张从九挑唆怂恿，说钱江有谋反之心。雷以诚信以为真，便设下埋伏，邀钱江来议事，交谈中稍不相合，便唤出伏兵，将钱江乱刀砍死。然后雷以诚上奏朝廷，说钱江谋反。这也是沈某的主意。

钱江挥金如土，虽然只是一介布衣，却名动海内，但处事马虎。欧阳兆熊在公开的场合曾多次批评钱江无才，只是气盖一世而已。钱江死后，人们都指责雷以诚太狠心，欧阳兆熊则说：雷以诚对钱江已经仁至义尽了。以钱江的粗心和怪诞，不出一个月，不是被长毛抓去，必定为属下所杀，一生已经走到头了。现在虽然冤死，而天下惜之，此其为德乎为怨乎？不少人赞同欧阳兆熊的意见。

沈某后来也走上了没落之路，临终时自己把舌头咬成几十段，人们传说是钱江在阴间报复他。据说后来朝廷为钱江平反，说是遭雷以诚错杀，并用黄金铸一金头下葬，据传共有七十二座坟墓，三十六座在杭州临安，另三十六座在雉城。

这些都是后话。

胡以晃加入西征

太平军在咸丰三年春末夏初开始的北伐和西征，大大牵制了官军的兵力，不但使官军无法增援江苏战场，而且迫使咸丰从琦善和向荣的军营里调走了几千兵力。显著的成果鼓舞了杨秀清和石达开，他们计划增援林凤祥的北伐军。具体的做法是从金陵派出八千人，从镇江派出四千人，分头进攻六合，为上次在六合的惨败复仇；然后，这支一万二千人的部队取道来安与天长，前往河南接应林凤祥。他们若能顺利北上，首先攻下开封，就能进一步牵制官军的兵力。为了顺利执行这个计划，金陵的太平军仿造安徽团练的服装，秘密制作红边白团马褂，打算以假乱真。在对六合进攻的同时，他们在镇江和扬州发起了一系列攻势。

这个时候，围攻东南三城的官军已成为疲兵惫将。进入六月以后，天气酷暑，镇江官军营中的兵将患病甚多。邓绍良现已升为江南提督，负责镇江方面的军务。他令军官们在各自管辖的营中查点患病及受伤人数，将他们安排到附近的民房内医治调养。靠近镇江城驻扎的炮兵病患更多，邓绍良不得不设法招募补充。

而正在此时，太平军对镇江官军发起了反攻。六月九日至十二日，太平军昼夜攻扑官军营盘，虽然都被击退，但已令官军心惊胆战。六月十三日，镇江北门突然冲出二三千名太平军，转向东门，向焦山一带的官军各营发起攻击。邓绍良令前路三营派出六成兵力迎战，中路两营相继出击。忽然，北固山一带冲出三四千名太平军，抄截各营后路，城墙的一道暗门中又冲出几百名太平军，直扑邓绍良的大营，发射火箭火罐，烧燃了寮棚和帐房，七座营垒全被焚毁，官军同时溃散。邓绍良令部队偷偷撤退，都司刘挺鉷率领潮州勇断后，才将太平军拦住。

刘挺鉷是个商贩出身的将领，胆大心细，足智多谋，主动从上海招募勇丁来镇江作战，扎营于城南。他的部队打仗善于以少胜多，所以太平军对他有几分畏惧。这次亏得他出手，邓绍良才得全身而退。

和春得知镇江太平军发起了南下攻势，率领湖南营兵等部驰抵马陵。探知京岘山的官军营盘已被敌军占据，丹徒镇也被敌军焚烧，和春立即从马陵前驻新丰，阻遏敌军水陆南下之路。刘挺鉷救下了邓绍良，又去援救京岘山各营，虽然毙敌甚多，但因营盘被毁，孤立无援，随即返回丹徒驻扎。他听说邓绍良已在丹阳，便退到丹阳与之会师，旋即驰往新丰堵御。

六月十五日，太平军大举袭击丹徒镇，一百多里外的常州城得到消息，吓得连忙戒严。向荣命令和春扼守徒阳运河，刘挺鍈也率部从镇江赶来，挡住太平军南进的道路。

邓绍良退到丹阳后，请求向荣增兵救援。向荣请旨，将邓绍良先行革职治罪，留于军营效力赎罪。这个提议后来得到咸丰批准。

扬州方面，太平军一千多人突然于六月十五日出现在虹桥，放火烧毁民房。驻扎此地的山东官兵开火阻击，无法阻挡太平军的攻势，伤亡惨重，全部溃退。太平军夺占虹桥以后，扬州与瓜洲联为一气。

琦善输了一着，心中焦急，不得不发起一次硬攻，以图挽回损失。六月十八日，江北大营用粮船造成了楼船，从水上攻打扬州。官军从高高的船台爬上东关的城墙，同时在北面搭云梯仰攻。时逢瞿腾龙从六合防堵折回，琦善和陈金绶令他跟双来一同督兵进攻，搭桥过河，直抵城下。太平军枪炮如雨，双来、瞿腾龙身先士卒，贾勇向前，用抬枪抬炮竭力仰攻，毙敌多名。太平军在城墙上打洞设炮，从高处向下轰击，官军躲避炮子，但没有撤退。双来右腿被大炮子打穿，由兵丁抬回营内，部队也跟着撤回。东关的进攻也被太平军击退。

第二天，双来因伤重去世。瓜洲和浦口的太平军趁势反攻，向金陵附近的三汊河出击，被都兴阿的部队击退。

咸丰对向荣和琦善的作战极为不满，指望湖南和湖北能够助他们一臂之力。根据御史黄经的建议，他于六月十八日给张亮基、崇纶与骆秉章发出上谕，令他们从各路水师中迅速调拨船只，或设法雇备民船，配带炮位，从上游驶赴金陵，与陆军合力攻击，并与下游艇船两路进攻，以便肃清江面，扫尽贼踪。

杨秀清奇袭六合未果，却未放弃从金陵向上游增兵的意图。七月十三日，胡以晃率领拥有二百多艘船只的船队来到芜湖下游的裕溪口，扬言要从运漕河攻扑庐州。吕贤基和李嘉端感到了恐慌：从湖北被左宗棠赶进安徽的太平军东可进兵安庆，北可进兵庐州，而裕溪口的太平军则可能西上巢县，直逼庐州。

八月六日，胡以晃的部队企图从裕溪河进入无为州，知州林兰率部到无为以北的仓头迎击，获悉裕溪河的敌船全部撤走，驶向仓头以北的东关。林兰刚刚松了一口气，忽然得报：敌船从长江驶入泥汊口，威胁无为州城。林兰令仓头团练集结，保卫乡梓，自己率部向泥汊前进。第二天，走到距泥汊十多里之处，忽然遭遇枪炮射击，林兰下令还击，双方各有伤亡。林兰追到长江口，突闻东关敌船回扑州城，仓头守军兵力单薄，支撑不住，城内民勇惊散，敌军乘乱而入，州城失守。林兰等不到外援，召募乡勇攻夺州城，胡以晃也不抵抗，驾船撤离。林兰进城安抚百姓。

紧接着，巢县又发现敌船多艘停泊在黄洛河内，窥伺东关。八月十三日，太平军的十多艘战船突入神塘埠，黄元吉率部抵抗，烧毁敌船四艘。太平军集结一千多人，从陆路抵达太平岭，距巢县只有五十里。

八月二十二日夜间到第二天午间，太平军船队的六百多艘船只陆续停泊在安庆城外，胡以晃率领五六千人乘夜进城，不许百姓逃避，又到北门外各村庄征集人畜，在黄花亭和马山两处建筑土城。胡以晃下令在准提庵修筑土墙，截断大路，北门城楼安置枪炮，各城添筑望楼，城墙增高五尺。胡以晃在安庆屯兵，集贤关已经岌岌可危。

胡以晃此次进攻安庆，是太平军对安徽省会的第三次攻击。他这次一来就不打算走了。他下令在城内添造刀矛，把妇女老弱赶到城外修筑迎江寺围墙炮台，派船分往上下游征集物资。

太平军不断从金陵和扬州突围而出，向荣与琦善负有不可推卸的责任。琦善不再隐瞒实情,向咸丰奏报：不时有小股太平军企图从扬州突围。咸丰狠狠地批示：

东路欲窜，早在意中，琦善断不能辞责。赛尚阿一误之后，再误者琦善也。琦善老而无志，如再不知愧奋，朕必用从前赐赛尚阿之遏必隆刀将汝正法。

九月二日，太平军船队闯入黄洛河，李登洲令部队用枪炮射击，颇有杀伤。但铅药很快用尽，官军寡不敌众，退守芙蓉岭，死伤二百多人。李鸿章和张印塘报告，九月三日有敌船一千多艘拥进东关，经玉山和王正谊派富惠、辛本栴、黄元吉各带兵勇力御，众寡不敌，东关失守。

满人露脸只是昙花一现

太平军在湖北、江西、安徽、江苏四省进行攻击的时候，林凤祥也在对河南的怀庆府城发起激烈的攻势。官军的总指挥讷尔经额见兵力已经集结，决定反击林凤祥的围城部队，争取为怀庆城解围。

七月二十八日，讷尔经额令托明阿、奕经、杨霈率部渡过丹河，直扑林凤祥的营垒。林凤祥派四路人马迎敌。官军分作五路，其中四路攻击出营的太平军，一路从中直冲木栅。讷尔经额又令吉林与黑龙江骑兵从两侧包抄，攻入木栅，用炸炮轰击。太平军猝不及防，自相惊扰，旗帜被官军夺去，木栅都被拆毁，火器也被扔进河中。一时烈焰飞腾，木栅房屋焚烧几尽。营内的太平军冒火冲烟，奋力死斗，与官军短兵相接，伤亡惨重。

在栅外迎敌的太平军见栅内火起，归路已断，纷纷撤退。官军在追击中歼敌五六百名。托明阿、胜保、善禄移营紧逼敌垒，昼夜攻击，并张贴告示，动摇太平军的军心，用反间计促使几百人投降。太平军俘虏供称，在七月二十二日的战斗中，林凤祥和李开芳已被炮伤，太平军人心浮动，仍然在府城东南角挖掘地道，企图攻入城内。讷尔经额当即秘密派人进城，令守军严加防范。

这时恩华和舒兴阿将火箭等武器送到，胜保也于七月二十八日选派敢死队暗扑敌垒，炸炮、竹炮、喷筒火箭一齐射击，部队随进随攻，击毙太平军几百人。西凌阿、明庆、双成、乌凌额等带领骑兵追击溃散的太平军，俘虏四十多人。官军纵火焚烧敌垒，城内守军也派兵下城助战，郝光甲和乌勒欣泰各自率部接应，四面围攻。据讷尔经额统计，此战歼灭太平军二千多人，缴获大批枪炮、旗帜、器械和骡马。

林凤祥损失惨重，立即撤围，向西而去。官军在城外搜捕残余的太平军，一面运送米粮接济城内民食。托明阿、胜保和善禄入城安抚，讷尔经额和恩华随后进城，抚恤坚守怀庆长达两个月的守军和百姓。

官军主力没有及时跟追林凤祥，只派副都统托云保分带骑兵和步兵跟踪追击。胜保的部队疲惫已极，进城休整之后才拔营追赶。讷尔经额通知山西巡抚哈芬、河南巡抚陆应榖和黄河大臣长臻、太常寺卿王履谦，以及驻扎孟津渡的副将珠克登阿，令他们严密堵截，不使一名敌军漏网。

讷尔经额出任钦差大臣后，打了一个大胜仗，咸丰皇帝大为高兴，这一仗总算给满人露了脸。咸丰赏给他双眼花翎和黄马褂，赏恩华和托明阿穿黄马褂，还给了托明阿一个“西林巴图鲁”的名号。胜保被赏了都统衔，并赏穿黄马褂，给予“霍銮巴图鲁”名号。善禄赏戴花翎，赏给“斐里巴图鲁”名号。西凌阿在浦口不战而逃的罪行也得到赦免，官复原职，仍然当他的都统，还赏戴花翎，以示嘉奖。怀庆府的文武官员也各有加官晋职。连军机大臣祁俊藻、麟魁、邵灿、彭蕴章、穆荫都沾了光，赏加军功一级，兵部捷报处郎中保成由于递送捷报有功，赏加军功一级。其余参与军机事务的京中小官，也跟着得了奖赏。

咸丰还大肆为满人大臣吹牛，说此次怀庆解围，逆匪歼除殆尽，黄河南北生民重登衽席，军威大振，不难水陆并下，直抵江南。他还借此机会敲打琦善和向荣：你们各统重兵攻围金陵和扬州，已经围了几个月，还是守株待兔，毫无战功。如果你们一定要等到北方的官军南下助剿，才能打胜，难道不会汗颜？

咸丰这一次真是滥施奖赏，可见他是多么渴望满人臣子们能给他挣点脸面。汉人官员打了胜仗，他决不会如此大方。但是他很快就发现，他慷慨奖赏的这些满人臣子，还是无法为他挑起保卫江山的重担。

怀庆这一场胜仗并非决定性的大捷，山西布政使郭梦龄的奏报不久抵达京城，力称林凤祥和李开芳仍然具有很强的战斗力。

八月一日，林凤祥部抵达济源县境内的封门口，第二天就从河南跨入了山西，包围了垣曲县城。此城有几百名山西兵驻扎，知县晏宗望下令关闭城门，但都司玉恒与代理都司景亮指挥的守军，还没见到太平军就已溃散。南门尚未关闭，太平军就从这里进了城，将晏宗望斩杀，河东道张锡蕃也未能逃脱一死。官军未能守住垣曲城，本可退守横岭关，好歹阻截一阵，但两名指挥官都未尽力。林凤祥兵不血刃地进入县城，并不停留，令部队继续北上，顺利地越过横岭关，直奔绛县。

胜保于八月三日才抵达封门山口，遭到林凤祥后卫部队的炮击。此处两山对峙，道路狭窄，只容一马通过。胜保令部队分头从樵路包抄而上，太平军弃关撤走。

胜保令副都统松玉等带领骑兵和步兵跟踪追赶，抵达王屋镇和邵原镇一带。八月五日，他们追过垣曲几十里，此时胜保才进入垣曲县城。林凤祥军行神速，此日已从绛县北上到曲沃县境内，逼近平阳府城，也就是现在所说的临汾。府城内只有二百多名官军，关闭城门防守。

这时候，郝光甲率另一路官军从泽州翻山驰赴垣曲和绛县一带，胜保还在垣曲，两路官军都落后了一大截。虽然平阳距离省城太原还有五百里之遥，但山西大员们已经感到了危机。巡抚哈芬决定在太原以南的灵石县韩侯岭天险集结兵力，扼要据守。

八月六日，胜保督兵尾追至横岭关。这座山险峻异常，最易守御，越过此山即入平原。胜保原以为此处必有山西军队防守，他到来之后，前后夹击，可将林凤祥部一举歼灭。但是山西官军没有在此设防，林凤祥早已从这里通过。

胜保虽未追上林凤祥，却已赶上了他的后卫部队。据他奏称，他斩杀了长发太平军三四百名。林凤祥发现追兵已经不远，加快行军，沿途征集羸马，更换行走。这一来，胜保的部队疲于奔命，无处休息，还得忍受饥饿，因为沿途的粮食已被太平军搜尽，官军无可觅食。胜保来到绛县，不见一名地方官，听说林凤祥又前往曲沃了。很快接到探报，曲沃城内有人接应太平军，杀死知县典史。太平军在城内四处放火，官军赶到后，胜保一面安民救火，一面令骑兵追赶，步兵随后开拔。不料林凤祥在城外留下了二千多人打阻击，付出了两百多人牺牲的代价，将官军阻截了一阵，然后向西撤走。官军追杀十多里，天色已晚，胜保下令扎营暂歇。

官军正在调集兵力，林凤祥于八月十日在平阳府东西南三门放火攻城。北面六十里处的洪洞县内人心惶惶，百姓全部逃散。

咸丰刚刚表彰了一批官员，不得不再次举起惩罚的棒子。八月十六日，他降旨将哈芬革职拿问，解京治罪，同时将丢失城池的一批知府和知县革职拿问。讷尔经额刚刚获赏的黄马褂，又被咸丰勒令脱下了。咸丰将恒春补授山西巡抚，在他到任前，由郭梦龄暂行代理。

太平军抵达平阳时，府城内没有守军，知府和知县督率百姓守城，哪里挡得住太平军凌厉的攻势，府城当即失守。胜保赶到时，城头已插上太平天国的旗帜。

胜保将善禄召到帐内，屏退左右，说道："你去通知西凌阿，令他连夜绕到府城以北扼要设伏，杜绝逆贼北进之路。此为绝密行动，不得泄漏！"

胜保自以为出敌不意，抢了先着，其实他晚了一步。林凤祥警惕性很高，料到官军会派兵北进，已在东关列队，阻挡官军北进之路。西凌阿遇到阻击，策马砍杀，将太平军冲为两段。太平军一半撤回平阳，其余向北撤去。西凌阿没有穷追，下令收兵。

此战以后，胜保推测太平军抵达平阳时兵力已得到补充，从五千人增至一万多人。抓到的长发俘虏供称，林凤祥打算从山西乘虚直攻北京，沿途攻破城池，不愿据守，补充给养后立即北进。胜保据此得出一个可以偷懒的理由：如果追踪太急，前方官军来不及调集兵力拦阻，若被敌军闯过了韩侯岭，近扰京畿，大局不堪设想。

这时候，郝光甲赶到了平阳，胜保兵力增强。他又跟善禄密商："逆贼已有一部北进洪洞，我等须得先将此股逆贼拦头截住，方能确保京城的安全。"

善禄道："何不让郝光甲率所部二千人，加上托云保的三百多名吉林骑兵，王定坤的一千一百多名步兵，堵截平阳城内的敌军，我跟胜大人乘夜督率骑兵前往洪洞？"

当下计议已定，胜保把平阳交给郝光甲等人，自己与善禄于八月十三日驰抵洪洞。前方来报：太平军正在排队出城，企图北进。胜保当即令骑兵绕到洪洞北关大路扼要截击，又令步兵从东面夹攻。

洪洞的太平军没料到官军来得这么快，决定撤回城内，紧闭城门，等待平阳部队的增援。这时胜保已经绕到太平军北面，颇为得意，立即在城北十五里的上纪落镇扎营扼守，并分派兵力扼守小路要口，堵住了太平军向东向北突进的道路。

第十二章

南北吃紧

曾国藩《江忠烈公神道碑铭》：

> 贼昼夜环攻，阙地十道，分扰旁郡以眩我谋，终不得穷公方略。凡九十余日而围解。

胜保铸成大错

且说林凤祥所部在平阳被官军截为两段，一部不得不退回平阳。这两支部队急于会合，林凤祥下令：拼死也要跟洪洞的部队会师。八月十三日，几千名太平军冲出平阳城门，向北挺进。郝光甲挥师拼死截杀两时之久，将他们逼回城内。他赶紧审讯战斗中抓到的俘虏，得知太平军的企图仍然是挺进北京。俘虏还说，林凤祥于十一日夜间被官军截回时下落不明，有可能已死于乱军之中。

这个情报很快就送到胜保手中。胜保哈哈大笑，“林凤祥已死，平阳的逆贼快要涣散了！”

根据后来的情况判断，林凤祥的死讯显然是个假情报，但胜保信以为真，对平阳之敌掉以轻心。他把主要目标锁定为洪洞，打算先攻下此城，再集中兵力合攻平阳。为了断绝南北两支太平军的联系，他令郝光甲驻扎平阳以北，设置一道屏障。其余兵力的部署为：总兵乌勒欣泰驻扎东关外，堵截平阳太平军向东突进的道路；董占元驻扎南门外堵截，兼防西路汾河河岸；托云保带领吉林骑兵驻扎平阳东南，日夜四路巡哨。这个部署表面上万无一失，不论太平军向何处突围，官军都能适时堵截；但实际上胜保忽略了一个致命的缺陷，因为董占元所部尚未抵达指定位置，因此平阳南面和西面，实际上存在两个防御缺口。

除此以外，胜保企图首歼洪洞太平军，也是不切实际的想法。山西省的官军兵力空虚，而百姓对太平军深为同情。洪洞被太平军占据时，北面的赵城等村镇率先为太平军送来羸马和米粮。赵城以北霍州城的百姓更是对太平军翘首以盼。霍州城门大开，居民逃散，绅士们准备好了粮食，准备给天国的军队提供给养。山西省的兵力和人心如此，胜保想要迅速攻破洪洞，真是面对着一道难题。

这时候，平阳是太平军北伐部队的核心，林凤祥在这里指挥作战。如果胜保集中兵力围困平阳的太平军精锐，或许有望将林凤祥滞留在山西。但是胜保未将主力摆在平阳，给林凤祥提供了突围的机会。

林凤祥急于前往洪洞，多次试探性地突围，摸清了敌方的部署。八月十六日，他下令开始总突围，部队冲出平阳东门，绕道东北，乘夜急行军，抵达洪洞东门外。黑龙江骑兵及天津正定营前往迎击，未能拦住，林凤祥成功地进入洪洞南门。胜保令郝光甲派兵进入平阳府城安抚，一面飞调平阳官军前来洪洞。

林凤祥成功地与洪洞部队会师，令胜保处于十分尴尬的境地。现在太平军只要从洪洞向北，即可经霍州与灵石进军太原，向西可从蒲县抵达汾州，向东则可从岳阳奔赴潞安一带。胜保若要四面预先派兵阻截，明显兵力不够。最好的办法当然是将洪洞合围，将林凤祥部一举歼灭，但援军一时不能赶到。

林凤祥此次从平阳突出，就是因为官军未能合围。胜保指望董占元在平阳南门外布防，但此军迟迟未到。托云保的骑兵驻扎在平阳以东，林凤祥突出时，该部没有追击，借口兵力单弱，难以拦阻。乌勒欣泰所部抵达平阳已有数日，但乌总兵本人还在泽州逗留。胜保一气之下，请旨将托云保、董占元、乌勒欣泰先行革职，责令带罪图功，以观后效。

胜保光是发脾气没有用，他必须尽手头可用的兵力包围洪洞，主要扼守北面、东面和西面。东南面的曲亭也当要道，曲亭以东可经浮山、岳阳通往潞安府，曲亭以北可从山路直接进入沁源，奔赴太谷、徐沟，直达太原。胜保派郝光甲驻扎曲亭。托云保的骑兵行军缓慢，刚刚抵达曲亭，胜保即令他就地驻扎。

八月十七日夜间，太平军从胜保未设防的南门全部突出，向东南方挺进，郝光甲抵御不住，太平军冲过营盘，向东飞奔。托云保猝不及防，也被太平军冲营而过。胜保急得直跺脚，立即令黑龙江骑兵和西安骑兵共六百多人跟踪追击。他知道太平军行军速度太快，步兵尾追总是掉在后面，而北路最关紧要，便令各路步兵经赵城与霍州赶到韩侯岭，企图绕到太平军北面，保护太原。

善禄问道："如果逆贼窜往潞安，如何应对？"

胜保说："若是探得逆贼确实行走东路，你我即由韩侯岭取道沁源，转折而南，直捣潞安北面截击，一面飞催清化续拨官兵从泽州直接赶赴潞安，并通知前方严防获鹿、辽州及泽州各口，免其东窜磁州，回窜怀庆。"

这时，胜保接到讷尔经额发来的公文，得知进入山西追剿的官军主力先后已有一万四千人。胜保算了一下，他与善禄、西凌阿等人所带的骑兵和步兵只有四千多人，加上郝光甲所部一千五百人，总计六千人。董占元的八百人还未赶到。照此计算，进入山西的官军还有七八千人，他们究竟到了何处？胜保是一头雾水。

这些部队究竟在哪里呢？且说托明阿一路，从太行山的小路翻山行军，于八月十八日才抵达山西的长子县，距西面的洪洞还有两百里。但他行军迟缓似乎也有好处，刚好碰到林凤祥从洪洞突围后向东疾进，来到了长子县以西一百多里处。托明阿和明庆指挥骑兵从捷径迎击，令步兵随后推进。八月十九日，骑兵行抵屯留县的丰仪镇，探得太平军一千多人已到距丰仪五六十里处。这显然是林凤祥的前锋部队。

托明阿顿时紧张起来，派人催促后面的步兵跟进。又得到探报，说太平军已陆续朝丰仪赶来。八月二十一日，托明阿命令骑兵迎击，二三百名太平军从山头扑下，与官军交手。这一处战场南北山峰对峙，中间有一道弯曲的河流。河湾处突然绕出二百多名太平军，抄到官军后背，南北两座山上也有三四百名太平军蜂拥扑来。托明阿只有二百多名骑兵，难以支应，为了保住后路，他令部队先去应对抄后的太平军。这时北面山上的一名太平军神枪手瞄准托明阿射击，鸟枪一响，正中托明阿头部，子弹穿过官帽，从脑骨射出，托明阿血流满面，当即脑袋一阵晕眩。

奇怪的是，托明阿当时还保持着清醒的理智。他担心属下惊惶，忍痛鏖战。恰好步兵赶到，分头迎击，太平军朝北面的山上退去。托明阿也不追赶，收队扎营。他头上血流不止，回营后不能支持，命人写折，奏请皇上赏假调养，推荐副都统明庆督兵有方，建议将自已的部队交给明庆统率。于是追剿太平军的责任，就全部压到了明庆肩上。

咸丰得悉山西的战情以后，决定任命胜保为钦差大臣，剿办窜扰山西的逆匪，各路官兵统归节制。又得知托明阿负伤，连忙将他亲自佩带的大荷包一对、小刀一把，赏给托明阿，并颁赏五等参八两，给假调养。他同意托明阿的建议，赏还明庆副都统，令他统领托明阿的所有部队。

林凤祥从洪洞突围以后，经过岳阳县和沁源县之间的山路进入长子县境内，前锋遭到托明阿的截击，主力继续推进，于八月二十二日围攻潞城。托明阿所部追赶不力，林凤祥于第二天攻陷潞城，并不停留，全部奔赴东北面的黎城，企图从该处出口直扑河南北部。郭梦龄终于松了一口气，太平军即将离开他的责任田。于是他火速通知讷尔经额和陆应榖，请他们赶紧拨兵截击。

讷尔经额大出洋相

太平军一出山西，烫手芋头就回到了讷尔经额手里，迫使他不得不回防直隶。这位钦差大臣也曾研究过山西的路径，正在犹豫到何处堵截，幕僚向他献计：“讷中堂，潞城和黎城之间有条小路，沿太行山东出，可从河南的武安直达直隶的临洺关。此路很近，逆贼极可能从这里进军直隶。但是此处有险可凭，只要派五六百人扼守，即便林逆有十万大军，也无法冲关而过！”

讷尔经额却说：“潞城和黎城乃山西地盘，我军不用派兵。马上以我的名义发一份咨函，让哈芬派兵扼守。我军只要守住临洺关即可。”

官军的互相推诿，给林凤祥提供了机会。讷尔经额的公文还没送到太原，潞城和黎城已被林凤祥攻陷。他们果然是由此路东进，很快就进入了河南，抵达涉县和武安县，又从武安山路直奔临洺关，进入直隶境内。

讷尔经额领着一万多人开向临洺关，林凤祥比他快了一步。前一天，林凤祥的前锋乔装改扮，打着钦差的旗号，要求州县提供招待。部队得到官府提供的给养和装备，从这里往北去了，讷尔经额毫不知情。

讷尔经额抵达临洺关时，林凤祥的主力刚好杀到。钦差大人的部队仓皇失措，车驰卒奔，一万多人溃散略尽。八月二十八日，林凤祥占领临洺关，杀死同知周宪曾。太平军到处放火，大肆征集物资，然后继续北进。

讷尔经额率领几十人逃入邯郸以东的广平府城，官印、令箭、军用物资和文件等物全部丢失，幕友吏仆无不星散。他没有官印，连上奏的资格都丢了。广平知府为他报告省城，桂良代他向朝廷奏报。

临洺关北至正定，一路没有险要可守。讷尔经额得到盛京各处调来的援兵，收集临洺关接仗溃散的官军二千人，先派总兵经文岱管带，跟踪追击。他自己还要等待后续的一千多名援兵到齐，才肯继续前进。胜保通知他，说西凌阿带领骑兵从山西尾追而来，可是讷尔经额没见一骑一卒到来。他只好向咸丰求助，请求速派精兵赶赴正定一带截击。

林凤祥此次北进可谓一帆风顺。太行山以东多是平地，官军没有险隘可守。林凤祥于八月三十日攻破隆平，又于九月一日攻破柏乡，军锋北指正定。

咸丰接到军报，惊出一身冷汗。对手如此快地进入京畿重地，他已无暇过多思索，当即令培成、多尔济、那木凯率领驻扎南苑的察哈尔兵四千人赶赴正定，又派庆祺和维禄率领驻扎天津的盛京兵二千人火速驰赴保定，以保直隶省会。

这只是应急措施，咸丰必须增添兵力和大将，才能万无一失。他稍经思索，急令僧格林沁、德勒克色楞、特兴额挑选得力精兵二千名，分起南下。咸丰恼怒讷尔经额未能守住辖地，将他革职，留在军中效力，补授桂良为直隶总督。他又撤掉了一个亲信满人大员，为了保卫京畿，几乎把老底子都掏出来了。如果僧格林沁还无法挡住太平军的北伐，在满蒙的人才圈子里，他就再也找不到能够力挽狂澜的英雄了。

咸丰向正定和保定一带派出重兵后，讷尔经额的奏报才送到紫禁城内。咸丰看罢，冷哼一声，说道："此人真是辜恩溺职之至！他久任直隶总督，究竟筹备了什么事情？经文岱未必真能得力，他自己也不过远远观望，掩饰先前的罪过。朕早已派兵前往正定，要是等他的奏报到京才作决定，又不知要耽误多少宝贵的时间！"

咸丰部署京畿防卫之时，林凤祥已经抵达赵州。桂良派飞马令代理提督保恒率部防堵，并叫正定的官员在滹沱河渡口多派部队昼夜把守。

林凤祥攻下赵州以后，在大石桥驻扎，派兵前往藁城县，离正定只有二十里。保恒于九月四日带兵进入正定城，胜保带领四千兵力于同一天行抵正定以西的获鹿。官军估计太平军必定会从滹沱河北渡。

咸丰再次采取紧急措施，任命惠亲王绵愉担任京城巡防总指挥，带领一帮王爷大臣防御京城。为了再树立一个反面榜样，他同意祁俊藻的意见，批准将杨文定定为斩监候，待秋后处决。

尽管桂良严令死守，官军的正定防线仍然如同虚设。林凤祥在藁城搭建浮桥，顺利地渡过了滹沱河，前哨抵达定州的李青果村，距离直隶省会保定只有一百来里了。很明显，林凤祥的攻击目标是北京而不是保定，太平军为了争取速度，可能绕过保定北进。如此一来，保定东南面的河间、景州一带，就成为太平军理想的进军路线。桂良连忙请求朝廷迅速布防。

北京的形势空前严峻，而讷尔经额仍然株守广平。还有那个恩华，自从太平军从怀庆撤围后，他奉旨带兵尾追，却未与太平军遭遇一次。胜保屡次催他前行，他置若罔闻。咸丰得知此情后，决定将恩华革职，并立即逮捕讷尔经额和恩华，分别由桂良和胜保派人押解进京治罪。恩华所部交胜保指挥，飞催前进。

林凤祥渡过滹沱河以后，果然决定绕过保定北上。他下令东进，经过藁城的郝庄，抵达深泽。

太平军进军如此迅速，咸丰不得不拼出所有的老本。先前他已派出培成、多尔济、那木凯、达洪阿等统带旗营和察哈尔部队出京迎敌，但他对那几个人并不放心。他决定把亲近重臣派出北京，指挥各路官军。他将绵愉授为大将军，将僧格林沁授为参赞大臣。咸丰亲御乾清宫给他们颁发关防，并将锐捷刀颁给绵愉，将讷库尼素光刀颁给僧格林沁，令他们即日统领健锐营、外火器营、两翼前锋营、八旗护军营、巡捕五营、察哈尔部队、哲里木卓索图昭乌达东三盟蒙古劲旅，从北京南下，与胜保等人的部队前后夹击。僧格林沁出京后，增派亲王衔郡王载铨、内大臣璧昌负责北京巡防军务。

林凤祥还在向东推进，很快就抵达深州境内。咸丰接报，决定添派恭亲王奕䜣办理巡防军务。

胜保进入直隶以后，开始对林凤祥紧追不舍。九月十一日，他探得林凤祥已经分兵北上，攻击安平、蠡县，以及距保定仅六十里的张登。林凤祥此举，显然意在牵制官军兵力。他的主力仍在深州一带，正在选择合适的进兵道路。他的东面和南面都是大河，难以渡过；北面水小，靠近饶阳，泥淖可行；西路无水，可通安平、祁州、深泽、无极等处。胜保认为，太平军主力可能向任一方向进兵，官军仍然需要四面围截。

咸丰接到军报，深知北京已经处在生死存亡的关头。他给周边的驻军将领发出密旨，令他们从各地驻军中迅速挑选精壮官兵，操演纯熟，备齐武器弹药，听候谕旨，一经调拨，即刻起程来京。为了不致在民间造成惊惶，各地将领都要不动声色，暗中筹备。

林凤祥抵达深州以后，决定在此集结部队。胜保在晋州追到林凤祥的后卫部队，连忙分路攻击，太平军后卫也奔入深州城内。

江忠源战斗不止

且说太平军攻打南昌九十多天，后期并无大的举动。张芾腾出手来，在城内镇压倡议给太平军提供银子和粮食的造反分子，以及乘机抢掠的土匪。为了震慑城外的太平军，他令官军将十多门二三千斤的大炮分布在章江门和得胜门，紧对敌垒，昼夜轰击，击沉敌船二三十艘。

江忠源测度出地道的方位，令健卒向城外挖沟，引水灌入地道，将赖汉英所挖的地道废除。赖汉英对攻占南昌失去了信心。太平军在上一年未能攻克桂林和长沙，此后连克武昌、安庆、金陵三座省会城市，赖汉英本以为南昌能够轻易攻占，没想到碰上了一块硬骨头。杨秀清和石达开决定将他撤回大江，改攻长江上下游。

江忠源看出太平军已经丧失攻击意志，决定发起反攻，迫使敌人撤围。此时南昌城内的高官对局势看得很清楚，以现有兵力和设施，要想把这股太平军聚歼在南昌城外是不可能的，最好的结果也就是保住南昌城了。

咸丰三年八月二十一日，官军右营分路攻扑敌营，太平军躲在营垒中射击。官军扑近墙根，抛掷火弹火罐，用火攻骚扰敌军。

张芾想把南昌守住,可谓殚精竭虑。据说这天晚上他做了一个梦,见到了真君。这位真君是江西人祭祀的一位神仙，原本是凡人，名叫许逊，在山西的旌阳做过县令。传说他为江西省除掉了一条为害的蛟龙，江西人感激他，为他盖了万寿宫，一千多年来，祭祀不断。从巡抚到草民，每月朔望都会前往肃拜。张芾那天夜里梦到他，不足为怪。

奇怪的是，真君托梦来见张芾，是为了给他提供一批重型武器。

真君说："火药局的地下埋了几十门古炮，如果不把那些古炮起出，就打不过攻城的贼寇。"

第二天,张芾走进衙门,逢人便问埋炮的由来,可惜无人知晓。张芾还不死心,带着几名僚属翻阅地方志，书都翻遍了，也不见有此记载。

张芾说："究竟有没有，咱们去火药局挖一挖，不就知道了？"

他跟江忠源说了此事,后者也想查个究竟。两人率领一干兵丁到火药局挖掘。挖到六七尺深处，果然找到二十七门大炮。经查验，上面没有标记铸造年月。

一位幕僚说："年羹尧说过，旧炮难用，容易爆炸。从土中起出的旧炮更不好用。如果用这些旧炮抵抗长毛，必然坏事！"

张芾和江忠源瞪他一眼，没有言语。忽然得到这么多大炮，仿佛看到馅饼从天上掉下。大炮究竟能否发射，不试验一下怎么行？江忠源令人将古炮抬到城上发射，竟然没有一门炮炸裂。不过，其中的二十六门劲道不大，炮弹射出五六十步就落地了。有一门却很争气，每放一炮，轰隆不绝，射程远达沙井。

更奇怪的是，一般大炮发射多了，便会火烫，不能填装炮弹，此炮不然，即射即填，轰击了一昼夜，依然如故。

第二天夜晚，敌军向城内开炮轰击，江忠源下令开炮反击，敌炮顿时停止，官军乘势下城放火。那时正是三更时分，南风大作，大火烧得很旺，太平军纷纷上船，在鄱阳湖上扬帆而去。官军小有斩获，夺得十二艘战船和三门火炮，还有十三杆抬枪。

这时城头上发生了更神的事情，那门古炮在太平军撤退时自行炸裂。

最离谱的是，太平军的俘虏中有人绘声绘色地描绘：炮弹射到太平军营内，能够横行逆转，每一炮都击伤了几百人，导致死尸枕藉，太平军因此折损了上万人。他们把赖汉英撤退的原因归因于官军大炮的轰击。

南昌坚守了九十五天，终于解围，张芾和他的那个梦，也算是做了贡献。太平军在撤离之前，小小地报复了一下。他们从指挥塔上看见张芾带着两个随从巡视城防，从服饰判断这是一个大官，便照准张芾开了一炮。张芾的前后两个随从都倒下了，张芾却安然无恙。

太平军撤退时，官军没有船队，无法顺流尾追，只得看着赖汉英撤走。太平军渡过鄱阳湖，进入长江，扬长而去。饶州的太平军已从都昌东渡，先一步出了湖口。

江忠源令戴文兰等人带领辰州兵、开化勇、新宁勇、广勇二千多人从陆路赶赴九江，力争绕到太平军前方，沿途截击，他自己与音德布随后起程跟追。推测太平军的走向，无非两处，一是出湖后向上游行驶，一是返回安徽和江苏。如果太平军上行，官军应于九江一带堵击；如果太平军下行，就进入了安徽和江苏战场。不论如何，江西已经卸下了重担，张芾和陈孚恩可以松一口气了。咸丰撤销了张芾革职留任的处分，给陈孚恩赏戴花翎，江忠源得到了二品顶戴。

可是皇上不喜欢张芾，还是找出了他的茬子。张芾一时冲动，向朝廷保荐守城有功人员二百多人。咸丰说："这个张芾，保得太滥！叫他把功劳最大的报几个上来就行了。"

张芾却上疏抗争，说他保荐的人都是舍生忘死为国尽忠的将士；这些人不分日夜在城头露天之下睡了三个多月，他是挑了又挑，选了又选，只报了二百多人，不算多啊。如果不把他们稍微提拔一下，不足以鼓励人心。

咸丰见张芾不肯减少指标，有些不悦，令军机处拟旨，交部议处。军机大臣有人妒忌张芾的守土之功，在交给吏部讨论的上谕里，添上"实属执拗，有负委任"八个字。部务会议领会皇上的精神，得出结论：此人应得革职处分。

于是张芾费尽心机守住了南昌，还是被罢官了。此是后话。

且说张芾履行了守土之责，跟踪追击的任务却落在江忠源头上。太平军从水路撤走，江忠源却只能从陆路追击。可是长江下游陆路不通，江忠源莫可奈何，只能从陆路赶赴上游，再作决断。江忠源决定率领云南营和湖南营，以及湘乡勇和新宁勇，先去九江，然后赶赴田家镇，力争阻断太平军向上游攻击。若能找到船只，便可派部分部队从水路追赶。如果太平军顺流而下，便令戴文兰从九江雇船驶下，与他会合，从水路追入安徽境内，探明敌踪，相机作战。

江忠淑在南昌与江忠源告别。大哥见小弟身穿绸衣，不由眉头紧皱，伸手摸摸他的衣服，问道："你穿的是绸子，从哪里得来的？"

江忠淑低着头说："途中翻船，行李尽失，此衣是别人送的。"

江忠源训诫道："你要回去了，我送给你几句话：孝以事亲，慈以教子，诚以应世，俭以保身。只要做到这几点，我就放心了。多余的话，我就不说了。"

江忠淑自幼与大哥相依为命，未曾分离，南昌一别，便成永诀。

失守田家镇

林凤祥从山西杀入直隶境内之时，太平军在长江沿岸策应他的行动。赖汉英从南昌撤围后，石达开主持西征战事，决定分兵两路：由石祥祯、韦志俊率军西进，直取武汉；胡以晃和曾天养率军固守安庆，保证天京至九江交通无阻，并经略安徽北部，策应林凤祥的北伐。赖汉英因围攻南昌不利，奉调返回天京，另行安排。

石祥祯奉到王命，立即率部西进，于八月二十八日攻克九江后，船队继续上行，攻入湖北。江忠源飞催张金甲等率部增援田家镇。第二天，江忠源与音德布带领一千九百人从陆路驰赴九江，以图克复此城。

江忠源于九月二日行抵马回岭，探悉敌船攻扑田家镇，当即留下戴文兰、李辅朝管带一千多名楚勇，驻扎九江城外的东林一带，以防太平军回攻南昌。他自己与音德布率一千多名云南兵和四川兵赶赴田家镇救援。他打算从武穴渡到江北，可是来到江边一看，太平军掌握了制江权，江面兵船往来不绝，官军无法抢渡。他决定绕到瑞昌，取道兴国州，前往田家镇。这一路必须翻山越岭，部队行军十分艰难。

石祥祯所部从九江水陆并进，驶至广济县的武穴，距田家镇仅四十多里。石祥祯下令暂停前进，似乎在给官军制造悬念，一边观察官军的动静。官军此时确实摸不准他们的意图，因为田家镇以北为黄州府的黄梅、广济、蕲州、蕲水各县，与下游的安庆府和六安州紧接，处处有路可通。太平军若分兵从陆路进攻，也可以直接控制田家镇上游。

太平军闯入了张亮基的防区，张亮基和左宗棠紧急商议，当即委派代理臬司唐树义等人率领二千兵力，驰赴蕲州、黄梅一带择要驻扎，并叫他们广发哨探，只要见到太平军，立即发兵迎击，同时兼顾田家镇江防，互为犄角。

石祥祯于八月三十日早晨等到了顺风，开始对田家镇进行试探性攻击，分派陆军从彭塘分扑官军的岸上营盘。防守此处的军事指挥官是道员徐丰玉和张汝瀛，以及总兵杨昌泗。他们已经做好了防守的部署。太平军水师沿岸行驶，噪呼索战，官军水陆各营仗着有墙栅遮蔽，有恃无恐，严阵以待。

太平军船队驶近时，遭到官军密集的炮火射击。官军炮兵测量射程，从容开炮，击沉敌船四艘，太平军纷纷落水。石祥祯的陆军扑到距离官军营垒百余丈处，官军越壕开枪，毙敌十人。太平军并不恋战，立即撤退。官军步兵乘胜压下，追出很远。

九月一日黎明，太平军主力船队上驶，开炮猛扑。徐丰玉等严令岸上各营准备，添兵接应。太平军兵分三路，每路约一千多人，傍岸登陆，绕扑田家镇。官军也分三路迎击。游击董玉龙身先士卒，冲入敌阵，毙敌几十名。杨昌泗也打得颇为主动，率部夹击。游击许连城率兵越壕射击，都司旷辅廷、参将骆永忠各率所部分途攻击，刺死执旗的太平军将领。官军此战打得有板有眼，又将敌军击退。各路官军乘胜掩杀，徐丰玉调水师顺风下击，直逼敌船，焚毁大船二艘，约毙敌七八十人。从冯家山渡江的太平军船队遭到炮击，指挥船被炮火击坏，其余船只簇拥指挥船撤退，全部乘风退去。

第二天，太平军船队上驶一段，停泊在距田家镇十五里的富池口，企图从南路袭攻半壁山后侧。石祥祯登峰遥望，看到官军陆营和水寨布置严密，下令撤退，另图再举。他令部下放出风声：等到东北风紧时，还要直闯田家镇。

九月三日早晨，石祥祯从富池口派出几百艘兵船，从湖路直抵兴国州。张亮基和左宗棠派出增援兴国的都司任大华尚未赶到。兴国距长江岸边六十余里，是由江西进入湖北的小路，湖汊密布，水陆可达通山。太平军船队从湖汊进至偏远的山地，既是为了征集米粮，也是为了牵制官军兵力，使主力能够乘虚攻进田家镇。左宗棠曾告诫田家镇的守军：“你们兵力不多，只能就近策应，不得分兵远处，致中奸计。”

左宗棠已经得到江忠源的通知，知道张金甲和马良勋正率领二千人从瑞昌和兴国一带赶赴田家镇，可以就近救援兴国。江忠源本人也在水陆并进，星夜向兴国推进。但左宗棠仍不放心，决定向兴国增兵。他令知府伍煜带领五百人，令都司周禄带领三百多人，会同任大华所部相机夹击。左宗棠相信，田家镇的官军兵力将会逐渐增多，北岸的蕲州和广济一带有唐树义的精兵扼险以待，田家镇可无后顾之忧。南岸兴国州一带有江忠源重兵前来，声势更壮。张亮基为了做到万无一失，又调劳光泰携带武昌新造的炮船十几艘前赴田家镇助战，官军似乎完全能够守住湖北的门户。

这时候，由于安庆再次失守，太平军船队闯入裕溪，情形紧急，咸丰发出谕旨，希望江忠源能够援救下游，会同李嘉端设法水陆防剿，使太平军不致扰及庐州。但是江忠源此刻身在路途，无法得知咸丰的圣意。

江忠源的队伍跋山涉水，郭嵩焘跟队行军，备感艰难。此刻他很想离开军旅，返回家乡，于是赋诗一首，抒发乡愁。九月四日，江忠源行至瑞昌，探知太平军已从富池口西进，袭破兴国，他五内焦灼，连连对郭嵩焘说：“武昌堪忧了，不知左季高如何部署防御。”

郭嵩焘说："季高心思缜密，想必不会疏漏这一路。"

江忠源催促部队加快行军，第二天接到徐丰玉的来信，报告田家镇屡获胜仗，太平军未能闯过。张金甲的信使也带来了消息：张部已绕到兴国上游。江忠源舒了一口气，说："张金甲或许可以堵住逆贼北上武昌之路，只是——"

郭嵩焘见江忠源手里握着徐丰玉的信函，眉头仍然紧锁，问道："岷樵兄还有什么放心不下？"

"田家镇恐怕会有不测啊。"江忠源答道，"徐丰玉报告说，他们用战舰封锁了江面，但因兵力不足，没有在南岸的半壁山设防，已被逆贼占据。这是一个致命伤！"

江忠源当即向富池口一带派出探子，然后对郭嵩焘说："明早就能得到回报，那时再决定我们是进兵富池，还是绕道赶赴兴国。"

郭嵩焘说："逆贼主力船队已经驶到上游，留在九江的兵力不多，官军是否可以乘虚收复九江？"

江忠源道："依我之见，此时不必留兵驻守九江。逆贼贪图乘船的便利，不会改走陆路回攻南昌。我已派飞马送信给戴文兰和李辅朝，令他们率楚勇赶赴兴国增援，另调贵州兵赶赴九江驻扎。"

"如果兴国可以收复，田家镇又能堵住逆贼船队，岷樵兄打算怎么办？"

"那就设法制备木筏，横冲而下，九江无须攻打，自然克复。如果兴国已失，田家镇已破，我等便飞速赶赴武昌，力图守御。"

郭嵩焘点点头，说道："如此甚好。"

江忠源又说："此时印渠想已回到南昌，我已给他送信，请他星速起程，由建昌直赴兴国。那里去田家镇只有四十里，不必再走德安，以免绕道。"

第二天早晨，江忠源得知太平军仍在兴国，决定去兴国救援。山路崎岖，军马颠簸劳顿。一路上见不到居民，百姓都为躲避战祸而迁居了。部队无处获得食物，只得挖掘薯芋为粮，一边进食，一边行军。士卒们又饿又累，坐下休息，不肯走了。江忠源只得下马，带头前行，一天走了几十里，没有休息。

兴国的太平军听说江忠源将到，不愿接仗，从富池口回到江面。江忠源抵达兴国后，令朱孙贻带兵入城安抚难民。

湖北的情况如此吃紧，咸丰尚不知情。他惦念着巢县与合肥的安危，最担心太平军从此处继续北进，接应攻打直隶的部队。他叫李嘉端和周天爵妥筹布置，令江忠源出任安徽巡抚，带兵增援安徽，一定要将敌军截住。他还想叫戴文兰和李辅朝从九江乘船下驶，攻复安庆，援应庐州。这时他还不知道，周天爵已于九月五日在颍州行营病故。

但是，对于咸丰的这一切指令，江忠源暂未知悉，他只能根据自己的判断来决定行止，调配附近的兵力。九月十二日下午，他带队赶到田家镇，赶紧察看情形，只见他所在的北岸扎有木筏，列有炮船，陆地上也有部队扎营防护；南岸的半壁山悬崖壁立，江流湍急，官军没有在此扎营。江忠源叹道："这是天险啊！我们既失先着，又失了地利！"

太平军从富池口绕上半壁山沿，抵达徐家山下，扎营数座，与官军夹江相持。此山为田家镇南岸的巨险，山体横插江中，控制着富池口的背面。江水在这里向南流淌，沿着山麓折向东方，水流湍急，无法行船，过路船只能靠北岸行驶。由于南岸空虚，太平军唾手而得。他们在上面的戚家山扎营，控制了南岸所有的险要阵地。

江忠源无可奈何，只得死马当做活马医。他立即去找徐丰玉，说："南岸为何不派兵驻守？"

徐丰玉道："回臬台大人，卑职在信上已经禀告，兵力不够啊。"

"伍煜和周禄还没赶到么？"

"尚未赶到。"

江忠源说："我要派兵到南岸上游沙村一带扎营，另用木筏拦截逆贼船队。北岸营盘也要调整，移扎扼要之处，羊角山必须有部队把守。"

下午，江忠源下令开饭，忽然东南风大作。哨探来报："逆贼船队逆水而上！"

江忠源问道："船有多少？"

"回大人，逆船一千多艘，傍山扬帆直上。"

江忠源所带兵勇未能全数渡到江北，随行仅数百人，部署尚未来得及调整。他当即与徐丰玉、张汝瀛督率兵勇尽力设防。敌船已驶至徐家山下，傍靠陆营停泊，水陆两军互相声援。

江忠源赶赴水营，跳上木筏，指挥炮兵射击，竟夜不停。官军的所谓水营，就是用缆绳把巨筏固定在江畔，正对着南岸的半壁山；其上装载几十门火炮，以火力阻截太平军船队，岸边则有陆营护卫。太平军已在半壁山架起巨炮，对准巨筏下轰，炮声隆隆，炮子落地，密密麻麻，官军驻防部队承受不了这番痛击，多半溃逃。

江忠源叹息道："田家镇已经难保，只要逆船两天不驶向上游，武昌或许还能保住。"于是写下一篇祷告文，向天痛哭宣读。也许是巧合吧，风势果然转向。

九月十三日黎明，风向又变成南风，而且更加强劲。石祥祯大喜，令船队从南岸扬帆上驶，又令陆军从羊角山下仰攻，围攻官军水营。徐丰玉和张汝瀛率部阻击，鏖战多时，同时阵亡，官军大溃。江忠源水陆兼顾，来往督战，亲随楚勇二十多人血战阵亡，仅存几人。

劳光泰带来了二十艘拖罟船，江忠源令他迎击太平军，可他一见太平军船队气势磅礴，便不由胆寒，竟至率部逃走。江忠源成了空头司令，无人听从他的命令。他见大势已去，急忙收集余部，几名亲兵拥着他驰赴广济。

第十三章

热浪腾腾

邓瑶《汝舟江君形状》：

江西围既解，忠烈（江忠源）虑贼窜据九江，谋间道往守，而九江先为贼据。时湖广总督设防田家镇遏贼上窜，急檄忠烈往援。忠烈即日就道，属君（江忠济）与刘公长佑留江西，遴拣兵勇继发。

倾轧与和谐

咸丰三年（1853）的夏季，长沙的闷热不下于号称火炉的南昌。对于曾国藩而言，官场的倾轧比自然界的热浪更加逼人，令他如热锅上的蚂蚁，痛苦不已。

且说罗泽南等人率援赣军离开长沙之后，曾国藩协助骆秉章调整好了湖南的防务，松了一口气，回到湘乡看望家人。他只在家待了几天，便回到长沙。此时接到江忠源的来信，说长江上下敌船自由往来，官军不敢过问；当务之急，只有制造和购置船炮，打击水上的敌军（见第十章）。郭嵩焘在江忠源幕中给曾国藩写信，也力主创办水师。咸丰发给各省督抚的圣旨，也屡次提到这个问题。他给骆秉章和曾国藩交代了一个重大的使命，叫他们募集民船，配带炮位，驶赴金陵，与太平军作战。

咸丰这道旨意给骆秉章提供了一个兴办水师的机会。但骆秉章是广东人，出于习惯思维，马上想到家乡的水军比湖南的民船强多了。其实后来的事实证明，广东水军在这场战争中没有发挥什么作用，倒是湖南本地创立的湘军水师，尽管比较老土，在北上东进的作战中发挥了很大的威力。

曾国藩与骆秉章接到圣旨以后，两人商议，认为民船恐难得力，奏请朝廷令广东海南岛的红单船从海路驶到上海的崇明入江口，进入长江下游，攻击金陵、扬州、镇江一带的太平军；同时从广东内江调派快蟹船和拖罟船，从广西梧州府溯漓水而上，经过斗门，驶入湘江，从湘江下游进入长江，便可收到上下夹击的功效。这两位湖南的大员商议的事情，就是清末建立长江水师的最早提案，但他们过于迷信沿海的水军，没有找到更好的办法。

咸丰皇帝跟着骆秉章的思维转，同意了他的提议，令广东妥为办理。紧接着，咸丰根据江忠源的提议，给骆秉章和四川总督裕瑞、湖广总督张亮基、湖北巡抚崇纶发出上谕，令四川、湖北、湖南三省仿照广东拖罟船式，立即雇觅工匠，制造一百多艘战船，每船约载兵五十名，限三个月内造好，投入使用。

为了造船顺利进行，咸丰命令两广总督叶名琛火速将船只式样发给四川和两湖参考，并准备好一千多门大炮装备战船。咸丰规定，四川省可在本省或在湖北宜昌一带制造，所需经费由裕瑞筹集。由于造船尚需时日，咸丰又令湖北和湖南两省继续购募船只。

江忠源、左宗棠、郭嵩焘这些在战争中崭露头角的人才，和原本在位的几位朝廷重臣，看出了官军的缺陷，已经达成共识，呼吁朝廷早日创建一支强大的水师。但水师究竟如何形成，大家的提议各有千秋。骆秉章和其他督抚都没有认真地贯彻咸丰的旨意，唯有曾国藩在着意留心这件事情。

骆秉章此刻最关心的还是本省的治安。他得到报告，广东乐昌县的会党威胁湘南。骆秉章心想："老夫培植的王珍用得上了，这股贼匪正好撞在王珍的枪口上！"他庆幸自己早已令王珍所部留防郴州和桂阳州，如今正好用来对付这股外来的匪徒。他令王珍飞速赶往兴宁。

湖南自从派出兵力增援江西以后，湘南的剿匪重任主要由王珍承担。他此时驻军桂东，面对着复杂的敌情。广东乐昌的会党已北上到桂阳境内，江西泰和的会党攻击万安，向龙泉（遂川）推进，也威胁到桂阳的安全。

王珍兵力不多，只能援救一处。他召集军官开会，决定去何方增援。有人提议："龙泉距桂阳很近，何不先去增援龙泉，打掉江西的会党？回头再救桂阳，两不耽误。"

王珍回答："江西土匪刚刚受挫，必不会立刻去打龙泉，我军只要示形于江西，就能将之吓跑。广东土匪进入我省，郴州、宜章、兴宁、桂阳都会遭害，必须在他们得意时加以痛击！"

王珍把湘乡勇的旗帜分发给郴州团丁，令他们前往龙泉地界示威，自己率部向桂阳急行军。部队还未到达，乐昌会军已进扑兴宁，占据县城。王珍自负戈矛，赤足前进；七月二十九日黎明抵达兴宁，分设伏兵，搭梯爬上城墙，进入城内。会党惊起抵抗，火力很猛。巷战进行了一个多时辰，会党忽然分头出城。

王珍说："敌军佯败，不可轻视！"连忙派兵袭击敌后。敌军果然掉头而来，王珍命令伏兵出击，两头夹攻。会军不支，余部一百多人逃走。此仗毙敌二百多名，生擒五十四名。曾国藩听到警报，急忙派兵增援，援兵到时，战事已平。

骆秉章两次上疏奏报王珍的战功，得旨以知县即选，并可升用为直隶州同知，赏戴蓝翎。

王珍此战对曾国藩也颇为有利。他借着骆秉章大办团练的春风，又凭着乡勇部队四处剿匪、缉捕罪犯的威势，再次把手伸向了湖南的军界。他陆续向咸丰保荐湖南的人才，参与了湖南的人事组织管理。由于他插手面太宽，侵犯了别人的领地，尽管骆秉章并无明显的不满，但湖南的文武官场仍然不免对曾大人心怀怨恨。

骆秉章以他的儒雅和宽容，可以把文官们的怨气冲淡，但武官们的火气却不是他能剿灭的。由于上层的龃龉，湖南营兵与湘乡勇屡屡发生冲突。

天气一天比一天闷热，湖南兵勇的冲突也跟着达到白热化。七月十三日，提督鲍起豹的标兵与湘乡勇械斗。曾国藩知道问题的根子在自己身上，他不想把事情闹大，委曲求全，没有责罚标兵，只将湘乡勇棍责一通。

八月四日，塔齐布管带的辰州勇查获永顺协的镇筸兵赌博，将其抓捕，导致镇筸兵与辰州勇械斗。镇筸兵触犯了军法，还敢向执法的宪兵反扑，显然有提督在后面撑腰。塔齐布如今已是曾国藩的人，鲍起豹认为他背叛了自己，故意整一整他，给曾国藩一点颜色看，也不怕做得过火。

曾国藩对此心知肚明，有意于息事宁人，知会鲍起豹，请他按军法惩处肇事者。鲍起豹索性撕破脸皮，不予理睬。镇筸兵更加得意，于八月六日夜晚掌号执仗，来到参将衙门，要加害塔齐布。塔齐布躲在菜圃草中，得以幸免。镇筸兵没有得手，为了解气，将他的居室捣毁。他们的气还没出够，来到又一村，要找塔齐布的后台老板曾国藩闹事。这里是巡抚衙门，曾国藩就住在旁边的射圃。镇筸兵闯进门内，眼看就要动粗。骆秉章见镇筸兵闹得太不像话，只得出来干预，饬令营兵散去，才算控制了局面。

曾国藩的僚属说：“涤公何不参劾鲍起豹治军无方？”

曾国藩回答：“为臣子者，不能为国家弭乱，反而拿一些琐事上渎君父之听，曾某于心不安啊。”

曾国藩不想告御状，显然是担心皇上认为他无能，处理不好各方面的关系。但他又惹不起骄横不可一世的镇筸兵。他想，我早在今年二月份就曾奏请移驻衡州或宝庆，就近剿办土匪，现在何不以此为借口，迁往衡州去避一避？于是他找到骆秉章，请调塔齐布率领宝庆勇、辰州勇八百人，加上巡抚标兵，移驻醴陵；请调邹寿璋率领湘乡勇驻扎浏阳，以防江西之敌；请调储玫躬所领湘乡勇一营前往郴州驻扎，以防土匪；请调曾国葆率湘乡勇移驻衡州。

骆秉章说："我刚接到江西战报，泰和土匪遭到刘长佑打击，从莲花厅东进本省，抵达茶陵州境内。依我之见，索性派塔齐布前去剿匪，也好让他暂离是非之地，涤公以为如何？"

曾国藩道："如此甚好。"

骆秉章又道："另派王葆生、周金城和王珍等部前往，可保无虞。"

塔齐布及王珍等部团勇抵达茶陵后，迭获大胜。会军随即分兵进入安仁、酃县、桂东、兴宁等县，官军分头追击，不到十天，便已肃清。

八月十一日，骆秉章奉到上谕：补授湖南巡抚。这道圣旨，反映了咸丰对骆秉章前段工作的肯定。两天后，曾国藩向咸丰奏报：湖南衡州、永州、郴州、桂阳州各地是匪徒聚集之区，数月以来，他们聚众为乱，巨案迭出。他决定立即移驻衡州，就近调遣征剿兵力。

曾国藩不等上谕批复，第二天就从长沙起行，绕道湘乡，抵家省亲，八月二十七日抵达衡州府。这时他接到王珍的来信，请求他准许自己回家问学。原来王珍在兴宁大办团练，为当地建立了自卫武装。他见国家大局日益艰难，自己位卑权轻，无力扭转大局，打算告病回家，读书学习。他后悔过早地踏上仕途，耗尽了心力，却仍然滞留于基层。他想给自己充电，希望将来能有一番大成就。

曾国藩回信，劝王珍不要突然离开营伍，令众人失望。正在此时，王珍突然听说罗泽南的湘乡勇在南昌城下失利，友人谢邦翰、罗信东、易良幹、罗镇南阵亡。这个事件激发了王珍的斗志，他仰天哭泣道："我们一起出山，期望与同志一起共灭此贼。如今你们都死了，我怎么还好意思回家？"

王珍决定去江西复仇。他上书骆秉章，陈述郴州和桂阳州剿匪善后的四大策略，请求离开湘南，回家增募湘乡勇增援江西，以雪耻辱。他又给家乡写信，约乡人入伍杀敌。

曾国藩也接到王珍从郴州的来信，说他听到援赣军四名营官阵亡的消息，打算回湘乡增募乡勇，前往江西剿敌，以抒公愤而复私仇。曾国藩见此信词气慷慨，为其打动，同意王珍的想法。他给王珍回信，请他来衡州面商。

曾国藩根据自己的切身体会，在复信中写道：如今最大的弊端在于兵勇不和，败不相救。而其不和之故，由于征调之时，彼处数百，此处数十，东抽西拨，卒与卒不相习，将与将不相知。地势乖隔，劳逸不均，彼营出队，而此营袖手旁观，或哆口而笑，要用这样的部队来平定逆贼，怎么能够办到！如今若要革除陋习，必须万众一心。我打算增募几千名乡勇，与援赣各营合成一军，交给江忠源统领，用于扫平逆贼。

从这两次通信看来，曾国藩与王珍对彼此颇有诚意，有可能握手言欢。但究竟有无可能达成完全的一致，还要看以后事态的发展。

王珍的知己

且说太平军占领田家镇之后，江忠源北撤广济，太平军继续攻击上游。这时张亮基奉旨调任山东巡抚，咸丰任命吴文镕为湖广总督。

左宗棠趁此机会向张亮基辞职。这一次，他是真的灰心了，去意已决，无论张亮基如何劝说，他也不肯继续奉陪。

“张制军，朝廷把你调来调去，宗棠跟着你跑，劳累难堪，却难干出一番惊天动地的大事。我所建言的几个方略，都未蒙朝廷采纳。我还是归隐山野，继续做我的湘上农人吧。”

张亮基的另一位幕僚王柏心，家乡就在湖北监利，也跟左宗棠一起辞归。张亮基长叹一声，只得听从其便。左宗棠归心似箭，九月四日登船离开武昌。船过监利，王柏心盛情邀请，左宗棠却之不恭，便在王氏“莲园”短暂停留。他在这里阅览了王柏心的几十种议论国家大政方针的著录，颇受启发。

王柏心为左宗棠无法得到发挥才干的大舞台而叹息，赋诗一首：

吾子天下才，文武足倚仗。谈笑安楚疆，借箸无与让。建策扼梁山，事寝默惆怅。复议造戈船，进破万里浪。鄂渚临建康，拊扼等背吭。从此下神兵，势出九天上。赞画子当行，麾扇坐乘舫。

诗中谈到左宗棠建议派兵分扼东西梁山，未被清廷采纳，致使太平军得以溯江而上江西与安徽。而造船争夺长江险要的建议，由于张亮基调任，湖北未能完成造船大业。（这个计划直到曾国藩稍后在衡州创立水师，才得以在湖南实现。左宗棠对此给予了全力的支持。）

左宗棠离开武昌后，太平军迅速地攻占田家镇，接着上攻黄州和汉阳，北扰德安，南下江西的兴国，湖南岳州戒严。骆秉章写信到衡阳，与曾国藩谋划防堵之策。曾国藩得知茶陵和安仁已经平定，将塔齐布等军火速调到长沙，并调援赣的湘乡勇一同回援。

这时朝廷已经得知武昌将有危险，咸丰令湖南伸出援手。八月二十七日，曾国藩和骆秉章奉到上谕：

长江上游，武昌最为扼要，若稍有疏虞，则全楚震动。著骆秉章、曾国藩选派兵勇，并酌拨炮船，派委得力镇将驰赴下游，与吴文镕等会合剿办，力遏贼冲，毋稍延误。

吴文镕是曾国藩的会试座师。九月初，他从贵州前往湖北上任，途经长沙，小住几天，写信给曾国藩，邀他到长沙一见。曾国藩由于军务缠身，未能赴约，吴文镕见不到这位学生，只好星驰赴任。

此时王珍已会同塔齐布镇压了茶陵的会党，来到衡州拜访曾国藩。王珍与曾国藩此时有太多共同的语言，两人就增募乡勇一事达成共识。

曾国藩说："江西现有新宁勇二千名，湘乡勇二千名，彼此十分团结。只是援赣的湖南乡勇总计才有四千人，兵力远远不够，而敌军动辄出动几万人，我真担心江忠源、朱孙贻和罗泽南无法保全自己。我看这样，你我共同努力，将湖南的乡勇充实为一万人。我们再训练六千乡勇，与江西的四千人合成一万之数，都交给江忠源和朱孙贻统领。"

曾国藩一番话，说得王珍热血沸腾，当即表态："如果让我招募三千名勇丁，必能将粤匪扫荡！"

曾国藩写信给骆秉章，信中写道：王璞山有此大志，我们何不成全他呢？

骆秉章复信：请他到省城面商。

王珍应邀来到长沙，向骆秉章汇报了增募湘乡勇的设想。骆巡抚正因太平军攻打湖北，深感长沙必须增强防御，当下正式令王珍回乡增招兵员，带来长沙布防。王珍赶回湘乡，增募三千名湘乡勇。仓卒之间募集的兵力，十天内就教练成军，全靠昼夜操劳，呕心沥血。

新军练成之后，王珍偕同吴坤修来到长沙，参见骆秉章，要求先发给粮款二万两银子，硝磺费一万两银子。他还说，湘乡招勇三千，必能不负所望。

湘乡话实在难懂，何况骆秉章是广东人，更是如听鸟语。他见王珍的嘴一张一合，表情慷慨激昂，却不知他说些什么，两眼呆呆地看着他。

王珍见骆秉章没听明白，便说："湘乡话难听懂，吴坤修代替我说吧。"

吴坤修把王珍的原话用官话说出，骆秉章听明白了，表态说："暂且招募二千人吧，经费实在紧张啊。将来觉得还不够用，可以再招嘛。"

当即吩咐师爷发给王珍公文，令后勤局发放口粮及硝磺等项费用。王珍大喜，拜谢过后，跟吴坤修一起返回湘乡。

骆秉章刚刚打发了王珍，就听说曾国藩写信给老师吴文镕，极言王珍是个干才。没几天，吴总督就发来公文，咨调王珍招募的三千名勇丁前往湖北。于是，骆秉章给王珍下文，令他招足三千人。

没过几天，吴坤修来到长沙求见巡抚，说道："王璞山回乡招勇，出入鸣锣摆执事，乡人皆为侧目。其人如此张扬，实不可用。"

骆巡抚说："他被保举了同知，初次回家乡，不过是想荣耀一下。我们广东的新科举人回乡也是这样嘛。这有什么值得大惊小怪的呢？”

吴坤修无言以对。但他第二天又来求见巡抚，还是来说王珍的坏话。他说：“王璞山招的那些勇丁，多是流氓地痞，又不发口粮，连夜在县城偷窃，赖县令不胜其苦，却不敢言，将来带部队来到省城，难免骚扰。”

骆秉章说：“你同王璞山回湘乡招勇，又是死党，为什么不规谏一下呢？”

吴坤修道：“他凡事不要我插手，所以很难进言啊。”

骆秉章逼问道：“他一切都不交给你管理，所以你才说他坏话？”

吴坤修见骆秉章这里讲不进油盐，便告辞而去，到衡州找曾国藩告状去了。果然，两旬之间，吴文镕就有公文送到，大意是：王璞山所部恐怕靠不住，叫他不必来湖北了。

事情很明显，吴坤修影响了曾国藩，曾国藩又影响了吴文镕，致使总督大人出尔反尔。即便贤明如曾国藩，也架不住有人挑拨，对王珍产生误解。可是王珍不知内情，没过几天，就带着部队来到长沙。骆秉章却有容人的雅量，向他出示总督署的公文，好言说道：“璞山老弟，湖北不要你的部队，你就留在湖南。不过湖南要不了三千人，你把部队裁掉六百人，只留二千四百人，裁掉的六百人留作长夫。这些人必得天天训练，以备总督大人调遣。”

▲ 江西新建人吴坤修加入湘军后，转战湖南、湖北、江西和安徽。他在1856年倾尽家资为湘军提供军饷，还劝族中富人出银出米，又筹到四万两银子解送省城，收集平江溃勇。此图系清朝吴友如绘画。

骆秉章是王珍的第一个知己，如果没有这个广东老人为他撑腰，恐怕他很难有出头之日。

武昌城内的风波

田家镇的失利，也许是江忠源生平的第一个败仗。在这一仗里，徐丰玉和张汝瀛战死，江忠源捡了一条性命，上疏自劾，替人受过。清廷下诏，将他降四级留任。

且说江忠源来到广济，见到按察使唐树义。这位年届六十的前辈毫无架子，当即表示："所部兵马愿听江大人调遣。"江忠源计算兵力，他带来的楚勇不到一百人；四川勇和云南勇只有几百人，加上几百名开化勇和广勇，合计只有一千多人。他在广济收集张汝瀛和徐丰玉的溃军，与唐树义所部合并，也只有四千多人。

尽管兵力不多，江唐二人还是急谋合兵赴援武昌。这时李辅朝的楚勇尚在长江南岸与兴国一带，江面二十多里都是敌船分布，无从飞渡。江忠源当即决定，与唐树义这四千多人，会同音德布从小路驰赴武昌，一面飞令未到的部队从长江南岸直接赶赴省城。

武昌城内如今已是人心惶惶。吴文镕于九月十五日来到武昌接印，巡抚崇纶第二天到总督署拜访，说道："中堂大人，现在城内居民迁避一空，势难坚守，不如扎营城外，尚可一战。"

崇纶这番话，听不出什么道理，吴文镕不以为然。他想，部队在城内不可守，难道调到城外就能守了？他本想发作，但转念一想：我到任还只有两天，对城内情况还不熟悉，不好固执己见。于是说道："崇大人的意思，可向朝廷奏报，吴某愿意联衔拜发奏折。"

随后，为了稳定军心，他对僚属们说道："如果十天半月之后，各处援兵赶到，有了制胜的把握，我们当然可以出城扎营。如果三五天内援兵未到，而敌船已至，大家还是要闭城坚守，不得因为有此奏报，就弃城不顾了。"

没想到，崇纶不等朝廷批复，已经做好了出城的打算。九月十八日深夜，太平军的船队驶到离城不过三十里处。吴文镕赶紧派人去请崇纶和文武官员来总督署商议守城之计，可是他等到天明，不见一人到来。吴文镕骑马驰往巡抚衙门，中途听说崇纶正在布置文武官员出城扎营。吴文镕大吃一惊，快马加鞭，赶到崇纶的衙门，把他拦住，坚决地说道："现在唯有闭城坚守，决不允许出城扎营！"

崇纶嚷道："空城一座，守它何用？我知道，总督大人只求一死，博取美名，怎不想一想，国家屡丧大臣，还成何体统？"

崇纶此言一出，一些官员也在一旁帮腔。吴文镕此时恍然大悟，原来崇纶坚持出城扎营，是要找机会逃跑，保全自己的性命。皇上追究下来，他就会说自己本来就在城外，武昌失陷与他无关。

吴文镕当下抽出佩刀，说道："现在情势危急，我等身为朝廷重臣，一方大吏，只能与此城共存亡，谁敢不从，本督先手刃此人！"

崇纶和众官见总督拔刀相向，不敢争辩。吴文镕主持部署防御，决定登城坚守。崇纶对吴文镕怀恨在心，虽然身在城楼，但凡事都跟总督过不去。

吴文镕手下的守军不过二千人，巡抚又不跟他同心同德，他感到左右为难。正在犯愁的时候，只见城外开来一支队伍，通过询问，原来是刘长佑率楚勇从南昌赶来。吴文镕大喜，连忙下令大开城门，将刘长佑迎入城内。

原来，刘长佑在南昌接到江忠源从九江发出的命令后，立即率部起程。路上听说官军在田家镇战败，担心太平军挺进上游，连忙从德化取道义宁和兴国，赶到武昌城中。吴文镕得此劲旅守城，心中大慰。

此时田家镇失守的消息已经传到北京，咸丰知道武昌危在旦夕。但他知道，江忠源、唐树义和音德布正在赶赴武昌，吴文镕不久也将到任，武昌军民想必能够渡过难关。他最担心的仍然是庐州的安危，因为庐州接近颍州和亳州，太平军只要攻下此城，便会从这里北上，增援已经打到北京附近的林凤祥。安徽的危局，他只能指望江忠源去解救。于是，他再次谕令江忠源绕道前往安徽救急。他把武昌的防御交给张亮基，叫他在交卸之前，与崇纶和唐树义一起，赶紧设法堵截太平军船队溯流而上，扼守道士洑和蕲州等处。

江忠源这时依然不知皇上的意图，只能再次依据自己的判断行事。他没有前往安徽，而是从广济向武昌进发。行军路上，郭嵩焘疲饿交加，十分狼狈。郭嵩焘骑在马上，江忠源在一旁步行，叹息说："都怪这乱世啊，让吾辈读书人如此困窘！"

郭嵩焘脸上红了一红，说道："岷樵兄与士卒同甘共苦，郭某佩服！可惜郭某办不到，真是惭愧啊！真想快一点赶到武昌，我就南下回家，歇息一阵。"

江忠源说："筠仙高义，增援南昌，为我吃苦了。"

郭嵩焘又道："岷樵说的哪里话！你我同为书生，我却吃不了这份苦。我有一事不解，你是如何深通兵法的？我听说，每当大敌当前，你总是骑在马上，观察山川形势，见到坡岭重重的地形，就举起马鞭，对部将指点说：'在这里埋伏一支部队，等到我杀到那里时，你就出兵接应。'"

江忠源自豪地笑道："忠源的确读过几本兵书，颇能心领神会。"

徐以祥在一旁插嘴："江公用兵如神！有一次，眼前是一片平地，但是田畴交错，他留下几名骑兵，埋伏在阡陌之间。开战之时，我军与逆贼相持，情势危急，江公令伏兵突出，大获全胜。"

郭嵩焘问道："岷樵，当时你为什么要在那里安排伏兵呢？"

江忠源道："我也说不出所以然，全凭直觉布阵罢了。"

江忠源一行行军之时，太平军已从水陆两路长驱西进，攻占黄州，斩杀知府金云门。九月十八日，太平军攻占汉阳，分为两股，一股攻打嘉鱼的牌洲，一股攻击蔡店，向德安推进。他们的水师有二千多艘船只湾泊江面，开始围攻武昌。江忠源失去了跟武昌的联系。

江忠源于九月二十一日抵达黄陂，打算找船走捷径渡江。他通知安襄郧荆道罗遵殿招募襄阳义勇，与他的部队声势联络，如果敌军窥伺襄樊，他便从德安驰赴上游堵剿。

此时江忠源已奉到前次的上谕，他必须奏报自己未去安徽的理由。他称田家镇溃散之兵亟须召集抚绥，而敌船上驶，武昌十分吃紧，守城兵力又很单薄，敌军北可驶达襄阳，西可驶抵荆州，这两处都是北上要道，所以他与其单骑赶赴安徽，不如会兵援救武昌，还可以照顾襄樊北路。

江忠源拜发奏疏之后，准备立即领兵驰赴汉阳，以图收复。此时他探得敌军盘踞汉阳，敌船从汉水上驶，有向西北面推进之势。接着，青麟送来情报说：敌军从涢口和云梦水陆进攻德安。江忠源认为，当务之急是阻挡太平军北进之路，而暂时不能顾及汉口。他探得太平军从武口分兵向黄陂袭来，便拨兵五百名留防黄陂，将所余一千人派杨昌泗管带，星夜驰赴德安，江忠源随后策应。

九月二十四日，一名信使追上江忠源，交给他一封厚厚的信札。江忠源拆开一看，原来是曾国藩在八月二十三日从衡州寄来的信函，同信还寄来了曾国藩与王珍往来的信札。曾王二人一致认为，朝廷的正规军已经失去效力了，只能依靠乡勇。

这些信札所议的事情，说到了江忠源的心坎上。曾国藩通知江忠源，他和王珍打算增募六千名乡勇，作为消灭太平军的工具。曾国藩还说，他打算把这六千新勇派来支援江忠源。看起来，曾国藩和王珍决心大干一场。曾王的通信是这二人在合作蜜月期的心迹表白，字里行间，江忠源看出王珍也是个血性汉子，令他神往。

江忠源读完这些信札，一阵激动，连忙撰写奏章，请调王珍来营。他希望曾国藩多备船筏，配带炮位，从洞庭湖驶下长江，一路攻击前进。

郭嵩焘见江忠源意气风发，颇为羡慕，但他本人不愿再随军前进。九月二十六日，他与江忠源分手，打道返回湖南湘阴。江忠源派几名士卒一路护送。两人分别后，江忠源“惘惘如有所失”。

第十四章
危如累卵

野史：咸丰的最后选择

李开芳的部队打到京城周边，胜保和僧格林沁出尽了洋相，动用满洲精锐，旷日持久，剿不尽太平军的北伐部队，而太平军的主力已在长江流域打得满人将帅没有还手之力。咸丰皇帝实在没有办法了，抓住湘军这根救命稻草，重用了曾国藩。

天津的民兵

咸丰三年（1853）九月份的中下旬，太平军的西征部队和北伐部队几乎同时在进行最令咸丰头疼的攻击。在石祥祯攻占汉口两天后，即九月二十日夜间，林凤祥的部队休整完毕，决定赶在官军对深州合围前突出，全军从深州东南面撤出。四天后，林凤祥的部队出现在深州东北方向的交河、献县境内，距离河间只有五六十里，桂良的担心变成了现实。

由于官军防御空虚，林凤祥继续向东北方推进，几天后抵达沧州，继续北上青县。他们在这一天抢到船只，走运河北上天津。

胜保于九月二十七日抵达静海县境内，追上了林凤祥的主力。胜保马不停蹄，立即集结部队投入战斗，但是林凤祥已经攻入静海城，躲进城内防守。

第二天上午九点，林凤祥的前锋已经兵临天津城下，离城只有十里。中午分路直扑天津，用枪炮射击。

天津守军主要是民兵，这支民兵的建设者有官员也有绅士。太平军北上的消息早在春天就传遍了天津；到了秋天，太平军越来越近，天津市民大为惊恐。林凤祥攻入直隶以后，天津的防卫迫在眉睫。长芦盐运使杨霈在天津制枪五百杆，招募壮丁，在衙门教演，号称“芦团”。

咸丰也派了一个前任浙江巡抚梁宝常，协同天津地方官办理团练。杨、梁二人设立了二十八个义民局，每局组织五六十名民兵，按期训练。

这时天津人当中涌现出一批积极分子。一个名叫张锦文的本地人倡议捐款，给民兵提供经费，并向文谦提出防守方案。文谦对张锦文的方案非常满意，给了他一支令箭，让他筹备布防。张锦文自己训练三千民兵，号称“铺勇”。

芦团和铺勇，是天津官绅为了对付太平军组建的两支民兵部队。驻防天津的正规军连年征调到外地作战，城内只剩下这两支民兵。而二十八局的民兵又散布各处，全县总计只有几千民兵，守城的部队为数不多。

张锦文于九月二十六日侦知敌军进入沧州境内，连夜参见天津知县谢子澄，捐献票钱四千缗，作为招募民兵的费用。他说：“逆贼气势嚣张，必须打掉他们的锐气！”

谢子澄说：“天津地势平衍，无险可守，你有什么想法？”

张锦文说：“只要大人下令，在下可以招募民工万人，在小稍直口挖掘长壕，用草席裹土，做成盐包的样子，叠成炮台，安置六座炮盘，或可抵御逆贼。”

谢子澄道：“张先生如此热心，就烦劳你去照办吧。”

天津人第二天就开始修筑工事，到了九月二十八日，工事已经造好。张锦文来到县衙报告，谢子澄又问他：“昨夜狱犯喧哗，恐怕生变，如何是好？”

张锦文道：“不如把那些够不上死罪的挑出来，动员他们杀敌赎罪。”

谢子澄喜上眉梢，“这倒是个两全其美的办法，不妨一试。”

谢知县命令衙役依计而行。回民刘继德刚刚出狱，振臂一呼，召集了回民一千多人，率队赶赴教场听令。张锦文手头上刚刚预领了盐税的二万两银子，全部换成铜钱，分写小票，给民兵发粮。官绅开会，讨论由谁来任司令，谢子澄自告奋勇，穿上短后衣，持枪上马，率领民兵来到城西小园驻扎。

本县还有个名叫贾庆堂的热心人，曾向官府献策。他说，太平军可能在水浅处偷渡，村民中有一些猎人，专打水鸟，擅使排枪。他们把枪搁在小船上，用草席覆盖，推到水中行走，发现目标，开枪射击，百发百中，人们称之为“雁户”。如果官府招募雁户，设下埋伏，便可防备不测。官绅们认为此计甚好，仓卒招募五百名雁户民兵，当天就派贾庆堂率领，前往稍直口东南面埋伏。

谢子澄当上司令的这一天，天津防卫战打响了。中午时分，太平军蜂拥而来。谢子澄率部迎战，芦团用抬枪射击，几万县民持械相助，汇成人民战争的汪洋大海。

太平军将领是个小秃子，矫健绝伦，军中称为“开山王”。他手执黄旗，左右指挥，迅奋剽疾。官军的火枪打不中他，打上面，他就伏倒；打下面，他就猱腾；枪一停，他就随烟而进。一名大沽老说：“这家伙狡猾，非巧取不可。”守军用两支枪上下交击，小秃子防不胜防，顿时就被击毙。

太平军失去将领,并不后退,冲到民兵设伏处呼喊渡船。雁户民兵口里答应着,推船前行，距太平军只有几步远时，号锣一响，排枪射击，太平军相继倒地，都以为碰到了水雷。太平军遭此偷袭，斗志全无，全军溃退。一些太平军乘坐二十多艘船向下西河而去。这时已到深夜，守军也未追击。

虽然天津民兵善战，若无天时地利，这一仗也难打胜。太平军进军神速，但被水阻挡,绕道东边,晚了一天,民兵得以在稍直口设防。加上分叉小路都被淹没,太平军能走的路只有一条。民兵全力设防一路，所以一战斩杀五百多人，官军和民兵无一负伤。从此小稍直口改名“得胜口”，以表彰战功。当时太平军后面若有一支官军夹击，或许能将太平军一鼓歼灭。但是胜保没有抓住这个机会，而守军兵力不够，不敢远追，太平军逃到杨柳青，然后回奔静海。

善禄和西凌阿在天津开战的这一天才赶到静海。胜保令他们在东南面进攻，胜保从西南面攻击，太平军出城迎敌之后，仍旧退回城内。

十月一日清晨，太平军从静海南运河的东岸蜂拥而出，西凌阿和善禄列队堵击。胜保担心他们兵力不够，从西岸策马渡河，亲自督阵。太平军又从南门出动七八千人，胜保一面挥军抵敌，一面飞调西岸德州兵和西宁兵渡河接应，鏖战两时之久，统计杀敌一千多名，夺获马匹无数。

林凤祥的一系列快速进军，令咸丰目瞪口呆。他早已谕令胜保飞调各路官兵迎击，可是根据接到的奏报，胜保只知太平军越过青县，却未知前锋已达天津，可见太平军是分路狂奔,而官军却只能尾随其后。咸丰怒道:“贼众既能分头窜进,为什么官军不能分兵？西凌阿和善禄本来在胜保前面追贼，为什么反而落到了胜保后面？近畿剿捕，何等紧要，难道还像偏远省份一样，指望能够掩饰？先将西凌阿、善禄摘去顶戴，拔去花翎，以示薄惩。若再借口拖延，必以军法从事！”

天津的民兵挡住了太平军，咸丰有了很深的印象。他希望各地都能像湖南、河南与天津一样，组建比正规军更为得力的民兵部队。但他眼下还得寄希望于胜保的官军主力。

秋风并不凉爽

进入十月以后，天气虽已转凉，咸丰心中却如火烧火燎。广西的逆贼已经打到家门口，庐州受到威胁，而武昌兵力单薄，频频告急，金陵、扬州那边，向荣和琦善毫无进展。十月三日，他命军机大臣传谕骆秉章和曾国藩：现在台涌所带官兵及已经咨调的江西官兵，未知何日才能赶到武昌？曾国藩团练的乡勇必须再次出省作战，驰赴湖北。所需的军饷，由骆秉章负责筹拨供给。

第二天，吕贤基和李嘉端的一份奏疏呈到咸丰手上，报告集贤关于九月二十四日失守，官军已北撤到练潭。咸丰原来想依靠江忠源救援安徽，但江忠源既已到了武昌附近，还是让他先救武昌为好。庐州这边，他只好从金陵调兵救援了。于是，他谕令瞿腾龙带兵星夜起程驰赴安徽。

刚刚口授了上谕，湖北学政青麟从德安发来的奏报到了。青麟报告，田家镇战败是因劳光泰带领潮勇倒戈相向，击溃了官军。太平军主力已于九月十八日攻占汉阳和汉口，而德安只有守军二百多人，万分危急。

咸丰此时意识到江忠源留在湖北确有必要，当即颁发上谕，批准他不去安徽。上谕写道：

已有旨暂留汝在湖北剿贼，兹览汝奏，适相符合。武汉最为紧急，设法分路剿洗，兼杜北窜，亦应防其西窜。该逆匪即时北窜患虽速，尚易为力，若任其扰及秦蜀，则大事无了局矣。

但是湖北战场显然需要更多的劲旅，他再次催促曾国藩带领船炮驶赴下游，策应武昌，又令张芾派夏廷樾救援武昌。咸丰给骆秉章和曾国藩的上谕写道：

着曾国藩将选募拟赴江西的楚勇六千名迅即酌配炮械，筹雇船只，由该侍郎督带，驶出洞庭湖，由大江迎头截剿，江面贼船肃清，不特两楚门户藉可保卫，并可杜贼纷窜豫省及秦蜀之路，想曾国藩与江忠源必能统筹全局也。所需军饷仍着骆秉章迅即设法筹备。

此刻对咸丰威胁最大的是林凤祥。此敌一天不被围困，他就饮食不思，难以入寝。两天之后，他看到胜保从静海发来的捷报，得知胜保大军已在静海与太平军相持，林凤祥的进军好歹被遏止了，他才舒了一口气。咸丰不失时机，令内阁赏还西凌阿和善禄的顶戴花翎，希望这两员大将协助胜保围歼林凤祥。

第二天胜保又有奏报到京，咸丰得知他三天前已从静海乘船绕过下西河，连夜兼程前进，十月五日早晨抵达天津。奕纪带兵一千八百名先期已到。林凤祥在静海被创，企图困守，悄悄分兵盘踞独流镇和杨柳青一带，并在独流镇的两岸修筑木城，以防官军攻击。林凤祥已知道官军在南，企图乘机窥伺天津，并有可能刨堤北进京城。

这个消息令咸丰感到脊骨一阵阵发凉。林凤祥分兵三处，可攻天津，也可直捣北京。

劲敌犹在，甚至可能马上杀进京城。他连忙谕令僧格林沁传旨飞催多尔济、那木凯、达洪阿带兵前赴天津。他再次呼吁这些臣子“激发天良”，在敌军北面构筑强大的防线，不得再有迟延。

这时，官军已在各条战线上陷入危机，纷纷向咸丰告急，犹如雪上加霜。李嘉端已被咸丰撤职，但他还守在岗位上。他又从安徽发来败报，称九月十六日夜，太平军抵达池州城下，焚烧东岳庙，攻入府城。几百艘船只停泊在池州南门外，尚未开行。石达开几乎已经完全控制了汉口以下的江边城市。李嘉端伸手向朝廷要兵，而陆应穀听说太平军在德安一带活动，很可能进入河南，也伸手请求增援。

咸丰再次想到了曾国藩和骆秉章，但湖南那边按兵未动。他一直指望湖南能够派兵援救湖北，可是骆秉章和鲍起豹还在考虑如何完善本省的防务。他们向咸丰奏报，已陆续调派一千一百多人分批前赴岳州布防。

第二天上朝，咸丰对一帮大臣说："曾国藩和骆秉章怎么不懂朕的意思？湖南固然需要部署防堵，但情形尚可稍缓，前已有旨令湖南拨兵勇协济湖北，若湖北贼匪歼灭，湖南自可无虞。赶快拟旨，叫他们务必不分畛域，一定要统筹大局，不可只顾一省！"

恭亲王奕訢奏道："哈芬一案，经臣审讯，此人在逆贼打进山西时，不但没有进行任何阻击，反而跟布政使郭梦龄斗气，互相参劾，还说郭梦龄有意诬陷他，实属只顾个人意气，贻误重要军机，臣拟将哈芬充军赎罪。"

祁俊藻奏道："讷尔经额经惠亲王等拟罪，按律当定为斩监候，秋后处决。"

咸丰不耐烦地说道："此二人辜恩负任，就依尔等所奏，谕令内阁办理。胜保那边有无消息？"

祁俊藻奏答："回皇上，林逆分兵驻扎静海和独流，留在静海的部队只有三成，主力和马匹船只全在独流集结。两地相距十八里，都挖掘了深沟，修筑了高垒，打算和官军对峙，寻机北进。胜保深感兵力不足，无法合围，请调天津知县谢子澄到大营办理粮饷，同时率领民兵作战，充实围攻兵力。"

咸丰道："就依胜保所奏，令他定将林逆合围，不许突出一人，否则严惩不贷。"

孤独的新巡抚

话分两头，且说江忠源从黄陂向孝感推进，当晚驻扎在孝感的杨店。十月二日，江忠源在孝感军营接到郭嵩焘的手书，得悉他在仓子埠遇险，深为派遣之人不当而遗憾。他想，郭嵩焘一介文士，这次到江西辅佐他，遭遇了生平未曾经历的惊险，值得江氏子孙世世感戴。

当天夜间，江忠源奉到圣旨，方才得知，皇上已将他补授安徽巡抚，令他立即驰骋赴任。咸丰告诉他：太平军已经进入庐江，距离庐州不远，李嘉端已被革职，安徽无人照管。江忠源突然当上了封疆大吏，深知责任重大，应该星驰前往庐州上任。但他考虑湖北正当紧急之际，而湖南也受到威胁，不忍立刻离去。他决定会师汉口，扎定营盘，布置周妥，再行赴任，图个心安。

江忠源是第一个从戎以后被封为封疆大吏的湖南书生。他的遭遇，是咸丰人事改革的典型事例，对于所有已经投身于这场战争的湖南书生是一个很大的震动。江忠源本人受宠若惊，觉得皇恩深重，万难报答。他拟折叩谢天恩，向皇帝表明志向：如果能够立下战功，战死也不需要抚恤；如果辜负了委任，就是下鼎锅烹煮也在所不辞。

江忠源没有离开湖北，完全是为了大局着想。但吴文镕还不能理解他的这番苦心。这位上任不久的总督，跟巡抚崇纶坐在武昌城内，亟盼援兵到来。他好不容易把江忠源盼来，以为他在任浙江巡抚时的这位老部下（故事见第一卷），一定会到武昌来给他撑腰。可是他听说江忠源不攻汉阳，不顾武昌，而要亲自增援德安，似乎忘了过去那段上下级的情谊。想到这里，他沉不住气了，写折告御状，请皇上责成江忠源和唐树义迅速扫清汉阳的敌营，借以保障武昌。

吴文镕的举措没能吓倒江忠源，他认为增援德安是最大的急务，他的决定是正确的，问心无愧。江忠源想：吴中堂指责我借阻击敌军北顾为名，置省城重地于不救，只能说明这位老人过于心急；仗只能一个一个地打，我江忠源从来是勇挑重担，你们要误解，也只好听之任之了。

江忠源的名气如今已经如日中天，咸丰非常倚重他，太平军则对他十分忌惮。江忠源派出的探子回报，涢口和云梦的太平军得知楚勇将至，已经退回汉阳。江忠源想：德安虽然暂时脱离了危险，那里的防御还是必须加强。他派副将骆永忠率五百人赴德安防守，当即挥师收复孝感，将杨昌泗所带之兵调回汉阳。他现在可以回师汉阳了，当即率部从汉川进逼汉阳。接着，又听说汉川的太平军也已经闻风下行，于是江忠源决定进扎滠口。

江忠源所处的位置四处被水阻隔，但他无船可渡，只得取道三汊埠，打算将滠口作为进攻汉口的前进基地。他派员在牛湖搭造浮桥，准备向汉口推进。

江忠源回师武汉，暂时解除了武昌受到的威胁。可是他已经多次接到命他救援安徽的谕旨，而咸丰批准他留在湖北的上谕尚未送到。这使他处在两难的境地：武昌这边丢不下，皇上又催他前往安徽。但他认为，既然上谕都是在他奏报田家镇失事、敌军西进之前发下的，显然皇上那时还不知道湖北的敌情是何等严重。如今湖北也是重灾区，唐树义带兵无多，他必须暂留湖北协助，等到立定营垒、造成浮桥以后，进攻较有把握，才能遵旨前赴安徽。

十月五日上午，江忠源和唐树义进扎滠口，距汉口不过几十里。太平军派出船只过来侦探。刘福成下令开炮，击沉敌船三四艘，夺获大船一艘，并小有斩获。

当晚二更后，太平军突然张帆开炮，向下游驶去，到十月六日黎明，汉阳城外及汉口河内停泊的太平军船队全部驶离。江忠源下令用抬炮射击，击沉几艘敌船。其余敌船驶向中流，官军苦于无船，无法追赶。

江忠源急忙赶到武昌，与吴文镕和崇纶相见。他对二人毫无责怪之词，说道：“二位大人一时心急，为武昌担忧，参劾江某，也在情理之中。如今德安暂无险情，何劳皇上下令，我还不是自动回到武汉了吗？”接着，他向督抚二人提出田家镇江防的建议。

江忠源在武昌所办的第二件事就是看望刘长佑。他的这位战友此时已经病倒，江忠源只能在病榻旁与他相见。老友重逢，分外激动。江忠源从增援桂林到转战长沙、湖北与江西，都有刘长佑跟随，他深知刘长佑品行廉洁，深沉有谋，凡是营垒战守、军书筹笔及调和将弁，事无巨细，都非常依赖他。

江忠源说：“你好好养病，我等你病愈后一起东进。”

刘长佑道：“我这病一时尚难见好，若是安徽事急，你这个巡抚大人还是先去吧，我病愈后定会赶来。”

江忠源道：“印渠一日不在身边，我就如同失去了左右手。此去庐州，吉凶未卜，我在庐州等着你！”

江忠源言语之中，已经透出他为朝廷效死的决心。他在几个月前已将上年在益阳找到的小老婆陈氏送回家中。离别时，他还不知陈氏已经有孕在身，后来从家书中得知此事，心中大慰。这位小妾能够为他生下一个儿子，他为朝廷战死，也就死而无憾了。

江忠源在武昌连日派出差探侦察敌情。探子回报：敌船或一二百只，或数十只，在距武昌六十里的阳逻以下至黄州一带靠北岸停泊。江忠源一时难以揣摩敌人的意图，但他知道敌军随时可能趁机驶回上游，于是他尽可能周密地部署武昌的防御。

这时有两名差人送来郭嵩焘的信函，江忠源得知这位好友已于十月一日抵达咸宁。他屈指一算，估计郭嵩焘十月十日之前可以回到湘阴。同一天，吴文镕转交给他曾国藩的一封来信。江忠源惊讶地发现，时隔一个月，曾国藩已经完全改变了对乡勇的看法。湖南团练大臣听说了新宁勇在南昌求赏闹事，认为乡勇也是靠不住的。

对于曾国藩的这个转变，江忠源不能苟同，亲身经验告诉他，乡勇不但具有战斗力，而且是忠诚可靠的部队。新宁勇在南昌闹事，事出有因，只要指挥员多加注意，应该可以避免。他正在热烈地盼望王珍带领家乡的勇队前来，曾国藩此信，给他兜头泼了一桶冷水。江忠源焦急万分，连忙提笔给郭嵩焘回信，请他在回家之后立刻赶往长沙，一定要尽力促成增募乡勇之事。这时候，江忠源重任在肩，无法求助于外省人，只能对家乡人寄予莫大的期望。

江忠源不仅希望增加可用的兵力，还希望得到来自家乡的助手，湘阴人左宗棠是他求贤的目标。他知道，武昌岌岌可危的时候，左宗棠已经离开了这个是非之地，于九月二十二日抵达湘阴县城，次日归居东山白水洞。这位高人似乎对当局深为失望，甚至懒得再想国家大事，打算归隐山林，不再出山。他已得知官军未能扼守半壁山，导致田家镇的溃败，太平军又回到湖北了。对于未来的局势，他已经不抱幻想。

江忠源认为，左宗棠回家赋闲，实在是浪费人才。他跟左宗棠在长沙相识相知，共同谋划，并肩作战，对这位军师钦佩不已。如果此人继续为官府服务，那就是湖南之幸。但江忠源更希望左宗棠能够应他之邀前往安徽，只是不敢贸然启齿。他知道郭嵩焘是左宗棠的死党，请郭出面代为邀请，也许能请动这位高人再次出山。他请郭嵩焘转告左宗棠：如果左宗棠愿意出山，不是为江忠源一人而来，而是为天下人谋福。

其实左宗棠回乡之后并未清闲下来。骆秉章听说左师爷回到了湘阴，仿佛得到一个天大的喜讯。从长沙到武昌，他与左宗棠多有接触，早就看中了张亮基身边的这个师爷，对张总督羡慕不已。他想，如今左师爷回了家乡，只要把他请来辅佐，何愁治理不好湖南！如此一来，因防御不力而被革职的霉运，恐怕就再也不会摊到他的头上了。

骆秉章觉得事不宜迟，赶紧把郑司马召来，叫他骑上快马，把他的亲笔信送到湘阴白水洞。郑司马第二天就来到左宗棠的面前，大汗淋漓，气喘吁吁地说：“左先生，这是骆巡抚带给你的信笺和银两，区区薄资，望勿见笑。骆大人说，先生见信后若能随在下去省城，他就是三生有幸了。”

左宗棠拆阅来函，匆匆览毕，说道：“郑司马有劳了。请回禀中丞，宗棠辱承厚爱，只恐才薄识浅，无助于中丞大业。中丞的厚赠更是不敢领受。司马请回吧。”

骆秉章第一次邀请，碰了个钉子。左宗棠说他“礼意优渥，实为可感”，但动摇不了他的决心。但骆秉章没有死心，他摇着大蒲扇，心中念道：左季高啊左季高，不管你还想不想做诸葛亮，老夫却一定要学一学刘备。茅庐须得三顾，第一次请不来算什么？老夫还要二请三请，直到把你请来为止！想到这里，他高喊道：“来人啦，我要再写一封信函，找个稳妥的人送到白水洞，看看左先生怎么说。”

骆秉章执意要请左宗棠出山，因此，新任安徽巡抚江忠源要请左宗棠，就得跟湖南的巡抚竞争这个人才。

乡勇究竟行不行

曾国藩对乡勇的怀疑，使江忠源陷入困境。如果说正规军和民兵都不可靠，那么朝廷还能依靠什么武装力量呢？他这个安徽巡抚又能带领什么部队作战呢？他意识到曾老师眼下有些走极端，犯了以偏概全的毛病。他虽已拜托郭嵩焘去做曾老师的工作，希望能够扭转曾老师的认识，但他觉得还需要亲自再烧一把火。经过几天的思考，他于十月十六日给曾国藩回信，陈述增募乡勇的必要性。

江忠源指出，乡勇未必都不可靠，问题在于指挥员不得其人。潮勇、捷勇都是桀骜不驯之辈，但湖南的乡勇大不相同，其中有几支部队在长沙都能杀敌，已为实践证明是劲旅。后来邓绍良把他们带到镇江府城外，他们就变质了，淫掠杀戮，激起百姓的愤慨。百姓向太平军投诉，自愿为太平军做向导，顷刻之间，邓绍良全军溃散。多亏和春接手指挥，加以训练，又稍稍成军。这说明只要指挥员得人，乡勇还是能用的。湖南各地的乡勇当中，新宁的楚勇比较驯服，未曾出现弊端；之所以发生南昌哗变，是因为其中有小人教唆。由于指挥员跟士卒亲密无间，掉以轻心，所以未能事先预防。

江忠源又以湘乡勇为例说明自己的观点。湘乡勇本来比新宁勇更加驯服，但在低劣的指挥员手下，八月二十六日也有一支部队为了索赏而几乎哗变。可是罗泽南的湘乡勇很守纪律，王珍的湘乡勇也很听指挥，因为指挥员都是杰出的书生。

广勇在南昌保卫战中的表现，也是江忠源举出的一个例证。广勇本来最为跋扈，向荣将之解散，张亮基却将他们收拢，派到江西增援。江忠源本来不想要这样的援军，但又担心不收他们，会把他们逼向敌军的阵营。江忠源只好令他们驻扎在南昌城外，而留心管理，结果他们为保卫南昌出了大力。

江忠源总结说，由此看来，乡勇出现问题，原因不在于士卒，而在于指挥官。只要多找一些像罗泽南、王珍这样的指挥官，就可以发挥乡勇的优势，避免乡勇的弊端。

在曾国藩对团勇部队产生怀疑的时候，江忠源给他打气，并且指出办好团勇的关键在于将领。江忠源此时转换了角色，似乎已不再是曾老师的学生，而是向曾国藩传授自己的经验。他不仅希望曾国藩增募团勇，还指望他牵头统帅湖南团勇，成就剿平太平天国的大业。与其说，他已经预见到湖南军队和曾国藩在这场战争中将要发挥决定性的作用，不如说这是他在慷慨激昂中的热烈期盼。他说，如今逆贼据有长江之险，官军只有多造船筏，广制大炮，训练水勇，首先肃清江面，才能扭转江苏、江西、安徽、湖南和湖北各省的被动局面。然而天下人才，能够办成这番大事业的人，只有你曾老师一人；而能够率领战船、指挥水勇与敌军在波涛险隘战斗的将领，只有我江忠源、刘长佑、罗泽南和王珍寥寥数人。

江忠源指出，现在全国大局危难，不能再拖下去了。他请求曾国藩与他联名向朝廷奏报，并致书海内豪杰，广集经费，号召湖南忠义之士迅建义旗，蔽江而下。他还说，他要在淮南收集奇杰，以为应援。

江忠源即将主持安徽军政事务，幕府中缺乏人才，如今身边只有一个博学多才的邹汉勋。他向曾国藩请教，安徽的绅士，除了吕贤基和吴廷栋以外，是否还有可求之人？他希望湖南的左宗棠和刘蓉诸君子能来助他一臂之力，请曾国藩为他邀请。

然而江忠源时运不济，未能得到左宗棠的辅佐。郭嵩焘确实带着他的嘱托去探了左宗棠的口风，看看这条卧龙是否愿意为天下人而出山，但郭嵩焘未能说动柳庄的庄主，江忠源只好直接写信给左宗棠，“用词弥苦”，苦苦相求。

在左宗棠心中，江忠源是个重量级的人物。但他知道，此公临危受命，兵单力薄，疲于奔命，前途未可乐观。他狠下心来，谢绝了江忠源的邀请。

曾国藩收到江忠源的信函以后，也来帮江忠源求贤。他请左宗棠训练三千名乡勇，训练好了，就由他带着这支部队去增援江忠源。换言之，他想要左宗棠取代王珍去增援安徽。这个提议具有较大的诱惑力。在乱世当中，谁都希望自己手中握有枪杆子，何况左宗棠本来就是带兵打仗的料子。可是，在左宗棠看来，单单是拥兵三千，还是无法挽回颓局，他拒绝了这个诱惑。

胡林翼也来信了，他始终保持一副热心肠，力劝死党建功立业。可惜他自已只是一个地级市的市长，根本就没有资格向中央组织部门推荐一名下岗的县级干部去当部长以上的大官，不然他早就给皇帝写推荐信了。

请求出山的呼声如此之高，左宗棠充耳不闻。他对夫人周贻端说，左宗棠这个名字，从此以后要在尘世间消失了。

左宗棠跟出家人的距离只有一步之遥，而江忠源虽然登上了高位，却至死也无缘得到这位高人的辅佐。由于曾国藩变卦，王珍也未能率部随他作战。江忠源得不到来自家乡的支持，只能做一位孤独的新巡抚。

且说江忠源在武昌危急时不忍突然离去，湖北大员都已知道，这位救火队的队长已被任命为安徽巡抚，他应当立即前往安徽上任。此时皇上给了他自行决定去留的方便。咸丰说，湖北和安徽相连，哪里紧急，他就可以去哪里，不必拘泥于朝廷的成命。也就是说，如果江忠源不愿去安徽送死，他完全可以不去，也不算违抗旨意，皇上给了他选择的特权。

如果换了别的人，也许就留在武昌了。这里也是前线，留下不算苟且偷安，也是为了保卫疆土,完全说得过去。但江忠源是个认真的人,他知道庐州那边吃紧，而武昌的敌情已经缓解。他对幕僚们说："我前次没去增援凤阳，是因南昌比凤阳更急；现在安徽的军情更紧迫了，我不马上前往，何以面对那里的父老子弟？"

朝廷刚刚任命的安徽省长，决定送死也要去上任。下定决心之后，他在斟酌究竟带多少兵力过去。这个问题，也可以由他自己决断。他的亲信楚勇，以及他从江西带到湖北的云南营和四川营，都可以随他而去。他很想把这些部队带赴庐州，但武昌的防卫似乎离不开他们。太平军虽然撤走了，但离武昌只有一百多里，顺风时溯江而上，飞快就能抵达。江忠源不忍削弱武昌现有的兵力，经过再三考虑，决定和音德布一起，带领在田家镇收集的一千四百多人先行赴皖，等到敌船全部退出湖北，再把留驻武昌的旧部调入安徽。

十月十一日，江忠源从汉口起程赴任，打算从黄陂一带取道六安，直赴庐州。为了筹划安徽全局的作战，他已派出哨探，侦察安庆和庐江的敌情。这时候，吕贤基驻扎舒城，代理安徽巡抚刘裕珍驻扎庐州，正在急盼他的到来。敌对阵营内，胡以晃也在加快行动，率太平军主力直扑集贤关外，向北攻击，于十月十四日攻克桐城。

江忠源走后，湖北的情势立刻恶化。唐树义一肩担任湖北的战事，打得颇为艰难，一仗获胜，一仗惨败。

这位老将驻扎黄州，令部队向下游搜击敌军。十月十九日黎明，探子来报：发现五六百艘敌船停泊在巴河。唐树义令部队分为四路，分批开拔，中午时分，前锋队靠近敌船开火，遭到猛烈还击。唐树义令前锋佯败，引得太平军登岸追赶。官军中队和后队赶到，分三路包抄攻击，用火力杀敌一百多名。官军杀到岸边，火箭、火弹与喷筒一齐向敌船发射，烧毁七十多艘。太平军后队发现登陆部队已经溃散,增派一千多人登陆,企图抄袭唐树义后背。官军伏兵四起,打击敌军援兵，又毙敌三百多名。太平军自从攻下田家镇之后，沿途未遇到有效的抵抗，这是第一次遭到沉重的打击。

唐树义于四天后又对太平军发起连续两天的攻击，迫使他们退回下游。石达开于十月二十八日增派军力回攻黄州，将唐树义所部击溃。湖北学政青麟认为，这是吴文镕只顾省城不顾德安的结果，向咸丰告状。湖北的官场，不止是总督巡抚不和，驻扎德安的青麟也只顾自己的防务，缺乏全局观念。大家互相指责，吴文镕的处境更为艰难。

吴文镕和崇纶失和以来，湖北的军政事务总是政出两门。荆州将军台涌先后接到崇纶和吴文镕的公文，崇纶令他带兵去武昌，吴文镕令他不必开拔。他不得不向皇上请示，究竟应该听谁的，让皇上知道了湖北官场闹得很不团结。崇纶又奏报自己努力筹备发起攻势，而吴文镕则闭城坐守，无所作为。

崇纶认为，敌军已经撤到下游，荆州大可不必驻军。他把台涌调来武昌，是为了让武昌厚集兵力，派兵向下游进攻。吴文镕认为荆州也是重地，不能不驻兵防守。崇纶坚持要调，吴文镕再三阻止。崇纶干脆不顾总督，擅自发函，催促台涌开拔。他在调兵的理由中撒谎，说他已调绿营精兵七八千人向巴河攻击，所以省城需要添兵防守。吴文镕发现此人已丧失了为官的起码原则，竟然把影子都没有的事情写进官方的文件，将军务视同儿戏。想到这里，吴文镕不寒而栗。

可是崇纶善于迎合皇上，他的奏报很对咸丰的胃口。咸丰处在四面楚歌的境地，很希望有人能对太平军发起攻击，而不是一味地防守。于是他指责吴文镕辜负了圣恩，竟然株守省城，不图前进。对于两人闹不团结，他各打五十大板，责令他们协力同心，迅速对下游的逆贼发起攻势。若因各怀己见，致误事机，要将两人同等治罪。

咸丰一反常态，把手伸向了前线，根据湖北的敌我态势，给大员们具体分派任务。他指出，敌军既然已在田家镇修筑工事，黄州一带也有敌军主力，唐树义必须继续带兵前往黄州发起攻击；吴文镕也要亲自率部开到前线，敌军打到哪里，就到哪里阻击；省城防守由崇纶负责，不得有疏虞。台涌要不要带兵到下游作战，由吴文镕和崇纶会商决定。

王珍为何去不了安徽

前文说到，江忠源被任命为安徽巡抚的时候，王珍的新军刚刚建立。他接到江忠源的来信，请他去安徽辅佐。那时吴文镕也向湖南求援，咸丰令曾国藩率湘乡勇赴鄂。王珍倒是很愿意领兵开上主战场，但是曾国藩和吴文镕先后改变了主意。曾国藩不但对王珍产生了成见，还因乡勇屡次哗变，曾国藩和一些大臣，与咸丰皇帝一样，对组建民兵部队为朝廷作战产生了疑虑。乡勇表现出来的弊端，一是扰民太甚，二是索要军饷闹事，三是勾结太平军。

曾国藩这时感到王珍虽然是一名优秀的将领，但个性太强，心性太高，不会成为驯服的属下，因此不是他所需要的人才，也会妨碍自己一统湘军的局面，跟他争夺兵源和饷源，更可能独树一帜，造成湘乡勇体系的分裂。他一方面写信劝说王珍，叫他戒骄戒躁；一方面写信给骆秉章，说兵贵精而不贵多，刚刚募集的乡勇，未经训练，见敌易溃，而且军粮供应不上，应该裁汰。骆秉章非常明白曾国藩想做湘军大帅的心思，但他也看到了乡勇队伍保卫湖南的重要性，希望手中有一支得力的部队，于是装了个糊涂，对曾国藩的意见充耳不闻。

然而战局容不得大家多想，前方急需部队增援，是一个迫切的现实。虽然曾国藩不愿将王珍派上前线，但他仍然不得不遵旨办事。曾国藩屡次奉到上谕，令他赶紧统领炮船和部队驶赴下游会剿，以为武昌策应。骆秉章也接到了火速增援湖北的旨意。与此同时，湖北和安徽的告急信接连送到湖南，曾国藩知道，他可以不亲自领兵增援武昌，但决不能阻止骆秉章派兵前往。两人经过商议，决定派知府张丞实、同知王珍，率领王珍新募的三千名湘乡勇去湖北增援。

十月九日，王珍来到长沙，骆秉章就给他吹了风。九天后，王珍再次到了长沙，骆秉章又催他出发。

王珍招募湘乡勇，初衷是为在南昌牺牲的诸君复仇。现在复仇的战场已经转移到湖北，王珍义无反顾，整装待发。忽然得到消息：太平军已从武昌撤退。王珍仍然打算北上，可是在曾国藩的坚持下，骆秉章把援鄂的任务取消了。

曾国藩开始在衡州举办水师，提议将陆军合并为十个营，决定趁此机会将王珍从自己的体系中排除。现在的曾国藩不再愿意插手湖南的司法和军务，一心一意要组建一支曾家军。这是他建功立业的全部本钱，是他必须死保的武装力量。为了给自己留下更多的兵员名额，他命令王珍裁撤部队，只留下七百二十人。

王珍虽然恃才傲物，但他在官场上起点太低，没有曾大人那样的野心，打算遵命裁军。这时曾国藩又接到圣旨，要求他亲自率领六千名湖南乡勇前往长江下游作战。骆秉章认为，曾国藩迟早要率领他的大部队走人，那么本省必须尽可能保留更多的勇队，于是他叫王珍暂时不要裁撤本队，视曾国藩的情况而定。王珍得了巡抚之令，留在长沙，每日朝夕练兵。

但是曾国藩暂时还未打算出征，王珍一军的存在总令他感到不安。他又函商骆秉章，令王珍仍照原议进行裁军。骆秉章决定，让王珍精选二营留下，余部全部遣散回家务农。

骆大人和曾大人朝令夕改，王珍只能叹一口气，再一次着手裁军。曾国藩坚持要裁撤王氏乡勇，勾起了骆秉章对这支部队的好奇心。他索性摆斩，直奔王珍军营，检阅这支令曾大人耿耿于怀的勇队。王珍给他看了一出精彩的操演，骆秉章一看就舍不下了。原来这是一支战斗力超群的武装力量！老骆当场改变主意，发布一道命令："此军不裁，全队驻扎省城！"

骆秉章已过花甲之年，不会轻易赌气，也不会做没来由的事情，他留下王珍的部队，自有充分的理由。太平军正在长江上往来无定，湖南省仍然应该狠抓战备，否则太平军打进湖南，叫他拿什么去抵挡？他把王珍的三千四百名湘乡勇正式纳入自己的指挥系统，令王珍继续统领这支部队，认真训练，严加约束，听候调遣，不得违令。

王珍从此独立于曾国藩指挥的湘乡勇体系之外，得以独树一帜。有了如此宽松的平台，他更加狠抓军训，增加了魔鬼训练的项目，令士卒在脚上绑上铁瓦跑步训练，又参考戚继光的兵书，加以变通，创造出独特的阵法，令部队操演。

王珍的部属个个重视阵法，他的部队成为出产优秀将领的人才基地，其中以蒋益澧和刘松山等人尤为突出。他们习得的城墙阵、梅花阵、大鹏阵等，都是歼敌制胜的法宝。王珍著有《阵法新编》，书中变通古人成法，别具心得，当时作为军事机密保管，没有付梓。

为了区别于曾家军和其他部队，王珍重新改定军制。长沙的朋友们提出请求，劝他将平日教学的内容写成讲义，便于营官以下的官兵掌握。王珍撰写《营制》、《职司》、《号令》、《赏罚》、《练法》五篇，题名为《练勇刍言》。胡林翼认为，王珍的军制与曾国藩的军制以及他自己的军制略有不同，但同样具有严谨宽博的特点。这一点也不奇怪，因为王珍曾向曾国藩大谈建军思想，曾国藩在组建湘军时，肯定借鉴了他的思维。

与此同时，曾国藩也在积极建设自己的武装力量。江忠源在安徽对湖南乡勇的增援盼眼欲穿，王珍去不了，他就只能寄望于曾老师。他们通过信函讨论建军方略，曾国藩采纳了他的意见：扩军并不难办，筹饷却是难题；乡勇容易招募，但带队将领难求；陆战容易取胜，水战却需要更高的水平。

江忠源曾派夏廷樾和郭嵩焘在樟树镇制造几十具木筏，在筏上载炮，打算用于冲击太平军水师。木筏刚刚造好，将要出发，太平军已经退出鄱阳湖。曾国藩受此启发，在衡州仿造木筏，拿到江面上试用，发现木筏笨拙，掉头困难，并不适用。曾国藩改变主意，决定购买民船，改造为炮船。

对于长江沿线作战的大局，江忠源为曾老师提供了第一手的参考资料，同时发表了真知灼见。曾国藩综合各方面的情报，终于理清了思路：建立水师是第一要务。

十月二十四日，曾国藩向咸丰奏报：既然武昌已经解严，他决定暂缓增援湖北，留在湖南筹备战船。太平军以舟楫为营垒，横行在千里长江之上，等到他的水师建成，他便驶往下游，增援长江流域作战的官军。

筹办水师需要大笔的经费。当时广东解往江南大营的饷银经过长沙，曾国藩请求截留四万两，作为筹办炮船、招募水勇的费用。他初步确定湘军的营制，规定每营三百六十人，使用一百四十名长夫，加起来共为五百人。

曾国藩规定了选拔将领的四条标准：第一才堪治民，第二不怕死，第三不急名利，第四吃苦耐劳。曾国藩把王珍排除之后，决定继续招募六千人，与江忠源的旧部合成一万人。

刚刚拿定这个主意，江忠源就正式奏请，调曾国藩所练的六千人增援安徽。咸丰很快就批准了这个请求。他令曾国藩立即选募湖南乡勇六千名，酌配炮械，筹雇船只，亲自率领，驶出洞庭湖，从长江上游迎头截击，肃清江面敌船。还令曾国藩在途中抓捕从田家镇败退下来的官兵，这些人侵扰百姓，抓到之后，立即斩首，使民众得以安宁。

但是曾国藩的建军计划还在实施之中，距离出兵还有时日，在时间上无法满足江忠源和皇上的要求。他现在最要紧的事情就是募集人才。十月中的一天，他正与幕僚议事，打算在湘乡县城建立忠义祠，祭祀援赣军阵亡的四名营官，并且以湘乡勇附祀，大家纷纷表示赞成。忽然门房来报：彭玉麟求见。

曾国藩大喜，对众人说道："此人是已故湖北巡抚常大淳之子常豫向我推荐的，说他胆略超群，可以倚重。我同意见他，可他对常公子说，他母丧未及一年，不愿出山。我屡次写信劝他来军营为国出力，看来终于说动他了。"

彭玉麟第一次出现在曾国藩面前。寒暄过后，曾国藩一双三角眼正视着这位访客，见他言谈举止儒雅不俗，明显是个读书人；但他语音爽朗，目光磊落，又有军人气概。曾国藩顿时对他起了好感。

彭玉麟说："蒙曾大人晓以大义，玉麟决意从戎报国，但自誓不求保举，不受官职。"

曾国藩知道，这是彭玉麟向他摆明正派做人的姿态。上一年八月中旬，彭玉麟从耒阳回到衡阳，照顾生病的母亲，不久母亲去世，他埋葬了母亲，在家守丧。如今他听从曾国藩的劝告"夺情而出"，他说的这番话，表示自己不求功名，但求报国，正是理学家曾国藩想听到的。江忠源墨经从戎时，他就是如此要求江忠源；后来他自己走了同样的路，还是以不受保举、不受官职来求得心安，维护名声。现在彭玉麟一上来就表明态度，使他自然地将对方看做同道中人。

曾国藩庆幸自己又得一个人才，当即将彭玉麟分到曾国葆营中，令他帮办营务。

关于彭玉麟此次从军的原因，野史有另外的说法，把他的动机归于一段刻骨铭心的爱情经历。据说邻家一个名叫梅仙的女孩赢得了他的爱慕，而梅仙也仰慕彭相公的才学，不仅愿意委身于他，还对他百依百顺，甚至不惜给他提供赌资。彭玉麟年轻时和江忠源一样好赌，也和江忠源一样是赌场上的常败将军。输光了以后，他悄悄将梅仙的钗珥拿去当了钱，再入赌场，孤注一掷，照样是血本无归。

有一天，彭玉麟又拿梅仙的首饰当了二十两银子，跑去赌博，再次败北。回家后，彭玉麟满怀歉疚，向梅仙坦白认错。他本来准备挨一顿臭骂，跪下忏悔一通，没料到梅仙轻描淡写地说："相公，只要咱俩能够白头到老，这点钱算得了什么？"

然而这对有情人未能成为眷属。两家已有口头婚约，因女家翻悔，未能履约。梅仙怏怏去世，彭玉麟悲痛欲绝，发誓要画十万幅梅花，报答爱人的深情。他写过一首《题采石矶太白楼》，诗中有句：

三生石上因缘在，结得梅花当寒修。

其余诗作，也常以梅花抒发诗情：

其一：颓然一醉狂无赖，乱写梅花十万枝。

其二：一枝留得江南信，频寄相思秋复春。

其三：无补时艰深愧我，一腔心事托梅花。

很有可能，这些诗句中蕴涵着作者因梅仙逝去而排遣不掉的哀思。

彭玉麟沉浸在失去爱人的悲痛之中，竟至大病一场。他躺在床上，捂着胸口说："死于枕席，算什么大丈夫！既然我今年一定会死，何不找一个好地方去死？"

于是他投笔从军，到曾国藩帐下出力，每战都朝刀风箭雨里面钻，以求一死，而往往因此就立下奇功。

也有野史家说梅仙并未早夭，彭玉麟身居高位时，她还健在，不过已经嫁人，又已守寡。彭玉麟顾念旧情，经常到她家里给钱周济。两人对饮对弈，俨如伉俪，却严守大防，未曾上床。强调二人发乎情，止乎礼，当然是为了突出才子佳人的高风亮节，却未必可信。上床没上床，局外人是无法知晓的。

第十五章
步入陷阱

野史：李鸿章之相

合肥人李鸿章身材很高，长身鹤立，瞻瞩高远，识敏辞爽，胸无城府，人们说他是仙鹤之相。

知府的谎言

且说江忠源从陆路兼程前进，风雨无阻，从湖北的东北角插入安徽。军官们在路上都已病倒，江忠源本人也未幸免。咸丰三年（1853）十月二十六日，部队抵达安徽霍邱县境内的洪家集，江忠源忽然咳嗽打喷嚏，寒热交作，第二天带病疾行八十里，晚间到达六安州城，因高烧而头晕目眩。他勉强睁着两眼，对音德布说："我得吃点药才行。部队也已疲惫不堪，不如暂留州城吧。"

江忠源进了六安，官民盛情接待，请他多住些时日。音德布见江忠源病情太重，也在一旁劝道："逆贼已在桐城，难保不攻此城。大家希望巡抚留住，就是希望守住州城。"

江忠源说："是走是留，还得看看。但我驻留一日，就要把城防部署妥当。"于是他带病工作，日夜指挥部队修筑工事。一面派飞马通知刘裕珍，叫他赶紧在庐州布防。

到了第三天，探马来报：太平军于昨日下午进陷舒城，团练大臣吕贤基死在城内。

这一天是十月三十日。舒城营兵的指挥官恒兴闯进庐州城，向刘裕珍报告舒城失守。刘裕珍赶紧向朝廷奏报。他一眼就看出恒兴是临阵脱逃，但他没有向朝廷参劾。

舒城陷落，江忠源肩头的压力更重了。放眼安徽，没人能替皇上分忧，解救危局的希望全部落在他的身上。敌军进入舒城，距庐州仅一百二十里，距六安州也只有一百二十里。不论是六安还是庐州，只要落到敌军手里，他们都能顺利北上。但是江忠源分身无术，只能掂量何处更为关键。相比六安而言，庐州是新改的省会，地位更加重要。江忠源在高烧中自言自语："还是尽快去庐州接印管事吧，这样才能守住根本。"

江忠源大口喝药，巴不得尽快康复，可是服了几天汤药，病势反而加重，一时无法上路。江忠源迷迷糊糊地想道：胡以晃那逆贼此时是怎么想的？真想得知敌军的动向啊。

江忠源此时的心情很好理解：如果胡以晃从舒城杀到六安，他也就省心了，他就留下来，与六安城共存亡；如果敌军从舒城杀往庐州，他就等不到病愈，叫人搀扶着登上轿子，立刻动身，去救庐州。

这个病人全身烧得火烫，内心更加焦灼。他给咸丰上奏，表明只要一息尚存，就竭尽一息之心力来报答圣恩。

进入六安的第五天，江忠源热度稍退。刘裕珍派来的使者求见，送来了巡抚关防和芜湖关的关防。这两个关防，此时已成烫手芋头，谁接到手里，保全安徽的责任就落到了谁的肩上。这一天是十一月八日，江忠源捧着官印，微微一笑，说道："本抚从今天开始，正式接管安徽军政。"

舒城方面送来探报，敌军正在补修城墙，开挖壕沟，闭门坚守。庐州方面的消息则喜忧参半。知府胡元炜在信中说，敌军已从舒城和桐城向庐州进军，庐州十分吃紧；不过，省会兵力充足，团丁就有一万多人，军饷也很丰足，请巡抚大人火速前来指挥防守。

江忠源把音德布召来，说："六安暂且无事，庐州方面告急，我决定前往庐州。六安就交给你了，给你留下一千多人。"

接印的第二天，江忠源勉强打起精神，带领二千七百多人从六安出发，兼程急进，于十一月十日驰抵庐州。

江忠源此时所想的不是防守，而是积极地进攻。他计划先在庐州布防，然后与音德布约定时日，叫他从六安向舒城推进；江忠源则率部从庐州前进，对舒城两路夹攻，力争收复失地。

咸丰接到舒城失守的奏报，心如明镜，知道又一员大将犯了死罪，使吕贤基死在围城之中。他命令舒兴阿带兵飞速增援安徽。令咸丰感到意外的是，江忠源病倒以后，生命力还是如此顽强，能够挣扎着执行朝廷交给他的使命。他令福济火速驰赴庐州和六安一带，去当江忠源的帮手。

但是江忠源并不需要一位副总司令，他需要的是更多的兵力。从进入庐州的第一天，他就发现自己最大的需求是援兵。他进城后就登上了城楼，举目四顾，便知此城易攻难守。他在城墙上巡视，四面都不见高山峻岭。刘裕珍介绍，城墙周长三十六里，若要不出一点破绽，需要的兵力何止数万！

庐州是一个交通枢纽，夹在淮河与长江之间，水陆交通都很便利。这样的地理位置，从古至今都很重要。如今金陵、扬州、镇江三城已成洪秀全的大本营，林凤祥又像钉子一样插在京城的脚板上，庐州处于太平军南北对接的途中，成为争夺的焦点。加上此城新改省会，关系安徽全局，江忠源能否守住此地，关系到今后的战局向何方倾斜。

江忠源来到巡抚衙门，胡元炜已在门口守候。江忠源见到他，剧烈咳嗽一阵，然后清清嗓子，问道："本部院在来庐州的路上，尽管卧病不起，还勉力支撑，给你送来命令，叫你清野浚濠，简料军实，不料你一件都没办！"

胡元炜额头上冷汗直冒，垂手站立，一言不发。

江忠源又问："庐州共有几座城门？"

"回大人，共有七座城门。东边的两座叫做威武门和时雍门，南边的两座叫做南薰门和德胜门，西边的两座叫大西门和水西门，北门只有一座，名叫拱辰门。"

江忠源说："胡知府，我刚才见到，只有南边两门外没有房屋，水西门外房屋不多，其余各门外民房鳞次栉比，逆贼一到，便于隐藏。你不是说工事都修好了吗？可是据我所见，城上并无守御器械。你这知府是怎样当的？"

胡元炜支支吾吾，答不明白。江忠源又询问兵力装备，胡元炜回答："城内原本只有营兵几百人，加上李鸿章的六百名乡勇。不过，刘大人新募了几千乡勇，加起来也将近有一万人了。"

江忠源顿时血往头上涌，还是压住怒气，瞪着他说："这么说来，能打仗的部队，加上本部院带来的部队，满打满算，总共才有三千人。我从湖北带来的只有四川兵、开化勇和广勇七百多名，其余二千人是在六安新募的乡勇。刘大人新募的乡勇还需训练，方能得力。"

胡元炜说话闪烁其词，言不由衷，江忠源已经感到，这是个惯于撒谎的官员。他又询问城中军粮的数量，胡元炜回答："由于乡勇进城，消耗不少，存粮已经不足，藩库的银子也用完了。东关守卫部队已欠发口粮二十多天。"

江忠源长叹一声，说道："我带了六万两银子，已给旧部发了十一月的口粮，新募的乡勇发了半月口粮，还购置了锅帐器械，已经用去二万多两，只剩下三万多两。看来还得给城内守军补齐口粮，那就所剩无几了。不用说，城内军火并无储备，弹药铅丸都不够用？"

"大人说的极是。"

江忠源道："你听好了，刚才所说的一切，你都要设法置办。"

现在一切情况都明白了，原来庐州钱粮军火都很匮乏。江忠源更担心的是人才缺乏。刘裕珍急于撂挑子，身边的胡元炜已经欺骗了他，十分可疑。新任按察使还没到来，只能由罢了官的张印塘代理。拣发的四名知府只到了一个陆希湜，候补知县只有几个，就连候补佐杂也只有十几人。江忠源对他们都不了解，要办的事情这么多，不知派谁为好。

江忠源感到自己被人诱入了一个巨大的陷阱，他清朗的眼神里忽然蒙上了狐疑的阴霾。他一向以忠诚待人，最不能忍受欺骗，何况在最紧要的关头。他的心犹如被刀插一般刺痛。他强压着怒火，用嘶哑的声音说道："你下去吧。"

胡元炜低眉回答："下官就去筹备，就去筹备。"

江忠源觉得此人必须考察，但眼下的公务千头万绪，无暇跟他罗唆。胡元炜走后，江忠源独自思量安徽的局面。长江南岸，从东流直到芜湖，滨江几百里，太平军的船队可以随处停泊，也就可以随处登陆；长江北岸，西自望江，东至和州，沿江六百多里，防不胜防，其中东关最为关键，而玉山与张印塘只有二千二百人。

江忠源没有兵力增援东关。庐州是座大城，城墙都已倒塌，守军这点部队还不够扼守一道城门。他被胡元炜戴了笼子，若无援兵到来，庐州肯定守不住。但是笼子已经套在头上，已经逃不掉了。按照江忠源的脾气，他既然已到庐州，就不肯弃城退守。

庐州的防务存在太多漏洞，应该马上弥补。江忠源呼唤随从，派人到街上张贴告示，要求拆毁城外民房。

深夜，刘裕珍匆匆赶到巡抚衙门，说道："江大人，派往沙河防守的乡勇败回了！"

江忠源叹道："逆贼已过沙河，现在拆房都来不及了！"

诡异重重

江忠源抵达庐州的第二天，刚到薄暮时分，就有飞马来报：胡以晃的前锋已抵达庐州以南五十里处的派河。江忠源下令关闭城门，当夜撰写防御守则，告诫所有的官吏。

十一月十二日黎明，太平军从四面逼近庐州。守军登上南墙了望，只见车马扬起一片飞尘，炮弹落在城楼下方，大炮弹有鹅蛋那么大。正在此时，江忠源骑马到来。只见一个高个子的年轻军官前来报告："中丞大人，逆贼号称数万，我们怎么办？”

江忠源一看，来人是他在京城曾国藩寓所见过的李鸿章。昨日他已听说李鸿章从舒城带勇撤到了庐州，不想今天便在城下见到他。江忠源说道：“少荃老弟，你我都是涤公的学生，彼此不必拘礼。我带来的兵力只有二千多人，分配到各方城墙防守，兵员过于单薄，还得设法增加人手。”

江忠源略一沉吟，问道：“留在城内的百姓，不知还有多少？”

李鸿章答道：“还有四五万人，可是官员不许百姓登城。”

江忠源说：“庐州居民没有见过逆贼，如今躲也躲不过，倒不如请百姓各备铲柄锹锸，全部登城，自由观战。”

李鸿章说：“这倒是个好法子，人多了，自可为守军壮胆。”

于是，江忠源令官员们发布告示，欢迎百姓上城观战。时过不久，城墙下挤满了人，约有几万人，发出一阵阵呐喊。城外的太平军听到城内人声鼎沸，不知守军虚实，稍稍退却，抢占民房，构筑掩体，用枪炮向城内射击。江忠源拖着病躯登上城楼，抓紧分分秒秒部署城防，激励将士誓死守城。他叫来几名通信兵，写就几纸公文，令他们飞马分头送给六安的音德布，东关的玉山和张印塘，以及凤阳的袁甲三和颍州的臧纡青，请他们火速领兵来援。

▲ 安徽合肥人李鸿章在湘军中只是一个幕僚。但他自从创建淮军以后，就形成了宏大的格局。

江忠源发现，水西门城墙太矮，城外的坡陇偏偏最高，太平军在坡上扎营，可以俯瞰城内，所以此处最为危险。江忠源说：“我就驻扎在这里，我要亲眼看到城墙加高培厚。”

巡查结果表明，大西门也是一个隐患。这里民房逼近城根，城外又无壕沟，太平军一到，就在该处开挖地道。江忠源令邹汉勋和邹召旬驻守，雇觅民夫，从内朝外迎挖。

江忠源在水西门现场办公，当即给其余各门委派守将。德胜门由四川都司杨焕章负责；南门由云南参将惠成驻守；小东门派池州知府陈源兖驻守；大东门派胡元炜驻守；北门派合肥县知县张文斌把守。他要求其余文武官员一律驻扎城上，分别守卫关键之处。布政使刘裕珍也有任务，江忠源令他白天总理军务，夜晚巡视各个城门，严密巡查。

庐州城防守最大的困难是城墙太长，守军兵力不够分布。三十六里长的城墙，共有四千五百七十多个城垛，可是守军只有三千三百人，就算一人守一个城垛，兵力还是不够。而且部队多为刚刚招募的乡勇，不懂守城规矩。江忠源只得将他带来的几百名老兵分布在各个城门，他手边并无一支劲旅。此外，各门的月城厚度不满三尺，高度不及一丈，又与主城墙不通，防守更难得力。

见到胡元炜以后，江忠源的心已冰冷。他对这个说假话的家伙窝着一肚子气。这个知府，平日没有部署防守，事到临头，又给上级打假报告。江忠源越想越恨，每见他一面，少不了申斥一通。胡元炜不想挨骂，干脆躲起来，不再到巡抚这里露面。

好在城内的绅民给巡抚送来了温暖。他们深明大义，见江忠源带病登城部署防御，人人感激兴奋，出丁助守，而且自动设立后勤局，分头送茶送饭送粥，昼夜不断，部队无须开伙，可以专意守垛。

当天夜里，江忠源就撰写奏章，将城防情况奏报朝廷，同时向咸丰请求更多的援兵，并请筹拨饷粮，以济急需。

第二天夜半，胡以晃下令对庐州发起围攻，太平军悄悄在西平门架梯缘墙而上。城头上的守军将领是个长相颇为怪异的汉子，他身材不高，双目深陷，眼珠略带绿色，宽宽的额头下是一对高耸的颧骨，下颚瘦削，胡须坚硬。他说一口湖南土话，庐州无人能够听懂。

此人就是七月份跟随江忠淑增援南昌的邹汉勋。此时他按照平时的习惯，已经喝下几杯酒，袒露一条手臂，在城头巡视，忽听得一阵异常的响动，探头一看，只见敌军爬梯而上。他当即发出一声怒吼，一挺长矛，向敌军刺去。守军听到他的吼声，纷纷上前，奋力杀敌。太平军蜂拥而上，刚要登城，被邹汉勋抢上去，刺毙将领，夺得黄旗。太平军顿时泄气，舍梯而逃。守军斩杀一百多首级，邹汉勋战功最多。

邹汉勋是一名不折不扣的书生，打仗却异常勇猛。邹家五兄弟个个都是颇有建树的学者。大哥邹汉纪是个音韵学家和地理学家；二哥邹汉璜是医学家；两个弟弟邹汉嘉和邹汉章对军事地理学颇有研究。南昌解围后，邹汉章已返回湖南，投到曾国藩帐下。

邹汉勋本人博学多闻，喜欢写长文，墨艺不合规范。他中式的文章中所引用的语录，九房考官竟然没有一个人知道出自哪一本书。当时宋子亭在外帘，最称博雅，考官将这份卷子拿去请教，宋子亭也不知道，只好说："我回到寓所翻翻书就知道了，诸位翻书也是白搭。"

尽管庐州百姓对守城显示了巨大的热情，城内仍然暗流汹涌，令新到的巡抚防不胜防。有个名叫郑潮的小衙役给太平军做内应，正在秘密破坏社会秩序。

胡以晃开始攻城时，书生徐子苓在姻亲家吃晚饭，见邻居家的主妇个个都杀雄鸡，把血沥在放了水的盆子里，插上筷子，置于门外，并在门楣插上香烛。

徐子苓不解，向主妇们询问其故。女人回答说："抚军有令啊，咱们照办。"

十一月十四日五更时分，天下大雾，拱辰门突遭炮火攻击，城楼上炮子滚滚如注，太平军冲锋时吹着响哨，如同鬼怪呼啸。居民在雾蒙蒙的世界里，目睹阴惨惨的火炬之光，听到这种恐怖的声音，吓得魂不守舍。

太平军在大雾中冲杀过来，知县张文斌率部抗击，把总尹孝忠、外委张得贵、武生周恩及兵勇奋死抵御，毙敌四五十名，尹孝忠腹部受枪伤，不久身故。张得贵炮伤肩膀，右手被炮弹击伤，当即断落三根手指，拼死不下火线。

迷雾之中，其他各门也有太平军分扑。陈源兖和程智泉在时雍门堵击，斩杀六七十人。太平军发起更猛烈的冲锋，周恩父子率部拼死堵击，才将太平军击退。

各门当天合计击毙太平军六七十名，阵亡乡勇二名，居民一名，受伤兵勇十余名。

天亮以后，胡以晃又下令分攻六门，将领举着黄旗冲在前面，大炮推到德胜门下，云梯架上了城头。都司杨焕章和把总尚德胜将敌军击退，夺得五十多架云梯。其他各门都有斩获。

战斗结束后，徐子苓来到城楼上陪陈源兖饮酒，他问道："我有一事不明，抚军为何令百姓杀鸡取血，在门外祭祀？"

陈源衮大吃一惊："这是什么话？江大人没下这样的命令啊。"

酒罢，徐子苓中午沿着菜地行走，见几名衙役手持令箭，步履匆匆，鸣锣喊话。顷刻之间，各家各户又燃起香烛。衙役还宣布百姓不得蓄水，要把棍子长竿之类全部收藏。

第二天，城内又有怪事，一些人在街头巷尾大喊："江巡抚派人收集妇人亵布，制造旗纛，压制逆贼。"过了一会儿，一群捕快涌来，将造谣者抓住枭首，脑袋挂在威武门下。

但是内应又有新的花招，四处放火。民房屡屡失火，随即谣言四起，但追根究源，都不知从何而来。

这一天，胡以晃重点攻击时雍门，但攻城将领被程智泉用大炮射毙。百姓帮着将滚木推下城头，用火罐和砖石往城下齐砸，大创太平军。中午时分，太平军从东大桥而来，一名头裹黄巾的将领骑马当先，身后有几辆大车。走到包公祠前，守城百姓中有一位木工从墙缝里开枪射击，击中太平军将领，致使人骑惊飚，跑了一段，方才倒地。有一名军官头戴红帕，手持腰刀，翘立墙头，跳下城墙，奔向太平军，将他们惊退。官军缴获两车盐和一驴一马，俘虏敌将一名，还有不少服装。

此仗之后，江忠源再次上疏向朝廷求援。他说守军兵力单薄，军饷不够，加以敌情诡谲，既盘踞民房以为藏身之固，又在民房中分扎营垒，企图围死庐州；现在天气严寒，恐怕日久部队发生懈怠，而他本人疾病尚未复元，又担心身体支持不住，请求皇上迅调援兵，多拨军饷，星速救援。

江忠源在奏疏中高度评价庐州百姓，他说，他曾力守桂林、长沙、南昌各城，绅民中不乏急公好义之人，但都不如庐州万众一心，众志成城，请求皇上下诏嘉奖，鼓舞人心。他请咸丰允许他在此特殊情况下，随时保奏出力人员，将不服从命令的官员随时正法。

这时候，江忠源感觉到知府衙门有鬼，对胡元炜已经起了杀意，但他还没找到机会。

定时炸弹

且说庐州已经开战，咸丰方才接到舒城失陷的奏报。他为庐州悬心已有数月，然而不好的结果还是发生了。他情急之下，严催舒兴阿率部驰救庐州，令已到徐州的和春向庐州救援，还叫吴文镕速派戴文兰赴皖。财政方面，他令张芾给江忠源拨银十万两，要求河南与山东迅速筹解银子前往安徽。曾国藩率领六千名楚勇，乘坐炮船去增援江忠源，仍是咸丰最大的指望。

江忠源请袁甲三从凤阳速发救兵，袁甲三却很为难。他手下的兵力，宿州营兵已返回驻地，其余的兵力也分拨到各地，如果全部开往庐州，淮南一带就会人心惊惶，土匪会趁机捣乱。如果他另外招募兵力，恐怕很难得力，对于庐州起不了作用。

袁甲三把希望寄托于陕甘总督舒兴阿。此人奉旨援皖，带着几千名营兵，已于十月十七日从河南陈州起程，向安徽开来。袁甲三派飞马给他送信，请他火速赶往庐州，估计十天内能够赶到。袁甲三对这支部队期望很高，他相信，只要舒兴阿能与江忠源会合，必能保住庐州。

袁甲三没有救急，却表现得颇有远见。他似乎更加操心眼下还不存在的危险。他说，倘若太平军在庐州被江忠源击败，有可能向北逃窜，徐州和宿州一带就会吃紧，而临淮和固镇更是紧要的门户。他决定赶赴宿州，先行部署，与和春商酌，如果和春进扎临淮，就让他驻守固镇。袁甲三自己的兵力全部交给和春指挥，构成第一道防线。他跟王梦龄、百胜等人分驻宿州和徐州，作为第二道防线。说来说去，袁甲三就是见死不救。从庐州救急的角度来看，他这种事前诸葛亮比事后诸葛亮好不了多少。

袁甲三是个明白人，对安徽的形势看得十分清楚，所以纸上谈兵很有一套。他主张庐州以北应以防守为主，庐州以南应当发起攻势。他认为朝廷把英勇善战的江忠源派到庐州是一个英明的决定，可惜江忠源兵力太少。对于安徽的乡勇，朝廷不能寄予过高的期望，他们不如楚勇训练有素，自从正月安庆失陷以来，所招的乡勇无不遇敌即溃，甚至助敌投敌。凤阳的乡勇在城陷之后跟随敌军抢掠；舒城的乡勇战败后把敌军引入城内。所以，江忠源不能依靠安徽的乡勇，必须得到舒兴阿三千陕甘兵力的补充，才能发起攻势。袁甲三的错误在于，他对舒兴阿及其手下的骑兵估计过高，其实这支部队远远不如他所想的那么骁勇。

江忠源指望不上袁甲三，但他还有两支援军能够依赖。戴文兰正从湖北赶来，舒兴阿率四千九百多人从陈州由水路而来，都在路途上了。此刻他还不知道，刘长佑接到他的几封告急信，恰好病情略有好转，便率领旧部三百人，和江忠浚在家乡增募的二千人一起，经蕲州和黄州赴援庐州。

江忠源在兵力不足的情况下，尽量采取手段瓦解敌军。在对付造反军的策略上，他跟道光末年镇压雷再浩造反时已有不同。那时他力主除恶务尽，斩草除根，不留后患。他的主张与地方官员的仁恕之道两相抵触，未能实施，反而给他招来嗜杀的名声，赚了一个“江屠夫”的外号。但在浏阳征义堂一役，他遵照左宗棠的安排，只惩首恶，不问胁从，办得非常漂亮。也许在几年的征战中，他发现敌军阵营中确有许多贫苦善良的百姓，于是也就改变了想法。

江忠源分派官员，以巡抚名义发布解散胁从的告示。他郑重宣告：本部院已令各路将士限期进兵，考虑到平头百姓盲目跟从逆贼，不忍他们玉石俱焚。粤贼凶残异常，没有人性，杀死父亲而掳掠儿子，奸淫妻子而杀其丈夫，焚烧屋宇，抢劫家资，把你们当奴隶驱使，当罪囚拘押。每次作战，都将掳来的平民当炮灰，替他们抵挡子弹和刀箭，稍有退缩便被杀身。战败被俘，官兵因其有抵抗行为，也会斩首示众。你们若有人性，自应激发义愤。现在你们进退都是一个死，只有反正才是活路。

江忠源对他所谓的胁从人等开出了条件。他说：本部院奉到上谕，自动投诚者免死，杀贼立功者受赏。本部院已预先通知官军将领，凡是投诚者，无论造反时间长短，只要自首，就是良民，不准妄行杀戮。逆贼中的头目，若能痛改前非，洗心归化，也会量才录用，还要重加奖赏，决不食言。

就在江忠源发布告示的这天夜里，胡元炜待在知府衙门，思考着明天如何应付巡抚大人。一个黑衣蒙面人闪身而进，扯下面罩，从身后轻轻一拍他的肩膀。

胡元炜惊出一身冷汗，回头一望，看到了一副熟悉的面容，于是又惊又喜地喊道："恩人，你怎么来了？"

黑衣人把食指举到唇边，轻嘘一声，叫胡元炜压低声音。

来人是胡元炜生命中的一个神秘人物，胡元炜知道他神通广大，但至今不知他的身份。此人对胡元炜恩重如山，如果没有这个人在他的人生中出现，胡元炜现在肯定还是一个乡下的平民。

胡元炜年轻时官瘾很大，却又不愿寒窗苦读，无法通过科举进入仕途。咸丰初年，他的机会来了。朝廷为了募集军费，大开捐纳之风气，杨秀清认为有机可乘，从心腹当中挑出一百多人，个个面目端正，身材魁梧，令他们伪造姓名和籍贯，前往京城买官，并指定省份，要求分配到该省候补官职，预伏内应。有的奸细买到了道员和知府的官职，清廷的组织部门竟然毫无察觉。

除了为自己人买官，杨秀清还在官瘾很大的平民中物色对象，出钱替他们买官，以此收买过来。胡元炜也被他们盯上了。

胡元炜当时向亲戚朋友告贷，借得几百两银子，打算去京城捐个从九品的杂职。动身那一天，他在渡口等船，和一个陌生人攀谈，话很投机，决定结伴同行。那人正是为杨秀清执行卧底计划的奸细之一。

到了京城，他们一同下榻客栈。胡元炜天天到外面活动，但忙了一个多月，仍然没有买到官职，回到客栈，躺在床上唉声叹气。

奸细见状，问道："这些天你都忙些什么啊？干吗这么无精打采？"

"嘿嘿，本想捐个小官做做，可是没门。"胡元炜答道。

奸细说："何不把履历给我看看？或许我能为兄台办到。"

奸细拿到胡元炜的履历，几天之后，跑回客栈，对胡元炜说："我为你找人捐了个知府。银子不用给我了，你回家还要路费嘛。"

胡元炜惊呆了，眼睛瞪得溜圆。他原本只想捐个九品超级芝麻官，因为他实在是囊中羞涩，没想到，这位新朋友为他捐了个五品知府，而且还分文不收。天上掉下了馅饼，胡元炜惊喜之余，对新朋友满怀感激。

奸细拍拍他的肩膀，说："大丈夫在世上走一遭，何必当个龌龊的小官。朋友间应该互通有无，我有余钱，怎么不为你图个像样的功名呢？"

扑通一声，胡元炜两膝跪地，拜谢不停，说他一辈子也不会忘记这份恩德。

胡元炜出了京城，回到安庆，不久就奉命出任庐州知府。可是到任不久，就遇上了胡以晃进攻庐州。胡元炜资望尚浅，朝廷怎么可能让他身负重任，防守一座大城？胡元炜自己不知原委，其实是有人幕后操纵。那个操盘手，正是为他谋得官职的神秘人物。

胡元炜自从出京之后，跟这位大恩人不曾通过音信。临别时，恩人叮嘱过胡元炜不要将他捐得知府的内情告诉任何人，所以胡元炜一直讳莫如深。

此时，恩人就在眼前，胡元炜心中充满了好奇，问道："大哥深夜造访，有何见教？"

黑衣人对他一笑，说："有要事相托，请到密室细谈。"

胡元炜将恩人迎进内室，再次拜谢他的恩典。黑衣人说："你不用谢我，我还有借重老弟的地方。首先我要告诉你，我就是城外攻打庐州的大国中人。我们将在十二月十七日攻下庐州。你不是想做官吗？只要你能迎降，庐州知府还是你来当，还将受封王之赏，否则你绝对活不过今天，因为这城内到处是我们的内应。如今庐州兵寡饷缺，如何守得住？与其执迷不悟，自取早死，何不选择一条富贵之路呢？你不是要报答我的恩情么？你自己看着办吧。"

胡元炜并未犹豫太久，决定寻找合适的时机，把太平军放进城内。

第十六章
明争暗斗

野史：胜保爱端架子

咸丰以来，统兵大员只有曾国藩未尝台坐，每次接见僚属必定台坐的大员是胜保。所谓台坐，是一种旧制度。大官见小官，在中间设一个单独的座位，坐在上面，参见者坐在两旁。曾国藩身名俱泰，而胜保不获善终，那是因为满招损，谦受益。

难以调和的矛盾

就在江忠源奔赴庐州期间，咸丰发现了直隶官军存在的问题。原来官军的数量其实并不短少，问题出在胜保和僧格林沁身上，他们之间因指挥权的归属发生矛盾。咸丰为此十分头疼，劝谕僧格林沁，叫他跟胜保合力同心肃清畿辅。咸丰也担心胜保失去积极性，赏给他黑狐腿马褂一件，珊瑚豆大荷包一对。为了一碗水端平，咸丰又于十月二十五日下旨，表扬僧格林沁关心士卒，与部属同甘共苦。上谕还说：天气严寒，僧王辛劳备至，朝廷表示慰问，给你发去一顶御用貂皮帽子，一件黑狐马褂，一个绿玉烟壶，一个四喜扳指。

但是咸丰的调和工作并未奏效，胜保仍然得不到僧格林沁的配合，急需增兵。郝光甲半月之久尚未到营，连消息都没传来，胜保请旨将他革职，仍令带兵，以观后效。咸丰批准胜保的奏请，几天后，又将张集馨革职发往新疆效力赎罪。

在全国战局不利的情况下，林凤祥占据着静海和独流，犹如插在咸丰肋间的尖刃，咸丰真想胜保为他利索地动一个手术，拔出这把尖刀。十一月一日，咸丰谕令胜保在十天之内消灭这股太平军，不得再有拖延。

咸丰正在拭目以待，八天之后等来了一份胜保发牢骚的奏疏。胜保满腹委屈，说他虽然得到君主的赏识，却得不到同僚的谅解。僧格林沁每天派差官来他军营中打探消息。他每次发起攻击，都要把差官带到阵前，一一说明情况，令其回报僧王。此外还要向僧王做书面汇报，给皇上的奏疏也要预先给他审读，如此虚心下气地求得团结一致。

胜保得出一个印象，即便僧王不怀疑他，僧王左右的幕僚多半是在广西吃过败仗的人，未必不对他满怀妒意。上月十一日的独流之战，僧王派奕纪到阵前接应。奕纪临阵胆怯，未敢上前，胜保看在他善造火器的分上，只是申饬了一番。在山西误了战事的臣子也对胜保怀恨在心，似乎是因为他的参劾害得他们丢了顶戴。皇上屡次谕令德勒克色楞及达洪阿前来，他们也以为是胜保的意思，对胜保心怀怨恨。胜保认为自己生存在夹缝之中，办事做人都很棘手。为了说明这不是他的多疑，他说有达洪阿和奕经为他作证。胜保请求咸丰对这些妒贤嫉能的行为加以严厉的谴责，以杜绝同僚的恶言；要不就简派亲信重臣来任总指挥，他只要遵命办事就行了。

胜保这一通牢骚堵住了咸丰的嘴，他不但没有申斥胜保未按期完成任务，反而要安慰他：朕任命你为统帅，难道你还不是朕的亲信？

咸丰认为，他交给胜保的是帝国最精锐的部队，一度战无不胜的满人旗营。可这正是胜保的苦恼所在。咸丰的精锐在胜保手中就是老爷兵，绝对不会冒死冲杀。胜保主要靠天津的民兵向独流进攻。他每次发起攻击，都是天津民兵率先攻入木城，旗兵却无人跟进，听任民兵在敌营内挨打。民兵伤亡惨重，对正规军心生怨恨。这个矛盾胜保不便直言，咸丰一时也领悟不到其中的弊端。山东监察御史向咸丰奏报，要求嘉奖民兵，处罚旗营军官，也未引起咸丰的重视。

时间又过了十一天，胜保还是未能报捷，反而请求增兵。咸丰依了他，令恭亲王等人立即挑选前锋护军骁骑技勇各营兵共一千名，交瑞麟统带，前赴胜保军营。

胜保在等待一个机会，只要水流结冰，他就发起攻势。庆祺派人给他送来密函，报告独流西北有水之处近日将会形成坚冰，而敌营防范稍疏，易于攻扑。

胜保对庆祺并不放心，亲自到前线察看地势。十一月二十三日，他率百名护卫乘坐冰床，来到西北面积水处视察，然后折回庆祺营中，面商机宜。绕到第六铺时，忽然东南方枪炮声不绝于耳，胜保料定是官军开始进攻了。他眉头一皱，心想：我不在营内，为何擅自开战？转念一想，南岸有德勒克色楞和达洪阿指挥，一定能够顶住；可是北岸兵力较少，敌军可能从那里突出。胜保驰马先赴北岸，果然看到官军已被敌军主力包围。胜保令卫队开火，击毙敌军军官四五名，击倒长发太平军三四十名。太平军抵挡不住，开始撤退。

胜保命令部队掩杀，遥见南岸官军也投入了战斗，还听到神威炮在连射，太平军的黄旗纷纷倒落，敌军尸体枕藉。胜保心想：我军已获大胜，应趁势两岸夹击。不料南岸官军马上撤出了战斗，太平军发射喷筒火弹，掉头攻击，官军自相拥挤践踏。胜保知道南岸官军有险，但隔着河流，无船可渡，只得干瞪眼瞧着。

值得胜保庆幸的是，北岸的太平军已奔回土垒，胜保得以从浮桥渡到南岸大营。这时太平军已退入木城，胜保下令收队，追问南岸部队为何早早收兵，各营将士向他报告经过。

“钦差大人，本日午时，我们忽见贼垒拥出二三千人，分三路扑来。我军奋力迎击，毙贼无数。下午逆众倾巢而出，我军分头掩杀，逆贼顺南堤逃走，副都统佟鉴下令开炮横击，黄旗纷纷坠落，堤面贼尸填积，我军约毙敌四五百名。敌军未能入垒，乱了阵脚，南北两面又有知府朱镇、知县谢子澄带勇追杀。敌军沿堤岸上下狂奔，窘蹙万状。”

“行了行了！”胜保气呼呼地说，“你们只需回答：究竟为何提早收兵？”

“回大人，因为出了一点意外。”

“有何意外？快讲快讲！”

“佟军门见敌军大溃，飞马驰赴壕边，搜查敌营搭壕的木板，意在断敌归路。可是随行兵员不过二三百名，敌军拼死从佟大人背后冲去，将我军分为两截。佟军门下令搜取木板，不料木板冻在冰层之内，一下子无法拔出。佟军门下马指挥抽拽，脚底一滑，跌倒在地。敌军蜂拥前来，举矛齐刺，佟军门顿时阵亡。朱知府和谢知县遥见佟军门被困，十分危急，指挥部下援救，却已来不及了，只得亲自策马跑去救护。谢知县身受七伤，跳水自杀而死，朱知府也被枪击伤。幸亏我军主力及时赶到，敌军夺桥奔回，我军仅将朱知府扶救回营。”

“还有什么损失？”胜保追问。

“护炮官兵及拉炮丁夫被敌军冲散了。”

“这又是为何？如实说来！”

“达军门指挥健锐营与火器营靠近营垒，收队时先行退下，全军受到影响，逆匪又全部从营中扑出，德大人急令吉林骑兵和蒙古兵极力抵御，又蒙钦差大人从北面给予了火力支援，始将贼匪击回营垒。健锐营与火器营再次撤回，溃不成军，以致二品大员失援阵亡，四百斤神威炮八尊遗失一半。”

胜保总算是打了一仗，先胜后败。但他很容易开脱自己，不但不主动承担责任，还说了一些便宜话：“本帅离营只有半天，未能临阵指挥，就出了这等事情！达军门久历戎行，部下都是京旗劲旅，跟随本帅作战已非一次，对指挥的诀窍也应该略有知晓了吧。想不到他贪功锐进，又因轻退失利，致使逆贼在万分穷蹙之余，又重振了军势。”

咸丰得到奏报后，并不认为胜保能够不负责任。胜保身为统帅，是所有部队的总指挥，为什么离营半日，部属就会不听指挥，轻率进兵？平日总说号令严明，体现在什么地方？咸丰将胜保和德勒克色楞各降四级留任，拔去花翎，以示薄惩，达洪阿即行革职，交胜保责令带罪自效。

胜保能力有限，咸丰已经看出来了，只是没有明说，但他不能容忍胜保的骄傲情绪。胜保毫无耐力，跟僧格林沁互不买账，忘了自己原本只是一名学士，竟然以常胜将军自居，不把僧王放在眼里，岂不是托大？难道你不知道，连朕都对僧王忍让几分？你凭什么忍受不了？咸丰一怒之下，要把这个苗头打下去。他特意对胜保下了一道圣旨，加以申斥。

上谕说，胜保指挥军队追剿渡河北窜的逆贼，打了几次胜仗，所以在怀庆解围之后，朕特授你为钦差大臣，朕待你不为不厚，倚重不为不专。你中夜扪心，也应当知感知惧。可是自从逆匪占踞独流、静海以后，你渐有自满之意，导致两次失败，还推卸责任，又何以折服将士之心？你经这次训谕后，若能反躬省过，与所有将士合力同心，限期消灭逆贼，不但可以尽赎前罪，仍然可以获得奖赏。如果照此拖延下去，虚费朝廷的银子，那是你自己承受不了皇恩，国法又岂能放过你？

咸丰训斥归训斥，仍然希望胜保从战场发来捷报。可是十二月十八日，僧格林沁有奏疏到京，说他暂驻王庆坨，扼守敌军北上的道路。咸丰眉头紧皱，觉得此事十分棘手。王庆坨离敌营三十多里，僧格林沁不去攻击敌军，守在王庆坨干什么？看来他是不愿跟胜保共办一事，有意回避啊。

▲山东堂邑人宋景诗参加白莲教起义失败后，向清军官员胜保投降，官至参将。后来因清廷将胜保治罪，他再次率黑旗军起义，参与捕杀僧格林沁的战斗。他的结局说法不一。

在这种情况下，咸丰理应申斥僧格林沁，但他没有这样做，很明显是有所顾忌。眼前的这台戏如何唱，他还没有想好。他只能继续对胜保施压。第二天，他给胜保和德勒克色楞发了一道上谕，谴责他们拿小胜仗来敷衍塞责，没有定下扫荡逆贼的期限，同时提醒他们：新建的军营逼近敌垒，要严防敌军狗急跳墙，以免损失有生力量。

到处都在窝里斗

天津战区陷入僵局的时候，咸丰指望江苏战区传来捷报。然而事与愿违，琦善奏报：仪征于十一月三日失守。

官军丢失仪征只是扬州板块失利的序曲，对杨秀清而言则是解救扬州驻军的一个步骤。赖汉英此时已被杨秀清从江西调回，在江北登陆。他和仪征驻军一起，以仪征和瓜洲为据点，向北面的扬州推进。

十一月二十三日半夜，瓜洲的太平军探得瞿腾龙手下的一支乡勇，由冯景尼统领，分为两部，驻扎在扬子桥附近。一处在扬子桥之北，一处在扬子桥附近的庙内。太平军决定拔掉这两颗钉子。他们从运河东岸偷渡扬子桥，抄袭瞿腾龙乡勇的后背。太平军潜至寺庙时，乡勇还在睡梦之中。他们将寺庙团团包围后，发起突袭，一通砍杀，击毙和俘虏几十名乡勇。

此战惊动了其余官军，各部纷纷派兵救援，但太平军已从扬子桥撤回河南。冯景尼决定向桥北增兵防守，赖汉英则决定再打一个突袭。第二天下午，他们绕到扬子桥下游，再次渡到北岸，攻击扬子桥军营。经昨夜一战，乡勇已毫无斗志，听说敌军又来袭营，不战先溃，把大炮和其他武器全部留给了太平军。太平军两战得手，备受鼓舞，分兵攻击雷以诚负责防守的施家桥。守将张翊国带队逃走，赖汉英兵不血刃地进占施家桥。

从扬子桥军营溃败的一千多名乡勇手执兵器，沿途抢掠，令局势更为动荡。

太平军从仪征到施家桥一线的胜利，威胁到扬州以南的官军围攻部队，琦善不得不立即做出反应。十一月二十五日黎明，他令瞿腾龙挑选各营精锐，从三汊河渡至运河东岸，向太平军发起反攻，暂时遏制了太平军向北的攻势。但是赖汉英转向东路推进，扬州以东的乡勇全部溃散。赖汉英占据了官军的陈家巷营盘，继续推进到三里桥，随时可能攻击慧成和晋康驻守的湾头。

第二天，赖汉英从三汊河进逼扬州城，猛力攻击官军，击溃琦善的围城之师。城内守军在曾立昌指挥下奋力突围，与赖汉英一起归并到瓜洲。琦善率部入驻扬州，上奏自请罢官，留营效力。

按照琦善的理解，放跑了曾立昌是慧成的责任。慧成驻守扬州以东，招募的乡勇超过一万名，口粮充足，不知为何全部溃散，慧成带着剩下的一百多名兵丁匆忙上船逃跑。琦善和陈金绶在南面阻击，东面却出了纰漏，赖汉英得以绕道向北推进，接应曾立昌突围。

慧成的说法却不一样，他说，敌军从仪征开到运河，搭建浮桥，向东攻击。琦善的部队都在西岸，却不阻截，也不拨兵援助东路，致使敌军北上，解了扬州之围。

两位大员各执一词，互相推诿责任，与天津战区僧格林沁和胜保的矛盾如出一辙。

官军在扬州片区连连受挫，金陵片区的官军却毫无声息。向荣向咸丰奏报，说他正在执行一个巨大的计谋，暗中通过内应瓦解城内的贼党，现在已陆续有几万人逃到城外，城内密报，约有三千多人等待着内外夹击。他正在准备攻城器具，等到大炮撑上炮架，就对城内开火，发起总攻。这是不是他为按兵不动寻找的借口，谁也无法判断。

武汉战区的情况更加不容乐观。太平军于十一月份重新在黄州集结，对上游构成极大的威胁。而崇纶对吴文镕的刁难变本加厉。为了应对敌情，吴文镕主张从省城派出兵力，走陆路侦探敌踪，寻机攻击。之所以不走水路，是因为曾国藩的水师尚未齐备。崇纶马上唱反调，坚持要立刻雇用几百艘民船，派出五千兵力，水陆并进。吴文镕说："现在城防兵力匀不出五六千人，而民船临阵必退，反而误事。"于是崇纶不再理睬吴文镕，连总督给皇上奏报军情，他也不肯列名。吴文镕对这种无赖的态度无可奈何，请求咸丰将自己罢免，另派重臣接任，或者先让崇纶兼代总督。

吴文镕此举犯了咸丰的大忌，紧要关头，咸丰最恨臣子们撂挑子。臣子们可以互相不买账，但不能拿脸子给皇上看。咸丰严旨申斥吴文镕，责成督抚同心协力。他仍令吴文镕迅速带兵出城迎战，令崇纶专办武昌城内外防守，又令台涌火速赶往德安接手防务，以便青麟调往武昌。

十二月初，吴文镕决定奉旨出征。这是一个无奈之举。皇上不许他等待曾国藩组建水师，担心延误出征，那么他只得领兵赶紧渡江，驰赴黄州前线。他对此次征战毫无把握，已经怀着必死的决心。他被崇纶逼到这个地步，只能以死来抗争崇纶的无理取闹。

吴文镕决定从武昌带走四千兵力。由他先后调往黄州前线的兵力，共计七千多人。他给崇纶留下六千人守城，担心省城兵力不够，通知官文从荆州调二千名满兵来接济武昌。

吴文镕正要开拔，崇纶忽然觉得失去了安全感，动员僚属一起去跟吴文镕商量："制军大人大可不必急于带大军出城，先派唐树义率领水师去黄州就行了。等到军饷和兵力充备之时，大人再亲自前往，如此便可防剿两不耽误。"

崇纶出尔反尔，吴文镕哪里肯听！崇纶说服不了吴文镕，又向皇上告了一状，说吴总督性情偏执，不听人言，没有因时制宜，不搞集思广益，以致百姓愤怨，官兵离心。

咸丰接到告状的折子，也看出崇纶自相矛盾。此人先前参劾吴文镕闭城坐守，现在又责怪吴文镕坚持出城作战。咸丰非常诧异，崇纶为什么出尔反尔？为什么从直隶到江苏到湖北，官军领导班子总是在关键时刻闹不团结？唉，也罢，这两位大员同在一城，一定互不相容，还不如将他们拆散。于是他坚持要吴文镕赶紧渡江，亲赴黄州指挥作战。

咸丰正在为各地大员与朝廷离心背德而烦恼，又接到张芾奏报，以江西财政困难为由，请求暂停采买铜铅运往云贵。咸丰觉得此人越来越不听话，奉到谕旨时不能虚心体会，为皇上分忧，反而“呶呶置辩”，于是决定将他交部议处。

咸丰罢免了穆彰阿，对他手下的红人张芾与陈孚恩自然也不喜欢。南昌保卫战中，这两名失宠的大臣都在城内，与江忠源合作得不错，守住了危城。但咸丰并未因此加赏张、陈，反而指责张芾保奏太滥。张芾凡有所请，咸丰总要找茬子驳回，并颁谕申斥。这一次的奏章，也许确实带着张芾的几分怨气，但咸丰比他的怨气更大，所以张芾撞到了枪口上。

团结一致的湖南

骆秉章在十月份接到衡州和郴州的告急公文，称两地有大股会党起事。他决定将援赣湘军调回增援，给罗泽南发去命令：江西泰和会党窜扰湖南茶陵、攸县等处，令你部立即驰回湖南会剿。骆秉章强调是江西的会党杀进了湖南，所以要将援赣军撤回，使张芾那边不好反对，说明这位老人做官已经到了炉火纯青的地步。

江西镇压会党的战斗这时已经进入尾声。李续宾于九月二十日攻破了安福的一座敌营，然后再接再厉，击败朱村桥的会党。紧接着，他得知沔洞和洋山的会党在永新集结，于十月六日向永新攻击，几败会党后，追到莲花，烧毁会党的五座军营，将他们逐向湖北。五天之后，会军从安福撤走，李续宾进占安福城。这时他接到罗泽南的命令，叫他去吉安会师。

李续宾赶到吉安的时候，罗泽南率部从固江开到，罗李两营会师，于十月二十一日向湖南开拔。

骆秉章欢迎援赣军回省，令李续宾将吃官粮的士卒增加到五百人。加上体制外的湘乡勇，李续宾手下有了八百多人。罗泽南和李续宾两部分别定名为“中营”和“右营”，还刊发了两颗木印，官方化程度增高。从这时开始，湘乡勇各营确定了军旗的颜色，中营打红旗，右营打白旗。

官方虽然还没有为湘乡勇制定军饷制度，但李续宾的部队待遇还算不错。当时粮价便宜，士卒每天得到一钱银子就会乐得合不拢嘴。湘军各营发放饷银都缩水，只有李续宾按照湘平发足军饷。所谓“湘平”，是湘潭县所用的秤。用这种秤来称量银子，比国库的秤略少一点，每一两约合库平八钱一分一厘七毫。湘潭商务殷盛，常有汽船往还汉口；咸丰以来，将卒多为湖南人，营中称量银子的秤都是湘潭秤，所以推行于湖南全省及长江流域的大商埠。李续宾能按湘平足额发放军饷，已是非常难得了。

李续宾与士卒同甘共苦，偶然遇到粮食匮乏，士兵每天只发四两米，李续宾也只领四两。他跟最下级的士兵打成一片，同卧同起。士兵的家人向李续宾家打听自家子弟的情况，李续宾收到家信后，一定会把那人叫来，将家里的情况告诉他。李续宾写家信时，也会把该士兵的情况写上，请家人转告他的父兄。士卒感恩戴德，愿意为他效死，不敢犯禁，右营因此而独享盛名。当时辰勇和楚勇自相仇杀，但他们都钦佩李续宾的品德和威望，不会攻击湘乡勇。

这时的湘乡勇接受骆秉章和曾国藩的双重领导。骆秉章在长沙给他们定编发饷，曾国藩则从衡州对他们发号施令。湘乡勇回省后，当即接到曾国藩从衡州发来的命令：永兴会党一千余人抢掠县城，驻扎在油榨墟，令你部往剿。罗泽南即日驰赴永兴，制订作战方案。他分派永兴的乡勇攻打圩北，自己率部直捣圩西和圩南。三面夹攻，攻破敌垒，斩杀大批敌军，将永兴平定。李续宾在十一月份打了十一仗，随后与罗泽南一起驻军衡州。

罗泽南始终没有忘记自己是一名学者，一位老师，非常关心教育事业。他一边搜捕油榨墟的会军残余，一边集资修复石鼓书院。江西巡抚张芾上奏罗泽南平定安福的功劳，保升他为直隶州知州，与刘长佑一同留江西补用。李续宾得旨以府经历补用。

大约在罗泽南和李续宾征战永兴的同时，周凤山和曾国葆也奉命镇压常宁的会党，彭玉麟跟随部队前往。官军很快收复了县城。十一月十一日，会军逃到羊泉洞，曾国藩又调张荣组和储玫躬前往增援。会军三天后进占嘉禾，然后攻打蓝山，推进至道州的四庵桥。曾国藩添调邹寿璋和魏崇德增援。官军各营与会军作战均有斩获，储玫躬战功最大。

此仗结束，曾国葆来见大哥，汇报战斗经过。他特别推重彭玉麟和杨载福，说他们“才当任一军，不宜屈为帮办”。这时彭玉麟只是一介生员，杨载福前因守住了湘阴有功，已被提拔为千总，曾国藩决定重用二人，令他们分头招募水勇，各自率领一营。彭玉麟和杨载福从此成为湘军水师将领。

江忠源身在庐州，迫切需要湖南的援助。这时礼部左侍郎、光禄寺卿宋晋向咸丰提议，吕贤基死了，江忠源病了，曾国藩却拥有实力，可以依靠，应当令他挑选练勇，乘船顺流东下，与江忠源水陆夹击，歼灭安徽沿江敌船，则会令金陵、扬州、镇江的敌军落胆，向荣和琦善就能将敌军一举扫平。

曾国藩奉到上谕，皇上令他率部乘船东下，与江忠源合作，迅速压制安徽的太平军。此时安徽的局面比任何省份都要糟糕，咸丰指出，不利的情况都是由于长江上面没有官军水师战船拦截追剿，听凭敌军往来自如。既然曾国藩也懂得水师的重要性，就应该火速建立水师，亲自统领，去拯救安徽的危局。

事情到了这个地步，曾国藩已经彻悟了水师的重要性。但是咸丰千呼万唤的水师在哪里呢？曾国藩并非没有尝试创建水师，但他的努力失败了。木筏造过了，可是无法使用；水师的战舰湖南没人见过，幕僚们面面相觑，不知该从何下手。

曾国藩日思夜想，广泛听取意见。岳州营的守备成名标、广西候补同知褚汝航、知县夏銮等，先后奉派来到曾国藩的行辕。曾国藩请他们做了幕僚，询问拖罟、长龙、快蟹、舢板各种船只的式样，然后召集衡州和永州两地的工匠，按图制造。曾国藩也成为设计师中的一员，细心钻研，不遗余力。

这时候，广西巡抚劳崇光派人押送二百尊火炮前往湖北，船过衡州。曾国藩得到消息，赶紧把押送官请上岸，说："这批火炮是要送往田家镇的炮台安装的，可是那里的驻防军已经溃败，你们还能往哪里送？不如将炮位留在此处，也请押运的各位水手留下，为我们教练水师。"

炮位留下来了，经费还是不够。湖南的财政部门无法满足他的需求，军饷还得靠募捐接济。曾国藩选派秀才和绅士，在各州县设立募捐局，但是不用官印，以防强权勒索。他自己印刷军功执照，盖上巡抚和布政使的印章，按照所捐的数额填发给捐款人，从六品到九品不等。

十一月二十六日，曾国藩终于给了皇上一点安慰。他向咸丰奏报，说他正在筹备水军和陆军，准备开往安徽作战。但是战船火炮和水军还未集结，他在等待广西右江道张敬修购办外国炮和广东炮一千尊，带领工匠从广东来湖南。张敬修来后，湘军便可开拔。

曾国藩为了解决湘军在征途上吃饭的问题，奏请设立水路粮台，从湖南的漕米中提取二三万石，作为湘军的粮食供给。为了确立使用捐款的合法性，他请皇上批准将他经手劝捐的款项用于湘军的军饷。为了进一步提高绅民捐款的积极性，又请求允许他随时发放吏部的卖官执照。对于曾国藩的请求，咸丰全部照准，还安排吏部给了他一些盖了大印的空白执照，可以随时填写，用来从捐生手中兑换银子。在这种意义上说，曾国藩的军队无论用的是财政拨款还是民间捐款，都是经过朝廷批准的款项，而捐款一项，是用作为国家资源的官衔来交换的。

曾国藩原来的打算是增募六千名步兵交给江忠源统带；奉旨筹备水师之后，他扩展了原来的计划，决定建立一支包括水军和陆军的万人大军，由他亲自率领，大举东征。江忠源从庐州发来求援信，语气非常迫切。为了给江忠源救急，曾国藩和骆秉章商议，决定派江忠浚率领一千名新宁勇增援庐州，曾国藩自己则留在湖南抓紧经营战舰。

这时曾国藩已形成了一个具体的进军方案。他要制造二百艘炮船，率领水师从江路进发，雇用二百条民船跟随在炮船之后；陆军则从大江两岸随同推进。执行这个构想需要巨大的经费，还要取得中央政府和湖南政府的大力支持。他与骆秉章书函往还，请求援助，骆秉章大致满足了他的需求，使这番大业得以完成。曾国藩把自己比为“蚊虻负山、商距驰河”，又说是“精卫填海、杜鹃泣山”，表明他在扩军时期所经历的艰难。咸丰三年的冬季，曾国藩克服重重困难，终于建立起了镇压太平军的利器——湘军水师，为他戎马生涯的辉煌铺垫了底色。

十二月一日，曾国藩委派褚汝航前往湘潭设立一座分厂，监造战船，衡州造船厂则委派成名标监督。他们制造的战船分为大、中、小三号，大号的叫做“快蟹”，中号的叫做“长龙”，小号的是从民间购买的钓钩船，改造为炮船。褚汝航在湘潭添造了几十艘舢板和小艇。两座造船厂的产品进行比较，各用其长，湘潭船厂的产品较为坚利。

第十七章

战守庐江

徐子苓《庐阳战守记》：

迹公（江忠源）之死，与城之破，非贼之强，战守之不力，民之不足与守也。

援军惨败

且说胡以晃率军来到庐州城下，连续四天攻城未果，得知官军援兵正在赶来，不由有些心急。十一月十六日，他令部队攻扑小东门炮台，携带云梯爬城，遭到程智泉广勇的火力阻击，损失长发老兵六名，为了避免更大的损失，只得弃梯回营。

大东门外有一条护城河，一座大桥跨越两岸。太平军盘踞在桥东的民房内，但是桥头有一支官军，阻挡了桥路。在这处地方，两军日夜开火对射。桥头官军曾向江忠源请战，要求出营迎敌，到四乡去打游击，与城上的守军互为犄角。可是太平军攻来时，这支官军立马溃逃，江忠源只得另调部队守桥。太平军屡次与官军争夺大桥，都被官军击退。十六日这天，程智泉派兵偷出威武门，驻扎桥东的太平军出营夺桥，被程智泉击退。

太平军初到时，胡以晃就下令在大西门开挖地道，江忠源令负责驻守该门的邹汉勋从内迎掘，大西门已无危险。胡以晃又在大东门这边打主意。

十一月十七日早晨，程智泉报告："逆贼屡次夺桥失利，悄悄在桥北水面编搭浮桥，偷偷接近城根，开挖地道，高度和宽度都有几丈。"

江忠源说："你亲自前往月城察看，我要派队出城，傍城扎营桥西，堵住逆贼来路。"

江忠源悬赏重金，从广勇中募得二百多名敢死队员，当晚九点由程智泉统带，从月城以南挖道而出，直攻地道。一名太平军将领把秃头从洞口伸出窥探，外委冯富上前，挥刀斩下，秃顶的头颅应刀落地。冯富将手一挥，士卒朝地道内连掷火罐。只听得一阵惨叫，地道内没了声息。事后清点，地道内共有四十七具烧焦的尸体。

桥东的太平军十分恼怒，一千多人向桥西冲来，气势汹汹，程智泉督率敢死队拼死鏖战，一面下令赶筑营盘。不到两个时辰，营盘已经扎好。城上用密集的火力支援，将太平军击退。这次战斗毙敌一百几十名。

太平军所挖的地道完全被官军控制，官军随时从隧道冲出，火烧敌营。敌营设在坚固的民房内，如果江忠源不出奇兵控制地道，庐州城很快就会陷落。

大东门发生激战时，刘长佑和江忠信的楚勇援军开到了庐州西南面的四十里铺。刘长佑一到，就听说福恒的部队在前一天被太平军击溃于水西门外。

音德布率部驻扎在二十里铺，听说刘长佑到了，心中大喜，连忙派人到四十里铺迎接。

“刘大人，音总兵约你明天一起攻城。”使者说道。

刘长佑不想打无准备之仗，回答说：“请你转告音镇台，我军扎营未稳，明日无法出兵。”

玉山和张印塘此日也从店埠来到了庐州。他们率领东关守卫部队二千人经过北乡，各位乡勇团长夹道欢迎，馈赠食物，请他们暂时扎营。

团长们说：“玉镇台来了，我们先报告中丞大人，请他通知各路援兵协同作战，我等可将一万名乡勇驻扎在玉镇台左右，以资护卫。”

玉山一笑，拱手答道：“各位的好意心领了，我堂堂一员镇将，何用团勇护卫？”

第二天，玉山挥师进攻，乡勇头目支三虎率领一百人进援拱辰门，连抢敌营三座，接着攻夺炮台。太平军弃营逃走，支三虎带人入营，搜抢财物。广勇跟着进营，骑兵随后。

太平军抓住时机，从东面抄袭官军后路，枪炮骤然射击，官军骑兵战马受惊，四处奔窜，冲乱了步兵队伍。玉山竭力抵抗，当场阵亡。西安骑兵队长伊昌阿和珂登额阵前逃跑，张印塘拦也拦不住，不知去了何方。张印塘令部队将玉山的尸身夺回，查验头面身腰，共受枪伤十七处。张印塘收集残兵，返回店埠驻扎。

城外的援兵吃了败仗，都是玉山部署不周、轻敌出击所致。刘长佑老成持重，不愿仓卒投入战斗，音德布却再三要求他联合进攻。刘长佑拗不过他，只得于十一月十九日向庐州攻击前进。楚勇一路急行，直扑城下。来到距城约二里处，不见敌军踪影，只有太平军挖掘的壕沟横亘在前，一时无法跨越。

敌情不明，部队散坐在草坪上歇息，军官聚在一起商议进城的办法。忽听得哨官徐以祥大声呼喊，楚勇急忙整队。太平军已从两路包抄过来，楚勇仓卒迎敌。若非徐以祥号令及时，很可能全军覆没。

胡以晃此时两线作战，一面阻击官军援兵，一面加紧攻城，城中军民昼夜难眠。江忠源心急如焚，一早就登上了水西门，遥见远处红蓝旗帜闪闪，知道是音德布带兵从六安来援。

城内得知有援兵来自西方，军民欢呼雀跃，纷纷要求出城助战。江忠源派马良勋和尚得胜各带一百多人下城接应，却被太平军拦阻，无法与援兵会师。

楚勇和音德布被太平军阻隔在壕外，在突袭中迅速溃退。楚勇步兵行动迅捷，太平军来不及合围，步兵已从圈内跳出。但是刘长佑的骑兵被太平军咬住不放，追到一个狭窄的山口，逃兵挤作一团，一时过不去。徐以祥下马，将大刀插在田埂上，大喊："老子徐以祥，不怕死，有种的上来！"

"徐以祥"三字，太平军如雷贯耳。此人跟随江忠源从广西一路杀来，身经百战，杀得太平军寒心。他这一自报名号，居然吓得太平军不敢上前。刘长佑收队回营，逃过一劫。

楚勇初战失利，却给城内送来了信心。尽管援兵犹如昙花一现，城内已是一片沸腾。百姓一传十，十传百，人人兴奋，叫喊着要出城助阵。可是过了一阵，了望哨报告：红旗直朝西面远去了。

楚勇撤走后，太平军一路烧杀，民居尽毁。城外民愤沸腾，把气撒在官军身上，一些百姓在枣林岗大肆抢劫，音德布被迫下令丢弃辎重，返回官亭扎营。

楚勇收住阵脚以后，在庐州以西四十里处的岔路口扎营，然后转移到夹林江。

此后三天，太平军不时分攻各门，都被守军击退。但是江忠源在城楼上遥望，再也未见到援军的踪影。

拉锯与绞杀

庐州从被围的第六天起，城中的鸡猪、柴薪和蜡烛，所有日用品都告匮乏。东北门外原先堆积着许多货物，胡元炜没有令人搬进城内，全部让太平军享用了。这究竟是有人暗中捣鬼，还是纯粹的疏忽，已经无从考察。

江忠源深知庐州的官员不好对付，他以不变应万变，还是用自己为官的两大法宝：第一是刑赏必信，知府、知县乃至军官犯法，都要绑到帐前，决不宽贷；第二是与属下和市民同甘共苦，虚怀纳善，唯恐失之。守城百姓煮荸粥给他吃，江忠源说："何不再来点青菜？"青菜给他端来了，原来是野藿，而且还没蒸熟。江忠源夹起来，塞进嘴里，吃得津津有味，饭罢，欠身说道："我久病不支，多谢父老为我守城。由于城内一贫如洗，拿不出什么犒劳诸位，连累大家每天吃这种淡食。”

百姓们转过背，泪如泉涌，长叹不已，久久才去。

江忠源做了几天表率，官场和军队的风气为之一变。巡抚每日巡城，看到百姓给部队送饭，都要下马尝一尝。肚子饿了，就在席棚中与百姓一起进餐。他的部属，即便是大官，也与百姓打成一片，欢声笑语处处可闻。楚勇健儿脸上没有桀骜难犯之色，买卖公平，童叟无欺，很有些子弟兵的味道。

市民们看到了巡抚和楚勇的表现，踊跃为之效力。孩子们总是提着一筐豆，怀里揣着砖石，协助官军杀敌；成年的市民则不顾天寒，上城助守。有一次，江忠源听说有个市民中炮身亡，立刻拿出银子，为他购置棺木，还要骑马去停尸房看望。僚属说：“存银不多，何必如此花费？”江忠源回答：“我已有令，凡百姓上城协助杀贼，若为贼所杀，赏恤与官军相同，怎能吝惜几十两银子，以至于辜负了死者？”

江忠源极为重视民众的上访。上访人白天找不到他，夜间来到下榻处，江忠源卧病在床，强打精神，坐在床上接见。事情说清楚了，便叫人拿来笔墨，顷刻间写就几百字的批文。

徐子苓曾去拜访江忠源，只见他咳嗽不停，形销骨立，在火炉边取暖，只有一名老卒为他调药，服侍帐下。各部门官员不断前来报告，徐子苓请求告退。江忠源说：“我早就听说过你的大名，何不再坐一会儿？”

公事间歇，两人才能插谈几句。

徐子苓道：“江公的部队纪律森严，庐郡人士无不夸赞。”

江忠源叹息一声，说道：“古代的名将用兵，非常讲究‘节制’二字。所谓‘节’，能使士卒进退有法，而心意相交；所谓‘制’，则能使之取舍有主，手足一致。我是一介书生，仓卒之间募兵打仗，来不及加以训练，怎么谈得上纪律？南昌哗变，都是因我照料不周，亏待了弟兄们。”

徐子苓问道：“庐州解围之后，江公有何打算？”

“托皇上洪福，忠源果能守住庐郡，则将进兵长江，制造几百艘战舰，截断逆贼的水上往来，然后与两大营对进，收复金陵。”

此时又有人来报告军情，谈话中断。来人走后，江忠源长吁一声，环顾四周，说道：“我的精兵多数留在江西，很想舍弟前来，可是路途太远。昨天有人献书，要求我开门大战，说各乡团勇愿意助战，可是到现在也不见一队乡勇到来。依先生之见，庐州乡勇究竟如何？”

徐子苓也望望四周，低声回答：“各乡练勇可以对付小盗，恐怕不足以当巨寇。”

江忠源说："我看也是如此。请先生为我走一趟，绕道去东路求援。逆贼撤围后，还要请先生为我起草告示呢。"

胡以晃受到官军援兵的压力，加大攻城的力度。十一月二十三日，太平军对庐州发起猛烈的围攻，枪炮如雨，守军奋力抵御，从下午七点战至深夜三点，胡以晃才下令撤退。暗夜之中，官军无法统计战果。

十一月二十五日，音德布奉江忠源之令，再次向庐州开进，在蜀山旁边扎营，其地距城大约二十里，音德布称之为西大营。另有一个东大营，是张印塘率领东关败军撤退到店埠扎营，从店埠至威武门约有四十里。

胡以晃硬攻了几天没有成功，决定改用偷袭。十一月二十六日夜间，太平军乘着夜色偷越城壕，逼近城根，扎下营盘，开挖地道。五更时分，月亮露头，官军趁着月色，发现了敌军的企图。江忠源决定反击，令马良勋带领开化勇和本地勇从水西门月城凿开墙洞，鱼贯而出，直扑敌营。他对卫队队长邓春珍说："你率领卫队，带领庐州练勇，从紫金埂缒城而下，牵制大西门一带的敌军。"邓春珍的卫队共四十人，都是江忠源从湖北带来的亲随楚勇。到了紧急关头，江忠源总是把他们用在最关键的地方。

马良勋扑近敌营，逼近墙根，抛掷火弹，发起突袭。太平军乱作一团，官军趁势一边攻击，一边拆毁营墙，太平军遭到重创，撤回壕外高坡营内。统计战果，官军毙敌五六十人。

水西门的爆炸声传到大西门和紫金山，这里的太平军果然派人救应。邓春珍率部横出拦截，鏖战一时之久，太平军抵挡不住，退回营垒。邓春珍乘势烧毁敌营一座，大约毙敌六七十名。

江忠源还想扩大战果，又令程智泉带领广勇从小东门凿墙而出，攻夺敌营，毙敌二三十名。统计战果，这一天烧毁敌军新营二座，旧营一座，总共毙敌一百五六十名。

马良勋返回城内，江忠源站在城下迎接，见他头上和肩上都有轻伤，连忙上前慰问。马良勋说："只有德胜门外新营尚未焚毁，深为可虑。"

十一月二十七日，戴文兰从湖北赶到庐州城外。他派出五十人，每人携带二只巨锭，夜间偷越太平军军营，进入城内。城内早已缺乏银两，又见援军撤走，人心浮动，这笔款子的到来暂时稳定了人心。

为了配合城外援兵，江忠源决定驱赶德胜门外的敌军。当晚，他令尚得胜带领六安勇缒城而下，傍城扎营。二十八日黎明，营盘刚刚建成，几千名太平军蜂拥而至，尚得胜令部队在营内开火，杨焕章指挥城上守军用火力支援。太平军虽然凶悍，但一靠近城墙即被击倒。

江忠源令楚勇为骨干，从大西门去接应尚得胜。杨焕章见敌军猛攻了两个时辰，士气已经低落，令部队下城。尚得胜也令部队出营攻击。三路官军发起反攻，太平军抵挡不住，大败逃奔。官军乘势追杀，毙敌一百几十名，生擒十九名，焚烧敌军新营一座、旧营四座。

尚得胜浑身都被火罐烧伤，正午收队入城。楚勇和六安勇撤回大西门，不料太平军引爆地雷，轰倒大西门月城十丈六尺。太平军蜂拥而上，邹汉勋身先士卒，率部奋力阻击，将太平军击退。官军追出缺口，拦住敌军，用沙袋和石块抢修缺口，堆积到五六尺之高，才令城外官军撤回城内。直到下午七点，月城修复完整，与正墙等高。

太平军以主力攻扑德胜门时，也有小股兵力攻扑南门和小东门，都被守军击退。由于大西门的爆破未能取得成果，太平军在当天夜间又偷越水西门外的壕沟，扎下二座营盘。

江忠源在二十九日黎明发现鼻子底下又出现了敌营，令马良勋和徐怀义带兵出城，奋力攻扑，遭到顽强抵抗。开化勇和本地勇战斗力不强，从早晨战到晚上，未能攻破敌营。

太平军也派兵攻扑小东门和紫金埂各处。程智泉牢牢地守住了小东门，楚勇顽强地守住了紫金埂，在敌军撤走时，还下城追赶了一阵。

刘长佑和音德布十二月一日再次向庐州推进，开抵城西的二十里铺。江忠源接到音德布的信函，看到了一线希望。城外还有援兵陆续到来，舒兴阿来信说他正从西北方赶来；张印塘也有报告送进城内，说他在店埠收集了玉山的残部六百多人，又把江南大营遣散的一千名川勇招拢，跟李鸿章一起召集各乡团勇，准备进逼城下。

官军在水西门月城外所扎营盘逼近太平军营垒，胡以晃决定将之拔除。十二月一日夜间，太平军朝营内连掷火罐，高坡上的太平军给予火力支援，用枪炮对城头射击。江忠源到此处巡视，发现城上守垛的都是新招的乡勇，枪炮都未配备，当即决定将城外营盘中的部队撤回城内。

胡以晃达到了目的，令部队专心从营内开挖地道。大西门月城外，太平军总共挖了三条地道。官军从城内对掘过来，但尚未挖通。除了十一月二十八日引爆的一处外，还有另外两条地道可用。

十二月二日，刘长佑派人把信送到城里，说他已在城外，江忠源信心大增。邹汉勋又挖通了太平军的另一条地道，危险又下降了几分。

为了配合援军开进，德胜门守将杨焕章率百人出城，还有守城百姓跟随，拔掉两座敌营，烧毁营垒，缴获大批牛马货物，斩首一百多级，俘虏二十多人。这一仗从早晨打到中午，官军士气旺盛，太平军无心迎战，闭营不出。

第二天，戴文兰送信进城，报告援兵到位。邹汉勋又挖破一条地道，胡以晃气得大发雷霆。刘长佑和戴文兰与音德布会师，推进到城外十里铺扎营。庐州附近的战局眼看就能逆转。但就在这天夜间，城外又发生了一幕惨剧。

前面说过，张印塘新招了一千名川勇，却不料因此而惹祸上身。这些川勇过去隶属于向荣，争功邀赏，屡屡闹事，被向荣裁撤。张印塘手下的李登洲急于招兵，把他们网罗到旗下，对他们百依百顺。川勇自推六人为头目，变本加厉，更加骄横。

这天中午，他们从店埠转移到拱辰门外十三里的古堆驻扎。抵达目的地时，天色已暮，他们懒得修垒，借宿民家。李登洲扔下部队，找张印塘喝酒去了。

曾添养发现官军的这支援兵向庐州靠近，率部杀到。川勇来不及穿衣，裸身奔逃，在夜色中徒手格斗，几乎全军覆灭。

张印塘的行营离敌军很远，李登洲来访，两人对酒啸歌。川勇逃来，他们才知军营已遭偷袭。张印塘连忙下令撤到更远的地方扎营。

官军的各种部队纪律素来松弛，为了赏金贪功冒进，或者孤军深入，失去后援，以致全军覆没，将领阵亡。李登洲在驻守东关时就屡战屡败，此次失败倒也不足为奇，但是大大耽搁了对庐州的救援，令守军空怀一腔期盼。

十二月四日，音德布、刘长佑、戴文兰等三路进攻，江忠源令各门派兵分路出城接应，牵制敌军。刘长佑等部并力向庐州冲击，捣毁敌营外哨棚二十多座，随后扔掷火弹，敌营顿时起火，烧得烟雾弥漫，帐篷开裂。官军各部乘势扑杀，将敌军击溃。

这时，西南敌营忽然冲出几百人，向南路攻击。寿勇抵敌不住，刘长佑率领各部将之击退。转战到西平门外的五里墩，得知留守营垒的士卒伤亡太多。太平军作战非常顽强，内攻外突，刘长佑眼看着城墙就在前面，令部队殊死拼杀，就是无法抵达。

江忠源指挥城内守军积极出城接应。水西门的守军从紫金埂缒城而出，小有斩获。德胜门守军参将崇禧率部出城攻击敌营，毁营五座，也有斩获。北门由外委黄占超率部出城，谋毁敌营，毙敌十多名，其余各门约毙敌五六十名。但是，各支突击部队都无法与援军会合。

刘长佑未能杀开一条通道，令戴文兰在半夜率领六十名敢死队员，身怀串钱和油烛，偷偷越过太平军的军营，攀绳进城。

惨烈的搏斗

庐州攻防战进入了白热化的阶段，胡以晃攻破庐州的信心已经动摇。舒兴阿的到来，使官军有了获胜的更大希望。

舒兴阿行军的速度，表明他救援庐州并不积极。他于十一月二十一日才抵达颍州。在这里，他向朝廷报告：江忠源已经抵达庐州，打了胜仗，逆贼已南逃庐江一带。舒兴阿的情报显然有误，是不是他自已编造的都很难说。两天后，他从水路取道颍上县和正阳关，抵达寿州。

舒兴阿从寿州开拔后，部队分水陆两路前进。他多次派人送信给江忠源，请他坚守庐州，秘密订下日期，内外夹击，但他一直没有接到回信。从这一点他应该可以看出庐州的情况非常不妙。但他更关心的是自已的安危。从寿州开拔时，他派郝光甲和杨青鹤率领三千人当前锋，从庐州西北方分两路侦察前进。

十二月四日，庐州激战正酣的时候，舒兴阿抵达吴山庙，询问向导："此去庐州还有多远？"

向导回答："只有四十里。"

前锋通信员来报："庐州城内派来两名差兵，带来了巡抚江大人的复函。"

舒兴阿拆信一看，江忠源说敌军围困七门，急待援兵。舒兴阿向僚属问道："郝光甲已到何处？"

"回大人，郝镇军估计明日可抵庐州水西门外的高桥，杨镇军估计稍后也会赶到。"

"张印塘现在何处？"

"据报，已从店埠移扎冈子集。"

舒兴阿得到的情报大致准确。十二月五日，张印塘赶到高桥，与郝光甲见面，约定次日先攻敌军在水西门所扎的木城。兵力部署如下：郝光甲亲率五百多人攻打西面，游击富昌等带五百多人攻打东面，千总段作栋等部往来策应夹击。张印塘派何朝亮与李登洲率八百人从中路前进，杨青鹤率部在土梁左右埋伏，以备接应。

张印塘等人正在筹划，胡以晃先行了一步。舒兴阿的逼近令他感到紧张，他决定加紧攻城。就在这天早晨，大西门下的最后一处地雷引爆了。胡以晃本来打算在夜间引爆，但守军彻夜戒备，没有机会。早晨引爆后，守军奋力堵击，城上一门大炮忽然自动射击，炮弹击碎了太平军主将的脑袋，太平军赶紧撤退。

胡以晃的地雷又落空了。城内外官军合力夹击，各路均有斩擒。太平军感到了来自四面八方的威胁，不敢近扑城门。胡以晃将四面围攻改为重点进攻。水西门外的太平军利用有利地势昼夜攻击，城内一天落下一百几十颗炮弹。

江忠源担心还有未被发现的地道，唯恐水西门和大西门再出意外。太平军的士卒中许多是湖南和湖北的刑事犯，曾在山中伐炭，擅长挖掘隧道。挖成之后，将炸药填入棺木，送入深曲的隧道之中，直达城墙。线燃火发，无不爆裂。江忠源对此已有经验，夜间加强警戒，所以每当出现危急情况，都能应付自如。但此时兵力疲惫，他感到防不胜防。他派人通知舒兴阿、张印塘和刘长佑，让他们步步为营，渐逼城下，随时接应。

十二月六日上午，张印塘与郝光甲开始行动，两路直扑木城。太平军发现后，全力迎击。官军前锋很快攻到木城，攀援直上，木城内的太平军顽强抗拒，木城外的太平军则纷纷逃走。第四第五座木城内的太平军分为两路拥出，抄袭官军后路。郝光甲担心被包了饺子，立时回击，守备包纪功等各带伏兵齐起，分头截杀。太平军仗着人多，拼死迎敌。这时何朝亮部赶来助攻。战斗从上午打到黄昏，鏖战八个小时，结果是太平军退回北门木城，坚守不出。郝光甲统计毙敌约八百多名，俘虏一名。张印塘部开炮击毙敌军一百多名。

战斗过后，舒兴阿率主力骑兵一万五千人行抵冈子集，距郝光甲等营五六里。他察觉到庐州城墙太长，城区广阔，确实不易防守。七座城门之外，都有敌军的木城土垒，此击彼应，连成一气。他必须攻破一两座木城，才能与城西官亭驻扎的音德布和刘长佑沟通，并与城内取得联系。

庐州存亡到了关键时刻。江忠源祭拜庐州城隍。他对着庐州的守护神朗声说道：他上任刚刚一天，逆贼就来围城，他不得不带病登城指挥防御。所幸将士用命，官民一心，二十多天以来，屡挫凶锋，人心更加稳定。但是军饷告竭，借贷已穷，弹药无多，物资匮乏。援兵虽然到来，未能直抵城下，倘使发生不测，只怪他办事不力，死有余罪。百姓无辜，遭此荼毒，城隍享有国家祀典二百多年，当此寇临城下，一定不会袖手旁观。这些逆贼凶残异常，毁及神鬼，万一此城不保，即便神灵不惜，百姓岂能不自顾其身。他最后说道："望城隍爷三日内率领部众，协助城内外的官军，协力同心，共歼丑类，迅解重围。"

这天夜间，江忠源接到报告：湖北太平军从蕲水推进到英山，扬言要北攻六安与霍山。江忠源立刻想到，太平军也可能北攻河南的光山和固始。他派人飞马通知河南巡抚，请他赶紧设防，并通知舒兴阿在城外拨兵前赴六安防堵。

十二月九日，舒兴阿从冈子集进援水西门。这位总督不如玉山那么自负，心计颇深。他派几百名川勇打先锋，又把各位乡勇团长召集起来，令他们率领一万多名练丁殿后。舒兴阿的主力在一旁观战。

胡以晃为了对付舒兴阿，派出劲旅迎敌。川勇为了一雪前耻，殊死搏斗。但舒兴阿没有料到，他的骑兵被敌军惊扰，马匹失控，冲向一旁，踩踏了自家的步兵，搅乱了阵脚。太平军倾巢出动，一通追逐。幸亏团练部队人多势众，严阵以待，太平军不敢冲击，才撤回营内。

舒兴阿的失败，江忠源已在城头看到。通过两天的观察，他发现城外援兵虽多，却无称职的统帅。刘长佑官职太小，戴文兰到了城内，音德布和张印塘都不善战阵。郝光甲与杨青鹤虽是总兵，指挥作战毫无章法。舒兴阿一心保存实力，骑兵没有用在刀刃上。他决定请求朝廷让和春来统一指挥城外的援军。

江忠源的担心不是杞人忧天，胡以晃又在水西门外挖通了一条地道，采用声东击西的手法，十二月十一日五更，派出几百人在小东门（时雍门）外大张声势，发起攻击。陈源兖、程智泉率领二百多人奋力阻击，江忠源又添派三十名楚勇前往增援。但他已经看出小东门的敌军只是佯攻，再三叮嘱马良勋和戴文兰加意严防水西门和大西门。

果然，小东门那边还在激战，水西门外一声惊天动地的爆响，月城以北的城垛忽然炸开八丈多的缺口。大火烧到火药库，更如万雷迸发。黑烟喷涌，昏不见人。缺口处的守军衣裤着火，不得不跳入护城河内，遍身皮肤都被烧焦了。其余守军正准备阻击，但见火光凶猛，城身摇撼，士卒纷纷从马道滚下。

城墙缺口眼看就要失守，全赖马良勋和戴文兰站立缺口处，纹丝不动。江忠源久病卧床，闻声跃起，手执大旗，缘郫行走，大声呼喊，召集士卒，朝缺口处飞奔。还在远处，他就见两员战将站在缺口，以为他们已经阵亡，心中一凛，率部冒烟冲去。

太平军正在此时发起冲锋，一名黄衣将领手执大旗，已经越过缺口。只见马良勋朝敌将扑去，敌将一挺长矛，直刺马良勋胸膛。马良勋抬起左手，格开长矛，右手将长矛刺出，正中敌将胸膛，敌将踉跄后退几步，滚落城下。又一名太平军朝马良勋扑来，又被长矛刺死。戴文兰也扑了上来，手刃几名冲过缺口的太平军。江忠源令部队用枪炮射击，抛掷火弹，击毙敌军一百多名，击伤无数。猛烈的火势烧得砖石四迸，反而击中太平军，重创攻城部队。太平军付出了巨大代价，无法冲过缺口，终于稍稍退后。

攻击小东门的太平军在守军顽强阻击下，阵亡四五十人，也撤出战斗。守军从营内抄出城根，跟踪追击，毙敌十多名。

太平军撤走后，守备龙天保督促百姓修复城墙，须髯被火灼烧，纷纷焦脱。他顶着高温，带领劳工将城墙修复。

胡以晃此次攻击差一点就得手，对于庐州守军而言，这是最凶险的一次战斗，安危在呼吸之间。此战为江忠源赢得“霍隆武巴图鲁”名号，马良勋获得“卓哩克泰巴图鲁”名号，戴文兰升为副将。

优势与劣势的转换

庐州攻防战最惨烈的时候，江忠源盼望的和春已抵庐州城外。和春的到来，本来使官军有了更大的胜算。江忠源指名道姓向咸丰要和春，是因为他们曾在广西和湖南并肩作战，江忠源对他知之颇深。江忠源信不过向荣，对和春的指挥能力却很满意。太平军在上一年攻进湖南时，赛尚阿曾令和春担任前线总指挥，和春与江忠源配合，打了几个胜仗。但是程矞采横加干涉，导致官军指挥混乱。徐广缙一到衡州，又剥夺了和春的指挥权，起用了向荣，所以官军越战越弱。和春一提起这段经历，总是为朝廷慨叹，激动得泪流满面。江忠源认为，和春已有几年的实战经验，熟悉敌情，谋勇兼优，放眼全国，高级将领没有一个比得上他。

和春从镇江领受的任务是扼守徐州，但是江忠源的请求使咸丰改变了主意，令他赴援庐州。和春只在徐州待了十三天，把防务移交总兵百胜和徐州道王梦龄接办，便率领热河驻防兵和臧纡青的练勇，共计一千多人，于十一月二十五日起程，驰赴宿州。他和袁甲三会商了临淮关的防御 部署，便向庐州进发。

和春愿意助江忠源一臂之力，但他所带的部队未经阵仗，他觉得底气不足。他很需要从广西就一直跟随他征战的湖南官兵，那些老兵顽强敢战，有了他们，他才更有把握。他的旧部此刻还有七百多名驻扎镇江。和春通知向荣，请他将这支部队交给郑魁士指挥，向庐州急行军。

和春行抵庐州东北方的梁园，得知舒兴阿驻扎在庐州的西北面，拥有一万多兵力。根据探报，庐州的东南面敌军最多，那里又是太平军北上的咽喉，和春认为，必须在庐州以东的店埠集结主力，才能发起有效的攻势。他手下的一千多人，加上张印塘的一千多人，兵力实在太少。如果等待其他援兵，又恐怕庐州守军挺不住那么久。和春请求舒兴阿给他分拨二三千人，以便迅速发起攻击。但是舒兴阿和所有大员一样，惯于拥兵自重，他自己没有发起有效的攻势，却舍不得把一兵一卒交给别人。

和春跟舒兴阿商量借兵，注定不会有结果。他立即向朝廷奏报，请求皇上干预。咸丰接到奏报后，自然支持和春，严令舒兴阿服从和春的调配。但是圣旨抵达庐州尚需时日，庐州城已经危在旦夕，和春只能眼看着江忠源在城内苦熬，爱莫能助。

援救庐州最为心切的莫过于江家兄弟。十二月十二日，江忠浚率领一千五百名楚勇开到。两战之后，进营西平门外的五里墩。江忠浚和江忠淑都能团结士卒，部队愿意效力。太平军听到江家军到来，无不退却。

十二月十三日深夜，楚勇带着蜡烛和银子入城劳师，告知援兵已经来到。到此为止，城外援兵先后有四百人进入城内，江忠源的族弟江忠信也在入城官兵之列。但是，来自城外的援助仍然解决不了粮食问题。

对于城外的援兵而言，舒兴阿的态度举足轻重。可是，舒兴阿不但不给和春调拨兵力，反而令张印塘从店埠向他靠拢。十二月十四日，张印塘和黄元吉来到冈子集，与舒兴阿会师，当下商议，决定进援水西门。舒兴阿还调来了刚从凤阳招募的五百名乡勇。官军前锋进抵四里河，遭遇太平军，发生激战。舒兴阿令麾下骑兵一万人在堤上排列，发现有黄旗从东北方而来。探子来报：敌军援兵开到。这个消息比舒兴阿的命令更管用，他的骑兵立即向四面溃逃，骑士舍马，徒步逃跑，有的藏入松林，有的坐地哭泣。太平军赶到，一刀一个，犹如削瓜，有个太平军连杀十几名官军骑兵。

各乡的练丁奉到江忠源的手札，从各处赶来增援，但已失去旺盛的斗志。玉山的傲慢羞辱了团丁，他的阵亡又令乡民胆寒。城边的百姓为了保命，远逃外地。李鸿章四处奔走呼号，仍然无力回天。胡以晃趁机恩威并施，首先四处张贴告示，派出游骑，杀戮帮助官军的百姓；又用金钱和衣物收买人心，招兵买马。舒兴阿到来后，情况进一步恶化。他的骑兵多次溃散，正规军饱食终日，嬉戏游玩，光天化日之下，竟然打家劫舍。乡民与官军结下梁子，一见官军溃散，便在中途夺走他们的钱财和服装，官军因此也把乡民视为仇敌。李文安和李鸿章父子在庐州经营团练的成果，就这样毁于一旦。

官军援兵云集庐州，本来占尽了优势。太平军号称几万人，其实只有一万兵力，遭到官军打击，死伤一半，多次受挫，打算撤围。但是官军贪生怕死、倒行逆施，很快就输掉了本钱。太平军在几天内从劣势转为优势。太平军在城内的间谍更加活跃，给胡以晃送来情报：守军已无粮食，军火也快用完，天国军队不应放弃攻击。

胡以晃信心陡增。他令骑兵把官军援兵隔在外围，不许逼近城墙。刘长佑和江忠浚正在挑选劲卒，组织敢死队，与友军协调，企图大举进攻，但他们已经无法挽救庐州的危局。

胡以晃把最后攻击的目标锁定在水西门。这是一座旧城楼，外面地势起伏不平，便于隐蔽。太平军在要害处逼近城墙扎营。江忠源就睡在城楼上，屡出奇兵。胡以晃决定打一场硬仗，与江忠源一较高低。

守军的内讧给胡以晃提供了更有利的条件。淮勇头目徐怀义过去做过县里的衙役，有胡元炜做靠山，善于玩弄权术，他的死党饮酒赌博，每晚呼呼大睡，巡城官多次叮嘱，他们全然不顾。有些人过去就跟太平军勾结，时常靠在城头喊话，与敌军互通手语。太平军新招的枪手与徐怀义所募的乡勇都是近邻，而且还是一同犯法的逃犯。他们与胡以晃约定，在下一次攻击时举事内应。

十二月十七日凌晨，浓雾如雨，能见度极低。水西门地雷引爆，轰隆声中，十多丈外墙骤然垮塌。太平军冲向缺口，江忠源已领兵堵在这里，以猛烈的火力阻击，太平军被迫暂停冲击。江忠源急令各门严守，民众奋力呼喊，愿意效死。如果没有内应，太平军很难得手。

但是内应积极活动起来，在其他城门下手。他们在拱辰门城楼放火，烧成一片火海，守城乡勇逃遁。有几人从东北面跑来，绕城大呼："贼军杀来了，还不快逃！"这是造谣惑众，其实市民们还没有见到一名太平军。

拱辰门就是徐怀义与六安乡勇头目周恩负责驻守的地段。徐怀义守北门之西，周恩守北门之东。徐怀义放火驱走守军之后，自己也撤离岗位，把绳子拴在城垛上，让太平军攀绳登城。

水西门外还在继续战斗。江忠源纵兵将太平军击退后，马良勋率部追赶，杀到金斗圩，转战到城北。城北这边，夜冥星晦，太平军已爬上城头。马良勋赶到，砍杀登上城墙的敌军。战了一个时辰，官军越打越少，马良勋受伤阵亡，终年四十九岁。

与此同时，太平军主力攻打大西门。这里是邹汉勋驻守的地段。他夜饮方半，听到喊杀声，拔出佩刀，冲上去杀敌，砍倒几人。太平军将他团团围住，一刀砍中他的颈脖，顿时鲜血迸射，头颅偏折。在两名士卒护卫下，他前行几步，倒地死去。这时戴文兰也已负伤。十几名死士杀开一条血路，企图向西大营求援，也被太平军拦住，全部战死。

太平军回头夹攻水西门，江忠源正在组织人员抢堵缺口。这时下层的地雷引爆，胡以晃指挥部队登上废墟。江忠源挥军拦截，无奈士卒或死或降，乱作一团。又听说城南有太平军登梯而上，军心大乱。江忠源对江忠信说："我今天活不成了，你快走吧！"

江忠信连忙出城，捡了一条性命。

天将明，露水簌簌如雨，几名军官砍开一条血路，簇拥着江忠源，请他离城而去。江忠源哪里肯逃，大声说："城破了，如何向百姓交代！"说罢拔刀自刎，被随从拦下。

随从劝道："大人，城外就有我们楚军的营盘，我们定能将大人护送到营中。"无奈江忠源已抱定必死的信心，不愿苟且逃生。一名士卒不由分说，将他扛在背上，奋力奔逃。行至水关桥的古塘，江忠源咬住他的脖子，迫使他放手。士卒忍痛不过，将他放在水滨，江忠源跳进古塘，溺水而亡。

那一天，庐州城内死去的官员，还有布政使刘裕珍和李本仁，以及池州知府陈源兖等人。

庐州城破的过程，城外的援军或者亲眼目睹，或者亲耳所闻。楚勇进行了最后的拼搏，仍然无法突破太平军的阻击线。据说杨青鹤与张印塘听到城内炮声不绝，也想救援，无奈道路桥梁已被太平军拆毁，太平军火力太猛，他们无法突破敌军阵地，只能对峙，眼见着水西门被地雷炸开几丈，守军即时补塞，敌军未能得逞。但不久，他们又看到敌军在南门和小东门等处用几百架长梯登城，并从城外抛掷火弹与火球。然后，敌军如潮水一般涌进城内。

城破后的悲愤

江忠浚带到庐州的新宁勇多半是江忠源的旧部，每天拼死作战，想把主帅救出来。他们尽了最后的努力。庐州失陷的那天早晨，阴霾蔽空，天光惨淡，江忠浚声嘶力竭地叫喊着，率领部众再次冲向庐州。不久，他们看到城头黄旗摇曳，那是太平军的旗帜。江忠浚知道哥哥性命不保，肺腑摧裂，晕绝堕马。部队发出一片哭号，丢掉兵器，几乎溃不成军。

这时候，刘长佑还保持着清醒的头脑，对部众喊道："你们为江公而来，如今就这样散去，谁来为江公复仇？"在他的号召下，部众重新集合，仰着头，以悲愤的眼光看着浓烟滚滚的庐州城。

舒兴阿得到报告，知道庐州已经陷落。从城内逃出的军民，都说江巡抚在水西门内抗敌阵亡。张印塘报告的情况大致相同。音德布说，楚勇拼命救援，仍然无能为力。舒兴阿发出一声叹息，他知道，庐州的主帅拼到了最后一刻，庐州的陷落是悲壮的。

他不敢耽搁，连忙向咸丰奏报，把江忠源大大夸赞一通。作为一名满人大员，他表达了发自内心的钦佩：江忠源忠勇素著，守护庐州一月有余，力疾办公，昼夜不形疏懈，官民无不感戴。怪只怪城墙太长，内外兵力都很单薄，竟至城亡遇害，令人心酸。

庐州易手之后，城外的官军主力原地未动。总指挥和春驻扎在店埠；刘长佑的楚勇驻扎在庐州城南，首当敌冲。刘长佑和江忠浚商议，悬赏一千两银子，征集死士，到城内寻找楚勇统帅的尸体。周昌发主动请缨，带着一名助手，于十二月十九日出发。他很可能不是为了那份赏金，而是出于对主子的一片忠心。

十二月二十一日，刘长佑偕同江忠浚去参谒舒兴阿，提出楚勇与大部队会合，一同作战。舒兴阿拒绝了他们的提议。第二天，刘长佑提出与和春联手，将楚勇转移到城东，和春非常高兴他们加盟。两天后，楚勇向北转移，驻扎在东门外。胡以晃感到芒刺在背，于十二月二十五日出兵来攻，被刘长佑与和春击退。

咸丰四年正月五日，副将金玉贵率领两千人从淮南赶到庐州。胡以晃得到情报，趁金军扎营未定，派兵出城攻击。刘长佑和和春派出大部队助战，打退了太平军的进攻。

正月七日（立春），太平军又来挑战，又被击退。

正月十日，距江忠源去世二十二天，周昌发背着江忠源的尸体从敌营中出来。江氏兄弟检视长兄的遗体，由于天寒地冻，尸体还算完好。身上有七处创伤，创口已呈白色；颔下一刀，宽约一寸，但砍入不深，那是江忠源自己抹的；另外六处伤口都在腰胁，是江忠源投水后被敌军乱刺而成。

江忠源生前操劳过度，面容憔悴，肤色惨白，面色青绿，头发深长。江忠浚将遗体迎进房内，抱在怀里大哭，只见七道创口有鲜血涔涔流出，面色忽然如生。江忠浚将他扶起，遗体竟然可以坐起剃发。江忠浚得到冥冥中的暗示，决定留在庐州，为哥哥复仇。

刘长佑和江忠浚来不及询问周昌发的冒险经历，赶紧遵礼殡殓，把皇上赐给江忠源的珍品陈列在灵柩前。将士们见了，无不凄感距跃，掩面哭泣，很多人痛哭失声。

殡殓完毕，刘长佑和江忠浚把周昌发找来。刘长佑说：“昌发兄弟，你辛苦啦！难为你深入敌巢，找回大帅的遗体。”

“入城倒也不难。”周昌发嘿嘿一笑，“我们二人穿着长毛的号衣，拿着他们的军牌，很快就混进城里。不想被巡逻兵抓住，送交一个穿黄衣的大头目。走近一看，原来是我的中表，立马将我们释放。他让我们藏在军营里，不许外出。住了几天，跟一个长毛混熟了，常常带我们溜出去，到一个老人家里闲坐。我试探地提起大帅，老人说：‘江公死啦，尸体在一座桥下，埋在泥土里。’

“我说：‘吹牛吧，才不信呢。’

“老人为了证实自己的话，把我们领到桥边，指着一个古塘说：‘江公就埋在这里。’

“夜半时分，我们悄悄来到桥下，按照老人的指点，果然将大帅的尸体挖了出来。我们解下衣服，将大帅的尸体包裹起来，轮流背着，走到城墙边，先把大帅的尸体埋好。第二天夜里，一个人攀着绳子爬到城墙外，另一个人躲在壕沟内，猫着腰，把大帅的尸体绑在绳索上，拖着蛇行，过哨卡时没人发觉，来到城东，回到军营，正是四更时分。”

江忠浚哭道：“这是天意啊。大哥平日节俭，殉难时只穿着一袭布袍。城破之后，逆贼一定找过他的遗体，却未找到。他们怎会想到，堂堂巡抚穿着会如此普通？”

江忠源之死，庐州城之破，并非太平军战力强大，也不是守军作战不力，更不是庐州百姓给官军拆台。江忠源从军已久，具有将才，庐州民众爱武，援兵从四处赶来，那么为何会走到城破身死的地步呢？原因在于，江忠源抵达庐州之前，这里的官员没有采取任何防御措施，反而埋下了内讧的种子。江忠源未接手防务之前，已经有病在身，视事之后，疾病日益加重，他的精力已无法应对过于复杂的局面。庐州兵败，是祸起萧墙，无能的前任种下了祸根，让能干的后继者蒙受其害。遭此不幸的人，岂止一个江忠源！

庐州防御战，军民付出了惨重的代价。自从安庆陷落后，庐州居民一日数迁。官府倡导团练，用行政命令摊派捐款，朝令夕改，庐州人几乎掏空了腰包。而战端一开，庐州人又捐出了生命。太平军进城后，城上尸体枕藉，井坑都被死人填满。

作为安徽的新任巡抚，江忠源看到了庐州人为战争付出的牺牲。他只有死在这里，才对得起自己的子民。

江忠源去世十三天后，他的爱妾杨氏在除夕为他生下一个遗腹子，取名江孝棠，承袭了他为江氏家族挣来的世职。如果他在武昌时未将爱妾打发回家，杨氏跟他转战各地，恐怕会和他一起死在庐州。那样一来，写史的文人们就会为忠臣无后而大发哀叹。江忠源似乎已经预见到这一点，于是文人们都惊叹苍天有眼，“忠臣不令无后”。

香火未绝，也许是江忠源生前最大的安慰。或许因为有了这个底蕴，他在庐州城破后选择了体面的自尽。他履行了向皇上所发的誓言，与庐州城共存共亡。曾国藩当年在京城预言江忠源将因忠义节操而死，这个预言已经应验。

咸丰登基以后，一直鼓励臣子们为朝廷殉难，但他似乎并不希望江忠源死在庐州。北京已有廷寄送往安徽，上面有皇帝的朱批：不必与城共存亡。但圣旨晚到了两天，没能救活已无贪生之念的安徽巡抚。

死去的江忠源成为庐州百姓心目中的英雄。他们在城外为江忠源建了祠堂，仿造岳庙的创意，用铜铸成胡元炜和徐怀义的跪像，背上插标，书写“通贼犯官知府胡元炜”“犯人县役徐怀义”，江忠源的铜像用手指着他们，姿势和神态都做怒骂状。

不久之后，民间就有了神秘的传闻。故事中说，太平军进城几个月，突然无故惊退。当时大风扬沙，空中出现无数阴兵——来自阴间的武装力量，那地方正是江公祠的所在。

江忠源的灵魂不止一次出现在传说中，帮助他生前所在的阵营。他的爱将钱玉贵在一次战斗中赤膊上阵，勇悍无前，孤身深入太平军阵内，夜间迷了道路，江大帅忽然出现，为他指点路径，使他得以返回军营。

咸丰将江忠源追赠总督，赐给他“忠烈”称号，照总督阵亡例赐恤，赏骑都尉兼一云骑尉世职，褒扬三代，入祀昭忠祠，并在湖南、江西和庐州为他建祠。

咸丰把失去荩臣江忠源的账算到了舒兴阿头上，说他拥兵自卫，坐误事机。又一名满人大臣在这场战争中被年轻的皇帝革职，饬令带罪自效。舒兴阿虽然在咸丰接管的前朝大臣中算不上最恶劣的一类，但咸丰也没冤枉他。他所犯的错误听起来并不严重，无非是自己治军无能，却还要摆摆老资格，不肯把兵借给下级官员指挥。但这个错误的后果十分严重，致使庐州在官军大兵压境时丢失，还让朝廷损失了咸丰初年最杰出的一位汉人大员。

江忠源生前对和春的推许左右了咸丰对于安徽的人事安排。咸丰下旨，将城外各路官军一万多人全部交给和春指挥。咸丰珍惜江忠源所部，令和春赶紧收集，不许听之涣散。江忠浚收集的部队也归和春指挥。咸丰又令琦善和向荣向安徽派兵增援。琦善从扬州军营拨兵四千名，派萨炳阿管带，向荣拨兵一千名，派秦定三管带，即日驰赴安徽，统归和春调遣。

胡以晃和曾添养攻占庐州，剪除了一名湘军大帅，被太平天国视为一次极大的胜利。十二月二十日中午，四十一岁的胡以晃被显赫的仪仗队簇拥着，在敲锣打鼓声中，坐在八台大轿上，从大东门进驻庐州。

太平军进入庐州后曾将城内男女编组入馆。胡以晃进城后，立即传令安民。他让市民们手持令箭，由太平军战士打锣，大声喊叫：“合肥新兄弟们听着！士农工商各执其业，愿拜降就拜降，不愿拜降就叫本馆大人放回，倘不放就到丞相衙门去告。”

捷报传到天京，洪秀全和杨秀清十分高兴，封胡以晃为护国侯，不久改封护天侯。他奉命驻守庐州，经营安徽北部，打通南北粮道。

胡元炜的情况也有必要交代一下。庐州百姓听说他私通太平军，在城破时一起涌到府衙，杀了他的全家。胡元炜被太平军收下，叫他挑水做饭，然后给了一个官职，据说让他到了天京。

第十八章
前仆后继

詹姆斯·威廉·黑尔《曾国藩与太平天国》：

如果他（江忠源）活得长久一些，能够参与后来的战争，他的名字肯定会排在曾国藩、左宗棠、李鸿章之列，或许还是排在第一个。他的工作为后来曾国藩更为引人注目的作为奠定了基础。

一脉相承的事业

江忠源步入官场以后的人生轨迹，表明曾国藩识人有术，预言不虚。他在刚认识江忠源的时候，就指出了这位新朋友由性格决定的宿命，注定是铁肩担道义、忠心洒热血。江忠源死后，曾氏相术因为得到了验证，传得神乎其神。事实明摆在这里，江忠源正是曾氏所说的性情中人，湘南淳朴的民风哺育的磊落汉子。由于豪侠仗义，他的生命只过了四十二个春秋，就过早地终止了。

曾国藩喜欢江忠源，欣赏他的诚实坦荡，却又希望他收敛一些落拓不羁，劝他戒赌戒色，试图把他塑造为儒家道德模子里的文明人。江忠源愿意皈依曾氏理学的教化，但他骨子里仍是一名随性而为的侠士，而不是儒学礼教的完人。他乐善好施，不计个人得失，是出于至情至性，而不是为了遵循任何一个道德学派制定的行为规范。

一个侠士要为民除害，为社会造福，必须是一个行动派。江忠源会考不第，便不打算再把时光虚耗于寒窗苦读。社会动荡的前兆令他兴奋不已，催促他积极地行动起来。在一个沉闷到令人窒息的社会里，只有一场大规模的动乱才是大显身手的机会，而江忠源看到了动乱的前兆。他回到家乡，投身于维护社会治安。他组织民间武装打击盗抢，然后击败了雷再浩的造反，凭着这种社会实践，彰显了他生存的价值，踏入了仕途。他在浙江担任基层官员，按照自己治国安邦的理念，挥洒自如地办了几件令人瞩目的大事。

江忠源在浙江秀水的作为，清晰地勾勒出他的为政之道。清廉自律，是他追求的品格；缉捕大盗，是为了维护社会安定；劝捐赈灾，采用特殊的手段，就是变相惩罚为富不仁，颇带杀富济贫的色彩；兴修水利，劝耕劝农，是为了消除贫穷，改善民生，澄清民风。

他的作为给他带来了名望，他本来可以青云直上，在更大的行政区域内施展抱负。然而父丧中断了他的升迁之路。他回到家乡，经世济时的热情却未稍减。当太平天国战争爆发的时候，得到赛尚阿的一纸调令，他就带孝从军，积极投入到规模空前的内战中。

江忠源带领一支小部队，给官军注入了积极的因素和新鲜的理念。他自从戎之后，总是力主攻击。从永安到道州，他呼吁全力合围，全歼洪军；从郴州到长沙，他向高官们力请攻剿，毕全役于一城。但他人微言轻，兵力单薄，跟随官军主力尾追洪秀全，参与围城的防守。在防御战略节节失利的情况下，他充其量只能成为防守战中最有用的一颗棋子。于是他守了南昌守田家镇，守了武昌守庐州，最后毙命于破亡的临时省会。

一场大规模的战争，基本战略只有两种，就是攻与防。咸丰作为最高统治者，理所当然会倾心于进攻性的战略，也就是他所说的“痛剿逆贼，歼除丑类”。他希望臣子们能够忠实地执行以剿为主的积极的战略方针。但是从前线大员到宫廷谋士，不论文职还是武职，都落入了防守围城的窠臼，不是退守重点城市，就是跟在太平军后面尾追，几乎无人实施主动攻击和积极围剿。江忠源和左宗棠跟咸丰有着共同语言，但他们都是说不上话的小人物，只能郁闷地在大人物们划定的轨道上运转。左宗棠不愿奉陪下去，选择了放弃，得以全身而退，而江忠源则成了保守战略的牺牲品。

江忠源的攻击理念未能如愿以偿，但他即便困守围城，也会主动向城外出击，也许这便是咸丰对他最欣赏的地方。咸丰三年是内战开始以来清廷最为狼狈的一年，林凤祥把战火燃到了天子脚下，赖汉英和胡以晃回攻安徽、江西和湖北，官军几乎调动了全部精锐，仍然应对不暇。败报迭传，官心沮丧，咸丰祈祷上苍，渴望能人横空出世，挽救颓局。果然，官军中涌现出两员大将，独领风骚，堪称骁勇，他们就是民间所谓的“南江北胜”。

江南的江忠源和江北的胜保，是咸丰三年满清帝国的骄子。如此的盛名，江忠源当之无愧，胜保却纯粹是由于幸运。他在此年刚刚投身军旅，起点很高，部众不少，也未见他打几个像样儿的胜仗，怎么会与江忠源相提并论呢？

首先因为，胜保是满人将领。咸丰急于在自己的族类中树立一个正面的典型，看到胜保自告奋勇上前线，欣赏他的勇气，对他青睐有加，决定破格提拔。另一个原因更为重要，那就是胜保一直处于攻击的地位。自领兵以来，胜保未曾防御过一座围城。他统兵来到扬州城下，打的是攻坚战，虽无骄人的战果，却也算得上主动。离开扬州以后，战开封、救怀庆、攻临汾、打洪洞，最后追着太平军来到天津,对峙于静海和独流。尽管他所谓的“攻剿”,在许多情况下也只能算作尾追，但他毕竟撵着林凤祥跑了一路，勉强算得上“攻剿”。这就很对咸丰的胃口，于是不断地提拔他，让他当了钦差大臣，总统北路官军。咸丰并非不知道，胜保对付的只是太平军人数不多的北伐部队，而他统帅的官军兵力远远超过对手，他却未能将林凤祥歼灭在黄河以南，说明他比其他满人将领强不了多少。但是咸丰对胜保仍然寄予很大的期望，有些自欺欺人。因此“南江”不是虚名，“北胜”却有些水分。

江忠源是太平天国在运动初期的真正劲敌。许多人给他贴上“儒将”的标签，其实他更注重建功立业，报答赏识他的君上。由于对清末军政形势保持着清醒的头脑，他把自己的想法很快地付诸实施，迅速地从基层脱颖而出，给北京的统治者留下深刻的印象。他的行为具有开创性，为后来的湘军巨头如曾国藩、胡林翼和左宗棠等人提供了宝贵的经验教训，对他尊为老师的曾国藩影响尤大。

杰出的美国汉学家威廉·詹姆斯·黑尔如此评价江忠源的去世和他在晚清这场内战中的作用：

> 这个不幸的事件使帝国失去了一名最杰出的将军；尽管江忠源因早夭而未能登入中国的名人堂，但他首次在广西显示了民兵在镇压造反者的战争中所具有的价值。他在蓑衣渡改变了太平军的进军路线，为湖南的省会部署防务赢得了时间，无疑是他拯救了长沙。在长沙被围期间，他指挥自己的小部队为这座城市的防御发挥了重要的作用。他启发了曾国藩按照同样的模式组建了一支军队，并且创建了一支水师在华中的水道作战。如果他活得长久一些，能够参与后来的战争，他的名字肯定会排在曾国藩、左宗棠、李鸿章之列，或许还是排在第一个。他的工作为后来曾国藩更为引人注目的作为奠定了基础。

江忠源并非不懂得自己为什么会吃败仗，他是明知事不可为而为之。他的性格驱使他勇挑重任，不顾生死安危，哪里艰难就到哪里去。眼见着亲信的楚勇已经在战争中消耗殆尽，他却不愿停下来招募训练新勇，就匆匆投入几乎无望取胜的战斗，终于独臂难支，在胡以晃的进击下兵败身亡。

江忠源在晚清历史舞台上的表演有如昙花一现，他的热忱烧光了他的生命。燃烧的余晖照耀着湖南的书生，为他们指明了建功立业的道路。他组建和训练楚勇，开以勇代兵之先河，率领劲旅转战四省，直接影响了后来湘军和淮军统帅的建军事业。他在咸丰和曾国藩都对以勇代兵的做法怀疑动摇的时候，极力打消他们的顾虑。他以亲身的经验奠定了湘军的建军原则，倡导湖南的乡勇以“忠义血性”的书生为将领，招募缺少心眼的山农为部众，奉行将必亲选、兵必自招、兵归将有的原则，把家长制的管理方式引进军队。但他自己却没有将这一原则贯彻始终，在兵力不足、兵员不精的情况下勉力守卫庐州，导致他匆匆地结束了军旅生涯，这对后人也是一个警示。

江忠源以书生带兵，挑战职业将领的素质。在与太平军作战的官军大将中，提督向荣名重一时，江忠源却看不起这个人。曾有人问他：“乌兰泰和向荣比较谁更优秀？”他回答说：“各人看法不同吧。我觉得乌公忠勇，而向公工于心计。以永安战役为例，乌公是南路总指挥，向公是北路总指挥，向公网开一面，让洪贼逃脱了！其他就不必说了。”

那人又问：“向公是享有盛名的大将啊，这是为什么呢？”

江忠源叹息道：“这是因为，向荣还懂得征讨贼寇是自己的责任，比其他将领强了一些。天下实在缺乏人才，可叹可叹啊！”

咸丰深感官军中太缺江忠源这样的干才。如果朝廷的军队中多几个江忠源，他就不会过早地死去。江忠源在实践中发现了清末军事组织的弊端，向咸丰如实奏报。《清史稿》认为，这是关系到清廷成败大局的谋略。江忠源意识到了水师的重要性，并且实地摸索，对曾国藩创建湘军水师具有启示作用。

江忠源不但自己带兵打仗，还把三个胞弟和两个族弟领上了战场。他的胞弟江忠浚、江忠济和江忠淑，族弟江忠义和江忠信，先后跟随他从军。江氏兄弟都得到了清廷的提拔。这种做法形成了示范作用。罗泽南率领门徒从军，曾国藩把几个弟弟带出家乡建功立业，都跟江忠源一样，成为“一门忠义”。

新军即将上阵

江忠源战死庐州前后，曾国藩加紧在衡州组建和训练新军。这支新军的组建，最初的动机是为江忠源提供有用的兵力，而最终的动机也是配合江忠源南北夹击。同时这也是咸丰皇帝的战略性安排。所以，曾国藩和江忠源的事业是一脉相承的关系。江忠源死后，曾国藩能否崛起，将对咸丰年间的军政格局产生决定性的影响。

曾国藩用于建军的时间并不算长，本来有望于实现江、曾联手的格局。可是前方的战局发展太快，曾国藩一时还无法对战局施加影响。

在湖北战场，太平军只是短暂地撤离武汉，随后溯江而上，再次攻陷黄州。

曾国藩写信给吴文镕，请他挺住，并强调湖南、湖北两省要以坚守省会为主，必须等到他的水师建成，才可以发动反攻。

曾国藩和吴文镕非常默契，都在等待湘军水师建成投入作战。但是别人未必认同这个计划。崇纶无法理解这种拖延，参劾吴文镕闭城株守，而咸丰竟然听信了他的一面之词，下诏申斥。吴文镕顶不住朝廷的压力，率部开出省会，到黄州前线督战。他给曾国藩留下一封信，大致意思是：我本来打算坚守武昌，等待你率水师北上；可是崇纶逼我出兵，我也只好一死报国了。尽管如此，你建设的水军和陆军不要轻易出动，必须等到万事齐备，才能发起攻势，千万不要为了救我而轻率北上。彻底打败粤贼的希望，都寄托在你一人身上，你必须老成持重，如若失足，恐怕后继无人。

曾国藩看了这封信，十分感动，又深为忧虑。他感到了吴文镕殷切的期望，决定等到扩军工作完成后再出兵救援。

在此期间，骆秉章考虑到长沙兵力有余，令罗泽南的二营湘乡勇到湘江上游镇压土匪。罗泽南溯江而上，于十二月十日抵达衡州。曾国藩与罗泽南商榷兵事，改革陆军的营制，增加各营的兵力，以五百人为一营，每营四哨，每哨八队，亲兵一哨六队，火器刀矛各居其半。每营用长夫一百八十人。他们仔细斟酌，精确地规定了营官、哨官、队长以至勇夫的薪水和口粮，然后刊发了几十条制度和几十条军人守则。湘乡勇又经历了一次正规化建设，按照曾国藩和罗泽南制定的规章制度行事。

在直隶战场，胜保和僧格林沁的矛盾一直无法调和，恐怕的确是由于僧格林沁对胜保盛气凌人。胜保偏偏忍受不了这个，满怀牢骚委屈。这个问题不解决，他没有多少心思部署作战，一定要辩个是非曲直。他向皇上奏报，强调军务办得非常棘手，言下之意，责怪皇上没有解决他多次反映的问题：僧王及其僚属对他造谣中伤，“非笔墨所能形容”。如今处在功亏一篑之时，究竟应当力攻，还是应当围困，他拿不定主意。措施稍有失误，关系全局成败。他恳求咸丰准许德勒克色楞火速进京，当面奏报军营复杂的关系。他还说，他有机密的作战方案上报，如果当面得到皇上的批准，便可回营遵办，对军务国事都有裨益。

胜保把事情说得如此神神秘秘，咸丰一看就火了。逆贼占据静海、独流三个多月了，胜保如此强调慎重，肯定是因为他已经没了主意。庐州已被攻陷，江忠源已经殉难，逆贼主力随时可能从庐州北上，与天津周边的逆贼会合，胜保却还在那里打着他的小算盘。咸丰拍着桌子，对殿上的大臣们嚷道：“德勒克色楞有什么事情要来京密奏，就叫他赶快来吧！”

僧格林沁虽是前线大员，却远没有咸丰这般焦虑。他守在王家坨，打算静观胜保的好戏，自己先向皇上小儿卖一卖关子。他接到探报，林凤祥分出兵力，在独流和静海之间的五里庄修筑了木垒，太平军的据点从两个发展成为三个。他还抓获了敌军的间谍，从审讯中得知，林凤祥将缴获官军的大炮架设在木城之内。由此可见，敌军远不像胜保所说的那样已到穷途末路，反而是壁垒坚固，连得利器，足以抵抗官军的进攻。

僧格林沁打破静默，向咸丰报告，并派部队从东西两面日夜向敌营开炮轰击，但敌军伏在营内，不肯出战，所以无法交手。他的部队抓到敌营中逃出的人，供称有女匪已扮作乞丐往南边求援去了，南边的援兵两个月内就可开到。所以，他认为应该迅速将此股逆匪歼灭。

僧王的奏报无疑是在扇胜保的耳光，咸丰确信逆匪其实还有很强的战斗力。但僧格林沁也只是说了一番空话，只字未提如何才能迅歼敌军。他先前说过，等待水流结成坚冰，就能逼近敌营发起火攻。如今坚冰形成已有多日，僧格林沁既未发起火攻，也未提起此事。这是僧格林沁与胜保争宠的招数。这个关子卖得好，吸引了咸丰的注意力。咸丰连发上谕，催问他有何妙计，又做出决定，让僧格林沁和胜保会师，归并一处，迫使僧格林沁与胜保合力筹划攻击。

咸丰三年年底，全国的形势严峻无比，曾国藩却还只能对付本省的土匪。广东协拨给湖北的七万两军饷，押解到湖南境内，经过郴州和桂阳州，正好遇到永兴土匪闹事，曾国藩令罗泽南、萧启江、杨昌浚率部迎护这批军饷，同时剿捕永兴土匪。湘乡勇一到永兴，将土匪一鼓荡平。

随着全国形势的进一步恶化，咸丰越来越耐不住性子。他不仅逼迫吴文镕上前线，对曾国藩的迟延出兵也已颇不耐烦。在庐州陷落的前一天，咸丰在曾国藩的奏折上批示：安徽形势紧急，你不要偏执己见，按兵不动；望你激发天良，去救燃眉之急。咸丰说：从你的奏折来看，你要把几个省的军务一身担当，可是你的才能是否足以担此重任？你平时爱说大话，认为没人比你更高明，事到临头，要是真能显出真本事才好。如果你惊慌失措，岂不会贻笑于天下？你一定要设法赶紧赴援，能早一步抵达，即早一点得益。你能勇挑重担，远非胆小怕事的官员可比。你既然夸下了海口，那就要拿出行动来，把事情办好，给朕看看！

咸丰的话说得很重，曾国藩被逼到了绝路上。咸丰没有给他留下多少筹备的时间，而且他必须很快做出一些成绩给皇上看一看。他于五天后就写好了奏疏，给了咸丰一个明确的答复：

第一，起行日期，必须等到广东的大炮解运到湖南，能让战船全部配上大炮，我就马上开拔；第二，黄州巴河已被逆贼占据，湘军必须首先扫荡湖北境内的江面，才能前往安徽；第三，武昌在金陵的上游，是逆贼必争之地，如今应力保武昌，然后才能发起攻势；第四，我所训练的乡勇，现在郴州和桂阳州一带剿办土匪，不能立即撤回，等到明年正月船炮齐备之时，一并带赴下游。

然后，他明确地回答咸丰对他提出的挑战。他说，他兵力单薄，军饷缺乏，所以不敢保证一定能打胜仗；但他对朝廷是一片愚诚，绝对不会怕死逃避。丑话不妨说在前面，以免将来毫无功绩，被治个吹牛欺君之罪。

曾国藩担心咸丰误解，又向皇上解释：衡州、永州、郴州、桂阳州一带，还有一股会匪没有歼灭，余党尚多。这股会匪实为湖南巨患，也是我经手没有办完的事情。

曾国藩的答复有些赌气的意味，但在咸丰看来是表达忠心的最好方式。咸丰批复说：胜败当然是不可逆料的，但你的忠心可对天日，众所周知。咸丰的语气变得非常温婉：你一个回乡守丧的官员，能够如此为朝廷出力，精神已属可嘉。没有剿完的贼匪，你可以知会巡抚剿办，若有你素来深信的绅士，也可以交他办理。

曾国藩与皇上沟通，赢得了建军所需的时间，但他未能救援江忠源。刘长佑和江忠浚的新宁勇，加上各路援军，都未能开进庐州。曾国藩只能在湖南遥望着庐州，听任安徽新省会陷落，江忠源自尽。

对于江忠源的死，曾国藩鞭长莫及。他只能催促船厂加快进度，年底也不休息。在他的督促下，湘军的战船已经造成过半。

十二月二十七日，曾国藩从衡州回到湘乡探亲，向家乡告别。这个时候，他已经做好率师北上的心理准备。

胡林翼走向主战场

江忠源战死庐州前夕，另一位未来的湘军大帅也做好了融入大规模内战的准备。

胡林翼在上一年十月交卸了黎平知府。他在黎平当了两年父母官，尽心尽力，培植了淳朴安分的民风，养成了“不刁、不诈、不淫”的社会风气，在贵州各府中树立了一个模范。但他处在多事之秋，认为辖地民风太弱，又通过一年的努力，对百姓加以军事训练，令民气有所增强。

胡林翼离开黎平时，太平军从长沙撤围，袭掠宁乡，进军胡林翼的故乡益阳。贵州人听说太平军将要攻打常德，盘踞在镇远、都匀、黄平、瓮安各府县的苗军和榔军顿时虎虎生威，以盗抢为主的治安事件频繁发生。巡抚知道胡林翼勇担重任，把棘手的军务推到他的头上，令他总管与湖南交界处的边防，负责重灾地区的防剿。胡林翼拥有了整个贵州东部的军事指挥权，当上了黎平、镇远、思州、都匀、铜仁、松桃一带的剿匪总司令，还在镇远另设一个审案局，由他主持。

胡林翼上任后，盯上了乌沙这个地方。此地与清江、丹江、台拱、八寨交界，是所谓的缓冲地区，最适合隐藏盗匪。胡林翼知道那里道路纷歧、盗匪出没，必须各地合力防剿，否则难以扫除盗匪。而他要进军乌沙，必须取道古州，才能下手。

为了搞清楚胡林翼活动区域内的这些地名，有必要说明一下：清江就是现在地图上所标的剑河县，丹江即是雷山县，台拱即是台江县，八寨即是丹寨县，古州即为榕江县。

咸丰二年十一月十九日，胡林翼率领二百名民兵从黎平出发，六天后抵达乌沙，指挥正规军和民兵合力追逐，擒捕巨盗牛坐、九坐等一百多人。他请巡抚命令各地绘制险要之处的地图，举行保甲团练，以绝根株。而丹江的毛坪和台拱的台盘此时又有盗匪蠢蠢欲动。年底，胡林翼令韩超和张礼度分途追捕，他自己回到镇远侍奉母亲，留下过年。

胡林翼接到曾国藩的信函，得知曾侍郎已奉命在湖南帮办团练。曾国藩说，他到长沙之后，每天跟张亮基、江忠源、左宗棠感慨深谈，互相鼓励，都有负山驰河、拯救家乡的抱负。言谈之中，总是提到胡林翼鸿才伟抱，足以挽救当今的滔滔危局，恨不能跟他一起整顿经历战灾之后的三湘大地。

胡林翼此时已经感到了同乡贤达对他的期望，有心返回湖南大干一番事业，只是时机尚未到来，因他手头上的剿匪任务还未完成。咸丰三年正月，他仍然率领民兵赶赴乌沙。正月十日移驻凯里。上年对乌沙的攻剿已经歼灭那一带的大半盗匪，只有革夷的高禾、九松、荡垢一股，仍然依据险恶的地势，煽动苗民造反。胡林翼指挥兵练会剿连月，抓捕了二百多名强盗，对情节较轻的不予惩罚。

韩超经过历练，总结出治安剿匪的方略，胡林翼非常欣赏，加以补充，制定出《剿盗十三条》，向巡抚报告。他认为，捕盗的工作应该与时俱进，过去用围攻之法，现在应该用雕剿之法；过去用收买之策，现在应当加大抓捕的力度。革夷的盗匪隐藏在深山老林，一天可以转移到百里之外，敌情瞬息万变，强盗凶狡异常，动用驻军去剿，遇见盗匪便会溃散。盗匪的活动范围遍及三府六七厅之地，尾追又追不上，分兵则兵力不足。唯一的办法，是严令各地选用士民，举行保甲团练，合力擒剿，才能把盗匪镇压下去。

胡林翼身在贵州，外省的大员们却都想将他挖去，特别是太平军攻陷金陵以后，长江流域急需人才，张亮基和骆秉章联合上疏，请将胡林翼调到湖北。咸丰考虑到胡林翼熟悉贵州事务，调到湖北可能人地未宜，未予批准。

胡林翼在贵州待久了，对于民俗利病、政治得失，都能看透，引为深忧。他时常向上司做书面报告。自从离开黎平之后，他就跟巡抚约定，不愿再去其他地方任父母官。此时巡抚打算任命他代理贵东道，让他总抓贵州东部的军政事务。胡林翼却认为，如果专心缉盗，还可以为贵州的百姓消弭患害，如果要对一方行政负责，反而牵制更多，便上书力辞。

不过，胡林翼对黔东军政要务发表了一番高见。他认为，贵州东部的情况岌岌可危，有十几件大事必须提上议事日程。

首先，胡林翼最担心的是民生疾苦。苗民居住在各地的寨子里，大寨有一二百户人家，小寨也有三五十户人家，连年遭到抢劫，积蓄一空。良民怕盗，又怕官差，若是为盗，则无所畏惧，这种形势就是逼良为盗。良民终日采芒为食，四季都吃不到一口米饭。耕种所入，在青黄不接之时，借谷一石，一月内就要偿还二到三石，称为“断头谷”。借钱也是一样，受到高利贷盘剥。甚至只借一碗酒、一块肉，如果拖久了不还，就要变卖田产，偿还几十上百两银子。苗民心头衔怨，口不敢言。爱动脑子的人则要发泄怨恨，引来群盗，为自己报仇雪恨。而汉人当中的奸民还不觉悟，钱财被强盗抢走了，便来盘剥苗民，以弥补损失。苗民的产业全被奸民盘剥，而官府的摊派仍然要苗民负担。在秋风劲扫、冬雪摧残之际，穷苦的苗民甚至不得不自掘祖坟，获取银饰。蒿目痛心，莫此为甚。

民生如此困苦，官府却无力救济。各地官府并无余粮，专靠摊派用于公费开支，或者中饱私囊。近年来民力日衰，官事日多，如果按章收税，官府将难以维持，各种摊派怎能加以禁止？但是如果完全免除苗民的摊派，他们便会脱身化外，不知有官府的存在了。所以摊派很难禁止，而放纵下去，则苗民穷愁怨叹，水深火热。能不能变革摊派办法，只对汉民地主征税呢？官府所派的公差和实物税收，已经成为约定俗成的惯例，并非正式的税收，苗寨本不纳税，汉民岂肯交纳？各方争论不已，却都朝苗民下手。官府从苗民那里只得到了十分之三，土司、通事、差役从苗民那里却获得了十分之七，吸良民之膏血，以供其享乐挥霍。台拱、丹江、古州、八寨、清平，其弊尤甚。

其次，胡林翼担心军队的破败。贵州东部的几万官兵已经成为废器。一个上千人的营盘，十名盗匪就能攻破。只要是有些血气的人，看了莫不痛心。驻防军有九千多名，分布在各堡，本来极为周密，然而形同摆设，对治安毫无实效，几十年的积弊无法一旦廓清。现在那些驻防官兵多半是一些刁滑之徒，一旦绳之以法，则捏造黑白，煽动苗民造反，酿成大祸。

第三，胡林翼担心官员办事敷衍。如今为了保证边界的安定团结，必须日日练兵。贵州东部幅员广阔，必须挑练八百精兵，分防分捕，且战且守，才足以缉拿奸宄，把动乱遏止在萌芽之中。但是每年的费用从哪里开支？如果军饷不继，部队立刻疲软，不攻自乱。保甲团练确实是维护治安的好办法，但临时派人负责，为时短暂，恐怕难以得到民众的信任；外地人来负责，又很难深入当地百姓；所以只有知县才能办好。但是各地知县接到命令，只是应付上级，很少落到实处。上级讲得焦口烂舌，各地真正做到的只是贴几张告示，写几份报告。

胡林翼发表了自己的看法，同时推辞了贵东道的任命。他于四月一日回到镇远探望母亲，四月中旬听说黄平有人抗粮闹事，知县无力弹压，巡抚又令胡林翼前往。遵义人唐树义当时在家养病，接到诏书，叫他去湖北上任。他函邀胡林翼见面，请胡林翼在镇远等他几天。他在赴任途中，经过镇远，两人得以相见，尽欢而别。

四月十五日，胡林翼率领二百名民兵从镇远起行。途中增加了三百兵力，第二天会师，下一天抵达黄平旧州。胡林翼下马伊始，遍召士绅，晓以利害。不久盛传距城五里的牛市坡有几千匪徒分三路来扑。胡林翼当即指挥民兵前进，行军一里左右，只见地势平旷，便下令扎营。

匪徒果然蜂拥而至，鸣钲鼓噪，声如怒潮。胡林翼对同行的绅士说：“这些人多半是良民，被盗匪胁迫，林翼不忍诛杀。请各位前往劝导，令其头目自动投案，并以家人作为人质。”

可是匪徒不听绅士劝告，持矛进攻，并投射桀石。胡林翼迫不得已下令射击，击毙几人，其余匪徒部众纷纷作鸟兽散。胡林翼知道对方是乌合之众，不忍穷追，下令收兵回营。

匪徒首领没料到前山的先锋轻易溃败，接着派出几百人越过山沟，拦截胡军去路。胡林翼已从另一条路返回军营，听说匪徒还敢过来挑衅，一怒之下，策马回奔，指挥练勇，大呼驰下。匪徒惊退，民兵俘虏斩杀二十多人。打扫战场后，民兵凯旋。

第二天，各乡士民听到消息，十分震动，来到营门前求见，表示悔罪之意。几百个寨子同意接受约束。胡林翼责令他们把领头造反的人捆绑送来，具结投案。又为他们核定交粮数额，明令禁止多收，减掉官府榨取的三千两银子。恩威并用，民情帖服，两个月就平定了局面。

不久，黄平以西的瓮安又发生了战事。这里有个刘瞎幺，伙同十几人，从上年四月聚众倡乱，打出“齐椰”的旗号，私设政府，敛钱建庙。他们担心百姓不买账，便说：“官府历年都不判官司，不办盗贼，大家有什么冤屈，不如交给我们的组织来判决，在乡间用私埋沉河的办法处死罪犯。”他们担心百姓不肯出钱，就宣传道：成立组织以后，一切税收都由组织来管理。对于他们的宣传和许诺，十个人当中有一二人听信。于是，他们在六里村等村寨挑选凶悍的村民当头目，有的管领几千户，有的管领几百户。这样一来，十个人中就有八九人当了胁从。他们又按户勒令制造火器，有敢违令者，便带人过来烧抢。官府得到报告，却不敢过问。直到代理知县徐河清上任，巡抚才得到真实的报告。巡抚又将此事交给胡林翼办理。

八月底，胡林翼率领三百名民兵驰至瓮安县，侦知土匪四起，他们的司令部在二十里外的干溪。九月一日，胡林翼率部出城，行至距敌十里处扎营，召集绅民，晓以祸福，责令大家将造反首领绑来献俘，对胁从一概不问。刘瞎幺闻讯，连日派部队拆毁桥梁、拦截粮运，阻断官府通信。一时之间，军民迁徙，人心惶惶。

刘瞎幺实力果然不弱，于九月五日集结几万人三面来攻。胡林翼不许部队迎击，等到刘军发起第三次冲锋时，才率部出击，一通追杀，击毙六十多人。榔军士气顿时下跌，分头散去。当夜，大多数良民来向官军投诚。

第二天，胡林翼进入瓮安城，安抚城内百姓。刘瞎幺已经逃脱，又在十里外的白岩垒石为关，架设巨炮，负隅顽抗。胡林翼得报，约定徐河清，指挥营兵和民兵，携带干粮，半夜冒雨急行军。天刚亮，部队直抵岩下，毁关而上。榔军没料到官军来得如此神速，大惊失措，抢路逃跑，许多人被挤下山岩。官军追斩几十人，俘虏刘瞎幺、卓老五等人，方才收兵。

徐河清怒火未消，几次请求逐寨放火攻杀。胡林翼一听他要搞大屠杀，连忙劝阻："焚剿之余，生灵涂炭，势必激成流寇。一处造反，风声走漏，又会有奸人趁机煽动蛊惑，集结反民，种下百年的祸根！"胡林翼强压着徐河清，不许他轻举妄动。徐河清还是想不通，胡林翼只好请按察使孔庆鏴亲临瓮安，才把他说服。

胡林翼事后仍然心有余悸，给堂弟写信说：这一次若非我力主解散，势必多杀千万人，而且必定激成大乱。这次保全了不少人的性命，很快恢复了社会安定，可以问心无愧。

果然，每天有几十个寨子的胁从榔军的良民前来投诚。胡林翼请求设立专门机构，按寨按户编造牌册，详书人口。良民牌发给百姓，良民册存在官府，为办理保甲团练打下了基础。寨中的著名逃犯，勒令各寨限期捆绑献来，作为赎罪的表现。经过六十天的努力，瓮安恢复了平静。

胡林翼用当地人擒拿当地的土匪，不派一名官员下乡，还责令各寨呈缴枪炮，既省了人力，又省了经费。他连月奔驰，维护治安，保护生灵，自己却没落下任何好处。他不仅得了瘴疠，神情憔悴，形体瘦削，还遭人讥笑，说他贪功擅杀。胡林翼想：我一个身处异乡的小官，带领二三百人，抵抗一万多名反军，到头来还落得个刽子手的名声，还有谁敢舍身为朝廷办事？

再看大局，全国的形势到处吃紧。林凤祥已经北上，威胁京城；东南一带，已经成为洪秀全的大本营。贵州省吏治腐败，武备松弛，汉苗杂处，伏莽潜滋。就拿瓮安来说，朝廷派驻正规军四十八人，其实只有八人，其余的四十个名额都被贪婪的军官吃了缺。如果瓮安真有五十来个军人，何至于人情惊恐，动辄欺官？照此下去，前盗已死，后盗又生，不过一年，又会有人造反。贵州全省要全部恢复治安，那就更难了，绝非旦夕之功。

胡林翼想，以我一人之力，怎能挽救大局？不由得心灰意冷。又想到母亲年老，久处异乡，思乡心切，经常哭泣。思前想后，他已不想留在贵州，希望返回湖南。

他向巡抚提出辞呈。贵州的大官们大多昏庸，既要强留胡林翼，却又不让他发挥更大的能量。十一月，胡林翼请求进京，巡抚不许。正在此时，御史王发桂上疏，推荐胡林翼才识过人，可以委以重任。王御史说，听说胡林翼已由贵州送部引见，计算时日，应该已经行抵湖北境内。皇上若让他留在湖北带兵作战，可期得力。

咸丰此时认为湖北的战情非常紧要，批准了王发桂的奏请。与此同时，湖广总督吴文镕也奏调胡林翼率领黔勇赴援，于是胡林翼前往湖北已成定局。

胡林翼认为镇筸精兵有名，便给时任永绥厅同知的但文恭写信，请求老师在湘西代募二三千名精壮，在他经过辰溪时，他会停船上岸检验部队。他对士兵的要求是：不要油滑怯弱之人，因为他将士卒视同自己的生命，要跟他们同甘共苦。

十二月十日，胡林翼率领三百名练勇，带着母亲从镇远启行。胡林翼这一走，就将走向更广阔的舞台，走向更壮观的人生。